中国国际私法与比较法年刊

CHINESE YEARBOOK OF PRIVATE INTERNATIONAL LAW AND COMPARATIVE LAW

2022
（第三十卷）

中国国际私法学会
武汉大学国际法研究所 主办

黄进 肖永平 刘仁山 主编

法律出版社
LAW PRESS · CHINA
北京

图书在版编目(CIP)数据

中国国际私法与比较法年刊. 2022. 第三十卷 / 黄进, 肖永平, 刘仁山主编. -- 北京 : 法律出版社, 2023
ISBN 978-7-5197-8200-9

Ⅰ. ①中… Ⅱ. ①黄… ②肖… ③刘… Ⅲ. ①国际私法－中国－2022－年刊②比较法－中国－2022－年刊 Ⅳ. ①D997-54

中国国家版本馆 CIP 数据核字(2023)第150643号

中国国际私法与比较法年刊(2022·第三十卷)
ZHONGGUO GUOJI SIFA YU BIJIAOFA NIANKAN
(2022·DI-SANSHI JUAN)

黄 进
肖永平 主编
刘仁山

策划编辑 沈小英
责任编辑 刘晓萌 常 锋
装帧设计 李 瞻

出版发行 法律出版社
编辑统筹 法治与经济出版分社
责任校对 王 丰 郭艳萍
责任印制 吕亚莉
经 销 新华书店

开本 710毫米×1000毫米 1/16
印张 27 **字数** 492千
版本 2023年5月第1版
印次 2023年5月第1次印刷
印刷 北京虎彩文化传播有限公司

地址:北京市丰台区莲花池西里7号(100073)
网址:www.lawpress.com.cn
投稿邮箱:info@lawpress.com.cn
举报盗版邮箱:jbwq@lawpress.com.cn

销售电话:010-83938349
客服电话:010-83938350
咨询电话:010-63939796

书号:ISBN 978-7-5197-8200-9
定价:216.00元
凡购买本社图书,如有印装错误,我社负责退换。电话:010-83938349

《中国国际私法与比较法年刊》编辑委员会名单

目　录

国际私法实务研究

冲突法研究

《新加坡调解公约》研究

国际民商事争议解决机制研究

跨境数据流动问题研究

比较法研究

信息与资料

Contents

Studies on Private International Law Practices

Studies on the Conflict of Laws

Studies on Singapore Mediation Convention

Resolution of International Civil and Commercial Disputes

Studies on the Legal Issues of Data Flow

Comparative Law Studies

Information and Materials

国际私法实务研究

2021 年中国国际私法司法实践述评

黄　进[*]　蔡斯芊[**]

2021 年 6 月 10 日通过的《中华人民共和国反外国制裁法》(以下简称《反外国制裁法》)使我国反制外国歧视性限制措施有法可依;2021 年 6 月 10 日通过的《中华人民共和国数据安全法》(以下简称《数据安全法》)将有助于进一步提高国家数据安全保障能力。2021 年 8 月 20 日通过的《中华人民共和国个人信息保护法》(以下简称《个人信息保护法》)保障个人信息权益,有助于数字经济健康发展。2021 年 12 月 24 日修正后的《中华人民共和国民事诉讼法》(以下简称《民事诉讼法》)有关涉外部分的法条顺序有所变化。2021 年 5 月 19 日,《最高人民法院关于内地与香港特别行政区相互执行仲裁裁决的补充安排》第 2 条、第 3 条开始施行。2021 年 2 月 3 日,为了让中外当事人享受同等便捷高效的立案服务,通过了《最高人民法院关于为跨境诉讼当事人提供网上立案服务的若干规定》。最高人民法院发布的文某(VAN)非法捕捞水产品案等 2021 年十大典型海事案例,彰显了中国对南海的司法管辖权,推动了海事审判"三合一"的改革。通过对 2021 年发生的涉外民商事案例进行抽样,选出不同法律关系中有典型国际私法问题和参考价值的 50 个案件进行实证分析与评析后,发现中国涉外民商事案件法律适用存在援引法条老旧、错误理解意思自治原则、未说明所援引的法条、特征性履行方法和最密切联系原则的混用、涉台案件的法律适用错误及说理部分赘冗等六个问题。通过对抽样案例的类型化分析,发现每一类案例都有典型意义,比如,与公司有关的纠纷要精准定性纠纷,与知识产权有关的纠纷要避免权利人的不恰当垄断,等等。

* 武汉大学国际法研究所、中国政法大学全面依法治国研究院教授、博士生导师。
** 武汉大学国际法研究所博士研究生。

一、前言

本文为关于中国国际私法司法实践的第21次述评。① 本次述评,首先,简要说明2021年与国际私法有关的立法与司法解释;其次,围绕最高人民法院发布的2021年十大典型海事案例,分别简述案情和典型意义,以确认这些案例的审判参考价值;最后,通过检索和分析2021年我国司法实践中的涉外民商事案件,评析法律适用问题及其他国际私法问题,例如,不动产合同纠纷的法律适用、外国判决的承认与执行、仲裁协议的效力、区际平行诉讼(管辖权异议)等。需要指出的是:本评述不代表任何机构的观点和立场,主要是为我国国际私法学界的同仁和研究者提供直接相关的材料和信息,以全方位展现2021年度我国在立法和司法层面发生的重大国际私法事件。

二、有关立法、最高人民法院司法解释及其他事件

(一)有关立法

1.《反外国制裁法》②

《反外国制裁法》已由第十三届全国人民代表大会常务委员会第二十九次会议于2021年6月10日通过,自公布之日起施行,为我国反制外国歧视性限制措施提供了法律依据。2021年7月23日,我国外交部宣布根据《反外国制裁法》,对美国原商务部部长罗斯等7个美方人员和实体实施制裁。③

《反外国制裁法》体现了我国反霸权主义强权政治,维护国家主权、安全、发展利益的坚定决心。该法是我国尝试借鉴国际上先进经验并融合了中国实际和特色的产物,还需要相应的制度建设和规则的完善来发挥其应有的作用。该法规定的反制措施涉及众多行政部门,后期需要国务院制定行政法规,以确立反制裁工作的具体执法程序与规则,否则《反外国制裁法》无法真正落地实施。

《反外国制裁法》第12条规定:“任何组织和个人均不得执行或者协助执行外国国家对我国公民、组织采取的歧视性限制措施。组织和个人违反前款规定,侵害我国公民、组织合法权益的,我国公民、组织可以依法向人民法院提起诉讼,要求其停止侵害、赔偿损失。”可以看出《反外国制裁法》第12条规定了阻断义务,具有“阻断

① 前20次的年度述评,依次参见《中国国际私法与比较法年刊》第6~22卷、第26~28卷。其中,2001年和2002年的年度述评同时发表于第6卷。

② 《反外国制裁法》,载中国人大网2021年6月10日,http://www.npc.gov.cn/npc/c30834/202106/d4a714d5813c4ad2ac54a5f0f78a5270.shtml。

③ 《外交部发言人就中方决定对美有关人员和实体实施制裁答记者问》,载外交部网2021年7月23日,https://www.fmprc.gov.cn/fyrbt_673021/dhdw_673027/202107/t20210723_9171353.shtml。

法”的性质。在实践中，跨国公司在中国境内的子公司将面临十分严峻的考验。例如，某些中国实体企业在美国被列入了黑名单，那些在中国的美国子公司如果以“中国实体被列入美国黑名单”为由拒绝与中国实体交易，将会面临被《反外国制裁法》第12条制裁的困境。同时，如果该美国母公司在中国的子公司迫于《反外国制裁法》的压力与我国被列入美国黑名单的中国实体交易，其母公司又面临着违反美国贸易制裁规定的处罚。这种情形下跨国公司在我国的子公司将面临着进退两难的窘境。《反外国制裁法》第14条规定：“任何组织和个人不执行、不配合实施反制措施的，依法追究法律责任。”该条规定在一定程度上体现了《反外国制裁法》的域外效力，如要求在境外的公司总部或者境外的组织关联机构、个人执行中国政府发布的反制措施。但是，在实践中，我国的《反外国制裁法》第14条有可能被他国认为是长臂管辖而被再次反制，达不到预想的域外效力。

2.《数据安全法》①

《数据安全法》由中华人民共和国第十三届全国人民代表大会常务委员会第二十九次会议于2021年6月10日通过，自2021年9月1日起施行。这部法律调整的是数据安全出境和违反相关规定需承担的法律责任。《数据安全法》第31条、第36条涉及数据安全出境的问题，而《数据安全法》第46条及第48条分别规定了违反第31条和第36条的法律责任。

根据《数据安全法》第31条的规定，“关键信息基础设施的运营者在中华人民共和国境内运营中收集和产生的重要数据的出境安全管理，适用《中华人民共和国网络安全法》的规定；其他数据处理者在中华人民共和国境内运营中收集和产生的重要数据的出境安全管理办法，由国家网信部门会同国务院有关部门制定”。据此，数据出境的主体包括关键信息基础设施的运营者和其他数据处理者。数据出境的对象也仅针对重要数据，一般数据的出境并不需要遵循特殊数据的出境规定。然而目前，重要数据目录还未正式出台，仅有《信息安全技术数据出境安全评估指南（征求意见稿）》第3.5条及附录A涉及重要数据的相关规定。由于没有重要数据具体目录，《数据安全法》缺乏实际的可操作性，需要加快完善该法。

根据《数据安全法》第36条的规定，“中华人民共和国主管机关根据有关法律和中华人民共和国缔结或者参加的国际条约、协定，或者按照平等互惠原则，处理外国司法或者执法机构关于提供数据的请求。非经中华人民共和国主管机关批准，境内

---

① 《数据安全法》，载中国人大网2021年6月10日，http://www.npc.gov.cn/npc/c30834/202106/7c9af12f51334a73b56d7938f99a788a.shtml。

的组织、个人不得向外国司法或者执法机构提供存储于中华人民共和国境内的数据”。司法实践中,《数据安全法》的该条规定与美国法院的取证权力存在冲突,在一些案件中,中国当事人以此为由对美国法院的调查取证提出抗辩,未来此种冲突的产生会变得更加频繁。

3.《个人信息保护法》①

《个人信息保护法》由中华人民共和国第十三届全国人民代表大会常务委员会第三十次会议于2021年8月20日通过,自2021年11月1日起施行。《个人信息保护法》的立法目的是保护个人信息权益,规范个人信息处理活动,促进个人信息合理利用。《个人信息保护法》第3条是关于该法适用范围的规定,其中第2款规定了其域外效力。② 对于在境外成立的公司,例如,外国基因检测公司对我国境内用户提供了服务,其是否在境外受我国《个人信息保护法》第3条第2款的管辖,已经成了一个值得注意的问题。我国尚未针对第3条的适用出台相关的实施细则、指南或司法解释,第3条适用与否没有一个明确的标准,该法还需要进一步细化完善。《个人信息保护法》第36条规定国家机关处理的个人信息应当在境内存储,确需向境外提供的应当进行安全评估。该法第3章个人信息跨境提供的规则包括以下内容:向境外提供个人信息的条件、向境外提供信息的告知同意、关键信息基础设施运营者等的境内存储信息和安全评估义务、如何处理境外司法或者执法机构关于提供存储于境内个人信息的请求、限制或者禁止个人信息提供清单制度及对等原则。第53条要求境外个人信息处理者在境内应当设立专门机构或指定代表。第55条要求向境外提供个人信息的信息处理者应当事前进行个人信息保护影响评估,并对处理情况进行记录。

4.《民事诉讼法》③

2021年12月24日第十三届全国人民代表大会常务委员会第三十二次会议决定对《民事诉讼法》进行第四次修正。由于增添修改了部分法条,导致法条的顺序发

① 《个人信息保护法》,载中国人大网2021年8月20日,http://www.npc.gov.cn/npc/c30834/202108/a8c4e3672c74491a80b53a172bb753fe.shtml。

② 《个人信息保护法》第3条规定:“在中华人民共和国境内处理自然人个人信息的活动,适用本法。在中华人民共和国境外处理中华人民共和国境内自然人个人信息的活动,有下列情形之一的,也适用本法:(一)以向境内自然人提供产品或者服务为目的;(二)分析、评估境内自然人的行为;(三)法律、行政法规规定的其他情形。”

③ 《民事诉讼法》(2021年修正),载中国人大网2022年9月30日,http://www.npc.gov.cn/npc/c30834/202112/3c3f10d770db4b9ea6bb70edb5634e35.shtml。

生了变动。例如,《民事诉讼法》(2017年版)第270条“人民法院审理涉外民事案件的期间,不受本法第一百四十九条、第一百七十六条规定的限制”,在2021年版中的对应法条是第277条,即“人民法院审理涉外民事案件的期间,不受本法第一百五十二条、第一百八十三条规定的限制”。涉及涉外编的内容,仅是法条顺序发生了变化,法条内容没有发生变化。

(二)最高人民法院司法解释

1.《最高人民法院关于内地与香港特别行政区相互执行仲裁裁决的补充安排》[①](以下简称《执行仲裁补充安排》)

《执行仲裁补充安排》共5条,第1条和第4条自2020年11月27日起施行,现在香港特别行政区已完成有关程序。《执行仲裁补充安排》第2条和第3条自2021年5月19日起施行。2020年的国际私法司法实践述评已对《执行仲裁补充安排》作出了评述,在此不赘述。《执行仲裁补充安排》的规定突破了长期以来我国法院不会为境外仲裁作出保全措施的传统规则,赋予了香港特别行政区特定仲裁程序的当事人向内地法院申请保全措施的权利,为涉港商事争议解决提供了重要的程序性保护。

2.《最高人民法院关于为跨境诉讼当事人提供网上立案服务的若干规定》[②]

2021年2月3日,为让中外当事人享受同等便捷高效的立案服务,根据《民事诉讼法》《最高人民法院关于人民法院登记立案若干问题的规定》等法律和司法解释,结合人民法院工作实际,制定了《最高人民法院关于为跨境诉讼当事人提供网上立案服务的若干规定》,在司法实践中已被广泛适用。例如,上海市浦东新区人民法院发布的涉外商事审判十大典型案例之一的“阿力等与哈顿等股权转让纠纷案”[③]就适用了该规定。受新冠疫情影响,本案外籍当事人无法到所在国办理身份公证认证手续,导致立案困难。浦东新区人民法院经当事人申请启用跨境诉讼当事人网上立案服务,通过远程在线视频完成了外籍当事人的身份确认与录入,顺利立案。有了该规定,即使当事人不到场也能保持高效、便捷的司法服务。

(三)其他值得关注的事件

2021年还有几件值得关注的事件。2021年7月21日,最高人民法院“一站式”

---

① 《最高人民法院关于内地与香港特别行政区相互执行仲裁裁决的补充安排》,载中华人民共和国最高人民法院网2021年5月18日,https://www.court.gov.cn/fabu-xiangqing-303291.html。

② 《最高人民法院关于为跨境诉讼当事人提供网上立案服务的若干规定》,载中华人民共和国最高人民法院网2021年2月3日,https://www.court.gov.cn/fabu-xiangqing-286341.html。

③ 参见上海市浦东新区人民法院民事调解书,(2021)沪0115民初27957号;上海市浦东新区人民法院民事调解书,(2021)沪0115民初48169号;上海市浦东新区人民法院民事调解书,(2021)沪0115民初48171号。

国际商事纠纷多元化解决平台在国际商事法庭网站上线启动试运行。该平台的建成,是最高人民法院贯彻落实中央重大战略部署的又一重要举措。2021年10月29日,中国国际贸易促进委员会调解中心发布《中国国际贸易促进委员会/中国国际商会调解中心知识产权争议调解规则》,该规则于当年11月1日正式实施,这是国内首个面向解决涉外知识产权争议的商事调解规则,对于完善知识产权纠纷解决机制、推动商事调解发展具有重要意义。2021年11月30日,国家知识产权局等部门联合发布《关于进一步加强海外知识产权纠纷应对机制建设的指导意见》。

三、最高人民法院发布的典型案例

2021年6月7日,最高人民法院发布了当年全国海事审判典型案例,以彰显海事司法对加强海洋生态保护、促进海洋经济发展和维护海洋权益的重要作用。

(一)文某(VAN)非法捕捞水产品案①

文某带领10名外籍船员从境外驾船进入我国海南岛东侧陵水海域等进行双船底拖网捕捞水产品作业,后被海警局查获。海口海事法院审理认为,文某驾驶渔船在我国领海内禁渔区使用禁用的工具非法捕捞,情节严重,构成非法捕捞水产品罪,应依法予以处罚。同时文某的行为破坏了当地海洋生态环境和生态平衡,对渔业资源可持续利用造成不利影响,损害了社会公共利益,依法应当承担民事侵权责任。法院依法判处文某有期徒刑,没收作案工具和非法所得,并判令其承担生态修复费用。该案有两个方面的典型意义:一是彰显了我国对南海的司法管辖权,即对任何他国想要侵害我国利益的人处以处罚,起到警示作用;二是推动了海事审判"三合一"的改革,即刑事、行政、民事审判的三合一。该案是刑事与民事审判合一的典型案例。

(二)陶某某不服上海市宝山区水务局、上海市宝山区人民政府行政处罚决定及复议决定案②

"华青6766"运砂船在无合法运砂单据的情形下,在长江河道上海段水域内实施违法采砂作业。针对这种违法采砂行为,水务局依据《中华人民共和国长江保护法》(以下简称《长江保护法》)对其作出罚款50万元并没收江砂及运砂船舶的行政处罚。陶某某提起行政复议,但原处罚决定被维持,故陶某某诉至上海海事法院请求撤销处罚决定及复议决定。上海海事法院审理的最终结果为驳回陶某某的诉讼请求。该案是《长江保护法》2021年3月1日实施以来,全国首例涉长江大保护非法

① 参见海口海事法院刑事判决书,(2021)琼72刑初1号。

② 参见上海海事法院行政判决书,(2021)沪72行初1号。

采砂海事行政处罚案件。《长江保护法》加大了对违法行为的惩罚力度，该案的最终审判结果对想要违法采砂的个人或团体具有极强的威慑力。同时这也体现了海事法院监督支持行政机关依法行政的重要作用，为我国保护长江提供了坚实的司法保障。

（三）中洋运输股份有限公司不服台州海警局、浙江海警局行政处罚决定及复议决定案①

执法人员查获了中洋运输股份有限公司（以下简称中洋公司）雇佣拖轮拖至台州的无动力、无船名船号的船舶。经台州海事局现场勘查，认定该船为“三无”船舶。台州海警局作出没收该“三无”船舶的处罚决定。中洋公司不服，遂向浙江海警局申请行政复议。浙江海警局作出维持该处罚决定的复议决定。后中洋公司诉至宁波海事法院，请求撤销处罚决定及复议决定。一审判决驳回中洋公司的诉讼请求。中洋公司提起上诉，二审法院浙江省高级人民法院维持原判。无船名船号、无船舶证书、无船籍港的“三无”船舶多涉嫌非法捕捞、非法载客、走私、偷渡等违法行为，对通航安全、人员安全、边境安全、水域清洁、生态环境、海上疫情防控等方面构成了严重危害。该案对于打击“三无”船舶起到表率作用，有利于维护海运秩序。

（四）万泽丰渔业有限公司与海洋工程装备研究院有限公司养殖设备建造合同纠纷案②

万泽丰渔业有限公司（以下简称万泽丰公司）与海洋工程装备研究院有限公司（以下简称海洋工程公司）为全潜式渔业养殖装备设计、建造及样机研制事宜签署了研制合同。其中万泽丰公司为出资方，海洋工程公司为装备设计建造方。该养殖设备由海洋工程公司建成后，拖航过程中发生了两次倾斜事故；投入使用后，又出现如鱼苗跑出等设备运行问题。就该设备的质量问题，万泽丰公司向青岛海事法院提起诉讼，要求海洋工程公司赔偿各项损失；海洋工程公司提起反诉，要求万泽丰公司继续履行合同并支付拖欠的工程款及修理费用等。山东省高级人民法院维持青岛海事法院的一审判决，即双方均有过错，应按责任比例分担救助和临时修复产生的费用。万泽丰公司应依约支付欠付的费用，海洋工程公司应对“深蓝一号”设备的质量瑕疵依法承担修理义务和相应的损失赔偿责任。该案法院按照比例原则合理地划分了双方的责任，体现了司法审判的公平公正原则。法院没有因为养殖设备没有达到预期效果就全盘否认研制建造单位的付出。法院的判决既保护了出资方的利益

① 参见浙江省高级人民法院行政判决书，（2020）浙行终1766号。
② 参见山东省高级人民法院民事判决书，（2021）鲁民终861号。

又维护了研制研发养殖设备公司的合法权益,起到了鼓励研发机构提高创造新设备积极性的作用。

(五)大连凯洋食品有限公司等申请海事强制令案①

由于大连突发境外输入型新冠疫情,大连凯洋食品有限公司(以下简称凯洋公司)通过马士基公司海运进口的内含冷冻海产品的集装箱在港口滞留了数月,超过了马士基公司规定的集装箱免费使用期。马士基公司要求凯洋公司支付滞箱费189万余元,否则拒绝交货。凯洋公司遂向大连海事法院申请海事强制令,请求责令马士基公司立即向其交付货物。最终大连海事法院裁定准许海事强制令申请,责令马士基公司立即向凯洋公司交付货物。在新冠疫情背景下,由于不可抗力导致的我国企业超出集装箱免费使用期的现象较为常见。该案有效地以海事强制令帮助了我国企业应对外国企业的不合理要求。法院的做法加速了滞留港口货物的流转,将船舶货物的损失降至最低,降低了疫情对进出口贸易的影响,长久来看有利于新冠疫情背景下我国贸易的发展。

(六)马士基有限公司与百鲜食品(福建)有限公司海上货物运输合同纠纷案②

马士基有限公司(以下简称马士基公司)从阿根廷运输装载冻鱿鱼的集装箱至中国福建马尾港,收货人为百鲜食品(福建)有限公司(以下简称百鲜公司)。因为疫情的影响需要实行新冠病毒检疫措施,货物于2020年11月6日运抵中转港厦门时先行卸下,直到2020年12月21日才运抵马尾港。马士基公司向厦门海事法院起诉,要求百鲜公司承担中转期间额外产生的集装箱滞留全部费用。厦门海事法院认为,百鲜公司应当补偿马士基公司集装箱中转港滞留费用的一半。该案根据公平原则,合理认定了双方应如何承担中转港集装箱滞留费用。该案法院的判决考虑到了疫情下航运企业的困难,给坚持等待目的港具备卸货条件后完成运输合同的航运企业予以了肯定和司法支持。

(七)通德船舶修造有限公司系列执行案件③

受国际航运市场波动影响,通德船舶修造有限公司(以下简称通德公司)因资金链断裂引发多种合同系列债务纠纷。通德公司在与债权人达成调解协议后,未按生效民事调解书履行法定义务,各申请执行人向南京海事法院申请强制执行。南京海事法院就此案开展了一系列行动,其中包括走访当地相关企业,召开债权人会议,积

① 参见大连海事法院民事裁定书,(2021)辽72行保16号。

② 参见厦门海事法院民事判决书,(2021)闽72民初165号。

③ 参见南京海事法院民事裁定书,(2020)苏72执106号等10案。

极运用以物抵债等方式,最终促成了案件的解决。该案的典型意义在于法院充分发挥了其主观能动性,以司法手段维护了债权人的利益,同时又帮助民营企业度过疫情时面临的难关。该案是法院对执行案件的处理,起到支持民营企业缓解债务压力的带头示范作用。

(八)东盛航运有限公司与商行荣耀国际航运有限公司申请承认和执行外国仲裁裁决案①

东盛航运有限公司(以下简称东盛公司)向上海海事法院申请承认和执行伦敦作出的仲裁裁决。宏达公司提出管辖权异议,认为其作为注册在马绍尔群岛共和国的外国公司,在中国未设立主要办事机构,也无任何财产,中国法院对本案无管辖权。最终上海海事法院裁定驳回宏达公司的管辖权异议,承认与执行该外国仲裁裁决。上海市高级人民法院二审维持一审裁定。在该案中,《纽约公约》得到了准确适用,伦敦作出的仲裁裁决不属于《纽约公约》规定的拒绝承认与执行的情形,外国裁决予以承认和执行。这利于仲裁的发展,保证了仲裁程序的合法公正进行,维持了国内国际经济秩序,促进了对外交往。该案还通过裁判明确了当外国离岸公司注册地、登记地与主要办事机构所在地不一致时,应以主要办事机构所在地作为住所地确定管辖权。我国海事法院依法行使管辖权,维护了我国主权的同时为中外当事人提供了同等保护,在国际上树立了良好的形象。

(九)天津轮驳有限公司申请设立海事赔偿责任限制基金案②

程远公司受华锐公司的委托运输一批货物,期租了天津轮驳有限公司(以下简称轮驳公司)的轮拖带驳船。然而因遭遇恶劣天气,拖缆断裂,发生海损事故。轮驳公司申请以轮拖带的总吨位作为设立海事赔偿责任限制基金的计算标准。华锐公司提出拖轮和驳船是一个整体,应当以拖轮和驳船的合计吨位计算基金数额。后一审裁定按拖轮及驳船的总吨位计算海事赔偿责任基金,辽宁省高级人民法院二审也维持一审裁定。《海商法》中没有详细规定承拖方与被拖方发生海事事故后以何标准设立海事赔偿责任限制基金。司法实践中对该类案件的裁判不统一,该案的典型意义在于为同类案件统一了裁判尺度。

(十)"天使力量"轮船员劳务合同纠纷系列案③

"天使力量"船舶的所有人为利比里亚天使动力投资公司,船舶登记的船籍港为

① 参见上海海事法院民事裁定书,(2020)沪72协外认1号。

② 参见辽宁省高级人民法院民事裁定书,(2021)辽民他280号。

③ 参见广州海事法院民事判决书,(2021)粤72民初956号等15案。

希腊比雷埃夫斯,船舶管理人为泛大洋海事公司。泛大洋海事公司分别与数名希腊籍船员和13名菲律宾籍船员签订了船员雇佣协议。后因与案外人产生纠纷,“天使力量”轮被广州海事法院扣押并依法拍卖。2名希腊籍船员和13名菲律宾籍船员提起诉讼,请求天使动力投资公司支付船员应得劳务报酬等各项费用,并请求确认相关海事请求,以享有船舶优先权,对拍卖款享有优先受偿权。

广州海事法院根据《中华人民共和国涉外民事关系法律适用法》(以下简称《法律适用法》)第8条的规定,认定该案是一起涉外船员劳务纠纷案件。15名外籍船员与天使动力投资公司之间成立劳务合同关系,应根据《法律适用法》第41条规定分别适用船员雇佣合同中约定的菲律宾法律和希腊法律。该船长的行为效力是否可代表被告应适用希腊法律确定。15名船员有关船舶优先权的请求,根据《中华人民共和国海商法》第272条规定应适用中国法律。判决支持了15名外籍船员有关劳务报酬等诉讼请求,同时确认上述海事请求,肯定其具有船舶优先权,可在“天使力量”轮拍卖款中优先受偿。

该案的典型意义在于法院正确适用了《法律适用法》,针对不同的法律关系分别确定了准据法。该案中存在的劳务合同事先约定了适用的法律,法院充分尊重了当事人的意思自治,适用了《法律适用法》第41条。同时,该案涉及对两项外国法律的查明,彰显了我国海事法院外国法查明的能力和水平,也为之后可能发生的类似案件的审理提供了经验。

四、涉外民商事案件统计分析

最高人民法院原院长周强在2022年3月8日所作的《最高人民法院工作报告》中指出,2021年最高人民法院受理案件33,602件,审结28,720件,制定司法解释24件,发布指导性案例31个,加强对全国法院审判工作的监督指导;地方各级人民法院和专门人民法院受理案件3351.6万件,审结、执结3010.4万件,结案标的额8.3万亿元。审结涉港澳台案件2.8万件,办理涉港澳台司法协助互助案件8933件,审结涉侨案件4220件。审结一审涉外民商事案件2.1万件、海事案件1.4万件。① 通过在数据库中对近千个涉外案例进行检索,本文从2021年审结的涉外民商事案件中,挑选出了包含不同法律适用、外国判决承认与执行、区际平行诉讼等问题的具有评析价值的50个国际私法案例进行分析。②

① 《最高人民法院工作报告》,载中华人民共和国最高人民法院网2022年3月15日,https://www.court.gov.cn/zixun-xiangqing-351111.html。

② 法院案件的主要数据库来源是:北大法宝、中国裁判文书网和威科先行。

选定这些案例的考量因素如下:(1)案件类型多元化。样本案例同时包括国际民商事争议和区际民商事争议,案由除常见的合同、侵权以及知识产权纠纷外,还涉及网络侵权责任纠纷、演出合同纠纷等。(2)审理法院多层级。筛选案例的审理的法院包含中级人民法院、高级人民法院和最高人民法院。(3)在部分案件中,一审和二审法院的裁判依据不同,存在定性或者适用法律的差异。对于这部分案件,表中仅列举二审法院的选法依据和法律选择方法,一审法院的审理情况在脚注中予以说明。(4)法律适用原则或方法的多样性。样本案例中尽可能适用不同的法律条款,包括公约的适用等。(5)模范案例和问题案例并存。样本案例中既包含法学素质极高的法官作出的模范判决,也包含法学知识欠缺或者不仔细的法官作出的存在瑕疵或者问题的判决。具体分析情况见表1、表2、表3、表4、表5。

表1 中国法院审理涉外民商事案件抽样统计

序号	当事人及案由	审理法院及案号	涉案国家或地区	适用法律	法律选择方法	选法依据
1	青岛金海链国际贸易有限公司、广州发展碧辟油品有限公司买卖合同纠纷	广东省广州市中级人民法院/(2021)粤01民初1365号	阿联酋、伊朗	中国法律	最密切联系原则、意思自治原则[1]	《法律适用法》第41条
2	卢某某、曹某某等合同纠纷	广东省深圳前海合作区人民法院/(2021)粤0391民初2595号	中国台湾地区	中国内地(大陆)法律	最密切联系原则[2]	《法律适用法》第41条
3	佛山赢星影业有限公司、李某某演出合同纠纷	广东省佛山市中级人民法院/(2021)粤06民终8757号	中国台湾地区	中国内地(大陆)法律	意思自治原则[3]	《法律适用法》第41条

续表

序号	当事人及案由	审理法院及案号	涉案国家或地区	适用法律	法律选择方法	选法依据
4	闽东丛贸船舶实业有限公司与招商局物流集团上海奉贤有限公司、中外运物流华东有限公司所有权确认纠纷	上海市第二中级人民法院/(2020)沪02民终550号	瑞士、新加坡	中国法律、瑞士法律、新加坡法律	动产所在地、意思自治原则[4]	《法律适用法》第37条、第41条、第10条
5	苏某1与管某、铃某等法定继承纠纷	上海市第一中级人民法院/(2021)沪01民终3391号	日本	中国法律、日本法律	共同经常居所地、不动产所在地[5]	《法律适用法》第24条、第31条
6	王某1、王某2等股权转让纠纷	山东省高级人民法院/(2021)鲁民终1428号	德国	中国法律、德国法律	法人登记地、代理行为地[6]	《法律适用法》第14条、第16条
7	巴蒂斯塔・达・丰塞卡・乔纳塔・拉迪斯劳、珠海黑豹拉丁足球培训有限公司劳动争议	广东省珠海市中级人民法院/(2021)粤04民终3101号	巴西	中国法律	劳动者工作地法[7]	《法律适用法》第43条

续表

序号	当事人及案由	审理法院及案号	涉案国家或地区	适用法律	法律选择方法	选法依据
8	吴某某等与温某某民间借贷纠纷	北京市高级人民法院/(2021)京民终868号	美国	中国法律	意思自治原则、最密切联系原则[8]	《法律适用法》第41条
9	洪某某、王某某等民间借贷纠纷	广西壮族自治区高级人民法院/(2021)桂民终1354号	中国台湾地区	中国内地(大陆)法律	最密切联系原则[9]	《法律适用法》第41条
10	詹某某、纪某某民间借贷纠纷	广东省惠州市中级人民法院/(2021)粤13民终3182号	中国台湾地区	中国内地(大陆)法律	最密切联系原则[10]	《中华人民共和国合同法》(以下简称《合同法》,已废止)第126条第1款
11	广州市爱化妆化妆品有限公司、陈某某等网络侵权责任纠纷	广东省广州市中级人民法院/(2021)粤01民终17958号	中国台湾地区	中国内地(大陆)法律	意思自治原则、侵权行为地[11]	《法律适用法》第3条、第44条

续表

序号	当事人及案由	审理法院及案号	涉案国家或地区	适用法律	法律选择方法	选法依据
12	北京讷纳渔科技有限公司等劳动争议纠纷案	北京市第一中级人民法院/(2021)京01民终8808号	中国台湾地区	中国内地(大陆)法律	不明确[12]	未援引
13	绿能(中国)有限公司与聪敏环宇集团有限公司等买卖合同纠纷	上海市普陀区人民法院/(2020)沪0107民初15078号	中国香港特别行政区	中国内地(大陆)法律、中国香港特别行政区法律	最密切联系原则、法人登记地[13]	《法律适用法》第10条、第14条、第41条
14	安徽欧品电器有限公司与胜威诺国际货运代理(上海)有限公司海上货物运输合同纠纷	上海海事法院/(2021)沪72民初468号	意大利	中国法律	最密切联系原则[14]	未援引
15	中农众沃生态科技(北京)有限公司与兰塞姆斯·杰克布森有限公司国际货物买卖合同纠纷	北京市高级人民法院/(2021)京民终204号	英国	中国法律、英格兰与威尔士法律	意思自治原则、法院地法[15]	《法律适用法》第5条、第7条、第8条、第10条、第41条

续表

序号	当事人及案由	审理法院及案号	涉案国家或地区	适用法律	法律选择方法	选法依据
16	浙江若林卫生用品有限公司、利丰供应链管理(中国)有限公司海上货物运输合同纠纷	宁波海事法院/(2021)浙72民初5号	美国	中国法律	特征性履行方法[16]	《法律适用法》第11条
17	太阳能电力有限公司与尚德电力投资有限公司申请承认和执行外国法院民事判决、裁定承认与执行外国法院裁判审查案	上海市第一中级人民法院/(2019)沪01协外认22号	新加坡	中国法律	外国法院判决承认与执行[17]	—
18	武某、王某某申请承认和执行外国法院民事判决、裁定	广东省深圳市中级人民法院/(2021)粤03民初5660号	澳大利亚	中国法律	外国法院判决承认与执行[18]	—
19	美国中华陶艺公司与黄某某等股东损害公司债权人利益责任纠纷	江苏省高级人民法院/(2020)苏民终145号	美国	中国法律	法人登记地、最密切联系原则[19]	《法律适用法》第14条、第41条

续表

序号	当事人及案由	审理法院及案号	涉案国家或地区	适用法律	法律选择方法	选法依据
20	李某某、由某等损害公司利益责任纠纷	山东省高级人民法院/(2020)鲁民终3155号	荷兰	中国法律	最密切联系原则[20]	未直接援引具体法条
21	连云港鸿骏化纤有限公司与赵某某等损害公司债权人利益责任纠纷	上海市虹口区人民法院/(2020)沪0109民初21812号	中国香港特别行政区	中国内地(大陆)法律	意思自治原则[21]	《法律适用法》第44条
22	姜某某与阿里巴巴云计算(北京)有限公司网络域名权属纠纷	北京市海淀区人民法院/(2018)京0108民初62321号	英国	中国法律	被请求保护地[22]	《法律适用法》第48条
23	西卡有限公司、沈阳西卡地坪科技有限公司等侵害商标权纠纷	辽宁省高级人民法院/(2021)辽民终1577号	瑞士	中国法律	被请求保护地[23]	《法律适用法》第50条

续表

序号	当事人及案由	审理法院及案号	涉案国家或地区	适用法律	法律选择方法	选法依据
24	北京吉祥大厦有限公司等知识产权与竞争纠纷	北京市东城区人民法院/(2020)京0101民初10455号	日本	中国法律	被请求保护地[24]	《法律适用法》第48条、第50条
25	罗威欧娱乐公司与中山市芳照游艺设备有限公司侵害商标权纠纷	广东省中山市第一人民法院/(2021)粤2071民初34459号	芬兰	中国法律	意思自治原则[25]	《法律适用法》第50条
26	陈某某、戴某某等申请确认仲裁协议效力纠纷	广东省深圳市中级人民法院/(2021)粤03民特625~627号	荷兰、中国香港特别行政区	中国内地（大陆）法律	仲裁机构所在地[26]	《法律适用法》第18条
27	天津德升酒店管理有限公司、香港豪华酒店(中国)国际管理有限公司申请确认仲裁协议效力申请确认仲裁协议效力纠纷	天津市第一中级人民法院/(2021)津01民特1号	中国香港特别行政区	中国香港特别行政区法律	意思自治原则[27]	《最高人民法院关于适用〈中华人民共和国仲裁法〉若干问题的解释》(以下简称《〈中国仲裁法〉解释》)第16条

续表

序号	当事人及案由	审理法院及案号	涉案国家或地区	适用法律	法律选择方法	选法依据
28	DAEYOUGC & ECO、广州乾鹊机电有限公司申请确认仲裁协议效力纠纷	广东省广州市中级人民法院/(2021)粤01民特1084号	韩国	中国法律	仲裁机构所在地[28]	《法律适用法》第18条
29	陈某、陈某某等不当得利纠纷	广东省中山市中级人民法院/(2021)粤20民终6629号	中国香港特别行政区、中国澳门特别行政区	中国内地(大陆)法律	不当得利发生地[29]	《法律适用法》第47条
30	姜某等与张某某不当得利纠纷	北京市第三中级人民法院/(2021)京03民终9027号	中国台湾地区	中国内地(大陆)法律	不当得利发生地[30]	《法律适用法》第47条
31	施某某、郑某某申请确认仲裁协议效力纠纷	广东省广州市中级人民法院/(2019)粤01民辖终1790号	孟加拉国、中国澳门特别行政区	中国内地(大陆)法律	法院地法[31]	《法律适用法》第18条、《〈中国仲裁法〉解释》第16条

续表

序号	当事人及案由	审理法院及案号	涉案国家或地区	适用法律	法律选择方法	选法依据
32	曹某、田某离婚后财产纠纷	广东省珠海市中级人民法院/（2021）粤04民再51号	中国澳门特别行政区	中国内地（大陆）法律、中国澳门特别行政区法律	法院地法、最密切联系原则、共同经常居所地[32]	《法律适用法》第24条[33]
33	亚拓士软件有限公司与娱美德有限公司等侵害计算机软件著作权纠纷	最高人民法院/（2020）最高法知民终396号	韩国	中国法律	被请求保护地[34]	《法律适用法》第48条、第50条
34	贾某某与张某等委托合同纠纷	北京市第二中级人民法院/（2021）京02民终15285号	西班牙	中国法律	不明确	不明确
35	唐某、黄某某等相邻关系纠纷	广东省佛山市中级人民法院/（2021）粤06民终11839号	中国香港特别行政区	中国内地（大陆）法律	意思自治原则[35]	不明确
36	约翰迪尔（天津）有限公司、弗雷金·约翰·艾伦劳动争议	天津市第三中级人民法院/（2021）津03民终7115号	美国	中国法律	劳动者工作地法[36]	《法律适用法》第43条
37	吴某某、汪某等股权转让合同纠纷	广东省广州市中级人民法院/（2021）粤01民终21895号	中国香港特别行政区	中国内地（大陆）法律	法人登记地[37]	《法律适用法》第14条

续表

序号	当事人及案由	审理法院及案号	涉案国家或地区	适用法律	法律选择方法	选法依据
38	涂某某、叶某某等物权保护纠纷	福建省厦门市中级人民法院/(2021)闽02民终3475号	中国香港特别行政区	中国内地(大陆)法律	不动产所在地[38]	《法律适用法》第36条
39	朱某1、朱某2等占有物返还纠纷	广东省韶关市中级人民法院/(2021)粤02民终872号	中国香港特别行政区	中国内地(大陆)法律	不动产所在地[39]	《法律适用法》第36条
40	中山市小榄镇颐嘉文具商行、罗伊视效动漫有限公司侵害商标权纠纷	广东省中山市中级人民法院/(2021)粤20民终6254号	韩国	中国法律	被请求保护地[40]	《法律适用法》第50条
41	广州市第二建筑工程有限公司、何某某等房屋拆迁安置补偿合同纠纷	广东省广州市中级人民法院/(2021)粤01民终26758号	美国	中国法律	不动产所在地[41]	《法律适用法》第36条
42	邝某某、广州拓展辉煌房地产有限公司等商品房预约合同纠纷	广东省广州市中级人民法院/(2021)粤01民终21950号	德国	中国法律	不动产所在地[42]	《法律适用法》第36条
43	邓某1、邓某法定继承纠纷	浙江省杭州市中级人民法院/(2020)浙01民终7734号	德国	中国法律	死亡时经常居所地、不动产所在地[43]	《法律适用法》第31条、第32条、第33条

续表

序号	当事人及案由	审理法院及案号	涉案国家或地区	适用法律	法律选择方法	选法依据
44	李某1、李某2等房屋拆迁安置补偿合同纠纷	广东省广州市中级人民法院/(2021)粤01民再81号	中国香港特别行政区	中国内地(大陆)法律	意思自治原则[44]	《法律适用法》第41条
45	李某某、伊格拉斯国际有限公司、浙江桐德光电科技有限公司与公司、证券、保险、票据等有关的民事纠纷	浙江省嘉兴市中级人民法院/(2020)浙04民初9号	中国香港特别行政区	中国内地(大陆)法律	法人登记地[45]	《法律适用法》第14条
46	森文国际物流(上海)有限公司与意旺迅国际货运代理(上海)有限公司货运代理合同纠纷	上海市浦东新区人民法院/(2020)沪0115民初63690号	中国香港特别行政区	中国内地(大陆)法律	区际平行诉讼	—
47	有限公司关口等与孙某某等侵害商标权及不正当竞争纠纷	天津市高级人民法院/(2019)津民终565号	日本	中国法律	被请求保护地[46]	《法律适用法》第48条、第50条
48	王某与某贸易公司跨境股权转让纠纷	江苏省苏州市中级人民法院/(2021)苏05民终2105号	埃塞俄比亚	埃塞俄比亚法律、中国法律	意思自治原则、法人登记地[47]	《法律适用法》第14条、第41条
49	广发信德投资管理有限公司与富领科技发展有限公司等与公司有关的民事纠纷	广东省高级人民法院/(2019)最高法和民事终517号	中国香港特别行政区	中国内地(大陆)法律	意思自治原则[48]	《法律适用法》第41条

续表

序号	当事人及案由	审理法院及案号	涉案国家或地区	适用法律	法律选择方法	选法依据
50	OPPO广东移动通信有限公司等与夏普株式会社等标准必要专利许可纠纷管辖权异议纠纷	最高人民法院/(2020)最高法知民辖终517号	日本	中国	管辖权异议	—

〔1〕一审法院认为,本案所涉货物是从境外运输至中国境内,故本案属国际货物买卖合同纠纷,系涉外民商事纠纷案件。根据《法律适用法》第41条:"当事人可以协议选择合同适用的法律。当事人没有选择的,适用履行义务最能体现该合同特征的一方当事人经常居所地法律或者其他与该合同有最密切联系的法律。"本案中,双方当事人均是在中华人民共和国设立的公司,约定货物的交付地点亦是在中国境内,且在一审开庭时均表示同意适用中华人民共和国法律作为准据法,故本案适用中国法作为准据法。

〔2〕本案为涉台合同纠纷。当事人未明确约定法律的适用,本案案涉款项转款地、二原告住址、被告住所均在中国大陆,故依照《法律适用法》第41条规定的最密切联系原则,应适用中国大陆法律作为解决本案争议的准据法。

〔3〕一审法院认为,该案为演出合同纠纷,李某某为中国台湾地区居民,该案具有涉台因素,属于涉台民商事纠纷。依照《最高人民法院关于适用〈中华人民共和国民事诉讼法〉的解释》(以下简称《〈民事诉讼法〉司法解释》)第551条之规定,应参照适用涉外民事诉讼程序的特别规定进行审理。根据《法律适用法》第41条规定,庭审中,经询问,李某某、赢星公司共同约定该案适用大陆法律。二审法院认为,本案系演出合同纠纷,李某某为中国台湾地区居民,本案属于涉台商事案件,双方当事人对一审法院适用大陆法律审理本案没有异议,本案准据法为中国大陆法律。

〔4〕本院认为,本案当事人之一温特图尔公司系注册于瑞士联邦的外国法人,关于本案法律适用,首先,就本案原告招商奉贤公司与其余各被告之间的动产所有权确认这一基础法律关系,依据《法律适用法》第37条"当事人没有选择的,适用法律事实发生时动产所在地法律"之规定,即应适用中华人民共和国法律进行审理;其次,依据《法律适用法》第41条"当事人可以协议选择合同适用的法律"之规定,涉及温特图尔公司与丛贸公司之间就《供货合同》项下的权利义务问题则应适用双方约定的瑞士法律规定;最后,涉及中外运公司、温特图尔公司及瓦锡兰中国有限公司之间的《和解协议》项下的权利义务问题则适用各方约定的新加坡法律规定。本案涉及外国法的查明,援引了《法律适用法》第10条。

〔5〕根据《法律适用法》及其解释的相关规定,夫妻财产关系,当事人可以协议选择适用一方当事人经常居所地法律、国籍国法律或者主要财产所在地法律。当事人没有选择的,适用共同经常居所地法律;没有共同经常居所地的,适用共同国籍国法律。自然人在涉外民事关系产生时已经连续居住一年以上且作为其生活中心的地方,可以认定为该自然人的经常居所地。根据出入境记录,苏某4于1991年6月起常年居住于日本,其与铃某在日本于1994年6月27日登记结婚。铃某系日本国籍,该两人的共同经常居所地系日本。因苏某4已死亡,现当事人均未提交证据证明苏某4与铃某二人有关于夫妻财产关系法律适用的约定,故应由法院依照法律规定选择适用二人的共同经常居所地法律即日本的法律作为准据法。另外一审法院指出,根据《法律适用法》第31条规定,法定继承适用被继承人死亡时经常居所地法律,但不动产法定继承,适用不动产所在地法律。故本案关于系争房屋的继承方式,适用中国法律。

〔6〕二审法院认为,本案系股权转让纠纷,本院予以确认。李某某与王某争议的烤鸭店在德国登记,

本案为涉外民事纠纷。根据《法律适用法》第 14 条的规定,关于公司股权转让、股东权利义务等事项适用登记地法律。原审法院就处理李某某与王某之间的争议适用德国法律,适用法律正确。王某代收股权款的行为发生在中国,根据《法律适用法》第 16 条的规定,代理适用代理行为地法律,准据法为中国法。

〔7〕二审法院认为,关于本案的法律适用。巴塔是巴西公民,本案为涉外劳动争议纠纷案件。根据《法律适用法》第 43 条规定,劳动合同适用劳动者工作地法律。

〔8〕二审法院认为,吴某某、林某某系美利坚合众国籍,故本案属于涉外民事纠纷。关于法律适用中的准据法适用,一审法院依照《法律适用法》第 41 条的规定,考虑到各方当事人的经常居所地均在中华人民共和国领域内,且各方当事人均表示同意适用中华人民共和国法律,因而适用中华人民共和国法律作为处理本案纠纷的准据法。

〔9〕二审法院认为,洪某某为中国台湾地区居民,本案系涉台民商事纠纷。一审法院根据《法律适用法》第 41 条的规定,并结合涉案《个人投资合作协议》签订地、履行地皆在广西壮族自治区南宁市,确定本案准据法为中国大陆法律。

〔10〕二审法院认为,詹某某、纪某某均系中国台湾地区居民,故本案为涉台民间借贷纠纷案件,属于借款合同纠纷的一种。由于当事人没有选择处理合同争议所适用的准据法,因而应参照《合同法》第 126 条第 1 款的规定,本案应适用与合同有最密切联系地的法律。因纪某某主张涉案借款发生在大陆,故应以大陆法律作为准据法。根据《最高人民法院关于适用〈中华人民共和国涉外民事关系法律适用法〉若干问题的解释(一)》(以下简称《〈法律适用法〉司法解释(一)》)第 19 条的规定,涉台民事案件不能参照适用《法律适用法》。一审法院适用该法第 41 条的规定,属于适用法律有瑕疵,二审法院予以纠正。

〔11〕一审法院认为,《法律适用法》第 3 条规定"当事人依照法律规定可以明示选择涉外民事关系适用的法律",陈某某作为被侵权人,明示选择适用大陆法律,故本案以大陆法律为准据法。二审法院认为,因陈某某系中国台湾地区居民,故本案属涉台民事纠纷案件。本案中,陈某某主张的侵权行为发生在中国大陆,依据《法律适用法》第 44 条的规定"侵权责任,适用侵权行为地法律,但当事人有共同经常居所地的,适用共同经常居所地法律。侵权行为发生后,当事人协议选择适用法律的,按照其协议",故一审法院适用中国大陆法律作为解决案涉纠纷的准据法准确合法。

〔12〕本案判决文书中完全没有提及这是一个涉外案件。

〔13〕法院认为本案属涉港纠纷,且存在两个法律关系。根据《〈法律适用法〉司法解释(一)》第 11 条"案件涉及两个或者两个以上的涉外民事关系时,人民法院应当分别确定应当适用的法律"的规定,本案所涉两个法律关系应分别适用准据法。原告与被告聪敏公司之间的买卖合同关系,根据《法律适用法》第 41 条的规定,考虑到双方在买方位于内地的主营业地相识磋商,合同约定 CFR 内地港口交货,合同签订地在内地,法院认定认为与本案具有最密切联系地为中国内地,所以买卖合同关系及相关债的纠纷适用中国内地法律。对于被告公司能否被否认人格的法律适用,因被告聪敏公司的注册地位于香港特别行政区,根据《法律适用法》第 14 条规定适用法人登记地法律即中国香港特别行政区法律为准据法。根据《法律适用法》第 10 条,法院委托华政外国法查明中心对香港特别行政区法律查明。

〔14〕法院认为本案系海上货物运输合同纠纷,具有涉外因素。双方当事人就本案法律适用未达成一致意见,涉案货物从南京出运,原、被告均为在中国境内注册的公司,中国与本案具有最密切联系,因此本案应适用中国法律审理。

〔15〕二审法院认为本案系合同纠纷。按照《法律适用法》第 8 条的规定,涉外民事关系的定性,适用法院地法律即中国法。涉案公司是在大不列颠及北爱尔兰联合王国注册成立的外国企业,根据《〈民事诉讼法〉司法解释》第 522 条第 1 项之规定,本案属于涉外民事案件。法院还援引了《法律适用法》第 7 条即诉讼时效适用相关涉外民事关系应当适用的法律,故对本案诉讼请求时效亦应以英格兰及威尔士法律为准据法。本案法律适用中的程序法律适用,根据《民事诉讼法》(2017 年修正)第 259 条之规定,本案属于国际货物买卖合同纠纷,对此适用《法律适用法》第 41 条规定。本案中双方当事人明确表示适用英格兰及威尔士法律,该约定是双方当事人的真实意思,合法有效,合同相关问题适用英格兰及威尔士法律为准据法。根据《法律适用法》第 5 条规定,外国法律的适用将损害中华人民共和国社会公共利益的,适用中华人民共和国法律。本案适用外国法不损害中华人民共和国社会公共利益故适用该外国法。根据该法

第10条规定,当事人选择适用外国法律的,应当提供该国法律。不能查明外国法律或者该国法律没有规定的,适用中华人民共和国法律。当事人提供了外国法,所以适用英格兰及威尔士法律。

〔16〕法院认为原、被告之间系海上货物运输合同关系,涉案货运的卸货港及交货地均为美国诺福克港,涉案纠纷亦因境外放货引起,故本案具有涉外因素。因涉案货运的装货港为中国宁波港,我国法院对该案具有管辖权。根据《法律适用法》第41条规定,当事人没有选择合同适用法律的,适用履行义务最能体现该合同特征的一方当事人经常居所地法律或者其他与该合同有最密切联系的法律。本案原、被告均为我国企业法人,涉案货运的装货港也在我国境内,故我国法律最能体现涉案合同的特征,本案准据法为中国法。

〔17〕法院认为,首先我国最高人民法院与新加坡最高法院之间签署过备忘录,其中载明我国法院可以在互惠基础上承认与执行新加坡法院的判决,新加坡法院可以根据普通法的规定执行中国法院的判决。这表明我国与新加坡之间存在法律互惠,在同等情况下我国作出的民商事判决可以得到新加坡法院的承认和执行。其次,新加坡高等法院有承认和执行我国法院判决的先例,我国法院亦有承认和执行新加坡法院判决的案例,说明我国与新加坡之间存在事实互惠。据此,可以认定我国与新加坡之间存在互惠关系,该判决也没有违反我国社会公共利益,因而予以承认。

〔18〕法院认为,武某向本院申请承认的离婚令为澳大利亚联邦巡回法院作出,因澳大利亚联邦与我国没有订立司法协助协议,根据《最高人民法院关于中国公民申请承认外国法院离婚判决程序问题的规定》(2020年修正)第1条、第5条的规定,本院具有管辖权。澳大利亚联邦巡回法院作出文件编号为(P)SYCXXXX/2021的离婚令,判决双方于2021年6月26日终止婚姻关系,该离婚令已生效,双方之间的婚姻关系已据此解除。该离婚令不违反我国法律的基本原则,不危害我国国家主权、安全和社会公共利益,本院予以承认。

〔19〕法院认为,因中华陶艺公司系美国企业,故本案是涉外商事案件。根据《法律适用法》第41条的规定,当事人可以协议选择合同适用的法律。当事人没有选择的,适用履行义务最能体现该合同特征的一方当事人经常居所地法律或者其他与该合同有最密切联系的法律。因案涉货物出口至中国,且中华陶艺公司主张承担付款义务的黄某某、吴某某住所地亦在中国,故与本案合同关系有最密切联系的是中华人民共和国法律,合同关系的审理应当适用中华人民共和国法律。同时。根据该法第14条的规定,法人及其分支机构的民事权利能力、民事行为能力、组织机构、股东权利义务等事项,适用登记地法律。黄某某、吴某某是否应当承担股东清算责任亦应适用云禧公司登记地法律,即中华人民共和国法律。

〔20〕一审法院认为,本案系损害公司利益责任纠纷,因音都密斯公司系荷兰王国注册成立的公司,故本案属于涉外商事纠纷。因各方一致同意适用中华人民共和国法律解决本案纠纷,根据《法律适用法》的规定,一审法院以中华人民共和国法律作为解决本案实体争议的准据法。二审法院对此予以支持。

〔21〕法院认为,本案系股东损害公司债权人利益责任纠纷,被告系香港特别行政区居民,根据《法律适用法》第44条规定,侵权责任,适用侵权行为地法律,但当事人有共同经常居所地的,适用共同经常居所地法律。侵权行为发生后,当事人协议选择适用法律的,按照其协议。案涉各方均同意选择中国内地法律作为本案准据法,而第三人亦注册于上海,侵权行为地位于上海,故本案准据法应为中国内地法律。

〔22〕法院认为本案争议主要为涉案域名的归属问题,涉及涉外民事法律关系,依据《法律适用法》第48条的规定,知识产权的归属和内容,适用被请求保护地法律。姜某某在中华人民共和国境内提起诉讼,法院依法适用我国法律为准据法。

〔23〕一审法院认为,西卡公司注册地为瑞士,系外国法人,故本案属于涉外民事法律关系,根据《法律适用法》第50条,应适用被请求保护地即中华人民共和国法律作为处理本案纠纷的准据法,二审法院对此予以支持。

〔24〕法院认为因原告蒂姆联铂株式会社所属国为日本,故本案系涉外知识产权民事纠纷案件。《法律适用法》第48条规定,知识产权的归属和内容,适用被请求保护地法律。第50条规定,知识产权的侵权责任,适用被请求保护地法律。本案中,就涉案侵犯著作权行为及不正当竞争行为所对应的民事权益被请求保护地均系我国境内,故本案关于涉案侵犯著作权行为及不正当竞争行为的侵权责任认定等问题均应适用中华人民共和国法律进行审理。

〔25〕法院认为,本案为涉外侵害商标权及不正当竞争纠纷。各方当事人一致同意适用中华人民共和国法律处理本案纠纷,根据《法律适用法》第50条有关"知识产权的侵权责任,适用被请求保护地法律,当事人也可以在侵权行为发生后协议选择适用法院地法律"的规定,本案应以中华人民共和国法律作为准据法。

〔26〕法院认为,涉案仲裁系民间借贷纠纷,陈某某申请仲裁的依据是三份《借款合同》、三份《保证合同》及十份《借款展期合同》中的仲裁条款,其中签约方之一马某1系荷兰国籍、马某2为香港特别行政区永久性居民,具有涉外及涉港因素。根据《法律适用法》第18条的规定,"当事人可以协议选择仲裁协议适用的法律。当事人没有选择的,适用仲裁机构所在地法律或者仲裁地法律"。本案中当事人并未约定认定仲裁条款效力应适用的法律,故本院适用仲裁机构所在地法律即中国内地法律作为本案的准据法。

〔27〕法院认为本案是确认仲裁协议效力的案件。法院援引了《〈中国仲裁法〉解释》第16条规定,对涉外仲裁协议的效力审查,适用当事人约定的法律;当事人没有约定适用的法律但约定了仲裁地的,适用仲裁地法律;没有约定适用的法律也没有约定仲裁地或者仲裁地约定不明的,适用法院地法律。德升酒店公司与香港豪华酒店(中国)公司签订的《管理合同》中仅约定了合同根据中国法律加以解释、并接受中国法律的管辖,不能作为确认合同中仲裁条款效力适用的法律。双方在《管理合同》的仲裁条款约定了仲裁地为香港特别行政区,应适用香港特别行政区法律。

〔28〕法院认为本案涉及仲裁条款的准据法问题。根据《法律适用法》第18条规定,当事人可以协议选择仲裁协议适用的法律,当事人没有选择的,适用仲裁机构所在地法律或者仲裁地法律。案涉合同未对第14条仲裁条款应适用的法律作出约定,但约定了仲裁机构为广州仲裁委员会,故应适用仲裁机构所在地即中华人民共和国法律作为认定仲裁协议效力的准据法。

〔29〕二审法院认为,因上诉人陈某是香港特别行政区永久性居民,被上诉人陈某某、孔某某是澳门特别行政区永久性居民,所以,本案为涉港澳不当得利纠纷。根据《法律适用法》第47条"不当得利、无因管理,适用当事人协议选择适用的法律。当事人没有选择的,适用当事人共同经常居所地法律;没有共同经常居所地的,适用不当得利、无因管理发生地法律"以及《〈法律适用法〉司法解释(一)》第19条"涉及香港特别行政区、澳门特别行政区的民事关系的法律适用问题,参照适用本规定"的规定,因各方当事人没有协议选择适用的法律,也没有共同的经常居所地,所以按照不当得利发生地法律即内地法律作为本案的准据法进行审理。

〔30〕一审法院认为,本案属涉台债权纠纷,应比照涉外案件处理。根据《法律适用法》第47条的规定:"不当得利、无因管理,适用当事人协议选择适用的法律。当事人没有选择的,适用当事人共同经常居所地法律;没有共同经常居所地的,适用不当得利、无因管理发生地法律。"本案中,双方当事人无协议选择适用的法律,双方争议的122万元不当得利发生地为大陆,故本案应适用大陆法律作为解决本案争议的准据法。二审法院也支持一审法院以不当得利发生地法律为准据法。

〔31〕法院认为,本案为申请确认涉澳仲裁协议效力案件。关于案涉仲裁条款的准据法问题,《法律适用法》第18条规定,当事人可以协议选择仲裁协议适用的法律,当事人没有选择的,适用仲裁机构所在地法律或仲裁地法律。《〈中国仲裁法〉解释》第16条规定,对涉外仲裁协议的效力审查,适用当事人约定的法律;当事人没有约定适用的法律但约定了仲裁地的,适用仲裁地法律;没有约定适用的法律也没有约定仲裁地或者仲裁地约定不明的,适用法院地法律。本案中,在当事人对仲裁协议应适用的法律、仲裁地、仲裁机构、仲裁机构所在地均未作出约定的情况下,应适用法院地法即我国法律作为认定仲裁协议效力的准据法。

〔32〕二审法院认为,本案系田某就离婚所产生的财产分割提起的诉讼,首先应当确定夫妻财产关系即夫妻共同财产的范围。因本案双方当事人是在澳门特别行政区缔结的婚姻,故本案涉及夫妻财产关系的法律适用和离婚后财产分割的法律适用两个法律适用问题。根据《法律适用法》第24条规定,曹某与田某夫妻财产关系应以双方共同经常居所地即澳门特别行政区的实体法作为准据法。关于本案双方当事人离婚后财产分割的法律适用问题,根据《法律适用法》第27条"诉讼离婚,适用法院地法律"的规定,本案应适用内地法律作为处理双方离婚所产生的财产分割争议的准据法。再审法院指出本案涉及不动产是否构成赠与的法律问题。从上海房产购买房源、赠与协议签订主体、买卖公有住房行为发生所在地、

支付地及登记权利人取得的过程,争议房产所在地均在内地,根据最密切联系原则,认定上海房产是否构成赠与应当适用中华人民共和国法律,并非适用澳门特别行政区的实体法作为处理赠与问题的准据法。

〔33〕一审法院援引《法律适用法》第24条,二审法院援引了《法律适用法》第24条、第27条,再审法院援引《法律适用法》第24条并提到不动产是否构成赠予应根据最密切联系原则确定准据法,但是再审法院并没有援引《法律适用法》中涉及最密切联系原则的法条。

〔34〕二审法院认为,本案系涉韩侵害计算机软件著作权纠纷。《法律适用法》第48条规定:"知识产权的归属和内容,适用被请求保护地法律。"该法第50条规定:"知识产权的侵权责任,适用被请求保护地法律,当事人也可以在侵权行为发生后协议选择适用法院地法律。"因案涉侵权行为发生在中国境内,本案应适用中华人民共和国法律。

〔35〕二审法院认为本案是涉港相邻关系纠纷。该案属于涉港民事纠纷,应适用《民事诉讼法》涉外编的有关规定进行审理。由于该案双方在一审诉讼中均明确表示同意适用内地法律审理该案纠纷,故该案适用中华人民共和国内地法律进行审理。

〔36〕一审法院认为,本案系涉外劳动争议案件,根据《法律适用法》第43条"劳动合同,适用劳动者工作地法律;难以确定劳动者工作地的,适用用人单位主营业地法律。劳务派遣,可以适用劳务派出地法律"的规定,本案劳动者工作地为天津,且双方当事人均同意适用我国法律,故应适用中华人民共和国法律审理。二审法院对一审法院予以支持。

〔37〕一审法院认为,本案属于涉港民商事纠纷,故应参照涉外民商事案件确定法律适用。本案系吴某某将其持有的金宏骏公司股权转让给汪某某、蔡某某后,就公司债权债务及利润分配问题而引起的与公司有关的纠纷,而金宏骏公司是依照中华人民共和国内地法律登记的有限责任公司,根据《法律适用法》第14条第1款的规定,应以中华人民共和国内地法律作为解决本案争议的准据法。二审法院对一审法院准据法的选择予以认可。

〔38〕二审法院认为,本案被上诉人叶某某、涂某1、涂某2系香港特别行政区居民,本案为涉港物权保护纠纷,因本案讼争不动产在内地,根据《法律适用法》第36条规定,本案应适用中国内地法律为准据法。

〔39〕二审法院认为,本案为涉港占有物返还纠纷。根据《〈民事诉讼法〉司法解释》(2020年版)第551条规定:"人民法院审理涉及香港、澳门特别行政区和台湾地区的民事诉讼案件,可以参照适用涉外民事诉讼程序的特别规定。"本案应参照涉外民事诉讼程序的特别规定处理。参照《法律适用法》第36条规定:"不动产物权,适用不动产所在地法律。"因涉案不动产系位于我国内地,本案应适用我国内地法律为准据法。

〔40〕一审法院认为,本案为涉韩侵害商标权纠纷。《法律适用法》第50条规定:"知识产权的侵权责任,适用被请求保护地法律,当事人也可以在侵权行为发生后协议选择适用法院地法律。"故本案适用中华人民共和国法律作为解决本案争议的准据法。二审法院对一审法院准据法的确认予以支持。

〔41〕二审法院认为,本案系涉外房屋拆迁安置补偿合同纠纷。依据《〈民事诉讼法〉司法解释》(2020年版)第522条第1项、第2项之规定,本案应认定为涉外民事案件,适用涉外民事案件程序进行审理。根据《法律适用法》第36条之规定,"不动产物权,适用不动产所在地法律",因涉案不动产位于广州市荔湾区,应适用中华人民共和国法律作为准据法。

〔42〕二审法院认为,本案为商品房预约合同纠纷,邝某某系德国公民,本案属于因不动产引起的纠纷,故本案为涉外不动产纠纷案件。《法律适用法》第36条规定:"不动产物权,适用不动产所在地法律。"案涉不动产位于中国,且各方当事人均对本案适用中国法律作为处理本案纠纷的准据法并无异议,故法院依法确认本案适用中华人民共和国法律作为准据法。

〔43〕一审法院认为,本案系法定继承纠纷。关于本案的法律适用,《法律适用法》第31条规定,法定继承,适用被继承人死亡时经常居所地法律,但不动产法定继承,适用不动产所在地法律。第32条规定,遗嘱方式,符合遗嘱人立遗嘱时或者死亡时经常居所地法律、国籍国法律或者遗嘱行为地法律的,遗嘱均为成立。第33条规定,遗嘱效力,适用遗嘱人立遗嘱时或者死亡时经常居所地法律或者国籍国法律。因本案被继承人死亡时经常居所地及案涉房屋所在地均在中华人民共和国领域内,故本案适用中华人民共和国法律。二审法院对一审法院准据法的选择予以支持。

〔44〕再审法院认为,本案系房屋拆迁安置补偿合同纠纷,李某1是香港特别行政区永久性居民,故本案属于涉港民商事纠纷,应参照涉外民商事案件处理。双方当事人均表示同意适用我国内地法律作为处理本案纠纷的准据法,根据《法律适用法》第41条的规定,再审法院确定中国内地法律为准据法。

〔45〕一审法院认为,因被告伊格拉斯公司是在香港特别行政区注册成立的公司,故本案属于涉港案件。根据《法律适用法》第14条规定,法人及其分支机构的民事权利能力、民事行为能力、组织机构、股东权利义务等事项,适用登记地法律。本案系与公司有关的纠纷,应适用李某某所主张的目标公司桐德光电的登记地法,即中国内地法律。

〔46〕二审法院认为,本案为具有涉外因素的知识产权纠纷案件,根据《法律适用法》第48条、第50条的规定,应当适用被请求保护地法律,即中华人民共和国法律。

〔47〕二审法院认为,本案系股权转让纠纷。就王某与贸易公司是否存在股权代持合意的问题,双方在书面合同中约定适用中国法律,符合《法律适用法》第41条的规定,故适用中国法为准据法。但是贸易公司要求王某配合变更股权登记的诉讼请求,由于涉及公司股东变更,依照《法律适用法》第14条规定,应当适用钢铁公司登记地的埃塞俄比亚法律。

〔48〕一审法院认为,本案为涉外股权转让纠纷。根据《法律适用法》第41条规定:"当事人可以协议选择合同适用的法律。当事人没有选择的,适用履行义务最能体现该合同特征的一方当事人经常居所地法律或者其他与该合同有最密切联系的法律。"涉案增资协议约定其适用中国法律,各方当事人对此均无异议,一审法院确认本案适用中国内地法律,二审法院对此予以支持。

表2 涉外民商事案件适用法律情况

准据法类别		涉案数量/件	比例/%
中国法律	中国内地(大陆)法律	49	87.5
	中国香港特别行政区法律	1	1.79
	中国澳门特别行政区法律	1	1.79
外域法		5	8.93

注:个别案件由于法律关系比较复杂,存在两个准据法。比例计算到小数点后两位。

表3 涉外民商事案件纠纷类型分布

纠纷类型	涉案数量/件	比例/%
合同纠纷	7	14
知识产权纠纷	7	14
与公司有关的纠纷	5	10
民间借贷纠纷	3	6
物权纠纷	2	4
民事主体间房屋拆迁补偿合同纠纷	1	2
不当得利纠纷	2	4
婚姻家庭、继承纠纷	3	6

续表

纠纷类型	涉案数量/件	比例/%
网络域名权属纠纷	1	2
商品房预约合同纠纷	1	2
相邻关系纠纷	1	2
确认仲裁协议效力	4	8
劳动争议纠纷	3	6
演出合同纠纷	1	2
占有物返还纠纷	1	2
外国判决承认与执行	2	4
股权转让纠纷	3	6
网络侵权责任纠纷	1	2
海事海商纠纷	2	4

表4　涉外民商事案件法律适用方法

类别	涉案数量/件	比例/%
意思自治原则	13	20.63
最密切联系原则	10	15.87
特征性履行方法	1	1.59
被请求保护地	6	9.52
不动产所在地	6	9.52
动产所在地	1	1.59
不当得利发生地	2	3.17
劳动者工作地	2	3.17
共同经常居所地	2	3.17
法院地法	3	4.76
法人登记地	6	9.52
侵权行为地	1	1.59

续表

类别	涉案数量/件	比例/%
死亡时经常居所地	1	1.59
区级平行诉讼	1	1.59
仲裁机构所在地	2	3.17
代理行为地	1	1.59
外国判决承认与执行	2	3.17
管辖权异议	1	1.59
不明确	2	3.17

注:个别案件由于法律关系比较复杂,因此会涉及两个或两个以上的法律选择方法。比例计算到小数点后两位。

表5　涉外民商事案件援引国际私法条文次数统计

被援引法条	被援引次数
《法律适用法》第3条	1
《法律适用法》第5条	1
《法律适用法》第7条	1
《法律适用法》第8条	1
《法律适用法》第10条	3
《法律适用法》第14条	6
《法律适用法》第16条	1
《法律适用法》第18条	3
《法律适用法》第24条	2
《法律适用法》第31条	2
《法律适用法》第32条	1
《法律适用法》第33条	1
《法律适用法》第36条	4
《法律适用法》第37条	1
《法律适用法》第41条	13
《法律适用法》第43条	2

续表

被援引法条	被援引次数
《法律适用法》第 44 条	2
《法律适用法》第 47 条	2
《法律适用法》第 48 条	4
《法律适用法》第 50 条	6
《民事诉讼法》第 259 条	1
《民事诉讼法》第 281 条	1
《民事诉讼法》第 282 条	2
《〈法律适用法〉司法解释(一)》第 1 条	1
《〈法律适用法〉司法解释(一)》第 11 条	1
《〈法律适用法〉司法解释(一)》第 13 条	1
《〈法律适用法〉司法解释(一)》第 17 条	2
《〈法律适用法〉司法解释(一)》第 19 条	2
《〈中国仲裁法〉解释》第 16 条	2
《〈民事诉讼法〉司法解释》(2014 年版)第 522 条第 1 项	2
《〈民事诉讼法〉司法解释》(2014 年版)第 543 条(现为第 541 条)	2
《〈民事诉讼法〉司法解释》(2014 年版)第 551 条	2
《合同法》第 126 条	1

注:个别案件由于法律关系比较复杂,因此援引两个或两个以上的法律条款。此处指的国际私法条文是指广义上的国际私法条文。

五、涉外民商事案件法律适用存在的问题

分析上述案例,可以发现法院的判决除说理不充分以外,还存在以下问题:

(一)援引法条老旧

在佛山赢星影业有限公司、李某某演出合同纠纷案①中法院仍在援引 2014 年 12 月 18 日由最高人民法院审判委员会第 1636 次会议通过的《〈民事诉讼法〉司法解释》第 551 条。实则 2020 年 12 月 23 日最高人民法院审判委员会第 1823 次会议通

① 广东省佛山市中级人民法院民事判决书,(2021)粤 06 民终 8757 号。

过的最高人民法院《关于修改〈最高人民法院关于人民法院民事调解工作若干问题的规定〉等十九件民事诉讼类司法解释的决定》第一次修正了《〈民事诉讼法〉司法解释》。之后,2022 年 3 月 22 日最高人民法院审判委员会第 1866 次会议通过的《关于修改〈最高人民法院关于适用《中华人民共和国民事诉讼法》的解释〉的决定》进行了第二次修正。法院在判决中援引的 2014 年《〈民事诉讼法〉司法解释》第 551 条已经被 2022 年修正的《〈民事诉讼法〉司法解释》第 549 条取代了。中农众沃生态科技(北京)有限公司与兰塞姆斯·杰克布森有限公司国际货物买卖合同纠纷案①中也存在援引法条老旧现象。法官援引的是 2014 年旧版本的《〈民事诉讼法〉司法解释》第 522 条第 1 项而非 2020 年新版本的《〈民事诉讼法〉司法解释》第 520 条第 1 项。援引法条老旧错误的案件还存在于太阳能电力有限公司与尚德电力投资有限公司申请承认和执行外国法院民事判决、裁定承认与执行外国法院裁判审查案②与朱某 1、朱某 2 等占有物返还纠纷案③中。

(二)错误理解意思自治原则

在广州市爱化妆化妆品有限公司、陈某某等网络侵权责任纠纷案④中,法官援引了《法律适用法》第 3 条,认为陈某某作为被侵权人,明示选择适用中国大陆法律,故该案以大陆法律为准据法。二审法院认为,因陈某某是我国台湾地区居民,所以该案是涉台民事纠纷案件。该案中,陈某某主张侵权行为发生在我国大陆,依据《法律适用法》第 44 条的规定,一审法院适用我国大陆法律作为解决案涉纠纷的准据法准确合法。从这里可以看出,二审法院没有纠正一审法院援引《法律适用法》第 3 条的错误,只是在其基础上又援引了《法律适用法》第 44 条。这种做法是有欠缺的,首先,这是一个涉台侵权责任纠纷,可以直接适用《法律适用法》第 44 条这个具体的针对一般侵权的规定,援引《法律适用法》第 3 条多此一举,并无必要。其次,一审和二审法院都存在错误理解意思自治原则的问题。意思自治原则是应该双方当事人均同意适用某国家/地区法才成立,而不仅仅是案件中的一方表示愿意适用中国大陆法律就适用中国大陆法律。该案中,法院主张陈某某明示选择适用中国大陆法律就选择了中国大陆法律作为准据法的观点是错误的。因为陈某某只是一方当事人,其单方面意愿不能构成意思自治原则的适用。由于侵权行为地在中国大陆,所以即使

① 参见北京市高级人民法院民事判决书,(2021)京民终 204 号。

② 参见上海市第一中级人民法院民事裁定书,(2019)沪 01 协外认 22 号。

③ 参见广东省韶关市中级人民法院民事判决书,(2021)粤 02 民终 872 号。

④ 参见广东省广州市中级人民法院民事判决书,(2021)粤 01 民终 17958 号。

法院选择法律的推导过程错误,本案最终适用的准据法仍为中国大陆法律,法律适用的结果相同。

另一种意思自治原则适用错误表现为《法律适用法》中没有规定可以适用意思自治原则的法律关系,不能援引意思自治原则,但却有案件援引了意思自治原则。例如李某某、由某等损害公司利益责任纠纷案,①法院认为因各方一致同意适用中华人民共和国法律解决本案纠纷,根据《法律适用法》的规定,一审法院以中华人民共和国法律作为解决本案实体争议的准据法。该案纠纷性质主要是股东权利义务,对公司忠诚的义务,应该适用《法律适用法》第 14 条,而第 14 条中没有规定可以适用意思自治原则,所以该案确定准据法的方法错误。

(三)未说明所援引的法条

北京讷纳渔科技有限公司等劳动争议纠纷案②是涉台劳动纠纷案,但是在该判决书中完全没有提及此为涉台案件就直接适用了中国大陆法律,未说明准据法的法律选择方式。此案虽然是最高人民法院发布的人民法院台胞权益保障十大典型案例之一,其判决结果有着一视同仁地保障台湾同胞就业权益的模范带头作用,但是判决书本身实则存在没有援引《法律适用法》法条的问题。在判决书中,法官应首先指出这是一个涉台案件,再根据案件劳动争议纠纷的性质参照适用《法律适用法》第 43 条关于"劳动合同,适用劳动者工作地法律;难以确定劳动者工作地的,适用用人单位主营业地法律。劳务派遣,可以适用劳务派出地法律"的规定,从该条得出,劳动合同纠纷适用劳动者工作地法律。由于该案中劳动者工作地在中国大陆,所以将中国大陆法律作为准据法。

同样没有援引《法律适用法》法条的问题在安徽欧品电器有限公司与胜威诺国际货运代理(上海)有限公司海上货物运输合同纠纷案③中亦有表现。该案判决书中虽然提到了该案具有涉外因素,中国与该案具有最密切联系,因此应适用中国法律审理,但是没有援引《法律适用法》第 41 条。综上,法院应在撰写判决书的时候注意法条援引的精准性和全面性。

在贾某某与张某等委托合同纠纷案④中,张某委托贾某某在西班牙购买房产。法官没有意识到该案是涉外案件,直接参照适用了《合同法》。本案应该根据《法律

① 参见山东省高级人民法院民事判决书,(2020)鲁民终 3155 号。

② 参见北京市第一中级人民法院民事判决书,(2021)京 01 民终 8808 号。

③ 参见上海海事法院民事判决书,(2021)沪 72 民初 468 号。

④ 参见北京市第二中级人民法院民事判决书,(2021)京 02 民终 15285 号。

适用法》第41条确定准据法。判决书中没有提及双方当事人的经常居所地信息，仅提及贾某某作为受委托方在西班牙为张某看房。该案的审判思路是首先判断当事人是否有法律选择的协议，如果有就适用当事人选择的法律，如果当事人没有进行法律选择，则适用履行义务最能体现该合同特征的一方当事人经常居所地法律或者其他与该合同有最密切联系的法律。由于受托人在西班牙帮忙买房看房，合同履行地在西班牙，有可能其经常居所地也在西班牙，其履行可以被推定为特征履行，则可依据受委托人的经常居所地来确定准据法，根据特征性履行方法确定的法律可能是西班牙法，而不一定是中国法。不过这仅是假设基础上的推理。

在唐某、黄某某等相邻关系纠纷案①中，一审法院认为该案系涉港相邻关系纠纷。因该案属于涉港民事纠纷，应适用《民事诉讼法》涉外编的有关规定进行审理。由于该案双方在一审诉讼中均明确表示同意适用中国内地法律审理该案纠纷，故该案适用我国内地法律进行审理。二审法院对一审法院选择的准据法予以确认。无论是一审法院还是二审法院均未援引《法律适用法》第37条，判决书存在瑕疵。

（四）特征性履行方法和最密切联系原则的混用

在浙江若林卫生用品有限公司、利丰供应链管理（中国）有限公司海上货物运输合同纠纷案②中，法院援引了《法律适用法》第41条规定。法院在判决书说理部分写到，"本案原、被告均为我国企业法人，涉案货运的装货港也在我国境内，故我国法律最能体现涉案合同的特征，本案应适用中国法"。该案的法律选择方法实际上是特征性履行方法。《法律适用法》第41条的初衷应该是根据特征性履行方法来确定与案件具有最密切联系的法律。然而由于法条规定的是"当事人没有选择的，适用履行义务最能体现该合同特征的一方当事人经常居所地法律或者其他与该合同有最密切联系的法律"。其中"或"的使用将特征性履行方法与最密切联系联系原则放在了一个并列关系，即法院可以适用两者间的任何一种方法来确认准据法，并且这两个方法不存在优先劣后顺序。《法律适用法》第41条的适用顺序为意思自治原则、特征性履行方法或最密切联系原则。然而大部分法官实际上只会根据最密切联系原则来确认准据法，并不会提到特征性履行方法，有少数法官可能不理解立法者的本意，所以只提到了特征性履行方法就确认了合同关系的准据法，这不利于司法实践的统一。在现有法律框架下，最好是法官根据特征性履行方法确认与合同关系具有最密切联系的法律。

---

① 参见广东省佛山市中级人民法院民事判决书，（2021）粤06民终11839号。

② 参见宁波海事法院民事判决书，（2021）浙72民初5号。

(五)涉台案件的法律适用

在詹某某、纪某某民间借贷纠纷案①中,二审法院认为,“根据《〈法律适用法〉司法解释(一)》第19条的规定,涉台民事案件不能参照适用《法律适用法》。一审法院适用该法第41条的规定,属于适用法律有瑕疵,本院予以纠正”。最终二审法院援引了《合同法》第126条第1款的规定,该案适用与合同有最密切联系地的法律。在抽样案例中有许多涉台纠纷,但是只有该法院认为涉台民事案件不能适用《法律适用法》,其观点明显不当。最高人民法院发布的《关于审理涉台民商事案件法律适用问题的规定》(以下简称《涉台民商事规定》)第1条明确规定了涉台民商事案件的法律适用。② 最高人民法院2010年12月30日的答记者问中指出该条中“选择适用法律的规则”指的是参照适用的涉外民商事关系的法律适用规则,也即冲突规范,包括民法通则第八章以及全国人大常委会2010年通过的涉外民事关系法律适用法等规定的内容。所以即使《〈法律适用法〉司法解释(一)》第19条“涉及香港特别行政区、澳门特别行政区的民事关系的法律适用问题,参照适用本规定”并不包括我国台湾地区,但实际上《涉台民商事规定》第1条规定涉台纠纷也要适用《法律适用法》。

(六)说理部分赘冗

在部分案件中法院存在说理部分赘冗问题。例如,连云港鸿骏化纤有限公司与赵某某等损害公司债权人利益责任纠纷案③中,法院认为,“案涉各方均同意选择中华人民共和国内地法律作为本案准据法,而第三人亦注册于上海,侵权行为地位于上海,故本案准据法应为中华人民共和国内地法律”。根据《法律适用法》第44条的规定,该法条的适用顺序应该是选择意思自治原则优先于选择共同经常居所地,共同经常居所地法律优先于侵权行为地法律。所以法院只需援引《法律适用法》第44条,并说明双方当事人均同意选择中华人民共和国内地法律为本案准据法即可,无须赘叙后面的内容。

六、抽样案例的典型意义

通过对50个案例进行实证分析,笔者发现部分案例能为司法实践带来启示与思考。

---

① 参见广东省惠州市中级人民法院民事判决书,(2021)粤13民终3182号。

② 《涉台民商事规定》,载中华人民共和国最高人民法院网2010年12月30日,https://www.court.gov.cn/zixun-xiangqing-1999.html。

③ 参见上海市虹口区人民法院民事判决书,(2020)沪0109民初21812号。

(一)关于公司纠纷的处理

与公司有关的纠纷案件中,尤其要注意对纠纷问题进行准确定性,区分不同性质的问题以确定应适用的法律。例如,“李某某、由某等损害公司利益责任纠纷案”①的纠纷主要涉及股东权利义务,对公司忠诚的义务,应该适用《法律适用法》第14条。但是“连云港鸿骏化纤有限公司与赵某某等损害公司债权人利益责任纠纷案”②的主要纠纷是股东损害公司债权人利益,涉及的是公司外部关系,所以应该适用《法律适用法》第44条关于侵权责任的法条。在“美国中华陶艺公司与黄某某等股东损害公司债权人利益责任纠纷案”③中,由于案件既涉及股东清算责任又涉及买卖合同问题,所以应该分别援引《法律适用法》第14条和第41条。凡是与公司有关的纠纷,要明确案件中争议的法律问题是公司内部问题还是外部问题,厘清其间的法律关系性质,才能做到正确援引法条、确定准据法。

在“王某与某贸易公司跨境股权转让纠纷案”④中,就王某与贸易公司是否存在股权代持合意的问题,二审法院认为,因双方在书面合同中约定适用中国法律,符合《法律适用法》第41条规定中的意思自治原则,法院援引《法律适用法》第41条确定了该问题的准据法为中国法;对贸易公司要求王某配合变更股权登记的诉讼请求,涉及公司股东变更,法院认为依照《法律适用法》第14条规定,应当适用钢铁公司登记地的埃塞俄比亚法律。该案件中,法院根据不同的法律问题适用了不同国家的法律,法律适用正确。该案中埃塞俄比亚法律的查明具有一定的难度,我国涉外商事领域专家对本案埃塞俄比亚法律的查明做出了突出的贡献,最终该案裁判结果还得到了埃塞俄比亚行政部门的直接认可和执行。因为埃塞俄比亚是“一带一路”沿线的重要国家,所以该判决不仅对于推动两国司法互信具有重要意义,也为高质量共建“一带一路”提供了有力的司法服务。

(二)关于婚姻家庭、继承纠纷的处理

在“曹某、田某离婚后财产纠纷案”⑤中,二审法院认为,本案涉及夫妻财产关系的法律适用和离婚后财产分割的法律适用两个法律适用问题。夫妻财产关系准据法的确定应根据《法律适用法》第24条规定,因本案双方当事人是在澳门特别行政

---

① 参见山东省高级人民法院民事判决书,(2020)鲁民终3155号。

② 参见上海市虹口区人民法院民事判决书,(2020)沪0109民初21812号。

③ 参见江苏省高级人民法院民事判决书,(2020)苏民终145号。

④ 参见江苏省苏州市中级人民法院民事判决书,(2021)苏05民终2105号。

⑤ 参见广东省珠海市中级人民法院民事判决书,(2021)粤04民再51号。

区缔结的婚姻，曹某与田某夫妻财产关系应以双方共同经常居所地即澳门特别行政区的实体法作为准据法。而离婚后财产分割的法律适用问题则应根据《法律适用法》第27条“诉讼离婚，适用法院地法律”的规定适用中华人民共和国内地法律作为准据法。再审法院也援引了《法律适用法》第27条，但二审和再审援引第27条解决离婚后财产分割问题是错误的，因为虽然双方是在离婚后提起财产分割，但分割的仍是婚姻存续期间的财产，援引《法律适用法》第24条足矣。《法律适用法》第27条适用于解除婚姻关系，即身份关系的解除，二审法院在财产分割问题上援引该条是错误的。再审法院在该案的法律援引上同样存在错误。再审法院援引了《法律适用法》第24条，并指出本案中还涉及不动产是否构成赠予的法律问题。再审法院在判决书最后提到“上海房产购买来源、赠与协议签订主体、买卖公有住房行为发生所在地、支付地及登记权利人取得的过程，争议房产所在地均在内地，根据最密切联系原则，认定上海房产是否构成赠与应当适用中华人民共和国法律”。首先，本案中对于房产的争议涉及有关行为是否构成不动产赠与，法院的法律选择思路不清晰，其根据最密切联系原则确定适用中国内地法律，但并未指出为何依据最密切联系原则，其法律选择的依据不明。其次，该案所涉是否构成不动产赠与的问题，性质上来看是不动产物权问题，再审法院应该援引《法律适用法》第36条，适用不动产所在地法，而非根据最密切联系原则确定准据法。

（三）关于合同纠纷的处理

在“邝某某、广州拓展辉煌房地产有限公司等商品房预约合同纠纷案”①中，原告与被告因不动产预售引起了不动产的所有权纠纷。一审法院直接错误援引了《法律适用法》第41条，将该案当作一个合同问题来选择准据法，没有看清本案实质上是涉及不动产的所有权的问题。二审法院虽然法条援引是正确的，但是说理部分却存在问题。二审法院认为，该案为商品房预约合同纠纷，邝某某系德国公民，该案属于因不动产引起的纠纷，故该案为涉外不动产纠纷案件。《法律适用法》第36条规定：“不动产物权，适用不动产所在地法律。”案涉不动产位于中国，且各方当事人均对本案适用中国法律作为处理该案纠纷的准据法并无异议，故法院适用中华人民共和国法律为准据法。首先，“本案属于因不动产引起的纠纷”不够精准，应该说该案是由不动产预售引起的不动产所有权纠纷。其次，说明应该适用中国法时没有必要说“且各方当事人均对本案适用中国法律作为处理本案纠纷的准据法并无异议”，因

① 参见广东省广州市中级人民法院民事判决书，（2021）粤01民终21950号。

为《法律适用法》第 36 条“不动产物权，适用不动产所在地法律”中不包含意思自治原则的适用，所以其说理不恰当且赘冗。有些案件的案由分类为合同纠纷，有时法官可能会忽略案件实质涉及的是合同纠纷还是物权纠纷，就直接援引《法律适用法》第 41 条，导致极易出现法律适用错误。定性偏差问题在司法实践中亦不鲜见，应该引起足够重视。

“李某 1、李某 2 等房屋拆迁安置补偿合同纠纷案”①的案由是民事主体间房屋拆迁补偿合同纠纷。一审法院忽视了该案为涉港纠纷，没有根据纠纷性质援引《法律适用法》确定准据法就直接适用了中国内地法律。二审法院认为，“本案为涉港房屋拆迁安置补偿合同纠纷，依法应参照涉外案件审理。本案是因不动产所致的争议，根据《法律适用法》第 36 条的规定，本案应适用中国内地法律作为解决争议的准据法”。二审法院虽然意识到该案是涉港案件，但没有厘清当事人争议的问题究竟是什么，对争议的定性出现错误。该案中当事人争议的明显是合同问题而不是物权问题，因为双方没有对房屋的所有权或其他物权产生争议。再审法院纠正了二审法院的错误，将争议认定为合同问题，援引了《法律适用法》第 41 条，确定了准据法为中国内地法律。从这两起合同纠纷我们可知，要正确进行法律选择，首先，应正确认定争议的性质，只有因不动产的所有权的确认、分割、相邻关系等引起的物权纠纷才应该援引《法律适用法》第 36 条。其次，一个案件的案由可以既是合同纠纷又是不动产物权纠纷，例如农村土地承包经营合同引起的纠纷，应援引《法律适用法》第 36 条还是第 41 条需要根据争议的性质具体案件具体分析，也有可能因存在两个法律关系而需分别援引第 36 条和第 41 条。

（四）关于不当得利纠纷的处理

在不当得利纠纷案中，应注意《法律适用法》法条中的优先适用顺序。《法律适用法》第 47 条规定：“不当得利、无因管理，适用当事人协议选择适用的法律。当事人没有选择的，适用当事人共同经常居所地法律；没有共同经常居所地的，适用不当得利、无因管理发生地法律。”案件首先应该适用的是意思自治原则，其次是共同经常居所地法律，最后才是不当得利、无因管理发生地法律。然而在司法实践中，法官往往忽视了共同经常居所地。例如，在抽样 50 个案例中的“姜某等与张某某不当得利纠纷案”②中，法院判决书写到，“双方当事人无协议选择适用的法律，双方争议的 122 万元不当得利发生地为大陆，故本案应适用大陆法律作为解决本案争议的准据

① 参见广东省广州市中级人民法院民事判决书，（2021）粤 01 民再 81 号。

② 参见北京市第三中级人民法院民事判决书，（2021）京 03 民终 9027 号。

法”。法院的说理直接跳过了共同经常居所地,若当事人实际共同经常居所地是中国台湾地区,则将准据法认定为中国大陆法律并不恰当。

(五)关于知识产权纠纷的处理

在“北京吉祥大厦有限公司等知识产权与竞争纠纷案”①中,日本原告起诉被告侵犯其著作权及不正当竞争。该案中,存在法律援引错误,法官除了援引《法律适用法》第50条以外,还援引了第48条,实际上该案与知识产权的归属和内容无关,无须援引第48条。另外,该案对认定是否构成侵权论述得较为充分。原告认定被告模仿自己的作品《呼应灯森林》与《水晶宇宙》从而作出了灯光陈列《呼吸森林》,并且以此卖门票营利。原告主张的不是灯泡互动的效果和技术,不是未开灯状态下布置好的镜子、灯泡等设备的位置、结构,也不是主张灯泡全部打开后的状态,原告主张的是灯光变化过程中呈现的动态效果,认为作品独创性体现在灯泡的形状、灯泡高低错落的位置、灯光颜色、灯光的变化及镜面反射设置。法院认为,涉案灯展即北京吉祥大厦内的灯展灯光位置布局单一,灯光强弱、颜色变化随机,缺乏特定规律,使用的镜面反射手法常见,其给观者带来的美感和震撼感主要源于密集光点、重复影像刺激视觉、镜面反射延展空间等自然现象和原理,以及设计者基于该原理对器材的选取,却难以体现出设计者在线条、颜色等观众可感知内容上足够的独创性选择和安排。从利益平衡的角度来看,如果轻易认定其构成作品,将会导致其设计者对于诸如“繁星点点”“霓虹闪闪”等常见的灯光设计效果及其他类似表达形成不恰当的过宽的垄断。最终法院未支持原告关于侵犯著作权的诉讼请求。由于在《呼吸森林》展出前,关于《呼应灯森林》的展览只集中在深圳,并且持续时间只有几个月,相关报道也只有十篇,而且均为深圳当地的报道,所以法院认为无法认定原告涉案灯展的名称《呼应灯森林》在被控灯展展出时已构成《中华人民共和国反不正当竞争法》规定的有一定影响的商品名称,故对原告据此主张被告构成不正当竞争,法院也不予支持。著作权是法律赋予作者对于某一特定表达的排他性垄断权利,法院在处理知识产权纠纷案件的时候往往都需要经过仔细的调查和区分才能判定是否构成侵权。在这类案件中法院往往也具有一定的自由裁量权,是否构成知识产权侵权与不正当竞争还需要法官仔细权衡,因为有时尺度把握不准可能会出现不恰当的垄断。

50个抽样案例中与侵害商标权与不正当竞争相关的案例是“罗威欧娱乐公司

① 参见北京市东城区人民法院民事判决书,(2020)京0101民初10455号。

与中山市芳照游艺设备有限公司侵害商标权纠纷案”。[①] 在该案中，原告是一家2003年成立的娱乐媒体公司，成功打造了全球闻名的“愤怒的小鸟”的形象。其针对“愤怒的小鸟”形象注册了商标。原告起诉被告使用了“愤怒的小鸟”游戏形象用于游艺产品的宣传册，并且以“愤怒的小鸟”中的角色制作了游艺机。经法院查明，被告虽然使用了“愤怒的小鸟”中的动漫角色红鸟或黑鸟外观造型来制造游艺机，在宣传画册或宣传单张上使用了印有有关造型的游艺机的照片，且在宣传画册或宣传单张上两处使用了“愤怒小鸟”或“愤怒的小鸟”的称谓来标明游艺机的款式。但被告对“愤怒小鸟”或“愤怒的小鸟”称谓的使用没有起到识别商品来源的作用，不属于商标法意义上的商标使用行为，并不会造成相关公众的混淆误认，因此其行为不构成商标侵权行为。另外，被告公司使用了“愤怒的小鸟”的游戏形象制作为图片，用于制作画册，被告公司的行为侵犯的是“愤怒的小鸟”原作者的著作权，但原告并非“愤怒的小鸟”美术作品的作者，其作者另有其人，可另行主张权利。原告起诉被告不正当竞争的相关诉求法院也不予支持。从知识产权侵权相关的案件可以看出，我国部分公司的行为属于“打擦边球”，即模仿出名的IP形象制作盗版周边或者娱乐设施以此牟取利益，不利于创新创作的长久发展。然而，法院本身也很难平衡知识产权的保护与不恰当的垄断之间的尺度，这也是不争的事实。

（六）关于海事海商纠纷的处理

从“安徽欧品电器有限公司与胜威诺国际货运代理（上海）有限公司海上货物运输合同纠纷案”[②]中，可以看出正确理解提单条款内容对确认海事海商纠纷准据法的重要性。在案件中原告主张适用中国法处理该案纠纷，被告主张根据提单正面、背面条款的记载而适用意大利法。但由于提单上的内容均是承运人事先单方面印制的格式条款，且提单正面的接受条款字体明显小于其他文字，被告当时也未作任何提示，法院由此认定提单正面的接受条款不是托运人与承运人协商一致的真实意思表示，所以提单背面的法律适用条款即适用意大利法不能约束托运人。

在“浙江若林卫生用品有限公司、利丰供应链管理（中国）有限公司海上货物运输合同纠纷案”[③]中，涉案提单条款虽载明提单适用美国法律，但该条款系重复使用并预先拟定，以英文小字体印刷于提单背面，与其他印刷内容无显著区别，不足以引起他人重视，且被告未主张并证明签发提单前已与原告协商确认，或原告事后有对

① 参见广东省中山市第一人民法院民事判决书，(2021)粤2071民初34459号。

② 参见上海海事法院民事判决书，(2021)沪72民初468号。

③ 参见宁波海事法院民事判决书，(2021)浙72民初5号。

该条款的特别追认,故该格式条款被法院认定为无效。

类似的涉及格式条款提单的海事海商纠纷案还有“永康市久久太阳进出口有限公司、江门市君航国际货运代理有限公司海上货物运输合同纠纷案”。① 该案虽然不在50个抽样案例中,但也是由于提单背面格式条款导致的约定准据法无效的案例。该案中提单背面条款约定适用《1936年美国海上货物运输法》,但是其背面条款第24条“法律适用及管辖条款”明确规定适用被告主营业地之法律即中国法。法院说理中认为提单背面条款系格式条款,被告未主张并证明事前已提醒原告注意,或与原告就准据法有明确的约定,故被告关于已约定准据法的主张法院不予以采纳。

从上述案例中可以看出:在涉外海事海商纠纷中提单约定的法律适用条款效力常受质疑,提单格式条款制定方的提示或说明义务举足轻重。《中华人民共和国民法典》第496条规定:“格式条款是当事人为了重复使用而预先拟定,并在订立合同时未与对方协商的条款。提供格式条款的一方未履行提示或者说明义务,致使对方没有注意或者理解与其有重大利害关系的条款的,对方可以主张该条款不成为合同的内容。”第497条第2项规定,提供格式条款一方,不合理地免除或者减轻其责任、加重对方责任的,该格式条款无效。在实践中,由于提单是单方面印制的格式条款导致其规定的法律适用条款无效的情况极其常见,法院在审理此类案件时应保护不知情一方的利益。此外,作为当事人,在涉及提单方面,首先,应该避免提单背面条款适用法与提单背面条款约定的“法律适用及管辖条款”不一致这个问题。其次,拟定提单的人最好留有证据证明自己已尽到提醒原告注意的义务,使提单最后发挥其应有的法律效力并且充分贯彻意思自治原则。

(七)关于外国判决的承认与执行

在“太阳能电力有限公司与尚德电力投资有限公司申请承认和执行外国法院民事判决、裁定承认与执行外国法院裁判审查案”②中,法院判决书中写到,“我国最高人民法院与新加坡最高法院之间签署过备忘录,其中载明我国法院可以在互惠基础上承认与执行新加坡法院的判决,新加坡法院可以根据普通法的规定执行中国法院的判决。这表明我国与新加坡之间存在法律互惠,在同等情况下我国作出的民商事判决可以得到新加坡法院的承认和执行”。然而备忘录明确规定其不具有法律约束力,判决认为两国存在法律互惠值得商榷。中新法院有相互承认与执行对方判决的

① 参见宁波海事法院民事判决书,(2021)浙72民初913号。

② 参见上海市第一中级人民法院民事裁定书,(2019)沪01协外认22号。

先例,存在事实互惠,法院完全可以根据事实互惠承认与执行新加坡法院判决,不需要依据备忘录。实际上,该案法院只用说明新加坡高等法院有承认和执行我国法院判决的先例,我国法院亦有承认和执行新加坡法院判决的先例,即可认定我国与新加坡之间存在事实互惠关系。

同时该案判决书中还提到,"虽然我国法院对于双方当事人之间的同类纠纷作出过结果不同的判决,但此结果系由于我国法院与新加坡法院在审理案件时适用不同国家法律而导致的,该结果并不能作为认定新加坡高等法院判决违反我国社会公共利益的依据,故本院对被申请人的该主张不予采纳"。这表明我国法院在外国判决承认与执行问题上,对公共秩序保留的运用持严格态度,并未因法律适用结果不同就认为违反我国社会公共利益,表现出法院态度越来越开放,越来越倾向于承认与执行外国判决。这种倾向有利于与他国增强司法互信,建设相互尊重、公平正义的国际法治环境。

(八)关于确认仲裁协议效力

在"天津德升酒店管理有限公司、香港豪华酒店(中国)国际管理有限公司申请确认仲裁协议效力案"①中,法院援引的是《〈中国仲裁法〉解释》第 16 条规定,即对涉外仲裁协议的效力审查,适用当事人约定的法律;当事人没有约定适用的法律但约定了仲裁地的,适用仲裁地法律;没有约定适用的法律也没有约定仲裁地或者仲裁地约定不明的,适用法院地法律。而实际上,法院应该援引《法律适用法》第 18 条而非《〈中国仲裁法〉解释》第 16 条。虽然法院最终确定的准据法与援引《法律适用法》第 18 条确定的准据法一致,是当事人约定适用的中国香港特别行政区法律,但是法院援引的法条是错误的。值得注意的是,在《法律适用法》2011 年 4 月 1 日施行以后,仍有一些法院对确认仲裁协议效力的案件未适用《法律适用法》的第 18 条的规定。

在"施某某、郑某某申请确认仲裁协议效力纠纷案"②中,法院关于案涉仲裁条款准据法的确定援引了《法律适用法》第 18 条与《〈中国仲裁法〉解释》第 16 条规定。在该案中,法院认为,在当事人对仲裁协议应适用的法律、仲裁地、仲裁机构、仲裁机构所在地均未作出约定的情况下,应适用法院地法即我国法律作为认定仲裁协议效力的准据法。法院此处援引《〈中国仲裁法〉解释》第 16 条从而确定适用法院地法为案件准据法并不恰当。法院应该援引的是《法律适用法》第 2 条第 2 款,即

① 参见天津市第一中级人民法院民事裁定书,(2021)津 01 民特 1 号。
② 参见广东省广州市中级人民法院民事裁定书,(2019)粤 01 民辖终 1790 号。

"本法和其他法律对涉外民事关系法律适用没有规定的,适用与该涉外民事关系有最密切联系的法律"。当然,本案中与案涉仲裁条款具有最密切联系的法律可能还是中国内地法律。

(九)关于区际平行诉讼

在"森文国际物流(上海)有限公司与意旺迅国际货运代理(上海)有限公司货运代理合同纠纷案"①中,被告认为,因涉案标的额中的1,921,769元,已经在香港特别行政区由案外两家香港公司提起了诉讼,所以本案的诉讼请求与在香港特别行政区法院提起的诉讼相同,原告涉嫌重复起诉。法院总结的争议焦点也是本案是否属于重复诉讼,以及如何理解、处理重复诉讼与区际平行诉讼之间的关系。浦东法院认为,原、被告与被告所述的两家香港公司是不同的民事主体,因此不满足民事诉讼法规定的重复诉讼的构成要件,即"后诉与前诉的当事人相同"。并且法院认为即使两案所涉标的相同,根据中国内地与香港特别行政区的司法互助协定,被告有权申请和认可执行程序以避免同一民事主体重复承担责任,所以被告关于诉讼主体等程序事项的抗辩理由不成立。因为我国存在不同法域,不同法域之间又相互独立,当事人选择不同的法院进行起诉导致涉港、澳、台类平行诉讼案件非常常见。但是区际平行诉讼的泛滥也将造成司法资源滥用等负面影响,所以我国法院在受理区际平行诉讼案件时非常谨慎,法院首先根据重复诉讼的三个构成要件排除了该案件是重复诉讼。法院在判决文书的最后也对被告的权益进行了解释,指出被告可以通过中国内地与香港特别行政区的司法互助协定,避免重复执行的问题。随着《最高人民法院关于内地与香港特别行政区法院相互认可和执行民商事案件判决的安排》等两地司法协助机制的进一步完善,我国将能更加好地保障不同法域当事人的合法权益。

七、结语

2021年6月10日《反外国制裁法》为我国奠定了反制外国歧视性限制措施有法可依的基础。2021年6月10日《数据安全法》的出台将有助于进一步提高国家数据安全保障能力,推动国内安全有序、国际公正合理的数据新秩序形成。2021年8月20日全国人大常委会通过了《个人信息保护法》,该法保障个人信息权益,奠定了数字经济健康发展的基础。此外,我国于2021年12月24日第四次修正了《民事诉讼法》。在区际司法协助领域,2021年《执行仲裁补充安排》实施得到了进一步推进。

---

① 参见上海市浦东新区人民法院民事判决书,(2020)沪0115民初63690号。

2020 年年初以来,随着新冠疫情的流行,许多在外国的当事人不方便亲自到中国立案,为此我国最高人民法院在 2021 年 2 月 3 日制定了《最高人民法院关于为跨境诉讼当事人提供网上立案服务的若干规定》,使在国内外的当事人享受同等便利高效的立案服务。最高人民法院发布的 2021 年十大典型海事案例也对我国未来涉外海事海商纠纷解决有着很强的示范指引作用。

本文抽样的 2021 年发生的涉外民商事案例不局限于法律适用,还包括区际平行诉讼(管辖权异议)、仲裁协议效力的确认、外国判决的承认与执行等问题。抽样的 50 个案例中既包括具有表率作用的典型案例,也包括存在问题的瑕疵案例。法官应该加强国际私法思维和意识,提升《法律适用法》的运用水平,避免出现法律适用错误。除了援引法条老旧、错误理解意思自治原则、未援引法条、特征性履行方法和最密切联系原则的混用、涉台案件不适用《法律适用法》、判决说理赘冗等常见错误以外,需要特别注意的是在面对合同类型纠纷时,法官要根据纠纷的性质确定适用的准据法,对案件准确定性,而不是只要是与合同有关的纠纷便一概适用《法律适用法》第 41 条。对于知识产权纠纷,法官要注意平衡各方利益,避免权利人的不恰当垄断。

中国商事仲裁年度报告(2021)

宋连斌[*] 武振国[**] 陈凡凯[***] 陈希佳[****]

2021年中国仲裁机构的受案量和案件标的总额双双回升,在新冠疫情面前展现出了极强的韧性。当然,各地为应对新冠疫情而采取的限制人物流动的措施,在客观上为争议解决机制便利化、当事人立案、仲裁庭开庭、裁决书流通提出了更高的要求。对此,中国积极扩大可仲裁范围,为受困企业减免仲裁费用,完善网络仲裁规则,建设网络办案系统,扩大区际司法协助,考虑适用国际通行的仲裁裁决籍属认定标准,为迎接法律和科技深度融合的仲裁新时代做好准备。经过对包括8604件国内、涉外仲裁案件进行研究后笔者认为,2021年中国法院对仲裁所作监督总体仍以友好态度为主,否定性评价案件总体数量不多,对单边制裁措施之仲裁适用、"先裁后审"条款的效力、仲裁调解书的可撤销性等新问题能够作出合理裁判。但司法实践中,仍然存在少量滥用司法审查的情况。部分法院对消极自裁管辖权决定的可撤销性、仲裁员庭外言论不当、仲裁执行监督程序的可适用性等问题所作的认定,也引起了较大争议。

一、概述

本文旨在综述2021年中国仲裁实务动态及发展。在新冠疫情背景下,仲裁界通过制度创新抵抗住了压力,中国仲裁机构的受案量和案件标的总额较上一年度均有所提升。2021年全国270家仲裁机构共受案415,889件,比2020年提高约

[*] 中国政法大学国际法学院教授、博士研究生导师。

[**] 中国政法大学博士研究生。

[***] 中国政法大学博士研究生。

[****] 法学博士,特许仲裁员,众才国际律师事务所合伙人。

3.8%;案件标的总额约为8593亿元,比2020年提高19.6%。[①] 此外,根据英国伦敦玛丽女王大学发布的《2021年国际仲裁调查报告》(2021 International Arbitration Survey)[②],中国香港特别行政区、北京和上海入选全球最受欢迎的十大仲裁地,香港国际仲裁中心(Hong Kong International Arbitration Center,HKIAC)和中国国际经济贸易仲裁委员会(以下简称贸仲)位列全球最受欢迎的仲裁机构前五位。该报告系国际仲裁业界公认的权威报告,反映了近年来中国仲裁公信力建设所取得的巨大成就,中国商事仲裁正日益获得更多中外当事人的认可。

在立法、司法解释和相关规定方面,2021年正式施行的《中华人民共和国民法典》(以下简称《民法典》)对涉及仲裁的部分进行了部分修订,《中华人民共和国仲裁法(修订)(征求意见稿)》(以下简称《仲裁法征求意见稿》)正式公布,最高人民法院、最高人民检察院发布了多项重要的司法解释。同时,还有一批仲裁机构修改或颁布了仲裁规则。

在案例收集方面,基于已有的数据库,此次共收集案例8604件。本文仍以精选的50件典型国内案例、10件典型涉外案例作为研究对象,分别对仲裁协议效力认定、仲裁裁决的撤销、仲裁裁决的执行、案外人申请不予执行仲裁裁决的司法审查理由进行分析,并就其中的重要案例与问题进行专门探讨。本文不代表任何机构的立场,仅为关心和支持仲裁发展的各界人士和机构筛选信息,为进一步繁荣仲裁研究提供便利。

二、新仲裁规则述评

2021年是中国仲裁制度全面深化改革、着力扩大开放的一年。《民法典》于2021年1月1日起正式实施,司法部于2021年7月30日公布了《仲裁法征求意见稿》,最高人民法院发布了《关于修改〈最高人民法院关于仲裁司法审查案件报核问题的有关规定〉的决定》(法释〔2021〕21号,2021年12月24日发布,以下简称《报核规定修改决定》)、最高人民法院《关于内地与香港特别行政区相互执行仲裁裁决的补充安排》(法释〔2020〕13号,2021年5月18日发布,以下简称《相互执行补充安排》),最高人民检察院发布了《人民检察院民事诉讼监督规则》(高检发释字〔2021〕

① 参见张维:《去年全国仲裁机构受案41.5万余件:标的额8500余亿元再创新高》,载《法治日报》2022年3月23日,第2版。

② See Queen Mary University of London, *2021 International Arbitration Survey: Adapting Arbitration to a Changing World* (Aug. 20,2022), https://arbitration.qmul.ac.uk/media/arbitration/docs/LON0320037-QMUL-International-Arbitration-Survey-2021_19_WEB.pdf.

1号,2021年6月26日发布,以下简称《民诉检察监督规则》),中国证券监督管理委员会、司法部发布了《关于依法开展证券期货行业仲裁试点的意见》(中国证券监督管理委员会公告〔2021〕25号,2021年10月15日发布,以下简称《证券期货仲裁意见》)。

(一)关于仲裁范围

2017年《中华人民共和国仲裁法》(以下简称《仲裁法》)第2条规定:"平等主体的公民、法人和其他组织之间发生的合同纠纷和其他财产权益纠纷,可以仲裁。"根据该条,平等主体之间的合同纠纷当然可以仲裁,但部分非契约性纠纷和新型纠纷是否属于此处的"其他财产权益纠纷",则有待商榷。为解决此类问题,《民法典》第233条规定,物权纠纷可通过仲裁途径解决。《民法典》第944条第2款规定,如果业主违反约定逾期不支付物业费,物业服务人可以申请仲裁。《民法典》第147、148、149、150、151、533、565、580、585条还明确,对于重大误解、欺诈、胁迫、显失公平、情势变更、合同解除、合同终止、违约金调整等事项,仲裁庭享有确认权和裁判权。除此之外,为打击证券违法活动,解决因虚假陈述引发的民事赔偿问题,中共中央办公厅、国务院办公厅于2021年7月印发了《关于依法从严打击证券违法活动的意见》,承认证券期货纠纷的可仲裁性。2021年10月中国证券监督管理委员会、司法部随后发布了《证券期货仲裁意见》,推动北京、上海、深圳等地仲裁机构下设专门的证券期货仲裁院(中心)。为解决旅游投诉纠纷,司法部与文化和旅游部联合印发《关于开展旅游投诉调解与仲裁衔接试点工作的通知》,承认旅游纠纷的可仲裁性,推动在试点地区搭建专门的旅游投诉纠纷仲裁平台。上述规定,能够明确和扩大可仲裁事项的范围,消除仲裁实践中的分歧,确保仲裁裁决效力的稳定,有利于进一步提高中国商事仲裁公信力。

(二)关于仲裁法修改

《仲裁法》自1994年8月31日通过以来,中国仲裁事业日趋规范。但随着经济的发展和改革的深化,《仲裁法》也显露出与形势发展及仲裁实践不适应的问题。针对这些问题,中国仲裁界在长期实践中已经积累了丰富的知识储备,而世界百年未有之大变局也需要中国做出改变,在全球竞争中扩大仲裁市场份额。在此情势下,司法部于2021年7月30日公布《仲裁法征求意见稿》。《仲裁法征求意见稿》主要在以下五个方面进行了革新:第一,删除可仲裁之纠纷须在"平等主体"间发生之限定性表述,为新类型纠纷以及国际上发展较为成熟的投资纠纷、体育纠纷纳入仲裁范围留出空间;第二,明确仲裁机构是公益性非营利法人的法律性质,增加了仲裁机构建立法人治理结构和建立信息公开机制的规定，有利于仲裁机构打造独立公正之形象；第三，将《仲裁法》实施以来的仲裁经验和司法解释上升为法律规范，例如，对仲裁协议没有约定仲裁机构或者约定不明确的情况进行指引性规定，以保障仲裁程序的顺利进行；第四，完善仲裁司法监督制度，统一了国内、涉外仲裁裁决的司法审查标准，消解了申请撤销仲裁裁决和不予执行仲裁裁决两种司法监督方式之间的冲突；第五，提升《仲裁法》的国际化水平，将仲裁地作为认定仲裁裁决国籍的核心标准，赋予仲裁庭相对全面的临时措施决定权，承认临时仲裁的合法性。可以预见，随着《仲裁法征求意见稿》的进一步修改和国内外仲裁界的充分讨论，中国仲裁法治建设必将迎来跨越式发展。

(三)关于区际司法协助

中国香港特别行政区立法会于 2021 年 3 月 17 日决议，修订香港特别行政区《仲裁条例》以实施《相互执行补充安排》，相关修订于 2021 年 5 月 19 日生效。鉴于此前最高人民法院已经审议通过了《相互执行补充安排》，这意味着《相互执行补充安排》将在内地和香港特别行政区全面施行。与 2000 年《最高人民法院关于内地与香港特别行政区相互执行仲裁裁决的安排》(法释〔2000〕3 号，以下简称《相互执行安排》)相比，《相互执行补充安排》主要在以下四个方面进行了革新：第一，将"认可"程序纳入"执行"程序的文义范围，统一了法律适用；第二，对内地所有仲裁机构作出的仲裁裁决一视同仁，破除了对内地仲裁机构的身份限制；第三，当被申请人在两地均有可供执行的财产时，申请人可以同时向两地法院申请执行，两地法院应当相互提供本方的执行情况，以确保执行总额不超过裁决确定的数额；第四，法院在仲裁裁决作出后可以进行保全，结合《最高人民法院关于内地与香港特别行政区法院就仲裁程序相互协助保全的安排》(法释〔2019〕14 号)所规定的仲裁裁决作出前的保全协助，内地与香港特别行政区在保全协助领域实现了仲裁过程的全覆盖。可以说，《相互执行补充安排》的实施，标志着两地在仲裁领域的司法协助实现了进一步优化升级，必能帮助香港特别行政区提升在国际商事仲裁领域的竞争力，强化香港特别行政区的国际仲裁中心地位。

(四)关于仲裁司法审查案件报核

2021 年 12 月 24 日，最高人民法院发布《报核规定修改决定》，进一步优化了仲裁司法审查制度。与《最高人民法院关于仲裁司法审查案件报核问题的有关规定》(法释〔2017〕21 号，以下简称《报核规定》)相比，《报核规定修改决定》作出了三项实质性修改：第一，减少一项需要向最高人民法院报核的情形，即下级法院拟对纯国内仲裁协议或仲裁裁决效力作出否定性评价时无须向最高人民法院报核;第二,新增向最高人民法院报备的制度,即高级人民法院拟同意下级法院否定纯国内仲裁协议或仲裁裁决效力的,应当在作出审核意见之日起15日内向最高人民法院报备;第三,保留一项需要向最高人民法院报核的情形,即下级法院拟以违背社会公共利益为由不予执行或者撤销纯国内仲裁裁决的,须向最高人民法院报核。之所以有此变通,主要是因为我国国内仲裁案件数量巨大(2021年约为41.6万件),若像涉外仲裁司法审查案件那样都报核至最高人民法院,将给后者带来较大的工作量,既影响最高审判机构职能的发挥,也可能影响司法审查的效率。但是,以违背社会公共利益为由否定纯国内仲裁裁决效力的案件,仍需向最高人民法院报核。同时,对于以其他理由否定仲裁协议和仲裁裁决效力的案件,还需向最高人民法院报告。显然,《报核规定修改决定》意在保证仲裁司法审查效率的同时,兼顾公平,既要统一法律适用、打破仲裁司法审查中的地方保护主义,又要确保全国法院在适用公共秩序条款时采取审慎的态度。

(五)关于仲裁检察监督

2021年6月26日,最高人民检察院发布了《民诉检察监督规则》,对仲裁检察监督进行了梳理。一方面,《民诉检察监督规则》第104条规定,检察机关有权对"人民法院执行生效民事判决、裁定、调解书、支付令、仲裁裁决以及公证债权文书等法律文书"的活动实行法律监督。另一方面,《民诉检察监督规则》第119条规定,检察机关有权对人民法院启动的执行、撤销仲裁裁决程序进行法律监督。检察机关在调查取证上具有优势,检察监督有利于打击仲裁中的违法犯罪活动,提高仲裁公信力。但是,检察机关是否可以根据上述条款直接监督仲裁裁决,则是一个重要问题。判断《民诉检察监督规则》是否包含此意,应从该司法解释的上位法《中华人民共和国民事诉讼法》(以下简称《民事诉讼法》)谈起。2021年《民事诉讼法》第14条和第242条规定人民检察院有权对民事诉讼活动①和民事执行活动②实行法律监督,《民事诉讼法》第215条第3款规定,"各级人民检察院对审判监督程序以外的其他审判程序中审判人员的违法行为,有权向同级人民法院提出检察建议"。此处的关键,是判断仲裁庭的裁判活动是否属于民事诉讼活动或者"其他审判程序中审判人员的违法行为"。从文义解释上看,仲裁庭的裁判行为显然不是《民事诉讼法》第14条和第242条所指民事诉讼活动和民事执行活动。至于《民事诉讼法》第215条第3款所指

① 2021年《民事诉讼法》第14条规定:"人民检察院有权对民事诉讼实行法律监督。"

② 2021年《民事诉讼法》第242条规定:"人民检察院有权对民事执行活动实行法律监督。"

的"其他审判程序中审判人员",也不能指向仲裁员,否则检察机关应该向仲裁机构或者中国仲裁协会提出检察建议,而不是向同级人民法院。从目的解释上看,虽然关于仲裁权的法律性质存在多种学说,但仲裁权的本质属性依然是契约性权能,而非司法权能。就当事人和仲裁庭的关系而言,当事人指定或共同委托仲裁机构主任指定仲裁员的行为构成要约,仲裁员接受指定则构成承诺。而当事人和仲裁员之间的合同一旦成立,仲裁庭只能忠于事实和应适用的法律,以自己的专业知识和办案经验公正地作出裁决。[①] 基于此,仲裁庭作出裁决的行为属于私人裁判,其本质是一种民事法律行为。还需注意的是,检察机关的法律监督具有属地性,仲裁庭可以适用当事人选定的外国法进行裁判,在友好仲裁中甚至只需按照公允及善良原则进行裁判,这些情况显然不属于检察机关的法律监督范围。

(六)关于仲裁规则创新

2021 年,为了应对新冠疫情、降低市场主体负担、提高仲裁机构管理案件的规范化程度,中国仲裁界进行了许多有益探索,在以下三个方面尤其值得关注:

1. 减免仲裁费用

为贯彻司法部《疫情防控和企业复工复产公共法律服务工作指引》(司办通〔2020〕17 号),不少仲裁机构都出台了减免仲裁费用的专项措施。综合北京仲裁委员会(以下简称北仲)、上海仲裁委员会、深圳国际仲裁院、武汉仲裁委员会、海南仲裁委员会、廊坊仲裁委员会的相关规定,可对符合减免条件的案件类型作如下梳理:第一,普遍减免仲裁费用,即在疫情较为严重的地区,仲裁机构对所受理的案件普遍减收仲裁费;第二,仲裁费封顶,对于争议标的超过一定金额的部分不再计收仲裁费,帮助当事人合理控制争议解决的成本规模;第三,对网上开庭的案件减收仲裁费,网上开庭有利于减少差旅、租金、办公耗材等费用支出,节约争议解决成本;第四,对采用调解或和解解决争议的案件减收仲裁费,此类案件通常是以较为和谐的方式化解矛盾,降低了争议解决的难度和时间成本。上述举措的实施,能够切实帮助广大市场主体纾困解难,有利于及时化解社会矛盾,提高仲裁的信息化水平,实现仲裁的公益属性。

2. 明确电子送达方式

2021 年 11 月 27 日审议通过的 2022 年《北京仲裁委员会/北京国际仲裁中心仲裁规则》(以下简称《北仲规则》)第 71 条明确了电子送达方式,该条规定仲裁机构

---

① 参见宋连斌、武振国:《虚假仲裁中案外人权利保障机制研究(上)》,载《商事仲裁与调解》2020 年第 1 期。

可以通过“传真、电子邮件或其他电子方式”送达仲裁文书、通知和其他材料,“采用电子方式进行送达的,电子传输记录能够显示已完成发送的,即视为已经送达”。电子送达方式的推广,主要是基于以下两个原因:第一,传统送达方式在疫情面前力有不逮,如果当事人处于疫情较为严重的地区,可能根本无法收到纸质邮件,仅认可传统送达方式的效力只会造成送达不能;第二,电子送达方式具有显著优势,与传统送达方式相比,电子送达方式效率高、时间短,在信息化时代理应成为送达的发展趋势。当然,为了避免仲裁申请人滥用电子送达剥夺仲裁被申请人申辩之权利,2022年《北仲规则》第71条第1款规定:“本会或者仲裁庭有权根据案件具体情况采取适当的送达方式。”这样也赋予仲裁机构根据实际情况决定送达方式的权力,兼顾了送达效率与仲裁公平。

3. 增加首席仲裁员选任方式

2022年《北仲规则》第20条第5款①新增了联席仲裁员指定首席仲裁员之方式,这种首席仲裁员的选任方式也被添加到2021年《中国海事仲裁委员会仲裁规则》第31条第4款②中。此举之推出,主要是考虑到当事人直接指定首席仲裁员成功率低,而由机构代指定首席仲裁员则易滋生腐败的现象。与这两种方式相比,由联席仲裁员指定首席仲裁员是一种理想的折中方案。首先,当事人对自己选任的仲裁员非常信任,这种情况下由联席仲裁员选定首席仲裁员可以视为当事人选定仲裁员权利的一种延伸。其次,当事人选定的仲裁员对仲裁界比较熟悉,对谁适合做首席仲裁员,往往心中有数,对自己选任出来的首席也比较信任,对仲裁程序持一种配合态度,有利于高效解决纠纷。最后,当事人选定的联席仲裁员有快速解决仲裁纠纷的动力,因而在首席仲裁员的选任方面不会拖沓,有利于仲裁庭的快速组建,节约时间,提高仲裁效率。③

三、仲裁司法监督案件统计分析

(一)数据收集及案例概况

为确保统计口径一致,此次收集的案例皆源于“北大法宝”数据库。经统计,与

---

① 2022年《北仲规则》第20条第5款规定:“双方当事人未能按照上述第(四)款规定共同选定首席仲裁员的,本会主任可以根据案件情况决定由按照第(二)款或第(三)款规定方式产生的仲裁员共同选定首席仲裁员。该两位仲裁员应当自收到本会通知之日起10日内共同选定首席仲裁员。”

② 2021年《中国海事仲裁委员会仲裁规则》第31条第4款规定:“双方当事人未能共同选定或共同委托仲裁委员会主任指定首席仲裁员、未推荐或者推荐的首席仲裁员名单中没有相同人选的,由当事人选定或仲裁委员会主任指定的两名仲裁员共同选定首席仲裁员。”

③ 参见李登华:《论仲裁庭首席仲裁员的确定》,载武汉仲裁委员会主编:《商事仲裁》(第8集),法律出版社2011年版,第56页。

仲裁有关的四大类案例共计 8604 件,将其中缺乏法律分析价值的案例排除后,仍有 7701 件案例。① 其中,与确认仲裁协议效力有关的案例 1284 件,申请撤销仲裁裁决案例 2986 件,申请仲裁裁决执行(包括申请强制执行与请求不予执行)案例 888 件,申请仲裁保全的案例 2543 件。通过对威科先行等数据库司法案例系统的另行抽样确认,相信以上数据基本能够反映 2021 年度四大类型案件在司法实践中出现的大致比例。以此为出发点,笔者在适当考虑案件影响力的基础上,精选出富有代表性的国内案例 50 件、涉外案例 10 件。其中,在国内案件中,与确认仲裁协议效力有关的案例 8 件,申请撤销仲裁裁决案例 19 件,申请仲裁裁决执行案例 6 件,申请仲裁保全的案例 17 件(见表 1 至表 7)。

表 1　中国法院受理的与仲裁有关的案件抽样统计

序号	主要争议点	审理法院及案号	案由	裁定结果	裁定理由
1	仲裁协议效力	北京市高级人民法院民事裁定书,(2021)京民终 118 号	确认仲裁协议无效	驳回申请	北仲已就此作出决定,故王某无权再向一审法院提出同样内容的申请
2	仲裁协议效力	北京市第四中级人民法院民事裁定书,(2021)京 04 民特 905 号	确认仲裁协议无效	仲裁协议有效	对于合同中有法定代表人签字或者加盖有公司印章的,应视为该企业具有订立契约的真实意思
3	仲裁协议效力	天津市第三中级人民法院民事裁定书,(2021)津 03 民特 83 号	确认仲裁协议无效	仲裁协议有效	法定代表人以法人名义从事的民事活动,其法律后果由法人承受
4	仲裁协议效力	上海市第一中级人民法院民事裁定书,(2020)沪 01 民特 738 号	确认仲裁协议无效	仲裁协议有效	虽其签约主体一方为行政机关,但合同本身不具有行政管理属性

① “缺乏法律分析价值的案例”主要指以下类型的案例:申请人对确认仲裁协议效力、撤销仲裁裁决、执行或不予执行仲裁裁决、仲裁保全等类型的申请予以撤回,以及法院对申请人的此类申请按自动撤回处理的案例。

续表

序号	主要争议点	审理法院及案号	案由	裁定结果	裁定理由
5	仲裁协议效力	广东省广州市中级人民法院民事裁定书,(2020)粤01民特492号	确认仲裁协议无效	仲裁协议无效	公司具备法律上的主体地位,其意思表示独立,张某的签名并不一定代表公司的意思表示
6	仲裁协议效力	重庆市第一中级人民法院民事裁定书,(2020)渝01民特10号	确认仲裁协议无效	仲裁协议无效	《补充协议》已变更争议解决方式为诉讼,本案应当依法认定仲裁协议无效
7	仲裁协议效力	河北省廊坊市中级人民法院民事裁定书,(2021)冀10民特17号	确认仲裁协议无效	仲裁协议有效	约定只有在未达成书面仲裁协议时才能起诉,而仲裁协议已经成立,因此前述约定不属于"或裁或审"
8	仲裁协议效力	江苏省无锡市中级人民法院民事裁定书,(2021)苏02民特50号	确认仲裁协议无效	仲裁协议有效	宜兴市行政隶属于无锡市,故无锡仲裁委员会可视为约定的仲裁机构
9	仲裁裁决效力	北京市第四中级人民法院民事裁定书,(2021)京04民特758号	申请撤销仲裁裁决	驳回申请	《中标通知书》为要约,同意签订招标文件为承诺,故招标文件中的仲裁条款已经成立并生效,不受最终拒绝签署实体合同事实的影响
10	仲裁裁决效力	北京市第四中级人民法院民事裁定书,(2021)京04民特769号	申请撤销仲裁裁决	驳回申请	在本案裁决中,由于案涉房屋的权利外观已经发生了变更,仲裁庭支持办理过户登记的请求没有否定前案裁决,不违反"一裁终局"的规定

续表

序号	主要争议点	审理法院及案号	案由	裁定结果	裁定理由
11	仲裁裁决效力	北京市第四中级人民法院民事裁定书,(2021)京04民特663号之一	申请撤销仲裁裁决	重新仲裁	法院认为存在可以由仲裁庭重新仲裁的情形,遂裁定中止撤销程序
12	仲裁裁决效力	天津市第二中级人民法院民事裁定书,(2021)津02民特391号	申请撤销仲裁裁决	驳回申请	中建一局虽主张仲裁裁决存在对方当事人隐瞒证据之情形,但并未提交充足的证据予以证明
13	仲裁裁决效力	上海市第二中级人民法院民事裁定书,(2021)沪02民特290号	申请撤销仲裁裁决	驳回申请	宜家公司不认可仲裁庭对社保与最低工资差额之认定,系对仲裁案件实体问题所提异议,不属于法院应当审查的撤裁情形
14	仲裁裁决效力	广东省广州市中级人民法院民事裁定书,(2021)粤01民特1538号	申请撤销仲裁裁决	驳回申请	富立鸿公司主张仲裁庭未将案外人成豪公司列为仲裁当事人,也未询问案外人成豪公司的意见,直接裁决案涉合同无效,构成超裁,于法无据
15	仲裁裁决效力	广东省广州市中级人民法院民事裁定书,(2021)粤01民特1451号	申请撤销仲裁裁决	驳回申请	宇粤公司主张橘灯公司隐瞒的证据并非仅为橘灯公司所掌握,不能据此认定其隐瞒了足以影响公正裁决的证据
16	仲裁裁决效力	广东省深圳市中级人民法院民事裁定书,(2021)粤03民特103号	申请撤销仲裁裁决	驳回申请	申请人未能保持其工商登记住所地处于正常工作状态,由此导致仲裁文件未能正常送达,应当由申请人自行承担相应法律责任

续表

序号	主要争议点	审理法院及案号	案由	裁定结果	裁定理由
17	仲裁裁决效力	广东省深圳市中级人民法院民事裁定书,(2020)粤03民特1367号	申请撤销仲裁裁决	驳回申请	申请人主张被申请人伪造证据的理由是被申请人否认实际收取了申请人预付的租金构成虚假陈述,但并未提供证据证明
18	仲裁裁决效力	广东省东莞市中级人民法院民事裁定书,(2020)粤19民特349号	申请撤销仲裁裁决	驳回申请	天蓝公司未证明案涉裁决书中仲裁员的签名为伪造,仅以签名非手写为由主张仲裁程序违法,理据不足
19	仲裁裁决效力	重庆市第一中级人民法院民事裁定书,(2021)渝01民特275号	申请撤销仲裁裁决	驳回申请	约定"乙方所在地(重庆)仲裁委员会"仲裁,因重庆只有一个仲裁机构,故应当认定选定了仲裁机构。至于申请人提及的贸仲西南分会,系登记在北京的仲裁机构
20	仲裁裁决效力	河北省廊坊市中级人民法院民事裁定书,(2021)冀10民特11号	申请撤销仲裁裁决	驳回申请	龙昊公司主张廊坊仲裁委晚于仲裁条款成立,但其在仲裁程序中对仲裁协议的效力未提出异议,应视为接受了案涉仲裁管辖
21	仲裁裁决效力	山西省吕梁市中级人民法院民事裁定书,(2021)晋11民特1号	申请撤销仲裁裁决	驳回申请	对仲裁裁决不认同并不必然代表仲裁员存在枉法裁决的行为,且申请人未提交相关生效刑事法律文书或纪律处分决定,故以枉法裁决为由申请撤销裁决的主张不能成立

续表

序号	主要争议点	审理法院及案号	案由	裁定结果	裁定理由
22	仲裁裁决效力	辽宁省丹东市中级人民法院民事裁定书,(2021)辽06民特37号	申请撤销仲裁裁决	驳回申请	在送达地址及电话均正确的情况下,即使并非祝某某本人签收,也不足以证明仲裁的程序违反法定程序
23	仲裁裁决效力	江苏省镇江市中级人民法院民事裁定书,(2021)苏11民特55号	申请撤销仲裁裁决	驳回申请	申请人认为仲裁期间过长,涉嫌程序违法,但申请人在仲裁过程中并未对仲裁时长提出异议
24	仲裁裁决效力	浙江省嘉兴市中级人民法院民事裁定书,(2021)浙04民特49号	申请撤销仲裁裁决	驳回申请	精基公司提出仲裁关于设备质量问题的事实认定错误及仲裁适用《民法典》属适用法律错误,不属于撤裁程序审查事项
25	仲裁裁决效力	福建省福州市中级人民法院民事裁定书,(2021)闽01民特210号	申请撤销仲裁裁决	驳回申请	案涉《仲裁规则》规定"仲裁庭可以裁决……律师费",故仲裁庭要求一方承担另一方律师费的做法不构成超裁
26	仲裁裁决效力	山东省济南市中级人民法院民事裁定书,(2021)鲁01民特210号	申请撤销仲裁裁决	驳回申请	社会公共利益是指社会上大多数成员的利益,具有公共性和社会性。本案系因履行施工合同引发的争议,且审计金额经水务中心确认,并不违背社会公共利益
27	仲裁裁决效力	湖北省武汉市中级人民法院民事裁定书,(2021)鄂01民特128号	申请撤销仲裁裁决	驳回申请	法院对案涉合同之外的其他合同的履行情况进行核查,不是仲裁机构应该中止案件审理的法定事由,仲裁机构继续审理案件,不违反法定程序

续表

序号	主要争议点	审理法院及案号	案由	裁定结果	裁定理由
28	仲裁裁决执行	广西壮族自治区高级人民法院执行裁定书,(2021)桂执复246号	申请执行仲裁裁决	驳回申请	履行期限尚未届满,裁决的部分事实未发生,仲裁机构受理本案并作出裁决,属于"先予仲裁"
29	仲裁裁决执行	陕西省西安市中级人民法院执行裁定书,(2021)陕01执异81号	案外人申请不予执行仲裁裁决	驳回申请	仲裁裁决所涉房屋买卖合同有完整的网签手续,该仲裁案件不属于当事人之间存在虚构法律关系,捏造案件事实的情形
30	仲裁裁决执行	河南省郑州市中级人民法院执行裁定书,(2021)豫01执690号	申请执行仲裁裁决	驳回申请	申请执行人未取得金融监管部门的批准,超越经营范围批量收购债权并对不特定对象进行放贷,违反了国家的金融管理制度
31	仲裁裁决执行	北京市高级人民法院执行裁定书,(2021)京执监64号	申请不予执行仲裁裁决	驳回申请	案涉合同中有公司法定代表人签字,该公司主张合同上本公司的盖章系伪造,但并未提供证据
32	仲裁裁决执行	新疆维吾尔自治区阿克苏地区中级人民法院执行裁定书,(2021)新29执异123号	申请不予执行仲裁调解书	驳回申请	只有在仲裁调解书违背了社会公共利益时,才应不予执行,但申请人并未提交证据予以证实
33	仲裁裁决执行	安徽省淮北市中级人民法院执行裁定书,(2021)皖06执异6号	申请不予执行仲裁裁决	驳回申请	淮北仲裁委员会在受理案件后,案涉公司两次邮寄送达相关文书被退回后,通过报纸公告送达,程序合法

续表

序号	主要争议点	审理法院及案号	案由	裁定结果	裁定理由
34	仲裁财产保全	北京市第二中级人民法院民事裁定书，(2021)京02财保21号	申请仲裁程序中的财产保全	准许解除保全	解除财产保全的申请符合法律规定，应予准许
35	仲裁证据保全	上海市徐汇区人民法院民事裁定书，(2021)沪0104证保1号	申请仲裁程序中的证据保全	驳回申请	本案不具有证据保全的现实意义，申请人提出的证据保全申请，不符合《民事诉讼法》第81条的规定
36	仲裁财产保全	广东省深圳市龙岗区人民法院民事裁定书，(2021)粤0307财保294号	申请仲裁程序中的财产保全	查封、冻结或扣押被申请人的财产	符合财产保全的条件
37	仲裁财产保全	重庆市渝北区人民法院民事裁定书，(2021)渝0112财保65号	申请仲裁程序中的财产保全	不予立案	申请人重复申请财产保全，且未提供已保全财产不足值依据
38	仲裁财产保全	辽宁省丹东市振安区人民法院民事裁定书，(2021)辽0604财保37号	申请仲裁程序中的财产保全	查封、冻结或扣押被申请人的财产	符合财产保全的条件
39	仲裁财产保全	黑龙江省哈尔滨市南岗区人民法院民事裁定书，(2021)黑0103财保67号	申请仲裁程序中的财产保全	查封被申请人的财产	符合财产保全的条件
40	仲裁财产保全	浙江省余姚市人民法院民事裁定书，(2021)浙0281财保3号	申请仲裁程序中的财产保全	查封、冻结或扣押被申请人的财产	符合财产保全的条件

续表

序号	主要争议点	审理法院及案号	案由	裁定结果	裁定理由
41	仲裁财产保全	江苏省苏州市中级人民法院民事裁定书,(2021)苏05财保9号	申请仲裁程序中的财产保全	查封、冻结或扣押被申请人的财产	符合财产保全的条件
42	仲裁财产保全	安徽省合肥市庐阳区人民法院民事裁定书,(2021)皖0103财保543号	申请仲裁程序中的财产保全	查封、冻结或扣押被申请人的财产	符合财产保全的条件
43	仲裁财产保全	山东省东营经济技术开发区人民法院民事裁定书,(2021)鲁0591财保10号	申请仲裁程序中的财产保全	裁定终结保全	申请人提供的财产信息无可供保全的财产。申请人无法提供其他财产线索
44	仲裁财产保全	湖北省安陆市人民法院民事裁定书,(2021)鄂0982财保6号	申请仲裁程序中的财产保全	驳回申请	申请人未提供担保也未提交不需要提供担保的理由
45	仲裁财产保全	陕西省咸阳市秦都区人民法院民事裁定书,(2020)陕0402财保6号	申请仲裁程序中的财产保全	驳回申请	申请人无证据证实被申请人存在使裁决不能执行或者难以执行的行为或者有其他情况紧急的情形
46	仲裁财产保全	内蒙古自治区伊金霍洛旗人民法院民事裁定书,(2021)内0627财保72号	申请仲裁程序中的财产保全	查封、冻结被申请人的财产	符合财产保全的条件
47	仲裁财产保全	吉林省洮南市人民法院民事裁定书,(2021)吉0881民初3059号	申请仲裁程序中的财产保全	查封被申请人的财产	符合财产保全的条件

续表

序号	主要争议点	审理法院及案号	案由	裁定结果	裁定理由
48	仲裁财产保全	广西壮族自治区梧州市长洲区人民法院民事裁定书，（2021）桂0405 财保 4 号	申请仲裁程序中的财产保全	冻结被申请人的存款	符合财产保全的条件
49	仲裁财产保全	云南省双江拉祜族佤族布朗族傣族自治县人民法院民事裁定书，（2021）云 0925 财保 6 号	申请仲裁程序中的财产保全	冻结被申请人的存款	符合财产保全的条件
50	仲裁财产保全	湖南省永州市冷水滩区人民法院民事裁定书，(2021)湘 1103 财保 364 号	申请仲裁程序中的财产保全	冻结被申请人的存款	符合财产保全的条件

表 2　案件类型分布情况

案件类型	案件总量/件	百分比/%	抽样数量/件
仲裁协议效力	1284	16.7	8
撤销仲裁裁决	2986	38.8	19
仲裁裁决执行	888	11.5	6
仲裁保全	2543	33.0	17
总计	7701	100	50

表 3　仲裁协议效力案件处理结果类型

裁定结果	数量/件	百分比/%
确认有效	1215	94.63
确认无效	69	5.37
总计	1284	100

表 4 申请撤销仲裁裁决案件处理结果类型

裁定结果	数量/件	百分比/%
驳回申请	2815	94.27
撤销裁决	77	2.58
重新仲裁	94	3.15
总计	2986	100

表 5 申请不予执行仲裁裁决案件处理结果类型

裁定结果	数量/件	百分比/%
驳回申请	367	91.98
重新仲裁	1	0.25
不予执行	31	7.77
总计	399	100

表 6 申请执行仲裁裁决案件处理结果类型

裁定结果	数量/件	百分比/%
执行裁决	222	45.40
驳回申请	169	34.56
终结执行	91	18.61
中止执行	7	1.43
总计	489	100

表 7 申请仲裁保全案件处理结果类型

裁定结果	数量/件	百分比/%
准许申请	2529	99.45
驳回申请	14	0.55
总计	2543	100

根据上述统计,2021 年度中国法院受理的与仲裁有关的案件中,最多的是申请撤销仲裁裁决的案件,其下依次是申请仲裁保全、申请确认仲裁协议效力、仲裁裁决执行类案件。虽然总体上否定性评价的案件数量不多,但随着法院对先予仲裁、职业放贷打击力度的加大,以仲裁申请人主体资格不适格为由驳回执行申请的案件占

有较大比重。

(二)仲裁协议效力认定案件存在的问题及反思

我国法院审查仲裁协议的效力主要以《仲裁法》第三章及《最高人民法院关于适用〈中华人民共和国仲裁法〉若干问题的解释》(以下简称《仲裁法解释》)为法律依据,在实践中经常从积极方面和消极方面认定仲裁协议的效力。在本次收集的确认仲裁协议无效的案件中,我国法院所援引的理由大体有如下类型:

1."请求仲裁的意思表示"相关案件:(1)含有仲裁条款的条形章的内容是对争议解决条款的实质性变更,但无合同当事人通过签字盖章等形式对该内容予以确认;①(2)现有证据不能排除含有仲裁条款的上述条形章系后来添加的可能性;②(3)仲裁条款添加处无签字确认,难以证明双方达成合意;③(4)经司法鉴定,当事人未签字或盖章,故难以证明当事人提交仲裁的真实意思;④(5)授权委托书系倒签,被申请人事先未针对购房合同相关事宜涉及争议解决的问题进行授权,故申请人和被申请人之间未形成合法有效的仲裁协议;⑤(6)合发公司不能证明该《承诺书》来自金佰利公司,亦不能证明金佰利公司曾使用过《承诺书》上的印章;⑥(7)被申请人未在合同中签字或盖章,应认定对仲裁协议内容未达成一致意见;⑦(8)公司具备法律上的主体地位,其意思表示独立于股东、实际控制人,二者的意思表示不能等同,股东的签名或盖章并不必然代表公司。⑧

2."仲裁事项"相关案件:《技术转让服务合同》虽约定了仲裁条款,但是系针对"未尽事宜"约定的,即只有合同中"未约定"的事项才可提交仲裁,而提交仲裁的事项属于合同中"已约定"的事项,明显不在仲裁协议的文义范围之内。⑨

3."选定的仲裁委员会"相关案件:(1)当地有两家以上仲裁机构,在当事人未能就仲裁机构的选择达成一致的情况下仲裁协议无效;⑩(2)仅约定仲裁地为北京,

① 参见陕西省西安市中级人民法院民事裁定书,(2020)陕01民特359号。
② 参见陕西省西安市中级人民法院民事裁定书,(2020)陕01民特459号。
③ 参见广西壮族自治区北海市中级人民法院民事裁定书,(2020)桂05民特173号。
④ 参见湖南省长沙市中级人民法院民事裁定书,(2021)湘01民特280号。
⑤ 参见吉林省长春市中级人民法院民事裁定书,(2021)吉01民特15号。
⑥ 参见江苏省镇江市中级人民法院民事裁定书,(2019)苏11民特77号。
⑦ 参见河北省邢台市中级人民法院民事裁定书,(2021)冀05民特8号。
⑧ 参见广东省广州市中级人民法院民事裁定书,(2020)粤01民特492号。
⑨ 参见黑龙江省哈尔滨市中级人民法院民事裁定书,(2021)黑01民特71号。
⑩ 参见北京市第四中级人民法院民事裁定书,(2021)京04民特102号。

而北京存在两个以上民商事仲裁机构,且双方未能达成补充协议;[①](3)仲裁协议仅约定纠纷按照仲裁程序解决的,视为未约定仲裁机构;[②](4)“可以按照本合同约定向仲裁委员会申请仲裁”的条款仅有选择向仲裁机构申请仲裁的意思表示,但约定的仲裁机构不明确;[③](5)当地不存在选定的仲裁委员会;[④](6)仅约定由当地仲裁委员会仲裁,未约定明确具体的仲裁机构;[⑤](7)签订合同时仅有一家仲裁机构,而确认仲裁协议效力时共有两家仲裁机构,故约定不具体;[⑥](8)约定“所在地市法律仲裁机构”,但双方所在地均有仲裁委员会;[⑦](9)约定合同签订地仲裁委员会仲裁,但无法证明合同签订地。[⑧]

4.“或裁或审”相关案件:(1)合同中既约定向仲裁机构申请仲裁,又约定向人民法院起诉,属于典型的“或裁或审”条款;[⑨](2)合同前后条款约定不一致的争议解决方式;[⑩](3)当事人约定提交仲裁,仲裁不成(或对裁决结果有异议)提起诉讼,属于“或裁或审”;[⑪](4)案涉协议前条约定由福州仲裁委员会管辖,后条约定仲裁或诉讼,对纠纷解决方式约定不明。[⑫]

5.仲裁协议失效的相关案件:(1)从上述补充合同的内容来看,双方就争议的解决方式已经达成了新的合意,即向人民法院提起诉讼;[⑬](2)原《投资暨股权转让合同》中的仲裁条款因被修改而失效,但并不符合《仲裁法》规定的无效情形,故本院对确认仲裁协议无效的申请不予支持;[⑭](3)《补充协议》将争议解决方式由仲裁变更为诉讼,但不意味着之前的仲裁条款无效,即失效不等于无效。[⑮]

6.“仲裁协议效力解释”相关案件:(1)要求确认仲裁协议不存在或双方没有仲

---

① 参见湖北省武汉市中级人民法院民事裁定书,(2020)鄂01民特392号。
② 参见山东省济南市中级人民法院民事裁定书,(2021)鲁01民特99号。
③ 参见山东省济南市中级人民法院民事裁定书,(2021)鲁01民特229号。
④ 参见陕西省咸阳市中级人民法院民事裁定书,(2021)陕04民特35号。
⑤ 参见山东省枣庄市中级人民法院民事裁定书,(2021)鲁04民特12号。
⑥ 参见福建省漳州市中级人民法院民事裁定书,(2021)闽06民特4号。
⑦ 参见福建省福州市中级人民法院民事裁定书,(2021)闽01民特182号。
⑧ 参见辽宁省盘锦市中级人民法院民事裁定书,(2021)辽11民特9号。
⑨ 参见湖北省武汉市中级人民法院民事裁定书,(2020)鄂01民特490号。
⑩ 参见河南省安阳市中级人民法院民事裁定书,(2020)豫05民特21号。
⑪ 参见安徽省宣城市中级人民法院民事裁定书,(2021)皖18民特9号。
⑫ 参见福建省福州市中级人民法院民事裁定书,(2021)闽01民特114号。
⑬ 参见湖南省张家界市中级人民法院民事裁定书,(2021)湘08民特6号。
⑭ 参见上海市第一中级人民法院民事裁定书,(2021)沪01民特619号。
⑮ 参见北京市第四中级人民法院民事裁定书,(2021)京04民特10号。

裁协议不属于确认仲裁协议效力的审理范围;[①](2)第三人不是合同和仲裁协议当事人,故申请人主体不适格,无权提起确认仲裁协议效力申请;[②](3)对申请人是否是仲裁协议主体的问题属于实体审查范畴,不予审查;[③](4)仲裁条款对被申请人是否无效的问题不属于审查范围;[④](5)申请人认为其并非案涉合同签订主体,但该诉请系仲裁裁判事实认定问题,非《仲裁法》第17条第3项规定的无效情形;[⑤](6)确认仲裁条款对当事人是否具有约束力,不属于确认仲裁协议效力案件的审理范围;[⑥](7)仲裁委员会作出管辖权异议决定,故不予受理或驳回申请;[⑦](8)已向法院提出确认仲裁协议的申请,本次属于重复提出申请,予以驳回。[⑧]

7.其他类型的案件:(1)涉案合同既具备民事合同的特点,也体现了行政协议的特征,不宜仲裁解决;[⑨](2)对于劳动者违反保密义务或竞业限制义务而发生争议存在违约责任和侵权责任竞合问题,其中属于劳动争议之外的侵权争议可以适用仲裁条款;[⑩](3)非涉外争议的域外仲裁条款无效。[⑪]

通过考察以上案例,可总结如下四个特点:

第一,关于确认仲裁协议效力案件的受案范围,应该区分为积极部分和消极部分。根据《仲裁法》第20条的规定,受案范围的积极部分,指当事人对仲裁协议效力有异议的案件应予受理;受案范围的消极部分,指对仲裁委员会已作出决定或者当事人未在仲裁庭首次开庭前提出异议的案件不予受理。对于受案范围的积极部分,法院应该既要受理对"仲裁协议效力"提出的异议,又要受理对"仲裁协议存在"提出的异议,还要受理对"仲裁协议效力范围"提出的异议。对于受案范围的消极部分,法院通过适用《仲裁法》第20条,对该类案件裁定不予受理或驳回申请的文书达24个。除此之外,在北京第四中级人民法院发布的《国内商事仲裁司法审查年度报告(2019—2021)》及十大典型案例中,"王某申请确认仲裁协议无效案"被列为十大

---

① 参见广东省广州市中级人民法院民事裁定书,(2021)粤01民特1144号。
② 参见广西壮族自治区北海市中级人民法院民事裁定书,(2021)桂05民特1号。
③ 参见广东省广州市中级人民法院民事裁定书,(2021)粤01民特582号。
④ 参见江苏省连云港市中级人民法院民事裁定书,(2021)苏07民特61号。
⑤ 参见贵州省贵阳市中级人民法院民事裁定书,(2021)黔01民特8号。
⑥ 参见山东省淄博市中级人民法院民事裁定书,(2021)鲁03民特15号。
⑦ 参见重庆市高级人民法院民事裁定书,(2021)渝民终150号。
⑧ 参见四川省乐山市中级人民法院民事裁定书,(2021)川11民特1号。
⑨ 参见广东省汕头市中级人民法院民事裁定书,(2019)粤05民特22号之一。
⑩ 参见河南省郑州市中级人民法院民事裁定书,(2021)豫01民特241号。
⑪ 参见中华人民共和国最高人民法院民事裁定书,(2021)最高法知民辖终90号。

典型案例之一,该案彰显了法院对仲裁庭管辖权的尊重。由此可说明,即便在立法上存在一定的瑕疵,①我国法院仍积极运用该条项下有限的自裁管辖权规则,尊重当事人合意,以提高仲裁效率。

第二,关于确认仲裁协议效力案件的审查标准,法院应正确理解形式审查原则。例如,部分案例认为对盖章、签字的认定属于实质审查范畴,而不予认定或者不同意当事人关于司法鉴定的申请。② 又如,在部分案例中,法院认为申请人是否为合同的签订主体属事实认定的问题,不予审查不影响仲裁协议的效力。③ 再如,部分案例认为协议签订人是否受到公司授权属于实体问题,不属于仲裁协议效力考虑范围。④从表面来看,法院可能认为,形式审查是支持仲裁的最好方式。然而实际上,根据《仲裁法》第16条,当事人之间的"仲裁意思"作为判定仲裁协议效力的要件之一,法院不可能完全脱离对于实体问题的审查。如若不对"仲裁意思"进行审查,之后仲裁庭可能认定当事人之间的仲裁意思存在瑕疵,当事人因无法进入仲裁实体审理的程序进而再向法院起诉,如此辗转可能造成当事人维权成本的提高,反而不利于仲裁公信力的构建。不过,在本次统计中,不乏优秀做法,如部分案例详细分析了当事人之间的代理关系,最终认定仲裁协议的约束力;⑤又如部分法院详细分析了保险代位求偿权属于一种法定债权转让,故仲裁条款约束保险人。⑥ 另外,2021年7月30日公开的《仲裁法(修订)(征求意见稿)》第21条强调了"仲裁意思"的重要性,⑦这更说明法院在审理过程中不应笼统地跳过所有对事实或法律问题的审查,而应当通过适当的法律解释方法探求当事人的真实"仲裁意愿"。

第三,对选定的仲裁机构进行自由解释,能够将支持仲裁的理念付诸实践。在本次统计中,因仲裁机构约定不明确而被认定为协议无效的案例出现了23次。而不同法院对类似条款的认定结果存在差异。例如:(1)若"当地仲裁委员会"可能涉及合同履行地、合同签订地、不动产所在地、双方住所地时,部分法院从上述地点中

① 例如《仲裁法》第20条未厘清仲裁庭和仲裁机构的关系,将仲裁管辖权的决定权赋予"仲裁委员会"而非仲裁庭。

② 参见广东省广州市中级人民法院民事裁定书,(2021)粤01民特578号。

③ 参见贵州省贵阳市中级人民法院民事裁定书,(2021)黔01民特8号。

④ 参见北京市第四中级人民法院民事裁定书,(2021)京04民特192号。

⑤ 参见湖北省宜昌市中级人民法院民事裁定书,(2021)鄂05民特6号。

⑥ 参见大连海事法院民事裁定书,(2021)辽72民特157号。

⑦ 2021年《仲裁法(修订)(征求意见稿)》第21条规定:"仲裁协议包括合同中订立的仲裁条款和以其他书面方式在纠纷发生前或者纠纷发生后达成的具有请求仲裁的意思表示的协议。一方当事人在仲裁中主张有仲裁协议,其他当事人不予否认的,视为当事人之间存在仲裁协议。"

择一确定仲裁机构,尽可能确认仲裁协议有效,[①]另一部分法院则以无法确定"当地仲裁委员会"所指地点为由认定仲裁协议无效;[②](2)若某地仲裁机构可能同时指向贸仲分会和当地独立的仲裁委员会时,部分法院通过区分仲裁机构总部注册地尽可能认定仲裁机构唯一,[③]另一部分法院则根据实际营业地认为某地存在两个仲裁机构,[④]显然,前者更有利于认定仲裁协议的效力,实现当事人的仲裁意愿;(3)对于仲裁条款中仲裁机构名称表述不清的案件,若能确定当事人所指的机构,法院则尽可能认定协议为有效。[⑤] 由此可见,虽然在部分案例中的认定上存在瑕疵,但总体而言,我国法院在认定仲裁机构时秉持尽量使其有效的原则。另外,在仲裁法修改的背景下,亦有必要对仲裁机构的重要性进行重新定位。《仲裁法(修订)(征求意见稿)》已经将"仲裁机构"这一要件剔除,预示着我国仲裁法律体系正从"仲裁机构所在地"标准转向国际通行的"仲裁地"标准,故在现阶段下从宽认定"仲裁机构"符合法律修改的趋势。

第四,法院积极查明当事人的仲裁意愿,谨慎认定"或裁或审"条款。在本次统计中,法院根据"或裁或审"情形认定仲裁协议无效的案例只有 7 个,而在其他案件中则通过合同解释尽可能认定仲裁协议有效。例如,在部分案例中,法院通过体系解释的方式,即对条款内部的逻辑关系或者合同前后条款的逻辑关系进行分析(如特殊条款和一般条款的关系),认为提交仲裁才是当事人的真实意思,最终认定协议有效。[⑥] 又如,部分法院已经将"先裁后审"条款剥离出"或裁或审"之情形,并尽可能认定其中仲裁部分的效力,此在后文详述。由此可见,通过使用文义解释、目的解释等方法,谨慎认定"或裁或审"的情形已然成为当下法院裁判的倾向性做法。

---

① 将"当地"解释为"合同履行地"的案例,如广东省深圳市中级人民法院民事裁定书,(2020)粤 03 民特 1199 号;综合考量住所地、合同签订地、合同履行地的案例,如广东省广州市中级人民法院民事裁定书,(2021)粤 01 民特 968 号;将"当地"解释为"不动产所在地"的案例,如湖北省武汉市中级人民法院民事裁定书,(2019)鄂 01 民特 649 号。

② 参见湖南省长沙市中级人民法院民事裁定书,(2021)湘 01 民特 26 号。

③ 参见黑龙江省哈尔滨市中级人民法院民事裁定书,(2021)黑 01 民特 19 号。

④ 参见山东省济南市中级人民法院民事裁定书,(2021)鲁 01 民特 135 号;山东省济南市中级人民法院民事裁定书,(2021)鲁 01 民特 94 号。

⑤ 例如,多了"市"字不影响仲裁机构的确定,参见北京市第四中级人民法院民事裁定书,(2021)京 04 民特 640 号。又如,"贸促会"应被理解为"贸仲",参见北京市第四中级人民法院民事裁定书,(2021)京 04 民特 288 号。再如,"深圳仲裁委员会"应被理解为"深圳国际仲裁院",参见广东省深圳市中级人民法院民事裁定书,(2021)粤 03 民特 52 号。

⑥ 参见北京金融法院民事裁定书,(2021)京 74 民特 91 号;北京市第四中级人民法院民事裁定书,(2021)京 04 民特 496 号。

(三)仲裁裁决撤销、不予执行案件存在的问题与反思

撤销与不予执行仲裁裁决之程序,乃中国仲裁司法监督的两种方式。虽然《民事诉讼法》的修改已将不予执行国内仲裁裁决的法定理由与《仲裁法》规定的撤销裁决的法定理由并轨,但在实践中,法院裁定撤销裁决与不予执行裁决之事由,仍存在一些值得比较的差异。基于此,笔者将涉及两者的相关案例予以区分归类。

在仲裁裁决被撤销的案件中,中国法院所援引的理由大体归类如下:

1."没有仲裁协议的"相关案件:(1)某市自然资源局与某房地产公司签订的国有土地使用权出让合同系行政协议,不是平等主体之间订立的合同,双方在行政协议中约定的仲裁条款应为无效;①(2)案涉借据中的仲裁条款系借据签订后由当事一方的舅舅单方添加,当事双方并未对仲裁达成合意;②(3)彭某依据其与陈某签订的《租赁合同书》中所载的仲裁条款申请仲裁,但陈某否认签署过该合同,并申请对签字的真实性进行笔迹鉴定,然而之后彭某拒绝提交合同原件,致使鉴定程序无法进行;③(4)兴隆公司与富隆公司为两个独立法人,不存在更名、合并或分立的关系,虽富隆公司转让案涉合同的债权债务给兴隆公司,但兴隆公司继续供货并收取货款的行为构成新的合同法律关系,而非对案涉合同项下权利义务的继受,故案涉合同中的仲裁条款不能约束兴隆公司;④(5)中国人寿保险股份有限公司吉林省分公司签订的仲裁协议不能约束中国人寿保险股份有限公司白城分公司;⑤(6)《建设工程设计合同》与其后签订的对赌合同密不可分,应作为一个整体予以处理,仲裁庭认为其对对赌合同没有管辖权,其对《建设工程设计合同》也不具有管辖权。⑥

2."裁决的事项不属于仲裁协议的范围或者仲裁委员会无权仲裁的"相关案件:(1)仲裁庭已认定7、8、9号仓库不属于案涉合同约定的租赁范围,其仍然对该部分作出仲裁裁决,显然超出了仲裁协议范围;⑦(2)A公司与B公司约定保证金,但未与C公司约定保证金,故仲裁庭裁决C公司向A公司返还保证金及逾期利息,超出了仲裁协议约定的范围;⑧(3)案涉合同中虽加盖了刘某的印章,但该印章并非刘某

① 参见辽宁省阜新市中级人民法院民事裁定书,(2021)辽09民特2号。
② 参见河南省漯河市中级人民法院民事裁定书,(2021)豫11民特39号。
③ 参见浙江省台州市中级人民法院民事裁定书,(2020)浙10民特47号。
④ 参见辽宁省朝阳市中级人民法院民事裁定书,(2020)辽13民特11号。
⑤ 参见吉林省白城市中级人民法院民事裁定书,(2021)吉08民特1号。
⑥ 参见广东省肇庆市中级人民法院民事裁定书,(2021)粤12民特27号。
⑦ 参见湖南省岳阳市中级人民法院民事裁定书,(2021)湘06民特3号。
⑧ 参见陕西省西安市中级人民法院民事裁定书,(2021)陕01民特475号。

所有,故刘某并非仲裁协议的当事人;①(4)仲裁庭裁决的车辆保管费高于案涉仲裁请求的范围;②(5)案涉拆迁补偿安置协议仅对回迁安置进行协商,并不涉及货币补偿内容,仲裁庭对安置补助费作出裁决显属不当;③(6)滇池公司并非《战略合作协议》的当事人,在未经其明确表示同意的情况下,其不受案涉仲裁条款的约束;④(7)仲裁裁决将仲裁请求中的和昌公司变更为汇丰公司,调整为"汇丰公司将修订后的公司章程向正阳县市场监督管理局备案",超出了仲裁申请的范围。⑤

3."违反法定程序的"相关案件:(1)仲裁申请书上列明的被申请人为"昭阳区路特威商务酒店",仲裁庭将仲裁被申请人变更为"昭通路特威酒店有限公司",显然违反了法定程序;⑥(2)A公司再次申请仲裁,实因第一次仲裁裁决未满足其仲裁请求,仲裁机构再次受理违反"一裁终局"原则;⑦(3)仲裁庭向被申请人寄送仲裁材料的物流信息显示为"他人代收:丰巢",在没有确认送达状态的情况下缺席审理并作出裁决,违反了送达程序;⑧(4)双方明确表示对仲裁管辖权不提异议,申请仲裁的事项也符合法律规定和仲裁协议之约定,故仲裁机构以"本案不在仲裁管辖范围之内"为由拒绝受理缺乏法律依据;⑨(5)仲裁庭依据的造价计算方法未经双方当事人质证,显属仲裁程序违法;⑩(6)首次开庭时,因申请人提出延期开庭申请,主要庭审程序均未进行,独任仲裁员当庭宣布"开庭时间再通知",但仲裁庭在未组织重新开庭的情况下即作出仲裁裁决;⑪(7)案件疑难复杂、当事人争议较大,属于辖区内因多次信访而存有较大影响的案件,仲裁机构无视上述因素强行适用简易程序确有不当;⑫(8)仲裁机构登记的被申请人电话号码与提供的信息不一致,送达程序因该电话号码为空号被退件而无法进行,但仲裁机构未发现上述错误,致使被申请人无法出席仲裁程序;⑬(9)装修工程修复费用的计算问题属于专门性问题,需要通过鉴

① 参见北京市第四中级人民法院民事裁定书,(2018)京04民特158号。
② 参见广东省广州市中级人民法院民事裁定书,(2020)粤01民特175号。
③ 参见辽宁省辽阳市中级人民法院民事裁定书,(2021)辽10民特7号。
④ 参见广东省广州市中级人民法院民事裁定书,(2020)粤01民特210号。
⑤ 参见河南省信阳市中级人民法院民事裁定书,(2021)豫15民特7号。
⑥ 参见云南省昭通市中级人民法院民事裁定书,(2021)云06民特9号。
⑦ 参见河南省漯河市中级人民法院民事裁定书,(2021)豫11民特2号。
⑧ 参见陕西省西安市中级人民法院民事裁定书,(2020)陕01民特199号。
⑨ 参见辽宁省抚顺市中级人民法院民事裁定书,(2021)辽04民特26号。
⑩ 参见陕西省西安市中级人民法院民事裁定书,(2021)陕01民特170号。
⑪ 参见安徽省蚌埠市中级人民法院民事裁定书,(2021)皖03民特14号。
⑫ 参见吉林省吉林市中级人民法院民事裁定书,(2020)吉02民特28号。
⑬ 参见广东省广州市中级人民法院民事裁定书,(2020)粤01民特1386号。

定来确认,但仲裁庭未向A公司释明,导致A公司未能申请司法鉴定;[①](10)当事双方以选择诉讼解决纠纷的事实行为放弃了仲裁约定,事后亦未重新达成新的仲裁协议,故仲裁机构仍然受理案件的行为属程序违法;[②](11)A公司选定的联席仲裁员因病退出案件审理,理应由A公司重新指定,但仲裁机构却通知双方共同选定,并在双方无法达成一致的情况下由机构主任进行指定,剥夺了A公司选任仲裁员的权利;[③](12)仲裁员李某在仲裁期间为被申请人代理其他民事案件,其未依法回避的行为致使仲裁庭组成违反法定程序;[④](13)本案开庭时间为2021年1月27日,当事人收到出庭通知书的时间为2021年1月30日,违反了仲裁规则中"仲裁机构应当在开庭五日前将开庭日期通知双方当事人"之规定;[⑤](14)A公司的代理律师与其指定的联席仲裁员两年内曾在某律师事务所共同任职,违反了仲裁规则中"仲裁员曾与任何一方代理人在同一单位工作,该关系结束未满两年,应当回避"之规定;[⑥](15)《授权委托书》上当事人的签名并非本人所签,证明该方代理人并未获得合法授权,由于仲裁机构未尽到基本的审核义务,致使该当事人非因本人原因未能参加仲裁活动;[⑦](16)仲裁申请人向仲裁机构提供了被申请人目前的居住地址,但仲裁机构并未对该地址进行送达,而选择向被申请人的户籍所在地邮寄送达,该邮件因"原址查无此人"被退回,致使被申请人无法参加仲裁程序;[⑧](17)仲裁庭将两个案件合并审理,未征得当事各方的同意,属于程序违法;[⑨](18)在当事一方已在规定期限内选定联席仲裁员的情况下,仲裁机构强行改变了当事人的选定结果,属程序违法。[⑩]

4."裁决所根据的证据是伪造的"相关案件:(1)A公司法定代表人刘某使用私刻公司印章与仲裁相对方B公司签订协议,涉嫌伪造证据;[⑪](2)司法鉴定意见已证实《借款人亲属承诺书》中的签名不是梁某本人所签,该鉴定虽然系单方委托,但能

① 参见广西壮族自治区防城港市中级人民法院民事裁定书,(2021)桂06民特8号。
② 参见河南省郑州市中级人民法院民事裁定书,(2021)豫01民特150号。
③ 参见吉林省辽源市中级人民法院民事裁定书,(2020)吉04民特4号。
④ 参见陕西省铜川市中级人民法院民事裁定书,(2020)陕02民特6号。
⑤ 参见吉林省白城市中级人民法院民事裁定书,(2021)吉08民特4号。
⑥ 参见广东省广州市中级人民法院民事裁定书,(2020)粤01民特89号。
⑦ 参见湖北省荆门市中级人民法院民事裁定书,(2020)鄂08民再25号。
⑧ 参见陕西省咸阳市中级人民法院民事裁定书,(2020)陕04民特25号。
⑨ 参见河南省信阳市中级人民法院民事裁定书,(2021)豫15民特7号。
⑩ 参见浙江省温州市中级人民法院民事裁定书,(2020)浙03民特16号。
⑪ 参见河南省郑州市中级人民法院民事裁定书,(2021)豫01民特61号。

够证明裁决书中所依据的让梁某承担还款责任的证据涉嫌伪造;[①](3)A公司手中的《服务收费确认书》与周某手中的合同文本不符,且A公司承认《服务收费确认书》上的合同专用章为事后加盖,系该公司变造的证据。[②]

5."隐瞒了足以影响公正裁决的证据的"相关案件:(1)根据李某提供的《还款计划书》、银行转账记录等证据,韩某在仲裁中存在隐瞒李某偿还利息等相关证据,足以影响公正裁决的情况;[③](2)朱某在仲裁审理时提出马某所依赖的合同系伪造,而马某未能交出合同原件以供核对,使该证据的真伪存疑;[④](3)房地产公司向相关部门出具的备案材料中载明案涉标的物是位于6.5层的阁楼,但购房合同中却标注为位于7楼702室的商品房,显然,房地产公司隐瞒了争议房屋属于阁楼而非普通商品房的性质。[⑤]

6."裁决违背社会公共利益的"相关案件:根据相关生效刑事判决确认的事实,案涉金矿的股权转让方通过行贿获得了鉴定机构出具的《补充勘查地质报告》,将金矿的黄金探明储量虚增25倍,并按照虚增的情况向国有企业转让股权。仲裁庭认定《股权转让合同》合法有效,将导致巨额国有资产流失,违背我国法律维护社会公平正义的价值取向,也不符合公序良俗,对最根本的公平正义的法律原则构成了危害,亦与社会主义核心价值观相悖。[⑥]

在仲裁裁决被裁定不予执行的案件中,法院所援引的理由大体可归类如下:

1."当事人在合同中没有订有仲裁条款或者事后没有达成书面仲裁协议的"相关案件:(1)涉案合同均未明确载明双方同意将争议事项提交海南仲裁委员会仲裁,事后亦未达成补充协议;[⑦](2)案涉《借款协议》落款处被执行人的签名为打印字体,申请执行人未提供与此相对应并符合法律规定的电子签名认证证书,无法证明落款处为可靠的电子签名;[⑧](3)《个人消费贷款合同》约定争议解决方式为法院诉讼,《补充协议》约定将诉讼管辖变更为萍乡仲裁委员会仲裁,但两份合同中借款人的打印字体签名完全不一致,且无相应凭证证明被执行人知悉该补充协议;[⑨](4)案涉合

① 参见河南省周口市中级人民法院民事裁定书,(2021)豫16民特7号。
② 参见广东省广州市中级人民法院民事裁定书,(2019)粤01民特1439号。
③ 参见河南省安阳市中级人民法院民事裁定书,(2021)豫05民特6号。
④ 参见湖南省永州市中级人民法院民事裁定书,(2021)湘11民特3号。
⑤ 参见河北省张家口市中级人民法院民事裁定书,(2020)冀07民特40号。
⑥ 参见北京市第四中级人民法院民事裁定书,(2021)京04民特382号。
⑦ 参见辽宁省丹东市中级人民法院执行裁定书,(2021)辽06执32号。
⑧ 参见广东省肇庆市中级人民法院执行裁定书,(2021)粤12执447号。
⑨ 参见广西壮族自治区钦州市中级人民法院执行裁定书,(2021)桂07执544号。

同未经各方签名或盖章,应视为其中的仲裁条款无效;①(5)仲裁条款的文字大小、字体明显异常,并非原合同的组成部分,且无当事人的签名按印,不能认定仲裁条款成立;②(6)案涉仲裁条款内容为“本协议未尽事宜,提交泰州市仲裁委员会仲裁”,双方对“本协议未尽事宜”约定并不明确,且未能达成补充协议,故仲裁条款无效。③

2.“仲裁机构无权仲裁的”相关案件:案涉合同约定的仲裁机构是“北海国际仲裁院杭州”,不是“北海仲裁院”,北海仲裁院无权根据仲裁协议启动仲裁程序。④

3.“违反法定程序的”相关案件:(1)在网络借款未到期且无双方当事人协商记录的情况下,仲裁机构作出的裁决属于纠纷发生前作出的“先予仲裁”裁决,依法应当驳回执行申请;⑤(2)仲裁机构向仲裁被申请人岑某身份证记载的地址邮寄仲裁法律文书,签收人是黄某或黎某,且没有证据证实黄某或黎某是受送达人岑某的诉讼代理人、指定的代收人或与岑某同住并共同生活的成年家属;⑥(3)双方当事人的融资租赁合同以及其中的仲裁协议,均系借贷平台单方提供的格式条款,存在剥夺被执行人法定权利的情形;⑦(4)仲裁机构仅凭借《微贷网借款协议书》列明的双方电子邮箱或手机号,以短信的方式完成法律文书的传送,未能确认被申请人收悉上述材料,显然未保障当事人申请仲裁员回避、提供证据、答辩等仲裁法规定的基本程序权利;⑧(5)A公司作为案涉《借款协议》当事人,全程参与案涉资金放贷过程,但仲裁机构并没有将其列为案件当事人参加仲裁,显属不当;⑨(6)仲裁庭在收到鉴定申请后,没有完成选定鉴定人程序即要求当事人提交鉴定所需的材料,并以其提交的证据不充分为由不予受理鉴定申请,明显不符合法定程序;⑩(7)仲裁被申请人就案涉合同提出的仲裁反请求属于仲裁事项,应在仲裁案件中一并裁决,仲裁庭不予接受仲裁反请求,违反法定程序;⑪(8)当事一方选定的联席仲裁员系其聘用的名誉法律顾问,且没有证据表明顾问关系已被解除,故仲裁庭之组成不当。⑫

---

① 参见河南省周口市中级人民法院执行裁定书,(2021)豫16执446号。
② 参见湖南省岳阳市中级人民法院执行裁定书,(2021)湘06执604号。
③ 参见江苏省靖江市人民法院执行裁定书,(2021)苏1282执950号。
④ 参见广西壮族自治区来宾市中级人民法院执行裁定书,(2021)桂13执220号。
⑤ 参见广西壮族自治区河池市中级人民法院执行裁定书,(2021)桂12执31号。
⑥ 参见广西壮族自治区高级人民法院执行裁定书,(2021)桂执复180号。
⑦ 参见江苏省宝应县人民法院执行裁定书,(2021)苏1023执957号。
⑧ 参见广西壮族自治区梧州市中级人民法院执行裁定书,(2021)桂04执351号。
⑨ 参见江西省南昌市中级人民法院执行裁定书,(2020)赣01执异32号。
⑩ 参见广西壮族自治区高级人民法院执行裁定书,(2021)桂执复249号。
⑪ 参见新疆维吾尔自治区乌鲁木齐市中级人民法院执行裁定书,(2021)新01执异426号。
⑫ 参见上海市第二中级人民法院执行裁定书,(2019)沪02执异156号。

4. “隐瞒了足以影响公正裁决的证据的”相关案件：(1)A公司向B公司开具的转账支票是否存在背书转让以及兑现情况，A公司并不掌握，B公司隐瞒了支票的背书转让情况，致使仲裁庭对A公司支付工程款的金额确认有误；①(2)A公司在仲裁执行程序中提交的银行明细，可以证明B公司并未将超低排放补贴从C公司应得的脱硫运行费中扣除，但C公司在仲裁过程中提交的文件却载明B公司已将超低排放补贴从C公司应得的脱硫运营费中扣除。②

5. “裁决违背社会公共利益的”相关案件：(1)申请执行人未取得金融监管部门的批准，超越经营范围批量收购债权并对不特定对象进行放贷，属于从事相关金融业务牟利的行为，违背社会公共利益；③(2)申请执行人以租赁关系为掩护，非法从事网络放贷业务，扰乱了国家金融管理秩序；④(3)A公司、B公司、C公司、D公司均不具备金融行业从业资质，借用“钱升钱平台”登记的自然人的名义从事民间借贷，实际上属于非法从事放贷行为，违反了《网络借贷信息中介机构业务活动管理暂行办法》中的禁止性规定。⑤

6. “案外人申请不予执行仲裁裁决”相关案件：(1)案外人陈某系A公司债权人，A公司的大股东虚构买卖合同并将A公司作为担保人，目的在于转移财产损害案外人陈某债权之实现，故仲裁裁决要求A公司承担保证责任将侵犯陈某的合法权益；⑥(2)A公司股东严某与B公司通过虚构法律关系等方式转移A公司财产，仲裁裁决认可上述法律关系将损害A公司其他股东的合法权益；⑦(3)仲裁当事人签订了房屋买卖合同，但案涉房屋实际上归案外人所有，仲裁裁决要求变更案涉房屋的权属登记损害了案外人的合法权益；⑧(4)法院生效判决确认案外人对案涉房产享有优先受偿权，但案涉房产的施工方在隐瞒该项目没有办理合法建设手续且工程质量未验收合格的情况下，误导仲裁庭确认施工方对案涉房产享有工程价款优先权，可能损害案外人的合法权益；⑨(5)仲裁当事人通过恶意串通虚增了涉案房产最高额抵押担保的债权数额，导致仲裁调解书确认的债权数额偏高，仲裁当事人随后将

① 参见新疆维吾尔自治区乌鲁木齐市中级人民法院执行裁定书，(2021)新01执异340号。
② 参见辽宁省大连市中级人民法院执行裁定书，(2020)辽02执异267号。
③ 参见河南省郑州市中级人民法院执行裁定书，(2021)豫01执690号。
④ 参见广西壮族自治区贵港市中级人民法院执行裁定书，(2021)桂08执359号。
⑤ 参见广西壮族自治区贵港市中级人民法院执行裁定书，(2021)桂08执247号。
⑥ 参见贵州省贵阳市中级人民法院执行裁定书，(2021)黔01执异444号。
⑦ 参见上海市第一中级人民法院执行裁定书，(2021)沪01执异20号。
⑧ 参见山东省烟台市中级人民法院执行裁定书，(2021)鲁06执异129号。
⑨ 参见新疆维吾尔自治区乌鲁木齐市中级人民法院执行裁定书，(2021)新01执异74号。

仲裁调解书确认的债权以公开竞价的方式出售给案外人,损害了案外人的合法权益;[①](6)A 公司此前已将案涉房产抵偿给案外人 B 公司,并由案外人 B 公司实际占有,但 A 公司此后在仲裁调解过程中又将案涉房产抵偿给 C 公司,该仲裁调解书若执行,将损害案外人的合法权益;[②](7)A 公司的原法定代表人陈某已被变更,但陈某此后仍私自代表公司签署合同,仲裁庭如果认可此类合同的效力,将损害 A 公司股东的利益;[③](8)在案涉房产已被查封的情况下,债务人仍然对外签订《房地产转让协议》,并约定巨额违约金,显然是在转移财产,仲裁庭确定该《房地产转让协议》的效力,将产生稀释其他债权人合法债权之效果。[④]

通过考察以上撤销和不予执行仲裁裁决案件,并联系表 4 与表 5,可以得到如下六点启示:

第一,在仲裁裁决被裁定撤销的 77 件案件中,法院所援引的理由依其出现频次排序为:仲裁庭的组成或仲裁的程序违反法定程序(45 件),裁决的事项不属于仲裁协议的范围或者仲裁委员会无权仲裁(15 件),没有仲裁协议(6 件),裁决所根据的证据是伪造的(6 件),对方当事人隐瞒了足以影响公正裁决的证据(4 件),裁决违背社会公共利益(1 件)。本次收集的案例样本中,尚未发现有法院认定仲裁员存在索贿受贿、徇私舞弊、枉法裁决行为的案例。与 2020 年收集到的 55 件案例相比,2021 年度被裁定撤销的仲裁裁决在数量上增加了 22 个,主要原因是有 27 个因"违反法定程序"而被撤销的案例属连锁案例。剔除这一因素,2021 年度被裁定撤销的仲裁裁决在数量上与上一年度基本持平。

第二,在仲裁裁决被裁定不予执行的 200 件案件中,法院所援引理由的出现频次依其出现频次排序为:仲裁庭的组成或仲裁的程序违反法定程序(84 件),没有仲裁协议(83 件),案外人申请不予执行仲裁裁决(19 件),裁决违背社会公共利益(12 件),对方当事人隐瞒了足以影响公正裁决的证据(2 件)。在本次收集的案例样本中,未发现裁决的事项不属于仲裁协议的范围或者仲裁委员会无权仲裁的案件,裁决所根据的证据系伪造的案件,以及法院认定仲裁员存在索贿受贿、徇私舞弊、枉法裁决行为的案件。与 2020 年收集到的 136 件案例相比,2021 年度被裁定撤销的仲裁裁决在数量上增加了 64 个,"先予仲裁"违反法定程序、非法从事职业放贷活动以

① 参见浙江省宁波市中级人民法院执行裁定书,(2021)浙 02 执异 11 号。
② 参见山东省东营市中级人民法院执行裁定书,(2021)鲁 05 执异 33 号。
③ 参见上海市高级人民法院执行裁定书,(2020)沪执复 110 号。
④ 参见广西壮族自治区高级人民法院执行裁定书,(2021)桂执复 263 号。

及案外人申请不予执行仲裁裁决领域存在大量连锁案例。剔除这一因素,2021 年度被裁定不予执行的仲裁裁决在数量上与上一年度基本持平。

第三,与网贷合同相关的“先予仲裁”,是仲裁裁决被撤销或不予执行的集中爆发点。就仲裁协议的成立而言,鉴于借款人只需提供电子签名、无须提供法律规定的电子签名认证证书便可取得借款,如果实际借款人冒用他人身份,网贷合同中的仲裁条款便难以成立。就仲裁程序而言,仲裁程序开始和结束的时间都位于网络借款到期之前,即实际纠纷产生之前,且排除借款人陈述和答辩的合理机会,但出借人举证质证的权利则不受影响,这种不对等的处理方式显然违反正当程序。就仲裁裁决的效果而言,承认无资质的职业放贷人进行的放贷行为,会扰乱金融监管秩序,侵害社会公共利益。可以说,打击与网贷合同相关的“先予仲裁”,能够剔除害群之马,维护健康的金融和仲裁环境。

第四,在“没有仲裁协议的”相关案件中,仲裁协议是否随实体合同自动转让的问题值得关注。在一起外加剂购销合同争议案中,A 公司与 B 公司签订了案涉合同,其中约定了仲裁条款。后 A 公司注销,其原班人马注册为 C 公司,各方同意由 C 公司继承案涉合同项下的债权债务关系。但在随后的仲裁司法审查环节,法院认为,A 公司与 C 公司之间不存在继承关系,故 C 公司继续向 B 公司供货并收取货款的行为构成新的合同法律关系,案涉合同中的仲裁条款不能约束 C 公司。[①] 法院的潜在逻辑是,根据仲裁协议独立性原则,仲裁协议原则上不能随实体合同发生自动转让,除非出让方和受让方构成合法的继承关系。法院的裁定,显然违反《仲裁法解释》第 9 条[②]仲裁协议随实体合同自动转让之原则。一方面,仲裁协议独立性原则的本质,要求从支持仲裁的角度解释仲裁条款的效力。如果在仲裁协议转让问题上强调仲裁协议的独立性,则不符合仲裁协议解释过程中的“尽量使其有效”原则。另一方面,从尊重当事人意思自治的角度出发,案涉仲裁条款也应有效。该案 A 公司和 B 公司是原仲裁协议的当事人,选择仲裁而非诉讼是其最初的意愿,双方没有仲裁协议失效的合理利益存在。C 公司是合同的受让方,由 A 公司的原班人马组建,选择仲裁理应是其最初的意愿。在国际商业交往中,如果否认仲裁协议随实体合同自动转移,当事人往往会挑选法院甚至进行平行诉讼,不仅影响争议解决的效率,还会徒增维权成本。因此,承认仲裁条款随实体合同自动转让,最有利于平衡各方的合

---

① 参见辽宁省朝阳市中级人民法院民事裁定书,(2020)辽 13 民特 11 号。

② 2008 年《仲裁法解释》第 9 条:“债权债务全部或者部分转让的,仲裁协议对受让人有效,但当事人另有约定、在受让债权债务时受让人明确反对或者不知有单独仲裁协议的除外。”

理利益,至少不会使当事人处于更不利的境地。①

第五,在"违反法定程序"的相关案件中,消极自裁管辖权决定的可撤销性值得关注。通常而言,在仲裁事项符合法律规定、当事人对仲裁管辖权均不持异议的情况下,仲裁庭应当积极行使管辖权,作出消极自裁管辖权决定较为反常,却非必然违反法定程序。如果仲裁庭怀疑案涉合同涉嫌违法犯罪,为保护仲裁声誉,作出无管辖权裁定情有可原。从另一个角度看,当事人和仲裁员之间的关系也具有契约性,当事人指定或共同委托仲裁机构主任指定仲裁员的行为构成要约,仲裁员接受指定则构成承诺。如果仲裁员不愿仲裁,法院强迫仲裁员继续仲裁程序有违仲裁之本旨。②

第六,仲裁调解书的可撤销性基本获得了承认。在 2021 年度收集到的案件中,依然有法院否认仲裁调解书的可撤销性。例如,上海市第一中级人民法院(以下简称上海一中院)认为,《仲裁法》第 58 条仅规定了仲裁裁决的可撤销性,但未规定当事人可以向法院申请撤销仲裁调解书。中国仲裁司法监督实行的是有限监督原则,在法律未授权的情况下,法院不得行使撤销仲裁调解书的权力。③ 然而,《仲裁法》第 51 条规定"调解书与裁决书具有同等法律效力",根据体系解释,既然法院可以对仲裁裁决进行司法审查,当然也可以对仲裁调解书进行司法审查。实际上,如果法院否认仲裁调解书的可撤销性,无疑会造成法律漏洞,无法规制仲裁调解过程中可能存在的损害公共利益之行为。有鉴于此,最高人民法院 2021 年《全国法院涉外商事海事审判工作座谈会会议纪要》(以下简称《审判工作会议纪要》)第 99 条规定:"仲裁调解书与仲裁裁决书具有同等法律效力。当事人申请撤销仲裁调解书的,人民法院应予受理。人民法院应当根据仲裁法第五十八条的规定,对当事人提出的撤销仲裁调解书的申请进行审查。当事人申请撤销涉外仲裁调解书的,根据仲裁法第七十条的规定进行审查。"

(四)涉外国、涉我国港澳台地区仲裁案件的抽样考察及扼要评述

2017 年《最高人民法院关于审理仲裁司法审查案件若干问题的规定》第 21 条规定:"人民法院受理的申请确认涉及香港特别行政区、澳门特别行政区、台湾地区仲裁协议效力的案件,申请执行或者撤销我国内地仲裁机构作出的涉及香港特别行政区、澳门特别行政区、台湾地区仲裁裁决的案件,参照适用涉外仲裁司法审查案件

① 参见宋连斌:《国际商事仲裁管辖权研究》,法律出版社 2000 年版,第 161 ~ 165 页。

② 参见宋连斌:《国际商事仲裁管辖权研究》,法律出版社 2000 年版,第 52 页。

③ 参见上海市第一中级人民法院民事裁定书,(2021)沪 01 民特 206 号。

的规定审查。”考虑到涉外国、涉我国港澳台地区案件在法律层面的审查标准几乎一致,在实践中常常一并进行讨论。这两类案件数量极少,但公众关注度极高,故宜从个案的角度予以抽样考察。本次共收集到150个涉外国、涉我国港澳台地区仲裁案件,我们从中挑选出10个进行分析,如表8所示。

表8 境内法院受理的涉外国、涉我国港澳台地区仲裁案件抽样统计

序号	主要争议点	审理法院及案号	案由	裁定结果	裁定理由
1	仲裁协议效力	广东省广州市中级人民法院民事裁定书,(2021)粤01民特748号	确认仲裁协议无效	仲裁协议有效	涉案合同关系属于涉外民事法律关系;中国香港特别行政区法律为仲裁协议准据法;根据中国香港特别行政区《仲裁条例》,协议有效
2	仲裁协议效力	北京市第四中级人民法院民事裁定书,(2021)京04民特288号	确认仲裁协议有效	仲裁协议有效	当事人关于“贸促会”的约定应理解为对“贸仲”的约定;分会不存在应视为对中国贸仲的约定
3	仲裁协议效力	广东省深圳市中级人民法院民事裁定书,(2020)粤03民特1012号	确认仲裁协议无效	仲裁协议有效	仲裁协议准据法为中国法;被申请人受让股权从而仲裁条款对其有约束力
4	仲裁裁决效力	四川省宜宾市中级人民法院民事裁定书,(2021)川15民特21号	申请撤销仲裁裁决	驳回申请	当事人是否违约属于仲裁审理的事实认定和法律适用问题,不属于人民法院在撤销仲裁裁决案件中的司法审查范围
5	仲裁裁决效力	北京市第四中级人民法院民事裁定书,(2021)京04民特150号	申请撤销仲裁裁决	驳回申请	仲裁庭对于A公司逾期提交的书面材料是否组织质证,是否采信,属于仲裁庭裁量权范围,不属于仲裁司法审查范围

续表

序号	主要争议点	审理法院及案号	案由	裁定结果	裁定理由
6	仲裁裁决效力	广东省广州市中级人民法院民事裁定书,(2019)粤01民特216号	申请撤销仲裁裁决	重新仲裁	法院认为存在可以由仲裁庭重新仲裁的情形,遂裁定中止撤销程序
7	仲裁裁决效力	北京市第四中级人民法院民事裁定书,(2021)京04民特138号	申请撤销仲裁裁决	驳回申请	本案系申请撤销涉外仲裁裁决案件,人民法院只应审查程序而不应审查实体,而A公司申请撤销裁决的理由均涉及仲裁庭的实体审理
8	仲裁裁决效力	上海市第一中级人民法院民事裁定书,(2019)沪01民特422号	申请撤销仲裁裁决	驳回申请	申请人提出的"裁决所根据的证据是伪造的"以及"对方当事人隐瞒了足以影响公正裁决的证据"等事由,并非涉外仲裁司法审查内容
9	仲裁裁决执行	上海金融法院(2020)沪74认港1号	申请认可和执行HKIAC仲裁裁决	认可和执行HKIAC裁决	法院依据A公司工商登记在册的合伙人身份认定其有权指定清算组成员,这与HKIAC依据《有限合伙协议》作出将其除名的仲裁裁决,并不存在冲突
10	仲裁裁决执行	上海金融法院(2021)沪74协外认1号	申请承认与执行SIAC仲裁裁决	承认与执行SIAC仲裁裁决	中国针对案涉仲裁员所在的律师事务所发布制裁措施,并非针对该仲裁员个人及其身份

本次收集的150件涉外国、涉我国港澳台地区仲裁案例中,包括涉外国仲裁案件88件,涉我国港澳台地区仲裁案件62件。涉外国仲裁案件的具体情况如下:(1)仲裁协议效力确认案件10件,法院确认仲裁协议无效0件;(2)涉外国仲裁裁决撤销案件45件,法院撤销仲裁裁决1件;(3)涉外国仲裁裁决执行案件11件,法院裁定不予执行0件;(4)外国仲裁裁决的承认与执行案件7件,法院裁定不予承认、执行0件;(5)涉外国仲裁保全案件15件,法院驳回申请0件。而涉我国港澳台地

区仲裁案件,则表现为如下情况:(1)仲裁协议效力确认案件5件,法院确认仲裁协议无效0件;(2)涉港澳台仲裁裁决撤销案件38件,法院撤销仲裁裁决0件;(3)涉港澳台地区仲裁裁决执行案件11件,法院裁定不予执行0件;(4)涉港澳台地区仲裁裁决的认可与执行案件5件,法院裁定不予认可、执行0件;(5)涉港澳台地区仲裁保全案件3件,法院驳回申请0件。从总体上看,法院对涉外仲裁案件持否定性评价的案例较为少见。但考虑到涉外仲裁案件总量本就不大,这一宏观统计结论或许不能准确反映我国法院的立场。欲还原中国司法对涉外仲裁案件的真实态度和裁判水平,还需对个案的裁判逻辑进行分析。

就涉外仲裁协议的法律适用而言,个别法院存在滥用法院地法之倾向。例如,在郑州市中级人民法院作出的一份裁定①中,虽然案涉合同约定仲裁地位于纽约,但在确认仲裁协议是否存在的案件中,法院依然适用法院地法认定合同效力。一般来说,此类争议应适用《仲裁法解释》第16条之规定,即"对涉外仲裁协议的效力审查,适用当事人约定的法律;当事人没有约定适用的法律但约定了仲裁地的,适用仲裁地法律;没有约定适用的法律也没有约定仲裁地或者仲裁地约定不明的,适用法院地法律"。但法院认为:"'仲裁协议存在'不同于'仲裁协议效力',故《仲裁法解释》第16条无法适用于本案。鉴于双方未就'仲裁协议存在'之法律适用达成一致,而案涉合同的履行地在中国,根据最密切联系原则,本案应适用中国法。"这种处理方式,显然是对法律的曲解。毕竟,从字面意思上看,仲裁协议是否存在是确定仲裁协议是否有效的一个关键步骤,"仲裁协议存在"属于"仲裁协议效力"外延中的一部分。最高人民法院国际商事法庭在其审结的第1起案件中,也认为当事人请求确认仲裁协议不成立的,属于申请确认仲裁协议效力案件的范围。② 因此,本案应根据《仲裁法解释》第16条的规定,在当事人未对仲裁协议进行选法的情况下,适用仲裁地法律。

就涉外仲裁程序的合法性而言,中国法院对仲裁庭使用仲裁助理的行为持肯定态度。仲裁助理常出现在较为复杂的国际仲裁程序中,与仅为仲裁提供程序性管理服务的仲裁秘书不同,其还可履行部分仲裁庭的义务。例如,在HKIAC受理的一起案件中,仲裁庭使用并多次更换仲裁助理,当事人并未对此提出异议。裁决作出后,当事一方在不予执行仲裁裁决程序中认为,仲裁庭将部分职责交由仲裁助理履行,将导致仲裁庭自身履职不充分,违反法定程序。对此,福建省南平市中级人民法院

---

① 参见河南省郑州市中级人民法院民事裁定书,(2019)豫01民特76号。

② 参见最高人民法院民事裁定书,(2019)最高法民特1号。

认为,当事人已经默许了仲裁助理的使用和更换,此后便不能再以此项安排可能导致程序不当为由提出异议。① 在本案之外,值得进一步探讨的问题是,如果仲裁助理承担过多本应由仲裁庭完成之工作,是否危及仲裁裁决之效力?根据目前的仲裁实践,可以肯定的是,如果仲裁助理承担起对庭审实质性问题发表观点的任务,构成实际上的"第四仲裁员",仲裁程序的进行便会违反法定程序。例如,在宁波仲裁委员会受理的一起案件中,仲裁机构主任在最后的合议环节针对案涉工期延误损失如何计算问题发表了与仲裁庭不同的意见,合议笔录记载的最终结果是该主任的观点。对此,法院在撤销仲裁裁决程序中认为,仲裁机构负责人在合议环节对实体处理发表意见,违反了仲裁庭独立裁决制度,可能影响案件公正裁决,属于程序违法。②

四、重要仲裁案例述评

(一)"先裁后审"条款仲裁部分有效

根据《仲裁法解释》第7条,当事人约定的"或裁或审"条款无效。③ 由于"先裁后审"条款既包含仲裁部分又包含诉讼部分,故部分法院常常将该类条款归入"或裁或审"条款。2021年公布的裁判文书中亦有此种情况,部分法院据此认定"先裁后审"的争议解决条款无效。④

而"BY. O与豫商集团有限公司服务合同纠纷案"则认定"先裁后审"协议中的仲裁条款有效,本案的裁判思路为其他法院解决类似问题提供了良好的示范和参考,并入选为2021年第11期《最高人民法院公报》案例。在该案中,双方当事人在合同中约定了争议解决条款:"发生争议应首先由新加坡国际仲裁中心仲裁解决。若对仲裁结果无法达成一致,则提交甲方住所所在地有管辖权的商业法庭诉讼解决。"对于该条款的效力,上海市浦东新区人民法院(以下简称浦东法院)将其分为两部分进行解释,首先确认仲裁部分有效,其次根据"一裁终局"原则认定诉讼部分无效,最后分析条款的标点和语序,认为条款的仲裁部分与诉讼部分相互独立,认定仲裁部分有效而诉讼部分无效。⑤

---

① 参见福建省南平市中级人民法院民事裁定书,(2018)闽07认港1号。

② 参见浙江省宁波市中级人民法院民事裁定书,(2019)浙02民特81号。

③ 2008年《仲裁法解释》第7条规定:"当事人约定争议可以向仲裁机构申请仲裁也可以向人民法院起诉的,仲裁协议无效。但一方向仲裁机构申请仲裁,另一方未在仲裁法第二十条第二款规定期间内提出异议的除外。"

④ 参见安徽省宣城市中级人民法院民事裁定书,(2021)皖18民特9号;山东省潍坊市中级人民法院民事裁定书,(2021)鲁07民特62号。

⑤ 参见上海市浦东新区人民法院民事裁定书,(2020)沪0115民初34710号。

须知仲裁协议作为一种特殊的合同，适用一般合同法理妥当且合理。因此，仲裁庭或者法院在审查时可根据合同部分无效的法理及支持仲裁的政策，除去违反一裁终局原则的内容后认定仲裁协议继续有效。① 另外，《审判工作会议纪要》第94条中明确，应当认定"先裁后审"条款仲裁部分有效而诉讼部分无效。② 通过本次统计，亦可观察到诸多案例采用了该做法，具体如表9所示：

表9　中国法院2021年认定"或裁或审"条款有效之案例抽样

序号	案名	审理法院及案号	条款类型	裁定结果
1	北京东方网信科技股份有限公司与深圳市侨威投资发展有限公司等申请确认仲裁协议效力民事裁定书	北京市第四中级人民法院（2021）京04民特47号	先裁后审	有效
2	郑州富豪节能建材有限公司、河南省永安建筑安装工程有限公司申请确认仲裁协议效力民事裁定书	河南省郑州市中级人民法院（2021）豫01民特62号	先裁后审	有效
3	李某某、左某申请确认仲裁协议效力民事裁定书	湖北省武汉市中级人民法院（2021）鄂01民特49号	先裁后审	有效
4	陕西建工第十一建设集团有限公司与西安市殡仪馆申请确认仲裁协议效力特殊程序：其他民事特殊程序民事裁定书	陕西省西安市中级人民法院（2021）陕01民特122号	先裁后审	有效
5	青岛坤钰汉霖铸造机械有限公司、甘肃博尚钢塑复合管有限公司申请确认仲裁协议效力特别程序民事裁定书	甘肃省兰州市中级人民法院（2021）甘01民特15号	先裁后审	有效

① 参见宋连斌、黄保持：《违反一裁终局原则对仲裁协议效力的影响：基于中国实践的实证分析》，载《国际法研究》2017年第1期。

② 2021年最高人民法院《审判工作会议纪要》第94条规定："当事人在仲裁协议中约定争议发生后'先仲裁、后诉讼'的，不属于仲裁法司法解释第七条规定的仲裁协议无效的情形……"

由此可见,在审查“先裁后审”条款时,法院已经有尽量使该种条款有效之裁判倾向。而仲裁协议是当事人意思自治的结果,是仲裁庭获得管辖权、仲裁程序开展的前提和基础,是仲裁的基石。正如浦东法院那样,运用合同解释的方法,以合同部分无效理论解释“先裁后审”协议的有效性,而不轻易认定该种协议无效,不仅彰显了法院支持仲裁的态度,同时也体现了对当事人意思自治的尊重。

(二)单边制裁措施未必对仲裁产生效力

单边制裁是指在未经联合国授权或目标国家同意的情况下,个别国家或国家集团为了实现政治目的,通过非武力手段对目标国家或实体施加压力的措施,常见的手段包括经济制裁、金融制裁以及对航行、航空、过境、通信自由的限制。[①] 单边制裁措施常常以重罚威胁商事主体,努力遏制目标国家或实体的对外贸易,从而导致国际商事合同出现履约不能或履约障碍。考虑到当前地缘政治动荡状态持续加剧,单边制裁对国际商事合同的影响正在成倍放大,对仲裁产生影响的概率也在不断增加,[②]在此背景下,正确认识单边制裁措施的性质,厘清单边制裁措施的效力边界,对于维护以1958年《承认及执行外国仲裁裁决公约》(以下简称《纽约公约》)为核心的仲裁裁决全球流通体系而言,意义重大。而在上海金融法院作出的首例承认和执行新加坡仲裁裁决案[③]中,对制裁措施的效力采取了谦抑的态度,值得关注。

该案当事人是A公司与B公司。双方在仲裁协议中约定,因案涉合同引起的任何争议均应根据当时有效的新加坡国际仲裁中心仲裁规则在新加坡提起仲裁。仲裁程序启动后,当事双方各自指定一名联席仲裁员,首席仲裁员由仲裁机构指定,双方对首席仲裁员的人员均不持异议。仲裁裁决作出后,B公司认为,该案首席仲裁员所属的律师事务所因恶意传播谎言和虚假信息被中国政府实施制裁,故案涉仲裁裁决本身有失公正,请求据此不予执行仲裁裁决。对此,上海金融法院认为,中国政府公布之制裁系针对首席仲裁员所在的律师事务所,并非针对其仲裁员的身份。在仲裁员选择的过程中,仲裁机构已经履行了告知义务,双方并未对首席仲裁员的人选提出异议,故仲裁庭之组成适当。值得关注的是,法院将案涉争议定性为组庭是否适当之争议,而非仲裁裁决是否违反执行地公共政策之争议。

---

① See Surya P. Subedi, *Introduction*, in Surya P. Subedi, eds., Unilateral Sanctions in International Law, Oxford Hart Publishing, p. 1 – 18.

② See Taylor LeMay, *Protecting International Petroleum Investments during Geopolitical Unrest: Arbitrating Disputes under Economic Sanctions*, 53 Texas International Law Journal 307, 308 – 310(2018).

③ 参见上海金融法院民事裁定书,(2021)沪74协外认1号。

该案中,法院没有正面回答单边制裁措施的效力问题。一般来说,当实体合同准据法所在地与实施单边制裁措施的裁决执行地相同时,单边制裁措施是仲裁庭应当适用的法律。但是,如果二者不在同一司法管辖区,承认单边制裁措施的效力,便可能将仲裁庭推入左右为难的境地。如果裁决执行地针对仲裁地实施了单边制裁措施,这一措施被仲裁庭适用,极有可能导致仲裁裁决被撤销。因此,更适当的解决办法,是对仲裁地和裁决执行地的公共政策作狭义解释,使其外延尽可能与国际公共政策保持一致。① 在上海金融法院的上述裁定②中,法院认为对外国律所的制裁不属公共政策范畴,实际上也对执行地公共政策的概念范围进行了限缩。由此可见,当裁决执行地与实体合同准据法没有实际联系时,仲裁庭无视裁决执行地单边制裁措施的行为,未必会导致裁决的撤销或不予执行。

(三)仲裁员庭外言论不当危及仲裁裁决效力

仲裁员的公正性,要求仲裁员能够依据知识经验在主观上作出不偏不倚的判断,不能对当事人存有敌意。在著名的孙杨案中,瑞士联邦最高法院以仲裁员庭外言论不当为由撤销了国际体育仲裁院(Court of Arbitration for Sport,CAS)对中国著名泳将孙杨禁赛8年的处分③。虽然该案不是一个典型的国际商事仲裁案例,但鉴于申请撤销CAS裁决的管辖法院是瑞士联邦最高法院,其审查的依据与一般国际商事仲裁裁决无异,所以此案关于仲裁员操守问题的讨论,对国际商事仲裁员也具有警示意义。

该案当事人是中国游泳运动员孙杨和世界反兴奋剂机构。由于孙杨拒检,世界反兴奋剂机构根据仲裁协议向CAS提起仲裁。仲裁裁决作出后,孙杨发现首席仲裁员在仲裁之前和仲裁期间,在公开的推特账号上发表过涉及中国和犬类权益的过激言论。孙杨方认为,这些过激的庭外言论可能构成种族歧视,影响仲裁员的公正性,请求据此撤销仲裁裁决。④ 对此,瑞士联邦最高法院认为,该仲裁员在孙杨案仲裁过程中对中国犬类权益问题的过激言论涉及种族主义,因此可能让人(孙杨)在客

---

① See Eric De Brabandere and David Holloway, *Sanctions and International Arbitration*, in Larissa van den Herik, eds., Research Handbook on UN Sanctions and International Law, Cheltenham Edward Elgar Publishing Limited, 2016, p. 304 – 330.

② 参见上海金融法院民事裁定书,(2021)沪74协外认1号。

③ 2020年2月28日仲裁庭判定孙杨违反FINA Doping Control Rules第2.5条,禁赛8年。2021年6月22日CAS新组建的仲裁庭经重新仲裁,改为判处孙杨4年零3个月(51个月)禁赛。

④ 参见张春良、侯中敏:《后裁决阶段世界反兴奋剂组织诉孙杨与国际泳联案的反思——基于ISTI第5.3.3条解读的对策检讨》,载《北京体育大学学报》2021年第8期。

观上对其公正性产生合理怀疑,法院批准将案件发回重新仲裁,并且罢免了首席仲裁员。

虽然瑞士联邦最高法院主张仲裁员应该有所克制地表达意见,但这并不意味着仲裁员在庭外必须噤若寒蝉。一般来说,发表庭外言论是仲裁员展示专业能力、吸引案源的一种重要手段。对于当事人和指定机构而言,庭外言论也是据以剔除不合格仲裁员的重要依据。如果这两个目标都能得到兼顾,鼓励仲裁员发表庭外言论理应成为一种趋势,但前提是确保庭外言论的透明性和可获取性。否则,鼓励仲裁员在私人场合发表庭外言论,只会导致仲裁腐败。① 在理想情况下,候选仲裁员可以在专业网站上公开其庭外言论和外部关系,以确保当事人可以找到有共同文化背景的联席仲裁员,而查找利益冲突的当事人也可以及时发现仲裁员的表面偏见。

(四)仲裁庭组成不符合仲裁协议未必导致裁决撤销

曾经在国际仲裁圈引起较大反响的"来宝案"②,表面上看是仲裁规则和仲裁协议的冲突问题,实则是对当事人仲裁合意的认识问题。如果用静态的、绝对的眼光去对待仲裁合意,只有仲裁协议的明文规定属于当事人意思自治,选定的仲裁规则是仲裁机构强加的意志,不属于当事人合意的范畴,当事人的嗣后合意也不能变动仲裁协议。如果用运动的、相对的眼光去看待当事人的仲裁合意,则仲裁规则和当事人的嗣后仲裁合意也是仲裁合意的一部分,在符合一定的条件时便可优先于仲裁条款得以适用。在四川省自贡市中级人民法院(以下简称自贡中院)受理的一起认可和执行香港国际仲裁中心仲裁裁决案中,虽然仲裁庭的组成和仲裁协议不一致,但法院仍然正确处理了仲裁合意的确定与实现问题。③

该案当事人 A 公司与 B 公司在仲裁协议中约定,因案涉合同引起的争议,应提交 HKIAC 仲裁,"仲裁庭组成应为三名仲裁员"。但在仲裁程序启动后,双方一致同意由独任仲裁庭进行仲裁。仲裁裁决作出后,B 公司以仲裁庭之组成违反仲裁协议为由,请求不予认可和执行仲裁裁决。对此,自贡中院认为,仲裁庭组成方式之变更是当事人一致同意的结果,并不违反仲裁协议。显然,法院认为仲裁合意既包括纠纷发生前当事人之间签订的仲裁协议,也包括当事人嗣后的仲裁合意。根据合同变

---

① See Ruth V. Glickal and Laura J. Stipanowich, *Arbitration Disclosure in the Internet Age: Some Guidance Concerning the Obligation to Disclose Internet Activity and Online Relationships*, 67 Dispute Resolution Journal 22,23 -29(2012).

② 参见上海市第一中级人民法院民事裁定书,(2016)沪01 协外认1号。

③ 参见四川省自贡市中级人民法院民事裁定书,(2020)川03 认港1号。

更理论,嗣后合意可以对原仲裁协议进行变更。

该案的进步之处,在于从仲裁协议之实质——仲裁合意,确定和实现当事人的意思自治,并将仲裁合意区分为缔约意愿和嗣后意愿两种类型。所谓缔约意愿,主要是指当事人在缔约过程中所达成的合意。确定缔约意愿,常常需要借助于承载缔约意愿的语言或行为。就仲裁意愿而言,缔约意愿的载体之一便是仲裁协议。[①] 至于嗣后意愿,是当事人在缔约之后所达成的合意。一般来说,在签订仲裁协议或者选定仲裁规则后,当事人还可以通过语言或行为对缔约合意进行变更。当然,嗣后意愿可以以明示方式表现出来,常见的是对原合同的补充协议。此外,嗣后意愿也可以通过默示方式表现出来,其中的典型便是放弃异议条款的适用。如果缔约意愿和嗣后意愿出现冲突,那么如何更好地实现当事人的意愿应被视为一个合同解释问题。一般来说,当事人的仲裁意愿都是根据当时的交易状况达成的。如果情况发生了改变,当事人自然会通过嗣后意愿变更原合同安排。从这个角度上看,执行嗣后意愿更有利于保护当事人当下之利益。

(五)执行监督程序可适用于不予执行仲裁裁决的裁定

2020年《最高人民法院关于适用〈中华人民共和国民事诉讼法〉的解释》(以下简称《民诉法解释》)第478条规定:“人民法院裁定不予执行仲裁裁决后,当事人对该裁定提出执行异议或者复议的,人民法院不予受理。”该规定只是明确法院不受理针对不予执行仲裁裁决之裁定所提出执行异议或者复议,但并未规定法院是否有权对该类裁定实施执行监督。在一起执行监督案[②]中,最高人民法院认为审判监督职能可在仲裁裁决执行类案件中予以行使。该案涉及仲裁执行审查裁定的终局性问题,值得关注。

该案当事人A公司与B公司在仲裁协议中约定,因案涉合同所引起的任何纠纷均应提交武汉仲裁委员会仲裁。仲裁庭据此作出了对B公司有利的裁决。A公司不服,遂请求湖北省恩施土家族苗族自治州中级人民法院(以下简称恩施中院)不予执行仲裁裁决,恩施中院支持了A公司的申请。B公司不服恩施中院作出的不予执行仲裁裁决之裁定,遂向湖北省高级人民法院(以下简称湖北高院)提起申诉。湖北高院撤销了恩施中院所作的执行裁定。此后,A公司向最高人民法院提起申诉,理由是根据《民诉法解释》第478条之规定,湖北高院无权受理B公司不服恩施中院不予执行仲裁裁决之裁定所提起的申诉。对此,最高人民法院认为,《民诉法解释》

① 参见宋连斌主编:《仲裁法》,武汉大学出版社2010年版,第110~115页。

② 参见中华人民共和国最高人民法院执行裁定书,(2021)最高法执监12号。

第478条只是禁止法院受理针对不予执行仲裁裁决的裁定提出执行异议或者复议,并未禁止法院对该类裁定启动执行监督程序,故湖北高院依照执行监督程序作出的裁定不违反法律规定。

最高人民法院的裁判结果,保障了申请执行人的合法权益,具有一定的积极意义,但执行监督程序似与仲裁报核制度存在制度性重复。本着有利于仲裁裁决执行之理念,中国已于2017年颁布了《报核规定》(已于2021年修改)。《报核规定》第2条规定:"不予执行或者撤销我国内地仲裁机构的仲裁裁决……应当向本辖区所属高级人民法院报核;高级人民法院经审查拟同意的,应当向最高人民法院报核。待最高人民法院审核后,方可依最高人民法院的审核意见作出裁定。"如果《报核规定》第2条能够得到严格执行,对仲裁裁决所作之否定性评价必然需要得到最高人民法院之同意,执行监督制度便无必要。至于对仲裁裁决所作之肯定性评价,因符合司法支持仲裁之理念,更无须浪费资源进行执行监督。因此,鉴于《报核规定》的存在,上级法院在原则上无须对不予执行仲裁裁决之裁定进行审判监督,除非是下级法院未按规定报核且对仲裁裁决作出否定性评价。

五、总结与展望

面对世纪疫情和世界百年变局,中国仲裁不惧考验,2021年全国仲裁机构的受案量和案件标的总额双双回升,表现出了极强的韧性。当然,各国为应对新冠疫情而采取的限制人物流动的措施,在客观上为当事人立案、仲裁庭开庭、裁决书流通提出了更高的要求。对此,中国仲裁机构主动减免受困企业的仲裁费用,迅速制定网络仲裁规则,启用一体化、便利化、多接口的智慧网络办案系统;中国政府大力推动区际私法协助,并修改仲裁法主动适应国际标准。有理由相信,中国仲裁在未来几年将加快智慧化建设,推动法律和科技的深度融合,迎接仲裁新时代的到来。

我国域外法查明实践的现状、问题与出路*

——基于2020~2022年我国域外法查明案件的实证分析

杜 涛** 姚 可***

近年来,统筹推进国内法治和涉外法治成为司法改革的重要内容。为了实现这一目标,发挥域外法查明的作用十分关键。通过对2020~2022年度我国域外法查明司法案件的实证分析,发现域外法查明实践存在案件数量少、分布集中、类型统一、涉及的域外法多样、查明途径固定、查明效果一般等特征。深入分析现状发现,我国域外法查明存在许多问题。一般制度性问题包含查明规范的碎片化与体系性不足、查明主体与途径的局限性、查明责任的不明确等。具体实践性问题包含主体能动性不足、查明意见的客观性不足、域外法适用程序混乱、裁判说理欠缺等。思考以上问题的对策与出路,不仅需要对域外法查明机构的制度建设进行改革和完善,更需要在实践中规范各主体的行为,并充分发挥它们的作用,以促进域外法查明功效和裁判公正的实现。

2019年11月29日,最高人民法院域外法查明平台在国际商事法庭网站上线启动,标志着全国法院域外法查明统一平台的正式建立。西南政法大学中国—东盟法律研究中心、蓝海法律查明和商事调解中心、中国政法大学外国法查明研究中心、华东政法大学外国法查明研究中心、武汉大学外国法查明研究中心等五家机构共建统一的域外法查明平台。该平台运行以来,已经在多起涉外案件中为各级人民法院和

* 本文为国家社科基金重点课题"中美贸易争端背景下我国应对美国长臂管辖权法律机制研究"(19AFX025)和国家社科基金重大项目"中国特色社会主义对外关系法律体系构建研究"(19ZDA167)阶段性成果。

** 华东政法大学国际法学院院长,教授。

*** 华东政法大学国际法学专业硕士研究生。

当事人提供了域外法查明服务。

2020年和2021年,最高人民法院继续高度重视域外法的查明和适用工作,发布了一系列涉及域外法查明的司法解释和其他文件。其中,在新冠疫情暴发后不久发布的《关于依法妥善审理涉新冠肺炎疫情民事案件若干问题的指导意见(三)》(法发〔2020〕20号)第6条中,最高人民法院明确要求:“对于与疫情相关的涉外商事海事纠纷等案件的适用法律问题,人民法院应当依照《中华人民共和国涉外民事关系法律适用法》等法律以及相关司法解释的规定,确定应当适用的法律。……应当适用域外法律的,人民法院应当准确理解该域外法中与不可抗力规则类似的成文法规定或者判例法的内容,正确适用,不能以我国法律中关于不可抗力的规定当然理解域外法的类似规定。”最高人民法院2020年9月25日印发的《关于人民法院服务保障进一步扩大对外开放的指导意见》(法发〔2020〕37号)第6条中明确要求:“进一步提升域外法查明平台功能,规范完善域外法查明和适用规则,推动域外法查明法律资源及案例数据库建设,提高人民法院在涉外案件中查明和适用域外法的能力。”2020年11月4日发布的最高人民法院《关于支持和保障深圳建设中国特色社会主义先行示范区的意见》(法发〔2020〕39号)中进一步指出:“完善涉外涉港澳台法律适用规则体系,准确查明和适用国际条约、国际惯例和域外法律。研究商事主体选择适用域外法律解决商事合同纠纷问题。”2021年以来,最高人民法院又先后发布《关于人民法院为北京市国家服务业扩大开放综合示范区、中国(北京)自由贸易试验区建设提供司法服务和保障的意见》(法发〔2021〕11号)、《关于人民法院支持和保障浦东新区高水平改革开放打造社会主义现代化建设引领区的意见》(法发〔2022〕1号)、《关于支持和保障全面深化前海深港现代服务业合作区改革开放的意见》(法发〔2022〕3号)、《关于支持和保障横琴粤澳深度合作区建设的意见》(法发〔2022〕4号)等司法解释性文件,这些文件都对域外法查明制度作了专门规定。

一、案件统计与初步分析

为了检验我国当下域外法查明机制在实际运作中的效果,进一步总结经验,提升查明的功效,笔者对2020~2022年全国各级人民法院公布的域外法查明案件进行了收集整理并作了分类实证研究。案件的收集主要通过中国裁判文书网和北大法宝数据库进行。笔者以“域外法查明”和“外国法查明”为关键字,分别选择2020

年、2021 年、2022 年作为时间范围进行检索，共收集到 40 份裁判文书（如表 1 所示）。① 基于检索的结果，笔者首先对案件进行初步总结与分析，介绍域外法查明实践的现状与特征。

表 1 2020 ~ 2022 年中国法院域外法查明案件统计

分类	案件	法院	涉及域外法
当事人自行提供域外法	印度国家银行与瓦伦公司金融借款合同纠纷案[1]	上海海事法院	新加坡法律
	招商奉贤公司与丛贸公司等所有权确认纠纷案[2]	上海市二中院[3]	瑞士法律、新加坡法律
	东方资产公司与远洋渔业公司等船舶抵押合同纠纷案[4]	厦门海事法院	巴拿马法律
	海通公司与陈某保证合同纠纷案[5]	广东省深圳市中院	中国香港特别行政区法律
	马士基公司与航美公司等国际货物多式联运合同纠纷案[6]	上海市高院	墨西哥法律
	威尔士公司与英国东化公司等公司债券交易纠纷案[7]	辽宁省高院	中国香港特别行政区法律
	合康公司与丹佑公司等多式联运合同纠纷案[8]	上海市高院	泰国法律
	欧凯思公司与一冶公司等合伙协议纠纷案[9]	北京市四中院	印度法律
	生原公司、康理公司与维视公司合同纠纷案[10]	广州中院	英格兰和威尔士法律

① 本次统计的案件为 2020 年 1 月 1 日至 2022 年 10 月 20 日作出裁判的案件。为方便分析，案件数量以可获取的裁判文书数量为标准确定。

续表

分类	案件	法院	涉及域外法
	广州乐得公司清算组申请驳回强制清算案[11]	广东省广州市中院	中国香港特别行政区法律
	腾讯成都公司与沐瞳公司商业诋毁纠纷案[12]	上海知识产权法院	印度尼西亚法律
法院依职权查明域外法	环球公司与托尔图加航运公司船舶碰撞损害责任纠纷案[13]	武汉海事法院	巴拿马法律
	黄某某与罗某某、方某保证合同纠纷案[14]	上海市普陀区法院、上海市二中院	中国香港特别行政区法律
	中国人保上海分公司与航美公司海上货物运输合同纠纷案[15]	厦门海事法院	墨西哥法律
	宽娱公司与嘀哩公司、羁绊公司、天下无双公司侵害作品信息网络传播权纠纷案[16]	上海市杨浦区法院	日本法律
	睿智公司与OZ公司买卖合同纠纷案[17]	上海市徐汇区法院	中国香港特别行政区法律
	中金汇理保理公司与东莞市入世丰针织有限公司其他合同纠纷案[18]	上海市静安区法院	新加坡法律
	陈某某与林某某、方某某民间借贷纠纷案[19]	广东省汕头市中院	中国香港特别行政区法律
	管某与铃某等法定继承纠纷案[20]	上海市一中院	日本法律
	万津公司与陈某某股权转让纠纷案[21]	上海市长宁区法院、上海市一中院	英属维京群岛法律
	王某与某贸易公司跨境股权转让纠纷案[22]	江苏省张家港市法院、江苏省苏州市中院	埃塞俄比亚法律

续表

分类	案件	法院	涉及域外法
	绿能公司与聪敏公司、林某惠买卖合同纠纷案〔23〕	上海市普陀区法院	中国香港特别行政区法律
综合运用多种方式查明域外法	兰塞姆斯公司与中农公司国际货物买卖合同纠纷案〔24〕	北京市四中院、北京市高院	英格兰和威尔士法律
	Luca Dotti 与金海华公司人格权纠纷案、Luca Dotti 与瑞玲珑公司人格权纠纷案〔25〕	江苏省苏州市中院	意大利法律、瑞士法律
	李某某与王某等股权转让纠纷案〔26〕	山东省高院	德国法律
	国民信托公司与泰禾公司等金融借款合同纠纷案〔27〕	北京市四中院	中国香港特别行政区法律、百慕大群岛法律
其他涉及域外法的案件	秦某某、李某某、谢某某赠与合同纠纷案,以及秦某某、李某某、谢某某确认合同效力纠纷案〔28〕	广东省广州市中院	—
	欧品公司与胜威诺公司海上货物运输合同纠纷案〔29〕	上海海事法院	—
	吴某某与科蕴公司等损害股东利益责任纠纷案,以及吴某某与伯明翰公司等损害股东利益责任纠纷案〔30〕	广东省广州市中院	—
	越鑫公司与谢某江等合同纠纷案〔31〕	广东省广州市中院	—

〔1〕参见上海海事法院民事判决书,(2018)沪72民初4268号。

〔2〕参见上海市第二中级人民法院民事判决书,(2020)沪02民终550号。

〔3〕为简洁起见,本文省略法院全称,如将“中级人民法院”简写为“中院”,将“高级人民法院”简写为“高院”。

〔4〕参见厦门海事法院民事判决书,(2019)闽72民初1105号。

〔5〕参见广东省深圳市中级人民法院民事判决书,(2019)粤03民终2298号、2299号。

〔6〕参见上海市高级人民法院民事判决书,(2018)沪民终405号。

〔7〕参见辽宁省高级人民法院民事判决书,(2020)辽民终758号。

〔8〕参见上海市高级人民法院民事判决书,(2020)沪民终605号。

〔9〕参见北京市第四中级人民法院民事判决书,(2019)京04民初941号。

〔10〕参见广州市中级人民法院民事判决书,(2021)粤01民初543号。

〔11〕参见广州市中级人民法院民事裁定书,(2021)粤01强清7号。

〔12〕参见上海知识产权法院民事判决书,(2021)沪73民终154号。

〔13〕参见武汉海事法院民事判决书,(2017)鄂72民初1562号。

〔14〕参见上海市普陀区人民法院民事判决书,(2019)沪0107民初17804号;上海市第二中级人民法院民事判决书,(2021)沪02民终6769号。

〔15〕参见厦门海事法院民事判决书,(2019)闽72民初972号。

〔16〕参见上海市杨浦区人民法院民事判决书,(2019)沪0110民初8708号。

〔17〕参见上海市徐汇区人民法院民事判决书,(2019)沪0104民初16073号。

〔18〕参见上海市静安区人民法院民事判决书,(2020)沪0106民初17032号。

〔19〕参见广东省汕头市中级人民法院民事判决书,(2019)粤05民终1129号。

〔20〕参见上海市第一中级人民法院民事判决书,(2021)沪01民终3391号。

〔21〕参见上海市长宁区人民法院民事裁定书,(2018)沪0105民初16658号之一;上海市第一中级人民法院民事裁定书,(2020)沪01民终3039号。

〔22〕参见江苏省张家港市人民法院民事判决书,(2020)苏0582民初9370号;江苏省苏州市中级人民法院民事判决书,(2021)苏05民终2105号。

〔23〕参见上海市普陀区人民法院民事判决书,(2020)沪0107民初15078号、15084号。

〔24〕参见北京市第四中级人民法院民事判决书,(2019)京04民初85号;北京市高级人民法院民事判决书,(2021)京民终204号。

〔25〕参见江苏省苏州市中级人民法院民事判决书,(2019)苏05民终7190号;江苏省苏州市中级人民法院民事判决书,(2019)苏05民终7188号。

〔26〕参见山东省高级人民法院民事判决书,(2021)鲁民终1428号。

〔27〕参见北京市第四中级人民法院民事判决书,(2020)京04民初327号。

〔28〕参见广东省广州市中级人民法院民事判决书,(2020)粤01民终1291号;广东省广州市中级人民法院民事判决书,(2020)粤01民终1292号。

〔29〕参见上海海事法院民事判决书,(2021)沪72民初468号。

〔30〕参见广东省广州市中级人民法院民事裁定书,(2020)粤01民辖终1883号;广东省广州市中级人民法院民事裁定书,(2020)粤01民辖终1881号、1882号。

〔31〕参见广东省广州市中级人民法院民事裁定书,(2020)粤01民终18159号。

（一）案件的基本分布情况

为了解案件的基本分布情况，笔者在表1基础上，进一步对案件的时间分布、地域分布和法院分布进行细化总结。

首先，从案件的时间分布来看，2020年、2021年、2022年的域外法查明案件分别有22件、14件、4件。可见，2020～2022年案件数量整体呈下降趋势，且2021年和2022年案件数量之和未及2020年。2011年《涉外民事关系法律适用法》实施以来，涉外案件不断增多①，涉外案件的办理能力有所提升，但是域外法查明案件的数量及变化显示出，我国涉外司法的水平仍然有限，有较大提升空间。此外，自2020年以来暴发的新冠疫情对案件的数量及其下降趋势也有影响，这一定程度上降低了国际交往的频率，为争议解决设置了障碍。

其次，从案件的空间分布来看，上海和广东案件较多，分别有15件和11件；江苏和北京案件数量居中，分别有5件和4件；福建、湖北、山东、辽宁案件较少，分别有2件或1件。可以看出，上海、广东涉外经济活动频繁，对外开放程度较高且与他国交往密切，随之产生的域外法相关争议较多。相较之下，北京、江苏、福建等地虽有一些域外法查明案件，然而由于政策定位、经济发展、涉外司法能力等因素，涉域外法争议较少。

最后，从案件的法院分布来看，中级法院的案件最多，有27件，基层法院次之，有8件，高级法院的案件最少，只有5件。可以看出，一方面，域外法查明案件主要由中级法院审理，这与法律规定、法院定位密切相关。② 另一方面，中级法院和基层法院审理的案件数量占据了本次统计总案件数量的87.5%，这一数据也体现出域外法查明案件主要是一审。在大部分案件中，当事人对域外法查明与适用的结果较为认可，在第一审程序就解决了争议。③

（二）案件的争议与类型

在案件分布的基础上，笔者注意到了案件的争议。通过总结表2可知，在2020～

---

① 全国法院受理的一审涉外民商事案件从2013年的1.48万件，增长到2021年的2.73万件。参见周强：《最高人民法院关于人民法院涉外审判工作情况的报告》，载中国人大网，http://www.npc.gov.cn/npc/c30834/202210/a3adfb94fc8b4070bb50e4a5a9d25e7b.shtml，2022年10月31日访问。

② 《民事诉讼法》（2021年修正）第19条规定："中级人民法院管辖下列第一审民事案件：（一）重大涉外案件；（二）在本辖区有重大影响的案件；（三）最高人民法院确定由中级人民法院管辖的案件。"

③ 本次统计的案件中，大部分中级法院承担一审工作（见表1）。虽然有部分案件提出了上诉，但是数量极少，只有个别。此外，由于上诉期一般为15日或者10日，大部分案件时间跨度已经超过这一期间。因此，笔者认为统计中级法院和基层法院的案件数量能够说明上诉案件较少。

2022年度域外法查明的案件中,争议以合同纠纷为主,以其他纠纷为辅。其中,合同纠纷、股权转让纠纷等案由多次出现,而其他纠纷所涉案由只出现了一次,包括债券交易纠纷、合伙协议纠纷、强制清算纠纷、商业诋毁纠纷、船舶碰撞损害责任纠纷等。单就争议类型而言,合同纠纷在本次案件统计中占比最大,达到约53%,股权转让纠纷次之,约占12%。损害股东利益责任纠纷和人格权纠纷也出现了3次和2次。此外,其他纠纷中的纠纷类型虽然分别只出现了1次,但约占23%,比例较大。

表2 2020~2022年度域外法查明案件的案由及占比

案由	占比/%
合同纠纷	53
股权转让纠纷	12
损害股东利益责任纠纷	7
人格权纠纷	5
其他纠纷	23

域外法查明案件呈现纠纷的多样化、新型化和复杂化趋势。一则,案件的多样化、新型化趋势明显。仅仅合同纠纷本身,就包含了海上货物运输合同纠纷、保证合同纠纷、买卖合同纠纷、多式联运合同纠纷等内容。近年来,涉外海事商事案件不断产生,新型争端不断考验着司法实践。二则,纠纷的复杂性和难度日趋提升。纠纷不仅包括财产关系,而且包括身份关系。此外,在某些案件中,甚至出现了多个主要争议或纠纷,如在“东方资产公司与远洋渔业公司等船舶抵押合同纠纷案”中,法院认为,本案存在债权转让合同纠纷、金融借款合同纠纷、保证合同纠纷、船舶抵押合同纠纷以及动产抵押权纠纷,同时包括不同的合同纠纷以及合同和非合同纠纷。① 这些特征和涉外法律的完善程度、涉外民商事关系的复杂化程度有关,也和各类主体权利意识提升有关。据统计,当事人是自然人和商事主体的案件占比约50%。当事人的多样化或混合化趋势也是域外法查明案件争议多样化、新型化、复杂化的重要原因。

从案由(主要争议)推断案件类型,笔者发现大多数案件都是涉外民商事纠纷,属于涉外民商事案件的类别。笔者通读裁判文书,发现除了“万津公司与陈某某股

① 参见厦门海事法院民事判决书,(2019)闽72民初1105号。

权转让纠纷案”[①]涉及刑事诉讼之外，其余39个案件都属于纯民商事案件。这其中的直接原因在于域外法查明案件的争议内容，根本原因在于域外法查明的私法定位与性质。

(三)案件涉及的域外法及其查明内容

从笔者统计的2020～2022年度域外法查明案件的基本情况来看，在查明的域外法的数量和种类方面，统计结果呈现出数量多、分布广的特征。案件共涉及15个国家或地区的法律，它们分别是新加坡法、瑞士法、巴拿马法、中国香港特别行政区法、墨西哥法、泰国法、印度法、英格兰和威尔士法、印度尼西亚法、日本法、英属维京群岛法、埃塞俄比亚法、意大利法、德国法和百慕大群岛法。其中，就数量而言，查明中国香港特别行政区法律的案件最多，共有12件，占比31%；涉及新加坡法、瑞士法、巴拿马法、英格兰和威尔士法的案件数量次之，各有3件，分别占比8%；其余域外法出现2次到1次不等，占比较少。可以看出，我国内地和香港特别行政区的经济往来十分密切，由此增加了相关争议的出现和法律适用的频率。除此之外，我国与东南亚国家、欧美国家或地区的联系也逐步增强，这表现在企业设立、金融活动之上，基于经济金融政策、税收优惠、主体需要等产生。就种类而言，域外法查明案件覆盖了五大洲共15个国家或地区的法律，有亚洲的新加坡法和日本法、欧洲的英格兰和威尔士法、德国法、瑞士法，还有非洲的埃塞俄比亚法、北美洲的巴拿马法、南美洲的墨西哥法，足见我国和世界紧密的经济联系和交往，也进一步体现出我国域外法查明案件的影响力与日俱增。

就域外法涉及的法系而言，案件涉及不同法系的法律，如包括德国法在内的大陆法系法律，以及包括英格兰和威尔士法律在内的普通法系法律。而我国作为以成文法为主的国家，在面对不同法系（尤其是普通法法系）的法律时，可能会存在查明与适用的困难。例如，普通法法系国家存在判例法，查明域外法时是否也要查明相关判例？在面对查明的判例法时，法院将如何审查、认定？是否将成文法与不成文法一起作为法律适用的准据法？域外法的多样化将给案件办理带来更大的挑战。

此外，域外法查明所涉及的主要争议问题非常广泛，包括船舶抵押及优先权、船舶抵押合同、动产所有权、和解协议相关问题、公司清盘的规定、夫妻财产关系等。此外，查明问题也包含一些次要的定性问题，如承诺函的行为能力、公司代表权问题等。可见，域外法查明对案件裁判、争议解决的重要性。

---

① 参见上海市长宁区人民法院民事裁定书，(2018)沪0105民初16658号之一和上海市第一中级人民法院民事裁定书，(2020)沪01民终3039号。

(四)案件的查明途径

为了检验查明主体和途径在实践中的状况,笔者将对2020~2022年涉及域外法具体查明过程的33件案件进行总结和分析(如表3和表4所示)。

表3　案件的一般查明途径

一般查明途径	当事人提供	法院依职权查明	综合运用多种方式
数量/件	13	14	6
占比/%	39.4	42.4	18.2

表4　案件的具体查明途径

具体查明途径	查明平台	专家	互联网数据库	当事人本身
数量/件	26	8	1	5
占比(约)[1]/%	79	24	3	15

〔1〕特别说明:由于存在综合运用多种方式查明域外法以及一个主体可能采用多种具体途径查明,其比例之和可能超过100%。

首先,根据表3,本次统计的案件中,除未包含域外法查明内容的7件案件之外,由法院依职权查明域外法的案件最多,占比42.4%;由当事人提供域外法的案件次之,占比39.4%;而综合运用多种方式查明域外法的案件较少,占比18.2%。然而对照表4,案件的具体查明途径中,法院依职权查明和当事人提供域外法的途径主要是委托查明平台或者专家查明,由此显示出法院和当事人域外法查明能力的不足。此外,一般和具体查明途径的种类较少,体现出查明途径的局限性。本次统计仅发现当事人和法院一起参与查明,并未发现仲裁机构、行政机关等主体的参与。并且,具体提供方式局限在查明平台、专家、互联网数据库和当事人本身,未发挥司法协助条约等其他查明途径的作用。

其次,单独观察表4的数据,笔者发现,查明平台或机构占比最多,专家占比次之,当事人本身提供和互联网数据库运用较少。可以看出,随着最高人民法院域外法查明平台建立,查明平台的利用率较高,在司法实践中查明平台对于查明域外法、协助法院审判发挥了重要的作用。此外,域外法案件运用专家查明的比例也不小,这是由于专家中包括许多专家学者和域外律师,他们的专业性和声誉较高,虽然以个人名义作出查明意见,但深得法院和当事人(尤其是当事人)的信赖。然而,值得关注的是,互联网数据库运用的概率极低,只有"广州乐得公司清算组申请驳回强制清算案”[①]中显示，当事人通过香港特别行政区破产管理署网站等互联网数据库查询相关香港特别行政区法律规定。

最后，基于查明平台在域外法查明案件中的突出表现以及2019年年底最高人民法院域外法查明平台的全面设立，笔者有意特别比较和分析不同域外法查明平台的实践效果。据统计，在2020～2022年度域外法查明案件中，华政查明平台[②]查明的案件数量最多，达到12件，蓝海查明平台次之，达到5件，中政查明平台和西政查明平台再次之，分别为3件和2件，而武大查明平台暂未查询到相关案件。[③] 可以看出，华政查明平台近年来对涉外案件的域外法查明问题贡献较大，通过其平台查明的案件数量甚至超过了剩下几个平台之和。笔者认为，这主要和案件的空间分布以及联系程度有关联。根据上文，上海、江苏、福建作为距离华政查明平台最近的地区，其案件之和达到了22件，占比约55%。从经济便捷的角度出发，许多法院和当事人倾向于选择地理位置较近的查明平台，从而导致华政查明平台形成较大的域外法查明案件基数。此外，华东政法大学作为著名法学院校，有着较大的影响力，且形成了较为完善的域外法查明研究体系，也促进了非周边地区的当事人和法院选择它。例如，在“李某某与王某1、王某2、李某华股权转让纠纷案”中，山东省高级人民法院即委托该平台查明德国法律。[④]

（五）案件的查明效果

通过上文，笔者能够确认域外法查明存在一定的规律和机制。然而，值得发问的是，域外法查明活动是否真正在司法实践中发挥作用，促进了争议的解决？这就涉及案件的查明效果，即当事人和法官是如何看待这些查明结果，是认可并接受了，还是提出了质疑？

为了能有当事人和法院对查明结果的直观反馈，笔者依据有域外法查明过程的裁判文书，总结了表5。由表5可见，面对查明结果，当事人和法院的态度是多样化的。遗憾的是，在本次统计的案件中，在当事人都未缺席审判的情况下，很多裁判文书并未体现出当事人对查明结果的态度和意见。这可能影响裁判的程序公正乃至实质公正。此外，相比于认可查明结果，当事人倾向于对其提出质疑，例如专家资质

---

① 参见广州市中级人民法院民事裁定书，(2021)粤01强清7号。

② 为方便展示和描述，笔者将最高人民法院设立的五家域外法查明平台以简称的形式展现于本部分，它们的全称在前文有提及。

③ 本文统计的仅限于在数据库中公开发布的案例，并不代表上述平台实际接受委托的案件数量。

④ 参见山东省高级人民法院民事判决书，(2021)鲁民终1428号。

不符、查明意见书缺少客观性和中立性等。而就法官对查明结果的反馈而言,在大多数案件中,法官对于域外法查明结果是基本认可的,尤其是对自身委托的查明平台、专家出具的查明意见表示认可。

表 5　当事人和法院对域外法查明法律结果各类反馈及占比

项目	反馈	占比/%
当事人	基本认可	24
	提出质疑	30
	无反馈	37
	缺席	9
法院	基本认可	82
	部分认可	9
	无反馈	9

总而言之,在司法实践中,域外法查明的总体效果处于中上等水平。域外法查明作为一种手段和工具,能为当事人和法官提供一定帮助,有助于司法裁判和争议的解决。然而,裁判文书显示出域外法查明的过程普遍比较混乱,且法官和当事人的主动性较差。笔者认为,域外法查明应当是程序正义和实质正义的统一,它不应仅仅是司法实践中被动获取法律资料的活动,而更应当成为法官和当事人推动争议解决的能动性行为和过程。就此而言,本次统计的案件处理显示出许多遗憾,成了域外法查明效果尚待提高的主要原因。

二、存在问题与深入分析

(一)一般制度性问题

1.查明规范的碎片化和体系性不足

我国现行有效的域外法查明规范主要有《中华人民共和国涉外民事关系法律适用法》(以下简称《法律适用法》)第 10 条①,以及《最高人民法院关于适用〈中华人民共和国涉外民事关系法律适用法〉若干问题的解释(一)》(2020 年修正)(以下简

① 《法律适用法》第 10 条规定:"涉外民事关系适用的外国法律,由人民法院、仲裁机构或者行政机关查明。当事人选择适用外国法律的,应当提供该国法律。不能查明外国法律或者该国法律没有规定的,适用中华人民共和国法律。"

称《法律适用法司法解释一》)第15条[①]和第16条[②]。《法律适用法》第10条规定了基本的查明途径以及不能查明的解决方式,《法律适用法司法解释一》第15条和第16条则对"不能查明"的认定和查明意见的理解与适用作了进一步明晰。此外,虽然《中华人民共和国民法通则》和《最高人民法院关于贯彻执行〈中华人民共和国民法通则〉若干问题的意见(试行)》(以下简称《民通意见》)等已经失效,但其内容仍然具有一定的司法指导意义。除此之外,最高人民法院出台的关于域外法查明等其他有关涉外审判工作的法律文件也具有参考意义,如《全国法院涉外商事海事审判工作座谈会会议纪要》。

这些规范显示出碎片化和体系性不足的特点。碎片化主要表现在法律、司法解释、其他法律性文件中域外法规定分散且存在内容重复的情况,寻找和适用起来不便。体系性不足主要体现在域外法查明并未形成明确的法律体系,位阶不清晰且缺少关键内容。"位阶不清晰"主要是指在一些案件中,当事人援引最高人民法院的会议纪要来主张权利,对规则性质和位阶认识不清。[③] 而"缺少关键内容",指的是法律规范在某些重要领域缺位,如域外法查明与适用的具体程序规定、查明平台或专家的规制、查明责任和查明费用的分配等。

2. 查明主体与途径的局限性

查明主体与途径的局限性也是一大问题,体现在查明主体的虚置化和查明途径的狭窄之上。首先是未发挥除法院以外其他查明主体的作用。检视本文分析的40个案件,几乎没有见到仲裁机构和行政机关的影子。兴许是因为本文研究的主要是司法案件,并未涉及仲裁案件和行政案件。但是,立法并未规定三个主体只能在自身受理的案件中发挥作用,因此笔者猜想,在数量最多的司法案件中,熟悉域外法的仲裁委员会仲裁员或行政机构的法律部门、商业部门、外事部门等,是否能有空间履行查明域外法的职责呢?为了尽可能查明域外法,法院能否和仲裁机构、行政机关合作查明域外法呢?从充分发挥各机构主体的作用的角度出发,对此类问题需要予

① 《法律适用法司法解释一》第15条规定:"人民法院通过由当事人提供、已对中华人民共和国生效的国际条约规定的途径、中外法律专家提供等合理途径仍不能获得外国法律的,可以认定为不能查明外国法律。根据涉外民事关系法律适用法第十条第一款的规定,当事人应当提供外国法律,其在人民法院指定的合理期限内无正当理由未提供该外国法律的,可以认定为不能查明外国法律。"

② 《法律适用法司法解释一》第16条规定:"人民法院应当听取各方当事人对应当适用的外国法律的内容及其理解与适用的意见,当事人对该外国法律的内容及其理解与适用均无异议的,人民法院可以予以确认;当事人有异议的,由人民法院审查认定。"

③ 如"国民信托公司与泰禾公司等金融借款合同纠纷案",参见北京市第四中级人民法院民事判决书,(2020)京04民初327号。

以考虑和论证。

其次是查明途径较为单一。根据《法律适用法司法解释一》第15条①的规定,域外法查明的合理途径包括"当事人提供、已对中华人民共和国生效的国际条约规定的途径、中外法律专家提供等"。类似规定也可见于《民通意见》第193条。② 可见,法律规范设置了多样化域外法查明途径,有意使其避免单一和局限。然而,现实却并非如此。由此可见,域外法查明的途径并非越多越好,应当尽可能把最有效率的几种途径充分建设好,逐步实现域外法查明方式的规范化。

3. 查明责任的不明确

我国《法律适用法》第10条规定了查明的义务(责任)。然而,司法实践中,查明责任不明确的现象普遍存在,对于查明的主体是否有主次之分或者法院是否应主动依职权进行查明或是应由当事人来查明,我国相关法律法规以及司法解释尚未作出更为具体而明确的规定,导致法院和当事人都不知晓各自对查明域外法是否应负有责任以及在何种程度上应负担责任。例如,在"李某某与王某等股权转让纠纷案"中,当事人并未就德国法的适用达成一致。由于涉案烤鸭店的性质、份额转让问题需要依据德国法认定,法律查明是必要的。然而,法院的说法耐人寻味:"因当事人未能提交德国法律的相关规定,为准确查明并适用域外法,一审法院委托华东政法大学外国法查明中心就本案所涉及的德国法律进行查明……"③通过解读,笔者发现,法院似乎认为当事人应当在案件中承担域外法查明的主要责任,而自己则承担次要责任,在当事人未提供相关法律的前提下,自己才有义务查明域外法。而在"中金汇理保理公司与东莞市人世丰针织有限公司其他合同纠纷案""管某与铃某等法定继承纠纷案"之中,法院又依职权查明了相关域外法,并未要求当事人先提供域外法。由此可见,实践中,法院和当事人是否对域外法查明负同等责任,抑或有主次的责任,较为模糊且存在分歧。

---

① 《法律适用法司法解释一》第15条规定:"人民法院通过由当事人提供、已对中华人民共和国生效的国际条约规定的途径、中外法律专家提供等合理途径仍不能获得外国法律的,可以认定为不能查明外国法律。根据涉外民事关系法律适用法第十条第一款的规定,当事人应当提供外国法律,其在人民法院指定的合理期限内无正当理由未提供该外国法律的,可以认定为不能查明外国法律。"

② 《民通意见》第193条规定,对于应当适用的外国法律,可通过下列途径查明:由当事人提供;由与我国订立司法协助协定的缔约对方的中央机关提供;由我国驻该国使领馆提供;由该国驻我国使馆提供;由中外法律专家提供。

③ 参见山东省高级人民法院民事判决书,(2021)鲁民终1428号。

4. 查明结果的救济问题

从本文分析的案件可以看出，当事人对不利于自己的查明结果肯定会产生不满，而且普遍会对此提起上诉。对于下级法院依照法定方式委托机构进行查明的案件中，上级法院通常不会对上诉请求进行回应。例如，在“Luca Dotti 与金海华公司人格权纠纷案”中，金海华公司上诉认为：“一审法院未依照《法律适用法》规定查明、适用外国法。1. 一审法院混淆了涉外民事关系法律适用的查明义务和举证义务……2. 一审法院查明外国法范围缺失……3. 一审法院任意解释法律……”①然而，苏州中院在二审中并未回应这些上诉请求。又如，在“黄某某与罗某某、方某保证合同纠纷案”中，罗某某上诉质疑一审法院的域外法适用，而上海市二中院的终审裁判也未回应当事人的质疑。②

（二）具体实践性问题

1. 域外法查明与适用的能动性不足

（1）法院

笔者发现，许多裁判文书都体现出法院查明域外法的能动性不足，大多数域外法查明程序由当事人申请开启。在此种情况下，笔者特意观察了单纯由法院依职权查明域外法的 15 件案件（这些案件中，当事人一般没有事先约定域外法适用）。其中，共有 7 件案件由当事人主动（申请）开启域外法查明，约占 47%，几乎与法院主动开启域外法查明的比例（53%）持平。可见，即使在依职权查明域外法的情况下，法院的能动性也不高。

而观察非法院依职权查明域外法的案件，笔者发现法院对当事人提交的域外法查明结果审查十分严格，在未能充分“证明”的情况下，通常不予采纳。例如，在“马士基公司与航美公司、奥南公司国际货物多式联运合同纠纷案”的一审中，马士基公司向法院提交了墨西哥法律以及相关的判例以支撑其观点。然而，一审法院经过审理认为，该墨西哥法律及判例的完整性、有效性及适用条件等均未得到有效证明，故马士基公司的主张不受采纳。③ 从笔者了解到的情况来看，当事人提交的域外法查明结果必然会偏向于该方当事人，因此不能偏听偏信，法院应当充分听取双方当事人的不同意见。域外法并非单纯的事实，不能按照对待事实问题的方式处理。我国

---

① 参见江苏省苏州市中级人民法院民事判决书，（2019）苏 05 民终 7190 号。

② 参见上海市普陀区人民法院民事判决书，（2019）沪 0107 民初 17804 号。

③ 参见上海市高级人民法院民事判决书，（2018）沪民终 405 号。

现行域外法立法的不明晰[①]和学界争议[②]导致了司法中的认知不清。一方面,司法实践依据事实的证据规则证明外国法,分配查明义务,在一定情况下限制法院查明外国法甚至限制当事人提供外国法。[③] 另一方面,法院又在一些案件中主动依职权查明域外法,如"万津公司与陈某某股权转让纠纷案"中,法院认为:"审理期间,鉴于被告要求适用英属维京群岛法律处理本案争议,本院委托华东政法大学外国法查明中心进行了相关法律查明。"[④]司法实践的做法将域外法塑造成"披着事实皮囊的法律"或者"披着法律皮囊的事实",仿佛一个矛盾体。笔者认为,结合我国国情,还是应当把域外法视为法律,当事人提供域外法并非其法定义务。法院应当尽其可能主动查明域外法。

(2)当事人

当事人在域外法查明的启动上能动性较强,尤其体现在申请法院查明域外法和自行提交域外法查明结果之上。然而,当事人在域外法适用中的能动性有所欠缺。正如表5所示,当事人对查明结果的反馈总体上较少,表现在当事人提出质疑的比例仅约30%,以及裁判文书中未体现反馈的比例约37%。在超过2/3案件中,当事人都未对域外法查明结果进行及时、积极的反馈。[⑤] 这一结论体现出当事人对自身权益的不重视以及法院可能存在适用程序的不规范问题。一方面,域外法的适用结果将直接影响当事人权利义务,为保障自身权益,当事人应当积极表达意见以说服法官。然而当事人却未充分争取权益,轻视域外法查明结果的影响。另一方面,法院在许多案件中表现出域外法适用的混乱,可能存在未听取当事人意见、未回应当事人主张的情况。这可推断出,大部分当事人以为,申请法院查明域外法以及提供域外法的"一次性"行为就能够促使法院重视和采纳其主张,这显然是判断失误。

---

① 立法中并未规定域外法的性质,其究竟是"法律"(查明后可以直接适用)还是"事实"(需要听取当事人意见、审查认定等程序才可以支撑主张)并未明确。

② 有学者认为,应当将域外法作为一种"特殊法律"对待或将其视为法律。参见孙建:《中美外国法查明义务分担问题比较研究》,载《南开学报(哲学社会科学版)》2015年第1期。还有学者认为,外国法性质之讨论是不必要的。参见黄进:《国际私法》(第2版),法律出版社2005年版,第275页;参见葛淼:《程序法视角下的外国法查明问题》,载《西部法学评论》2019年第1期。

③ 参见孙建:《中美外国法查明义务分担问题比较研究》,载《南开学报(哲学社会科学版)》2015年第1期。

④ 参见上海市长宁区人民法院民事裁定书,(2018)沪0105民初16658号之一和上海市第一中级人民法院民事裁定书,(2020)沪01民终3039号。

⑤ 笔者认为,虽然裁判文书未体现当事人针对查明结果提出意见的过程不能代表当事人确实未反馈,但是就裁判文书本身应当记载案件的主要争议和问题而言,在其并未记载的情况下,笔者倾向于认为当事人未反馈和法院在适用程序上存在缺漏。

2. 查明意见的结论性较强

在本次统计的许多案件中，笔者发现查明平台或专家出具的域外法查明意见大都直接以问答形式分点给出法律问题的结论或者直接代入案情进行案例分析。例如，在“睿智公司与OZ公司买卖合同纠纷案”中，查明平台给出了问答形式的法律意见：“一、黄某代表OZ公司签署的SALES CONTRACT（销售合同）效力为何？对OZ公司是否有约束力？答：从本中心所收到的初步材料看，该SALES CONTRACT符合香港法律规定的要件，应属有效，对OZ公司有约束力，如果有法定可撤销或无效、失效之特殊例外情形，则另当别论，具体参照前文所述香港有关法律并根据具体案情判断。二、黄某代表OZ公司出具的《承诺书》效力为何？答：……”[①]如此，列举了九点。又如在“李某某与王某等股权转让纠纷案”中，杰里特律师指出：根据德国法律，民法公司的股份可以在无特定形式、无政府部门批准和合规表格的情况下转让并有效。上述德国民法规定和证据内容均表明王某已将公司30%的股份转让给了李某某。[②]

此种意见书形式通常是根据法院的要求而做出，比较有利于法院裁判的高效性和针对性。当然，如果法院过于强调效率，也会削弱意见书的客观中立性。一方面，当事人委托的专家出具的法律意见书不可避免具有一定的主观性，毕竟专家不可能像法官那样对案情的来龙去脉非常熟悉。另一方面，当事人委托的专家不可能保持中立性，其必然代表当事人的利益行事。法院出于法律意见书的利益倾向性等很可能不采纳其内容。[③] 相反，第三方平台出具的法律意见书能够保持相对的客观中立性和公正性，也容易被法院采纳。[④] 因而，笔者认为，应当尽量由法院委托第三方中立机构提供域外法意见。

3. 域外法适用程序混乱

笔者在阅读案件法律文书中，感受到不同案件域外法适用程序的混乱。对此，笔者总结了表6以展示不同案件的域外法适用情况。表6以立法规定的“听取当事

---

① 参见上海市徐汇区人民法院民事判决书，（2019）沪0104民初16073号。

② 参见山东省高级人民法院民事判决书，（2021）鲁民终1428号。

③ 例如，在“海通公司与陈某保证合同纠纷案”中，法院因为陈某委托的香港法律专家未出具独立性声明和出庭质询而不采纳其法律意见。

④ 例如，“环球公司与托尔图加航运公司船舶碰撞损害责任纠纷案”“睿智公司与OZ公司买卖合同纠纷案”“宽娱公司与嘀哩公司等侵害作品信息网络传播权纠纷案”“管某与铃某等法定继承纠纷案”等。

人意见”和“审查认定”为变量和标准,衡量了案件的域外法适用过程。① 表6显示,仅有10件案件完整包含了听取当事人意见和法院审查认定的过程,占比31%;只有听取当事人意见或者审查认定过程的案件分别有8件和6件,分别占比24%和18%;既没有听取当事人意见也没有审查认定过程的案件有9件,占比27%。笔者在比较“兰塞姆斯公司与中农公司国际货物买卖合同纠纷案”和“海通公司与陈某保证合同纠纷案”时发现,后案裁判体现出原被告对法律意见书的分歧及法院的处理、组织当事人明确域外法查明事项以及法院审查、认定的过程。然而,前案只有法院进行裁决的过程。② 在裁判文书未记载具体、完整的域外法查明与适用过程时,笔者很难判断案件的查明结果是否听取了相关当事人意见、法院是否对查明结果进行过审查、认定等,从而满足域外法查明与适用的正当程序要求。裁判中域外法适用过程的记载缺失,将直接影响裁判公正。

表6 案件的域外法适用情况

适用程序	比例/%
有听取意见和审查认定过程	31
没有听取意见和审查认定过程	27
只有听取意见过程	24
只有审查认定过程	18

注:需要说明的是,裁判文书中仅写明“当事人经过质证”或“经法院审查认定”等概括性描述的,视为没有相关过程。

4. 裁判说理的欠缺

裁判说理的欠缺主要体现在法院一般直接采用查明平台或专家的查明结果,难以自行判断相关法律意见书对其系统地进行审查判断。例如,在“睿智公司与OZ公司买卖合同纠纷案”中,法官在裁判中直接表述道:“关于睿智公司因本案支出的翻译费、公证认证费,本院认为,根据《法律意见书》,应由败诉方承担胜诉方的律师

---

① 大部分案件存在听取当事人意见、审查与认定的域外法适用过程,并且法院往往将审查、认定过程合并阐述,因此,笔者将二者定为变量进行总结分析。需要说明的是,虽然法律规定,当事人无异议的情况下,法院可以确认(不需要审查认定)。但是,由于该规定的任意性和学理探讨的需要,笔者不详细区分当事人是否提出了异议,而将“审查、认定”作为法院发挥能动性和裁量权的体现。

② 参见北京市第四中级人民法院民事判决书,(2019)京04民初85号;北京市高级人民法院民事判决书,(2021)京民终204号;广东省深圳市中级人民法院民事判决书,(2019)粤03民终2298号、2299号等。

费和其他讼费,前述费用属于睿智公司提起本案诉讼所支出的必要讼费,应由OZ公司负担。”①又如,在“黄某某与罗某某、方某保证合同纠纷案”一审中,法院在判断“罗某某是否应承担保证责任以及担保范围”时认为:“根据……法律意见书,在普通法上,保证本质上是一份合同,由一个人(保证人)向另一个人(债权人)承诺为他人(债务人)的债务、过失或错误负责……”②此外,在“李某某与王某等股权转让纠纷案”“招商奉贤公司与丛贸公司等所有权确认纠纷案”等案件中,法院基本“依据”相关法律意见书论证,并未对相关意见进行审查、评价。③ 显然,法院错误地确定了法律意见书的性质和地位,只有事实和准据法才能“依据”,而法律意见书包含专家的评价部分,仅具有参考意义。

由此产生了裁判说理的欠缺问题,并引发了裁量权的湮没。前者是后者的表现形式,法院的裁量权集中体现在裁判说理之中,即对于案件的一切事实和证据等外来事物,都应秉持着怀疑和审视的态度,通过当事人的证明、法院自身的思考与判断,从而评价事物,形成客观公正的结论。裁判的说理与裁量权的行使,恰恰体现了司法的精神与作用。因此,面对域外法查明结果,法院应当充分行使自由裁量权,逐一审视与评判。裁量权受到湮没的背后,是法官涉外服务能力的持续欠缺,以及对域外法查明的畏难和消极心理等。

5. 查明费用的缺位与混乱

本次统计中,部分案件出现了“外国法查明费用”以及其他类似费用的非统一性表述。通过系统性研究,笔者整理出13份体现了域外法查明费用(或者其性质的费用)的裁判文书,并总结了以下表7。

表7　明确体现域外法查明费用的案件汇总

案件	查明途径	查明费用名称	法院的费用分担(案件结果)
东方资产公司与远洋渔业公司等船舶抵押合同纠纷案	当事人提供	法律意见咨询费	被告承担(被告败诉)
海通公司与陈某保证合同纠纷案	当事人提供	域外法查明费	被告承担(被告败诉)

① 参见上海市徐汇区人民法院民事判决书,(2019)沪0104民初16073号。

② 参见上海市普陀区人民法院民事判决书,(2019)沪0107民初17804号。

③ 参见山东省高级人民法院民事判决书,(2021)鲁民终1428号;上海市第二中级人民法院民事判决书,(2020)沪02民终550号等。

续表

案件	查明途径	查明费用名称	法院的费用分担(案件结果)
环球公司与托尔图加航运公司船舶碰撞损害责任纠纷案	法院依职权查明	法律查明服务费	由原被告按胜诉比例承担(原被告部分胜诉)
万津公司与陈某某股权转让纠纷案	法院依职权查明	外国法查明费	原被告各半承担(法院无管辖权)
睿智公司与 OZ 公司买卖合同纠纷案	法院依职权查明	法律查明费	被告承担(被告败诉)
陈某某与林某某、方某某民间借贷纠纷案	法院依职权查明	法律查明费	被告承担(被告败诉)
黄某某与罗某某、方某保证合同纠纷案	法院依职权查明	案件技术服务费	原被告各半承担(原被告部分败诉)
国民信托公司与泰禾公司等金融借款合同纠纷案	综合运用多种方式查明	域外法查明费	原告承担(原告败诉)

表 7 反映出查明费用方面存在的问题为:一是许多裁判文书中未载明查明费用;二是查明费用的名称和分担混乱,具体又分为不同案件费用名称的不一致,以及费用分担的合理性存疑。

首先是查明费用未能明确体现的缺陷。在统计的 40 件案件中,除去未实质查明域外法的 7 件,有 20 件未写明查明费用,占比达 50%,这体现了查明费用内容的模糊不清、受到忽视。在涉外案件中,域外法查明是专业化的知识劳动,涉及案件的准据法(适用的依据),直接影响案件结果以及当事人的权利义务。由于域外法查明的专业性,法院或当事人往往会委托查明平台或专家进行查明并出具法律意见。在此情况下,查明活动几乎不可能是免费的知识劳动与成果。在全球化的时代,案情的复杂化只会让这一费用更为高昂,域外法查明费用的缺位体现出对知识付费的不重视和裁判的不规范。

其次是查明费用的名称与内容混乱。从表 7 可以看出查明费用名称、内容的混乱,有像域外法查明费、法律查明服务费等能够明确推断出其性质和内容的名称,也有像法律意见咨询费、案件技术服务费等较为隐晦的名称。[①] 并且,值得关注的是,在"海通公司与陈某保证合同纠纷案"中,域外法查明费用还包括法律意见书报告费用和出庭说明服务费。由此可见,司法实践中域外法相关费用甚至不局限于查明和出具意见书的费用,还可能囊括域外法适用时所需要的必要费用(如专家出庭)。这一费用名称和内容的混乱,将不利于费用本身的明确与分担,可能引发域外法查明的其他问题(如域外法性质、责任分配等)。

最后是查明费用分担的合理性存疑。根据表7,法院对域外法查明费用的分担基本是以胜诉比例为原则确定的。具体而言,原告或被告何方在诉讼中基本败诉,查明费用就由谁承担。如若各方都未明确体现败诉(如法院没有管辖权的情况),那么费用可能由双方各分担一半。笔者认为,这一分担方式将查明费用几乎等同于案件受理费,有不妥之处。一则,查明费用和案件受理费性质不同,前者只是产生于案件某些争议,并非必要费用。二则,查明费用也可能是当事人为了维护自身权益而产生的,如若案件胜诉,作为既得利益者是否也应当对费用有所承担?三则,在法院依职权查明域外法的情况下,法院作为查明义务主体,是否能将查明费用(作为履行查明职责的一部分)尽加之于当事人?这些问题都有待明确。近年来,有学者提出现有规则下可以参照鉴定费由当事人分担查明费用等方法,值得探讨。[②]

6.依"最密切联系原则"适用中国法的牵强

有学者曾经统计研究案件,认为法院在涉外民商事案件中有适用中国法的偏好,由此造成了"法院地法"一定程度上的滥用。[③] 笔者研究2020~2022年涉及域外法查明的案件后,认为法院在大多数情况下依据事实和法律,作出了案件准据法的适当选择,未刻意规避域外法查明与适用。但是,个别案件仍然存在依"最密切联系原则"适用中国法的牵强情况。

在"越鑫公司与谢某某等合同纠纷案"中,二审法院在裁决中如下论述道:"根据《民事诉讼法》第二十三条规定'因合同纠纷提起的纠纷,由被告住所地或者合同

① 笔者在阅读文书时,发现部分裁判最后有"案件技术服务费"这一费用,却未找到针对这一费用的解释和说明,根据这一费用的个人解读(域外法查明也能被扩大解释为法律技术服务)和总额(3万元),笔者推断这可能涉及域外法的查明费用。

② 参见肖永平、仇念轩:《完善我国法院运用专业机构查明外国法的建议》,载最高人民法院国际商事法庭网,https://cicc.court.gov.cn/html/1/218/62/164/2276.html,2022年10月23日访问。

③ 参见董威颉:《中国—东盟区域外国法查明的机制构建》,载《人民司法(应用)》2018年第7期;参见邓杰:《我国外国法查明的实践困境与破解路径——基于43个海事案例的实证分析》,载《江西社会科学》2021年第2期。

履行地人民法院管辖',一审被告之一的宁永春的住所地和涉案合同的签署地均在广州市越秀区,均在一审法院辖区内,故一审法院作为被告住所及合同签订地依法享有涉外民商事案件管辖权的人民法院,有权对本案行使司法管辖权。根据《法律适用法》第41条'最密切联系原则'的规定,本院依法适用中华人民共和国法律作为解决本案纠纷的准据法。"①笔者认为,这一段话至少存在两个问题:一是法院可能混淆了管辖权和法律适用的问题;二是在法律适用部分说理不足,即本案适用中国法作为准据法的理由欠缺或不充分。

就前一问题而言,法院引用我国民事诉讼法相关规定说明管辖问题,并在此基础上一并解决法律适用问题,将二者混为一谈,存在认知错误。就后一问题而言,即使法院在说明管辖权和法律适用问题时没有将二者混为一谈,其在说明法律适用时,也似乎缺失了一般法律论证中"三段论"的小前提(事实),而直接得出了适用中国法的结论,明显存在说理不足的问题。"最密切联系原则"是一个争议性极强和无确切答案的法律适用原则。笔者认为,从文义解释出发,最密切联系原则首先需要事物之间的关系(所谓"联系"),此外更重要的是联系的紧密性和充分性(由此才能表现出"最")。而就本案目前来看,裁判仅在管辖权部分提及当事人住所地和合同签订地(甚至不是紧密性更强的履行地),且严重缺乏论证说理,显然是不够的。

三、问题的出路与思考

(一)针对一般制度性问题

1. 完善域外法查明制度体系,树立查明的必要性和合作性理念

在本次统计的40件案件中,存在一个十分突出的问题,即域外法查明和适用程序较为混乱。在不同的案件中,当事人和法院在面临查明域外法的问题时,除了查明的启动有明确的记录之外,其他查明内容在案件中都呈现出了不同的样态。由于制度的不明确,法院行使自由裁量权所带来查明与适用过程的不同是必然的。因此,笔者首先提出应当完善和改进域外法查明的制度体系。

域外法查明的制度体系应当包含实体和程序规则体系,以法律为主,以司法解释和其他规范性文件为辅。就实体法而言,我国《法律适用法》应当设置域外法查明与适用章节,明确域外法查明与适用的具体制度内容,如原则与理念、查明主体、查明途径、域外法内容的解释、举证责任、无法查明的处理等问题。在此基础上,根据实践情况,出台司法解释或者其他文件对域外法查明的具体内容进一步作出明确,

① 参见广东省广州市中级人民法院民事裁定书,(2020)粤01民终18159号。

如对机构查明、专家查明的制度进行法律规定。就程序法而言,应在我国《民事诉讼法》中设置涉外审判程序的相关章节,并在其中增加法院对域外法的查明和适用程序,如查明的启动、期限、当事人提出意见、审查与认定、救济、责任与查明费用等。在此基础上,同样根据实践情况,出台司法解释、其他规范性文件或指导性案例,对诸如查明期限延长的程序、查明结果的审查细则、查明费用等程序内容进行明确。由此,涵盖域外法查明与适用的基本规则体系便得以确定下来。当然,这一体系目前仅是笔者的初步设想,未来规则的具体样貌需要考察整个涉外制度体系而定。值得一提的是,2022 年《最高人民法院关于人民法院涉外审判工作情况的报告》中指出,要求健全域外法查明机制以及涉外法律适用规则体系。[①] 规则逻辑是实践逻辑的基础和前提,建立好规则体系,才能更好指导和塑造法律实践中域外法查明的具体呈现。

除此之外,域外法查明的必要性和合作性理念也是至关重要的。必要性理念包括查明行为本身的必要性和查明程度的必要性。前者是指,在法院等机构经过判断分析认为查明直接关系到争议解决、不可避免、具有充分的理由时,相关机构才应开启域外法查明的活动。而后者是指,域外法查明的内容以问题为导向,根据案情与争议点实际需要而定,并非任何一个问题都需要查找大量的资料,耗费大量的人力、物力、财力。正如前述数据所示,近年来,全国法院受理的涉外民商事案件从 2013 年的 1.48 万件,增长到 2021 年的 2.73 万件。在不到 10 年的时间里,全国法院就要增加上万的案件。民商事案件本就是法院审判的大体量案件类型,加之涉外因素的存在,法院的难度和压力都进一步上升。因此,针对涉外案件中的域外法查明,应当遵循必要性理念。

在司法现状下,合作性理念也十分重要,其包含国际与国内、法院等机构和当事人、各种查明途径之间的联动与合作。所谓国际与国内合作,即在域外法查明的领域,建立和完善多样化的国际与国内查明互助合作机制,利用一切资源来获取域外法资料,例如,在国际合作方面,充分利用各国或地区行政机关、司法部、国际条约等途径查明域外法。[②] 法院和当事人合作是指在域外法查明的过程中,法院和当事人应当具备合作的意识,相互配合,促进域外法的尽快查明。在本次统计的案件中,普

---

① 周强:《最高人民法院关于人民法院涉外审判工作情况的报告》,载中国人大网,http://www.npc.gov.cn/npc/c30834/202210/a3adfb94fc8b4070bb50e4a5a9d25e7b.shtml,2022 年 10 月 31 日访问。

② See Tamar Mskhvilidze, *International Cooperation*, *One of the Mechanisms of Ascertaining the Foreign Law in Private International Law*,17 Law & World 122(2021).

遍出现法院和当事人过于强调域外法是否由当事人约定,而导致域外法查明的分离独立趋势。笔者认为,强调域外法查明中的合作性理念并非抹除当事人提供域外法的义务,也不是要架空相关机构的查明职能,而旨在推动域外法高效地查明,便利争端解决机构和当事人,督促彼此履行相应的权利(力)义务。各种查明途径之间的合作是指,无论是当事人还是有权机构,在查明域外法时不要局限于个别途径,应当统筹规划查明途径,运用多样化方式来高效、准确地完成查明。

2. 明确查明主体的职权,充分发挥专门性查明机构的作用

为了解决查明主体和查明途径的虚置化问题,需要实现两个“发挥”,一是发挥法律明文规定的查明主体的作用,二是发挥专门性查明机构平台的作用。根据现有法律规定,域外法由法院、仲裁机构或者行政机关查明。当事人选择域外法的,应当提供该域外法。就法院而言,查明域外法的方式主要是委托机构查明或者自行查明。前者的使用率大大高于后者。因此,在强调法院提高自身涉外法律服务能力的同时,应当关注到仲裁机构和行政机关的作用,这也体现了域外法查明中的合作性理念。就仲裁机构而言,许多仲裁员或法律顾问都是某一领域的专家,其中不乏擅长涉外商事、海事法律领域的学者和律师。仲裁员本人查明域外法符合商事仲裁的自治性,加之仲裁机构的背书,其域外法查明结果比第三方专家出具的意见书更便捷。当然,如果遇到仲裁庭也无法查明的域外法律,仲裁庭也可以请求第三方查明机构出具查明意见。就行政机关来说,在办理涉外事务时也经常涉及域外法的查明问题。比如,公安机关侦查涉外刑事案件、追赃追逃案件等。行政机关通过自身渠道获取域外法律的途径较多,本文不予过多讨论。

就现有的域外法查明方式而言,我国应当根据司法实践统计结果弄清楚各种查明途径的真实效果,对确实有效的查明途径应当从制度上加以规范化,继续发挥它们的作用,并在此基础上进行丰富和创新;对于实践效果不佳的查明途径,可以从立法中删除。例如,笔者调查发现,专门性域外法查明平台在过去五年的实践中发挥了越来越大的作用。应当将机构查明域外法的途径上升为国家立法,从而从法律上保障域外法查明机构的地位和资金来源。

另外,就司法协助条约途径而言,条约中规定的域外法查明相关内容存在空缺,需要加强区域和国际的合作。我国应当与经贸往来密切的国家签订更多司法协助条约,并且修订和更新原有条约。根据我国外交部的数据库显示,截至 2023 年 5

月,我国共签订了77个司法协助条约[1],包括民事和商事司法协助条约、民事和刑事司法协助条约等。大多数司法协助条约的签订距今都超过20年,不适应新时代的需要。并且,大部分条约是与发展中国家或地区签订的,较少涉及其他常见的域外法国家(地区)。此外,针对条约具体内容,笔者发现许多条约并未涉及域外法查明。只有极少数条约规定了相关内容,如我国与新加坡条约第2条规定相互提供缔约双方有关民事和商事的法律及民事和商事诉讼方面司法实践的资料。[2] 因此,在充分发挥国际司法协助条约作用的基础上,我国需要加强国际、区际的交流与合作,与更多国家缔结新条约并完善现有条约。在条约中充分利用现有技术优势,创新合作模式,如实现法律数据库的共享,在开放我国法律数据库的同时,获取"Westlaw""LexisNexis"等国外知名数据库的资源渠道。

3. 具体问题具体分析确定查明责任

笔者认为,鉴于实践中对查明责任的归属十分混乱,且存在互相推卸责任的倾向,确定查明责任的归属,需要构建一种"共同而有区别的"原则。所谓"共同",指的是责任的"共同存在",即法院等相关机构和当事人需要对域外法查明共同承担责任。然而,责任并非"同等的",而是有"区别的"。以法院为例,在不同的案件中,虽然当事人和法院需要共同承担域外法查明的责任。但是,二者的责任是不同的,按照当事人选择域外法的情况可分成主要责任和次要责任。在当事人未选择域外法的场合,法院作为法律明确规定的查明义务主体和裁判者,需要查明域外法,即法院承担主要责任,而由当事人承担次要责任。在当事人选择域外法的场合,按照法律规定,当事人有责任提供域外法,则在当事人无法提供域外法时,由法院查明域外法,即当事人承担域外法查明的主要责任,法院承担域外法查明的次要责任。

这一"共同而有区别"的责任理念贯彻于法律及司法解释之中。根据我国《法律适用法》第10条第1款,域外法的查明(提供)活动主要由两类主体负责:法院等相关机构和当事人(责任的共同性)。[3] 其中,法院等机构承担域外法查明的一般责任(主要责任),而在当事人选择域外法的情况下(例外),当事人应当提供相应法律(承担主要责任)。而在我国《法律适用法司法解释一》第15条中,第1款和第2款

[1] 笔者以"司法协助"为关键词,于我国外交部官网条约数据库共检索到77个司法协助条约。

[2] 参见《中华人民共和国和新加坡共和国关于民事和商事司法协助的条约》,载中华人民共和国外交部网,http://treaty.mfa.gov.cn/tykfiles/20180718/1531876766067.pdf,2022年10月31日访问;董威颉:《中国—东盟区域外国法查明的机制构建》,载《人民司法(应用)》2018年第7期。

[3] 《法律适用法》第10条第1款规定:"涉外民事关系适用的外国法律,由人民法院、仲裁机构或者行政机关查明。当事人选择适用外国法律的,应当提供该国法律。"

的“可以”也显示出责任的共同性和区别性。① 一般情况下,法院应当查明域外法,如果其经过合理途径仍然无法查明相关法律,也不会必然导致针对域外法“无法查明”的负面结果出现。在当事人的努力下,域外法可能被查明,从而避免“无法查明”的情况出现。而当事人在选择域外法的情况下,应当提供域外法律,在合理期限内无正当理由未提供该域外法律的,法院可以认定为不能查明域外法律。这一款中的“可以”一词也显示出,如果当事人未提供域外法或未完成域外法的查明事宜,并不会必然导致“无法查明”的结果,只是会在一定情况下引发不利的法律风险。如果次要责任者法院能够查明相关法律,便不会导致“无法查明”后果的出现。由此可见,法律与司法解释充分体现出了促进域外法的查明与适用的倾向,域外法查明的顺利完成对于争端的顺利解决意义重大。一般而言,法院和当事人为了域外法查明会竭尽全力,但基于预防和兜底的考量(所谓“法律是社会规范最低的底线”),责任承担需要在规则中予以明确。因此,各方主体在域外法查明汇总中应当秉持这一“共同而有区别的”原则,承担起相应责任,共同努力推动域外法的查明。

4. 保障和完善当事人针对查明结果的救济途径

针对当事人对查明结果的救济问题,笔者认为应当保障和完善当事人的救济途径。首先是“保障”。这要求现有救济方式在法律制度和实践中得到落实。就本文统计而言,当事人的救济途径包括在域外法查明与适用时提出意见,以及在裁决作出后针对域外法部分提出上诉。当前的法律制度应当弥补空缺,在制度层面予以申明。此外,在司法实践中,法院也应当遵守救济的法律规定,并进一步作出相应安排、明确工作细则、发布指导性案例等,推动救济保障的落实。其次是“完善”。寻求救济的渠道应得到拓展,以促进救济的多样化和可选择化。例如,面临当事人域外法选择与适用的问题时,如果争议简单,法院可以就此展开专门调解活动,以高效解决争端。

(二)针对具体实践性问题

1. 相关主体应当充分发挥在域外法查明与适用中的能动性

(1)法院应当积极发挥司法权能,履行在域外法查明案件中的职责

发挥权能、履行职责,这要求法院转变观念,明确自身的定位。域外法查明的目

---

① 《法律适用法司法解释一》第15条规定:“人民法院通过由当事人提供、已对中华人民共和国生效的国际条约规定的途径、中外法律专家提供等合理途径仍不能获得外国法律的,可以认定为不能查明外国法律。根据涉外民事关系法律适用法第十条第一款的规定,当事人应当提供外国法律,其在人民法院指定的合理期限内无正当理由未提供该外国法律的,可以认定为不能查明外国法律。”

的是探求法律依据以及法律适用,这是司法裁判过程的重要组成部分。由于案件准据法是域外法,在我国司法现状下无法要求法官全部知悉,因此产生了查明的问题。可见,域外法查明这一过程本身和举证责任有所区分,其构成了司法权能的一部分,这要求法官有所行动。因此,在域外法查明中,无论当事人是否约定域外法,法院都应当发挥权能,承担相应的责任。

此外,法院还需要提高自身涉外法律素养,增强涉外法律服务能力,尤其是域外法查明与适用的能力。法院要想改变"无法主动查明域外法""难以进行审查与认定域外法"等局面,需要从自身能力入手。近年来,各地法院通过开展专题培训、挂职轮岗、业务交流等方式,大力培养选拔优秀涉外审判人才,①涉外审判的水平有所提高。然而,与立法的期许和实践的需要相比,其仍然有所差距。立法和实践的要求是,国内法官应当同时通晓国内法和域外法,并善于检索和处理涉外业务。法官针对法律适用冲突的适当决定,应当建立在对域外法的精确理解之上。② 随着我国涉外法治建设的进步和法官本身能力的提升,越来越多中国法官通晓国内法和部分域外法基础知识,并具备较强的外语能力和检索能力,熟悉涉外业务的处理。未来,我国应着力培养更多优秀的涉外法律人才。

(2)当事人应当提高能动性,积极维护自身合法权益

在域外法查明与适用中,当事人应当提高在域外法适用中的能动性,采用多样化途径查明域外法,积极提升自身域外法知识储备,敢于运用法律寻求救济。

首先,当事人应当多途径提供域外法,增强查明结果的说服力。当事人可以采取两种或两种以上途径查明域外法,如"互联网+专家""当事人+专家"等模式,使得查明结果更加周全而丰富,有助于法官作出公正的裁判。也许有人会质疑其中的成本问题,笔者认为,在当事人提供域外法采纳率较低以及查明费用按照查明责任确定的当下,比起查明意见被完全弃置的结果,当事人大概率会倾向于提交一份更周全的域外法查明报告。

其次,当事人应当积极对域外法查明结果提出意见,监督法院履行相应职责。按照法律规定和辩护权原理,域外法查明结果出具后,当事人有权利对其提出质疑和评价。笔者认为,当事人应当充分利用这一程序,积极进行质证和抗辩。此外,法官应当更多听取当事人意见,回应当事人主张和释法说理是法院的职责所在。在域

---

① 周强:《最高人民法院关于人民法院涉外审判工作情况的报告》,载中国人大网,http://www.npc.gov.cn/npc/c30834/202210/a3adfb94fc8b4070bb50e4a5a9d25e7b.shtml,2022年10月31日访问。

② See John R. Brown, *Ways to Prove Foreign Law*, 9 The Maritime Lawyer 180(1984).

外法查明与适用过程中,当事人也应当监督法院有效完成相关的程序。

再次,当事人还应当提升自身涉外法律知识、增强检索能力。例如,面对自身选择或与其他当事人协商一致的域外法及其查明结果,当事人应当有初步的认知与了解,能判断域外法来源的权威性和内容的完整性,并自行检索验证一些内容。如此,当事人既能自行把握相关争议和其他查明结果,提出主张并进行说理,减少域外法查明的成本,也能较大程度提升当事人自身或其委托出具的查明结果之质量,提高法院采纳的概率。

最后,当事人应当充分利用法律提供的救济手段,维护自身的合法权益。在我国,目前针对域外法查明错误的救济手段有上诉、申诉等。但是,此类救济手段的使用也应受到限制,否则会鼓励当事人滥用权利。比如,实践中经常有当事人在一审中故意不提供域外法或者不提供全面的域外法律内容,而在二审程序拖延时间或者进行诉讼突袭。对于一审中第三方平台提供的域外法查明意见书,如果双方当事人没有异议的,不应允许当事人在二审中继续缠讼,除非当事人有新的事实需要补充,需提供新的域外法内容。

2. 规范和完善域外法查明与适用程序,加强法院的释法说理

针对法院在实践中存在查明与适用过程混乱、缺乏对查明结果或意见的独立判断以及忽视当事人的主张等问题,除了制度层面的改革,还需要在实践中规范和完善相关程序。笔者认为,法院应当遵守域外法查明与适用的制度规定,将相关过程记入裁判文书,确保程序的合法性。此外,法院还应当加强在相关程序中的释法说理,独立、完整地审查、认定域外法查明结果,及时回应当事人的争议。

首先,法院应当遵守制度上有关查明与适用程序的规定,保障程序的合法性。法院应当依法行使查明权能和履行查明职责,在当事人约定域外法查明时,要求当事人提供相应法律,如果当事人无法提供,而域外法查明具有必要性,法院应当主动进行相关查明。在当事人未约定域外法时,法院认为有必要查明相关问题,应当启动域外法查明。在查明的过程中,法院自行查明或者法院需要委托他人查明域外法时,应当听取当事人对委托的意见,在查明机构或专家出具查明结果时还应当再次听取意见,综合案件的事实、查明的域外法和各方观点,在独立审查和判断的基础上,充分说理,形成对案件的裁判。这一过程包括但不限于"查明—听取意见—审查—认定—裁判"。从程序完整性和合法性出发,法院应当将完整的过程记入裁判文书,越详尽越可取。需要注意的是,只有程序性事项的概括描述不能体现程序的真正落实,如本次调研的某些裁判文书出现了"法院对查明意见书进行了审查认定"

“法院组织当事人进行了质证”等表述，这些显然不能作为程序合法的充分证据。由于域外法不属于一般证据，面对查明结果的域外法部分和法律评价部分，法院应当单独组织听取意见、审查、认定等程序，区分内容予以对待，并且还应避免在裁判文书中使用“质证”等不准确表述。

其次，法院应当加强裁判说理，充分、合法行使自由裁量权，以辩证的态度看待查明结果，以积极的态度回应当事人的争议。2018 年《最高人民法院关于加强和规范裁判文书释法说理的指导意见》充分展现了裁判文书释法说理的重要性和要求。① 在域外法查明案件中，一方面，法官应当充分审查查明结果，形成最终认定的域外法查明结果。审查可以分成总体审查和具体审查，总体审查要求法院初步阅览查明意见书的形式与实质内容，具体审查要求法官详细审视查明的域外法部分和法律评价部分。在总体审查上，法院应当注意其形式和内容是否符合规范和查明需要，例如，查明结果文书的格式是否符合要求，是否包含了出具者的信息，是否包含了案涉相关问题等；意见出具者是否有利益冲突，是否按时出具，是否具备相关资质等。在具体审查上，针对域外法部分，法院应观察其来源是否权威，版本是否适当，翻译是否准确等。必要时，法院应再次查明，以确定相关域外法的可适用性。而针对法律评价部分，法院应当审视其是否对法律规定进行了充分、清晰的解释，厘清了相关法律规定在不同情形下的适用问题，尤其注意其在解释时是否援引了权威、有代表性的学者观点或司法判例。针对某些只给出案涉问题结论而未充分解释的域外法查明结果，法院可以要求专家出庭接受质询。如在审查中出现疑问，法院可以召集相关专家进行讨论。在充分审查之后，法院应当制作一份明确的审查报告，并对其中的内容进行确认和校对。审查结果可以由不同的法官过目和确认，以此增加审查的充分性和准确性。最终，法院经过审查，认定相应的域外法查明结果，并展示给当事人等主体。各主体如有意见可以提出，法院将参考并作出反馈。

另一方面，作为裁判者，法院还应当积极回应当事人的争议，尽力释明案涉问题。具体而言，在当事人对查明结果提出意见或对域外法适用情况提出上诉时，法院应当在裁决部分对相关问题进行列举和概括，并予以评价和澄清，以体现法院对相关问题的反馈。在“威尔士公司与英国东化公司等公司债券交易纠纷案”中，法院认为案件证据不足而回避了当事人对法律适用的争议。② 笔者认为，法院正确的做

① 《最高人民法院关于加强和规范裁判文书释法说理的指导意见》，载中国法院网，https://www.chinacourt.org/article/detail/2018/06/id/3335921.shtml，2022 年 11 月 1 日访问。

② 参见辽宁省高级人民法院民事判决书，(2020)辽民终 758 号。

法应当是在裁判中对相关事项进行明确回应,即使在判决最后提及:"本案存在证据不足的情况,因此域外法适用相关主张不具备充分的证据支撑,在不满足事实前提的情况下,此类问题无法判断。"如此,方能体现裁判释法说理,回应当事人的诉求。毕竟"裁判",正是对当事人的争议进行"裁量"和"判断"。

3. 弱化查明意见的结论性,增强其法律解释功效

针对查明意见书的问题,笔者认为应当尽量让法律意见书避免针对个案案情发表针对性意见,不对案件的裁判结果作判断,而提高其解释、明晰法律的能力。

具体而言,查明机构或专家应当减少简答式法律意见书,增加论述式法律意见书。简答式法律意见书的弊端在于缺乏依据和说理,包括未列明或粗略介绍法律依据,以及作出针对案件事实的唯一性结论。那么,什么样的法律意见书是适当的呢?笔者认为,应当是论述式法律意见书。论述式法律意见书以全面性和逻辑性为特征,是结构清晰、说理充分的文献检索报告。例如,针对香港法之下公司人格否认制度的适用这一问题,简答式法律意见书可能直接表述为"依据香港×××法或×××判例,公司人格否认制度的适用条件是×××,而在本案中,其不符合相关要件,不能够适用"。而论述式法律意见书包括但不限于以下内容:"一、香港法下公司人格否认的法律规定及评析……二、香港法下公司人格否认的理论和实践现状……"通过比较可以看出,简答式法律意见书的重点在于回答问题,得出单一性结论,而论述式法律意见书的重点在于思考与分析问题,提供解决问题的各种方案。简答式法律意见书给法院提供了明确的域外法查明问题之答案,而论述式法律意见书尽可能多地为法院提供域外法相关文献资料,旨在引导其自行解决问题、分析出问题的答案。显然,论述式法律意见书中立性和说服力较强,对于域外法及争议问题的研究更为透彻,更能解决争议和保障法官的裁判权。

4. 规范域外法查明费用的内容与分担规则

解决查明费用相关问题的核心在于促进查明费用的明确化。首先,明确化要求查明费用明确体现在裁判文书之中。具体而言,在裁判文书中,法院应当指出查明费用的名称、内容、数额、承担方式,以及对应的依据和计算方式等。法院单纯指出"本案域外法查明费用×××元"并不能满足要求。笔者认为,既然强调明确性,就应当尽可能实现内容的细致和周全。当然,在未来的司法实践中,域外法查明费用在裁判文书中的体现还可以有进一步改进。

其次,明确化要求查明费用的名称具有相对统一性,裁判文书中域外法查明费用的名称能够明显看出其费用性质和种类,直接指向域外法查明,但不要求名称绝

对和完全一致。正如表7所示,本次统计的案件中,诸如"域外法查明费用""外国法查明费用""法律查明服务费用""外国法查明费用"等名称是合理的,能够快速识别其费用的性质和内容。而"法律意见咨询费""案件技术服务费"就显得不太合理和明确。就前者而言,容易产生是否查明了域外法内容的困惑;就后者而言,诸如证据保存、鉴定、域外法查明等都可以被解释为技术服务,名称指向范围较大。因此,推动查明费用名称的明确,要求其相对统一和规范。

最后,明确化要求查明费用的承担方式清晰而合理。这和域外法查明的性质相关。域外法查明是法院、当事人等争议解决主体寻找和确定涉案问题(最合适的)准据法的活动,是对争议事实"大前提"的探索,并不是当事人单方诉求和主张(大多是小前提)。并且,法院是法律明确规定的查明义务主体,负有域外法查明职责。因此,要求当事人按照胜诉比例承担查明费用显然是不合理的。笔者认为,更为合理的分担方式是按照查明责任分配费用。在当事人约定域外法时,主要由当事人承担查明费用,法院等分担查明费用;在当事人未约定域外法查明时,由法院等负责承担域外法查明费用,作为争议提出者、既得利益者、新主张的提出者,当事人也需要分担费用。这一分配方式的意义在于:第一,明确了查明费用的本质是查明责任,域外法查明通过费用承担实现查明主次责任的落实;第二,沿用了查明责任的规定,避免了规则的冗余;第三,进一步厘清域外法查明的性质和目的,其本质上是为了寻找问题的"大前提",提出法律适用依据和适用意见。为争议解决、裁判、维护权益的需要,当事人和法院需要共同担负域外法查明的重任。

5. 提高"无法查明域外法"的门槛,要求有权机构充分释法说理

一些法院以"域外法无法查明"为由适用中国法,实际上是为了推卸域外法查明的责任。因此,应当提高"域外法无法查明"的裁量标准,要求法院说明适用中国法代替外国法的充分、合理的理由。在当事人未约定或达成一致地适用中国法时,法院应当充分研判案情,选择法律适用。如果法院认为中国法应当作为案件的准据法,其应当在裁判中详细列举、充分论证适用中国法的依据和原因,形成逻辑清晰、说服力强的裁判。

在当事人未做选择的情况下,如果法院依据"最密切联系原则"适用中国法,则应当对该原则进行法律和法理上的详细论证,而不是"一笔带过"。

相比于前文的"越鑫公司与谢某某等合同纠纷案",在"吴某某与李某某等损害股东利益责任纠纷案"中,针对当事人提出一审法院错误扩大理解"密切联系原则"确定管辖权的异议,二审法院进行了较为详尽的法律释明,区分管辖权和法律适用

的问题并确定了二者的逻辑顺序,列举我国《民事诉讼法》相关管辖权依据并结合案件争议予以说明,最终肯定了一审法院的裁判。① 该案说理较为充分,值得借鉴。需要说明的是,要求法院对适用中国法进行详尽说理并非要使"适用中国法"比"适用域外法"更加困难,也并非一种"适用域外法"倾向,而只是强调法院释法说理的职责,避免法院在法律适用中作出"避难选易"的错误决定。

四、结语

党的十八大以来,以习近平同志为核心的党中央高度重视国内法治和涉外法治工作。在党的二十大上,习近平总书记再次重申相关内容,指出:"加强重点领域、新兴领域、涉外领域立法,统筹推进国内法治和涉外法治,以良法促进发展、保障善治。"②涉外民商事案件的审判是国内法治和涉外法治的重要一环,涉外民商事争议的顺利解决,关系到国内和涉外两个维度法治的完善和发展。随着全球化的纵深推进,域外法查明案件将日趋复杂化、多样化、新型化,机遇和挑战并存。高效、彻底地解决争议,完善而成熟的制度是前提,规范而灵活的实践是关键。在域外法查明相关立法施行多年之后,及时观察和反思制度和实践,有利于规范实践做法,捕捉新问题,也有利于促使制度更加合理和符合实际,从而建立起历久弥新、可持续发展的国内和涉外法治环境。

① 参见广东省广州市中级人民法院民事裁定书,(2020)粤01民辖终1881号。

② 习近平:《高举中国特色社会主义伟大旗帜 为全面建设社会主义现代化国家而团结奋斗——在中国共产党第二十次全国代表大会上的报告》,载《人民日报》2022年10月26日,第1版。

冲突法研究

准据法抑或合同条款：论未生效条约在我国的适用

——基于实践的检视

于　飞[*]　许少彬[**]

我国法院如何适用对我国未生效的条约，涉及对未生效条约的定性，学者对此有不同的看法。法院对当事人选择适用未生效条约一般持尊重态度，然而，究竟应把这类条约看作准据法还是合同条款来适用，法院的实践并不一致。未生效条约作为准据法或合同条款均为当事人合意选择的结果，但准据法与合同条款存在区别，且不论作为何者适用均各有利弊。把当事人选择的未生效条约定位为合同条款而非准据法，更符合未生效条约效力的本源、准据法的内涵及我国司法解释的本意。这种选择应以法律规定为前提，以强制性规范与公共秩序为限制。

《中华人民共和国民法典》生效的同时《中华人民共和国民法通则》(以下简称《民法通则》)被废止，《民法通则》第142条、第143条随之失效，《最高人民法院关于适用〈中华人民共和国涉外民事关系法律适用法〉若干问题的解释(一)》(以下简称《法律适用法解释》)(2020年修正)原第4条、第5条也被删除，国际条约与国际惯例在我国法院的适用因之而成为民法语境下的立法空白。国际条约在一国的适用包括在该国已生效条约及未生效条约的适用。以上立法与司法解释指的是已对我国生效条约的适用，除此之外，《法律适用法解释》第7条(原第9条)规定了未生效条约的适用，从而使未生效条约的适用得到司法确认，并有了司法解释依据。然

* 厦门大学法学院教授、博士研究生导师，法学博士；厦门大学马克思主义学院教授。

** 厦门大学法学院博士研究生。

而,我国对未生效条约的适用在理论与实践中均存在分歧,值得进一步探讨。

一、对未生效条约的选择

传统国际私法认为,法律的选择通常局限于一个国家或地区的法律,不允许选择非国家规则(或非国家法)。理由是基于萨维尼(Savigny)"法律关系本座说"建立起来的法律选择,一般是根据以地域为标志的连结点确定法律适用,这些连结点指向的是国家立法,而不会导致非国家规则的应用,因为这些非国家规则不能追溯到一个实际的领土。① 各国传统上也认定,当事人意思自治的通常理由不应延伸到诉讼中选择非国家法律,非国家法律不能有效地解决纠纷。② 但是,随着现代国际私法的发展,国际商事合同适用非国家规则成为合同准据法发展的"重要走势"。③ 越来越多的人认为,非国家规则的选择也应得到法院的承认,海牙国际私法会议于2012年通过的《海牙国际合同法律选择原则》(Hague Principles on the Choice of Law in International Contracts,以下简称《海牙原则》)是对这些观点正在逐步被接受的最明确、最强烈的确认。④《海牙原则》第3条规定,除非法院地法另有规定,当事人可以选择的法律包括在国际、超国家或区域层面上被普遍接受的、具有中立性和平衡性的规则。

虽然学界对"非国家规则"没有明确的定义,对其所涵盖范围的认识也不尽相同,但根据《海牙原则》上述规定,当事人所选择的"法律规则",除国家立法外,还应该理解为包括国际条约和国际惯例,以及各国法律所公认的一般法律原则,即国际条约、国际惯例等非国家规则均可作为合同准据法。

针对某一国家,国际条约有对其生效与未生效之别。生效条约意味着一个条约在法律上成立,因而发生拘束各当事国的法律效果,该条约的规定即成为各当事国的法律,各当事国必须予以善意履行。⑤《维也纳条约法公约》第34条规定:"条约非经第三国同意,不为该国创设义务或权利。"亦即对一个国家未生效的条约,其当然对该国无法律拘束力。然而,这并非意味着未生效条约在有关国家一概不可适

① See Johanna Hoekstra, *Non-State Rules in International Commercial Law*, Routledge, 2021, p. 117.

② See Alex Mills, *Party Autonomy in Private International Law*, Cambridge University Press, 2018, p. 496 – 497.

③ 参见刘益灯、陈璐:《论非国内规则在国际商事合同中的适用》,载《中南大学学报(社会科学版)》2015年第3期。

④ See Alex Mills, *Party Autonomy in Private International Law*, Cambridge University Press, 2018, p. 519.

⑤ 参见李浩培:《条约法概论》(第2版),法律出版社2003年版,第171页。

用。未生效条约的适用大致可以分为两种情况：一是国际条约本身有规定。尽管该条约在某国未生效，但根据当事人的选择，该条约可以作为准据法而适用，典型代表是《联合国国际货物销售合同公约》。该公约第 1 条第 1 款(b)项规定，“如果国际私法规则导致适用某一缔约国的法律”，则可以适用该公约。如此，非该公约缔约国的双方当事人如若选择适用该公约缔约国的法律，此时该公约可以作为准据法而适用。二是条约并没有类似上述的规定，非条约缔约国的当事人能否选择适用未生效的条约？

由于国际商事仲裁的契约性特征及仲裁法律适用的非国内法倾向，在国际商事仲裁中通过当事人合意选择而适用非国家规则已被理论与立法所普遍接受，①也就意味着未生效条约在国际商事仲裁领域适用的合理、合法性。而将既无民主的立法过程，又缺乏国家强制力保障其实施的非国家规则纳入司法审判中的准据法选择范围，并没有得到学者的广泛认同。国际私法关注的始终是涉及国际商事交易的立法管辖权冲突，冲突规范连结点指向的仍是国家立法而非含糊的“法律规则”。为此，有的学者从宏观即非国家规则能否作为准据法的角度，论证非国家规则作为准据法的不适当性。如有学者认为“准据法非国内法化”是自治性商人法学者提出的新的法律选择思想，旨在使国际商事交易免受国内冲突法和实体法影响。由于司法在政治及社会体系中处在特殊位置、具有特定功能，因而在诉讼领域非国家规则作为准据法的条件尚未成熟。② 既然非国家规则不适合在诉讼领域作为准据法，对于一个国家而言尚未生效的条约，就当然不应由当事人选择其为准据法而适用。有的学者从微观即尚未对法院地国生效的条约能否作准据法的角度进行分析，认为对于尚未批准该条约的国家而言，该条约是一项非国家规则，确定其法律效力的方式与其他非国家规则相同。③ 因其不是具有拘束力的法律，故不存在真正的“法律”选择。④不可否认，未生效条约实质上可规范国际商人间的私人关系，即将它们纳入合同条款来明确双方的权利义务，但不应该将当事人的这种对非国家规则的选择等同于对合同准据法的选择。

---

① 参见贺万忠：《准据法的非国内法化：理想抑或现实——兼评我国〈民法典（草案）〉第 9 编第 4、50 条之相应规定》，载《东方法学》2008 年第 2 期。

② 参见贺万忠：《准据法的非国内法化：理想抑或现实——兼评我国〈民法典（草案）〉第 9 编第 4、50 条之相应规定》，载《东方法学》2008 年第 2 期。

③ See Johanna Hoekstra, *Non-State Rules in International Commercial Law*, Routledge, 2021, p. 62.

④ 参见陈卫佐：《法院地国家国内法中的冲突规则与国际条约的关系》，载《法学研究》2013 年第 2 期。

实践中,对于当事人选择我国未加入的条约,我国法院一般尊重当事人的选择。然而,诚如学者所言,在宣布扩大意思自治权以允许选择非国家规则的情形即将到来或可能到来之前,应谨慎行事。① 我国不把这些条约作为国际条约予以适用,理由是对我国尚未生效的国际条约对我国没有拘束力,因而不能将其作为裁判的法律依据。② 那么,对这些条约在国内法院的适用究竟应如何定性?

二、对未生效条约适用的定性

对未生效条约适用的定性,我国学界有不同的看法,法院也有不同的实践。

(一)学界的不同观点

1. "外国法律"

既然国际上承认当事人可以选择单个外国单独制定的法律作为准据法,则没有理由否定当事人也可以选择由多个外国共同制定的国际条约作为准据法,而不论法院地国是否参加了该项国际条约。因而,如果当事人选择我国未参加的国际条约,可以视作与选择"外国法律"作为准据法具有相同的地位而得以适用的或将其作为当事人约定适用"外国法律"的情形。③

2. 国际惯例

非缔约国的当事人所选择的国际条约中的统一实体规范实际上仅具国际惯例性质,对当事人具有道义上的拘束力,但并无法律上的拘束力,如果当事人双方自动遵守,这些规范不失为其行为规范。④ 为达到解决涉外民商事纠纷的目的,尤其在当事人选择适用这类未生效的国际条约时,可将其视为国际惯例,作为商事交易的准据法而加以适用,⑤"因为这时的国际条约可以看成某一法律领域国际惯例的证明。我国法律也确立了这种选择的有效性"⑥。

---

① See Alex Mills, *Party Autonomy in Private International Law*, Cambridge University Press, 2018, p. 519.

② 参见高晓力:《〈关于适用涉外民事关系法律适用法若干问题的解释(一)〉的理解与适用》,载《人民司法》2013 年第 3 期。

③ 参见徐锦堂:《关于国际条约国内适用的几个问题》,载《国际法研究》2014 年第 3 期;刘益灯、陈璐:《论非国内规则在国际商事合同中的适用》,载《中南大学学报(社会科学版)》2015 年第 3 期。

④ 参见邵景春:《国际合同:法律适用论》,北京大学出版社 1997 年版,第 177 页。

⑤ 参见孙南申、张苏锋:《论未对中国生效的国际私法条约在国内法院适用问题》,载《武大国际法评论》2013 年第 1 期。

⑥ 肖永平:《法理学视野下的冲突法》,高等教育出版社 2008 年版,第 352 页。

3. 合同条款

虽然对法院地国未生效的条约视为不具有法律拘束力的非国家规则,[①]但在司法实践中,可把当事人对非国家规则的选择理解为当事人将其并入合同条款并据以确定其权利义务的手段。也就是说,要区分属于法律的适用与合同条款的适用,把法院基于条约规定的条件适用条约归属于法律的适用,而法院基于当事人合意,选择尚未对我国生效的条约确定其权利义务关系,"实质上是对当事人商定的合同条款的适用"[②],未生效条约因之构成当事人间合同的组成部分。这样做更为合理,也可以解决如何对待因当事人援引一些不具有拘束力的国际示范法、统一规则等而产生的问题。[③] 而且,选择并入合同条款并不意味着确定了合同准据法,当事人完全可以同时选择某一特定国家的法律为准据法。[④]

4. 回避定性

回避对未生效条约的定性,直接指明应将未生效条约"作为准据法而非契约条款"[⑤]。

根据上述前两种及第四种观点,未生效条约可以作为准据法,第三种观点仅把未生效条约作为并入合同的合同条款。

(二)法院的实践检视

未生效条约在我国的适用更多发生在海事审判实践中,例如提单中载明适用1924年《统一提单的若干法律规则的国际公约》(International Convention for the Unification of Certain Rules of Law Relating to Bills of Lading,以下简称《海牙规则》)、1968年《关于修改统一提单的若干法律规则的国际公约的议定书》(Protocol to Amend the International Convention for the Unification of Certain Rules of Law Relating to Bills of Lading,以下简称《海牙—维斯比规则》)、1978年《联合国海上货物运输公约》(United Nations Convention on the Carriage of Goods by Sea,以下简称《汉堡规则》)等国际条约的相关内容,但这些国际条约我国并未加入。本文研究的

---

① See Johanna Hoekstra, *Non-State Rules in International Commercial Law*, Routledge, 2021, p. 68.

② 车丕照:《〈民法典〉颁行后国际条约与惯例在我国的适用》,载《中国应用法学》2020年第6期。

③ 参见高晓力:《〈关于适用涉外民事关系法律适用法若干问题的解释(一)〉的理解与适用》,载《人民司法》2013年第3期。

④ 参见陈卫佐:《法院地国家国内法中的冲突规则与国际条约的关系》,载《法学研究》2013年第2期。

⑤ 黄晖、张春良:《论条约在我国涉外民事关系中的适用——基于规则和实践的考察》,载《法商研究》2014年第5期。

实证视角也侧重于海商海事领域。① 存在于有关案件中的未生效条约主要关涉提单首要条款与法律选择条款的关系,包括以下几种情况。

第一种情况是把首要条款与法律选择条款加以区分。即提单首要条款约定适用《海牙规则》等,但另行根据法律选择条款决定法律适用。如在"杭州热联进出口股份有限公司诉吉友船务有限公司海上货物运输合同纠纷案"②中,提单首要条款规定适用《海牙规则》,但并入提单的租约约定争议适用英国法,法院根据我国《海商法》第269条规定,认定上述条款约定适用英国法有效。法院同时强调首要条款作为合同条款的作用:"提单首要条款载明适用《海牙规则》。作为首要条款,其他条款不得与之冲突或抵触。"

在有些案件中,法院未提及首要条款,但实际上对首要条款与法律适用条款加以区分,把未生效条约作为合同条款处理。例如,在"中国平安财产保险股份有限公司厦门分公司与法国达飞海运集团海上、通海水域货物运输合同纠纷案"③中,提单背面首要条款规定,承运人的责任应根据《海牙规则》或任何强制性地适用于本提单的、并入或制定《海牙规则》的国内法及其修正案来确定。但法院并没有提及该条款,而是认为,按照我国《海商法》的规定,涉外合同的当事人可以选择合同适用的法律。因双方于诉讼中均表示同意适用中国法解决纠纷,故应以中国法律为合同准据法。在"中保财产保险有限公司湛江经济技术开发区支公司与越海航运公司等赔偿纠纷案"④中:被告之一根据提单首要条款认为处理本案纠纷应适用《海牙规则》和《海牙—维斯比规则》;被告之二认为因《海牙规则》和《海牙—维斯比规则》并入本案提单,应认为两规则是合同的条款而不是法律适用条款,根据最密切联系原则,本案应适用中国法律。法院同样没有提及提单首要条款,而是认为,本案由于合同双方当事人没有约定处理争议所适用的法律,而本案货物运输到达港为中国湛江港,中国是合同履行地之一,货损、货差的结果也发生在中国,中国是与合同具有最密切联系的国家,因此,根据《海商法》第269条的规定,处理本案实体争议适用中国

---

① 本文作者在威科先行以《海牙规则》为关键词搜索到59份法院裁判文书,去掉重复或不具涉外因素等案件,作为研究基础的裁判文书共45份。在这45份裁判文书中,从裁判作出的时间来看,在2013年1月7日《法律适用法解释》施行后作出的裁判共7份,其余均为该司法解释出台前的判决;从审理法院来看,海事法院审理的案件30件,高级法院审理的案件10件,最高法院审理的案件5件。检索日期:2021年8月9日。

② 参见厦门海事法院民事判决书,(2010)厦海法商初字第353号。

③ 参见厦门海事法院民事判决书,(2019)闽72民初404号。

④ 参见广州海事法院民事判决书,(1999)广海法湛字第47号。

法律。

以上法院区别提单首要条款与法律适用条款，其实是把首要条款中的《海牙规则》作为合同条款对待。

第二种情况是把首要条款与法律适用条款等同，但对首要条款“未尽事宜”，选择适用其他国家的法律。这种情况比较常见，法院多把首要条款理解为法律适用条款，把《海牙规则》作为当事人选择的准据法。例如，在“新鑫海航运有限公司与深圳市鑫联升国际物流有限公司等货物运输合同纠纷案”①中，提单第 26 条首要条款约定适用《海牙规则》与《海牙—维斯比规则》，提单第 27 条第 1 项约定：“本提单条款未尽事宜受新加坡法律管辖。”法院分析“提单背面条款第 27 条第 1 项为本案的法律适用条款”。“法国达飞轮船有限公司与湖南省技术进出口股份有限公司运输合同纠纷上诉案”②提单条款约定承运人的责任适用《海牙规则》等，在提单条款未涉及的任何事项及解释提单条款方面适用法国法。法院认同这种选择，但因当事人在庭审中明确放弃法国法而选择适用中国法，因而适用中国法。上诉法院肯定一审法院的意见。可见，法院是把首要条款与法律适用条款等同，约定适用某国法律仅是对提单首要条款未及事项的补充。

第三种情况是明确把提单首要条款并入合同，使其成为合同条款。如在“宁波凯越国际贸易有限公司诉天津华丰货运代理有限责任公司上海分公司等无单放货案”③中，法院把提单背面条款理解为，将有关法律中关于承运人权利义务的规定并入涉案提单，并“作为提单法律关系中的一个条款。对该条款是否有效的审查，应依据调整涉案提单关系的准据法进行”。“（印度）拉迪恩航运有限公司与（中国）五矿贸易有限公司海上、通海水域财产损害责任纠纷上诉案”④一审法院认为，提单中的首要条款虽然含有法律适用的内容，但该条款不是法律适用条款，而是将首要条款指向的国际公约并入提单，从而构成提单的条款，其目的主要是使提单强制适用《海牙规则》或《海牙—维斯比规则》，并不是为了确定准据法。“中国人民保险公司广东省分公司与塞浦路斯海运有限公司等赔偿纠纷案”⑤、“越海航运公司与中保财产保险有限公司湛江经济技术开发区支公司等海上货物运输货损纠纷上诉案”⑥等与

① 参见大连海事法院民事判决书，(2018)辽 72 民初 758 号。

② 参见湖北省高级人民法院民事判决书，(2004)鄂民四终字第 17 号。

③ 参见上海海事法院民事判决书，(2009)沪海法商初字第 1003 号。

④ 参见山东省高级人民法院民事判决书，(2002)鲁民四终字第 24 号。

⑤ 参见广州海事法院民事判决书，(2000)广海法事字第 79 号。

⑥ 参见广东省高级人民法院民事判决书，(2001)粤高法经二终字第 80 号。

之持相同或类似看法。

第四种情况是把《海牙规则》等国际条约等同于国际惯例而加以适用,如"中保财产保险有限公司福建省分公司与俄罗斯远东海洋轮船公司合同纠纷案"①,法院对于被告关于本案应依照提单背面条款的约定适用《海牙—维斯比规则》的抗辩不予支持,因为"海牙规则及海牙—维斯比规则在我国仅为国际惯例,而不具法律规范的效力"。

此外,还有其他颇具特色的做法。如法院根据当事人的选择,以中国法律为解决海上货物运输纠纷的准据法,但把《海牙—维斯比规则》的规定作为计算海事赔偿单位责任限额的通行参考,实际上使未生效条约起到补充或解释、说明立法的作用;②法院认为,首要条款作为格式条款剥夺了原告的选择权,从而否定格式条款的效力;③法院把无单放货案件定性为侵权案件从而不适用《海牙规则》④;等等。

以上说明,对于当事人选择《海牙规则》等对我国未生效的国际条约的适用,法院的处理方式并不一致,即使在《法律适用法解释》实施后也如此。总体上可归为两大类别:把未生效条约看作准据法来适用;把未生效条约看作合同条款来适用。其中,以前者居多。

三、未生效条约功能的实然与应然

按照一般的理解,准据法是指经冲突规范援引被用来确定国际民商事关系当事人的权利与义务的特定实体法。对于准据法的内涵,比较一致的看法是:准据法需经过冲突规范的指引;准据法能确定当事人的权利与义务;准据法是法律。有学者根据此"法律"的不同指向,把准据法分为抽象准据法和具体准据法。前者指国家法律体系,后者为特定的某国私法。⑤ 无论抽象准据法抑或具体准据法,传统观点把二者均理解为国家法,如"就特定涉外法律关系,依国际私法所指定应适用之内、外国法律"⑥,"确定当事人权利义务的实体法规则所属国家的法律体系"⑦。准据法的外延能否扩大到国际条约、国际惯例等国际统一实体法,我国学界以前对此有看法,现

① 参见厦门海事法院民事判决书,(1999)厦海法商初字第11号。

② 参见上海海事法院民事判决书,(2014)沪海法商初字第361号。

③ 参见宁波海事法院民事判决书,(2014)甬海法商初字第730号。

④ 参见广州海事法院民事判决书,(1999)广海法事字第57号。

⑤ 参见贺万忠:《准据法的非国内法化:理想抑或现实——兼评我国〈民法典(草案)〉第9编第4、50条之相应规定》,载《东方法学》2008年第2期。

⑥ 刘铁铮、陈荣传:《国际私法论》(第五版),台北,三民书局2010年版,第232页。

⑦ 陈卫佐:《比较国际私法》,法律出版社2012年版,第156页。

在多持肯定态度。至少当事人根据意思自治的冲突规范,能选择国际条约和国际惯例作为准据法。只是对于一国当事人能否选择对该国未生效的国际条约作准据法,学界观点与司法实践存在上述分歧。那么,准据法与合同条款有何异同?未生效条约作为准据法或合同条款的利弊何在?未生效条约具有的应然功能为何?

(一)准据法与合同条款的异同

准据法与合同条款均为当事人合意选择的结果。但是,准据法与合同条款存在区别,主要表现在:其一,选择的基础。选择准据法是基于法院地国际私法有关意思自治原则的规定,选择作为合同条款的法律则是基于契约自由原则,[①]"在契约自由原则下,当事人亦得合意以外国法上之若干条款,作为契约之条款,只要不抵触内国强行法,自为法所不禁"[②]。类似的区分适用得到国际上普遍的承认,如英国就把当事人选择的准据法之外的外国法纳入合同,作为合同条款而非法律。[③] 其二,新法与旧法的影响。选作准据法的外国法的变化可能引致适用新法还是旧法的问题,但并入合同的外国法所属法律体系发生变化,并不影响合同条款。其三,任意选择与联系选择的要求。选择合同准据法时,有时要求选择的法律与合同有联系,并入合同的法律并无该要求。其四,全面抑或具体问题的解决。选择的准据法多用于解决合同及与合同有关的大部分争议,合同条款只用来解决合同特定方面的具体问题。其五,强制性规范与任意性规范的适用。当事人选择的准据法中既包括任意性规范也包括强制性规范,二者均作为法律而得到适用,[④]但是,作为合同条款的法律只能取代准据法中的任意性规范,而不能违反准据法中的强制性规范。此外,并入合同的外国法取得效力需依据准据法。

(二)未生效条约作为准据法或合同条款的利弊

未生效条约不论作为准据法抑或合同条款,都各有利弊。将当事人选择的未生效条约作为准据法而适用,最大的"利"在于可以降低法律适用的司法成本。[⑤]《中华人民共和国涉外民事关系法律适用法》(以下简称《涉外民事关系法律适用法》)第 10 条第 1 款后半句规定,"当事人选择适用外国法律的,应当提供该国法律",据

---

① 参见田晓云:《意思自治原则与国际商事惯例的适用》,载北京市法学会国际法学研究会编:《国际法学论丛》第 7 卷,中国方正出版社 2011 年版。

② 刘铁铮、陈荣传:《国际私法论》(第五版),台北,三民书局 2010 年版,第 120 页。

③ 参见[英]莫里斯:《法律冲突法》,李东来等译,中国对外翻译出版公司 1990 年版,第 274 页。

④ 参见李旺:《当事人意思自治与国际条约的适用》,载《清华法学》2017 年第 4 期。

⑤ 参见黄晖、张春良:《论条约在我国涉外民事关系中的适用——基于规则和实践的考察》,载《法商研究》2014 年第 5 期。

此,当事人如若选择适用未生效条约,查明该条约的责任自然应由当事人承担。而且,未生效条约因条件限制无法适用时,最后往往导致适用法院地法即中国法律。如"中国人民财产保险股份有限公司宁波市分公司与富森航运有限公司海上货物运输合同纠纷案",法院认为,该案不符合适用《海牙规则》的条件,应适用作为目的港所在地国的我国法中的强制性规定。① 然而,把未生效条约作为准据法有违冲突法的传统观念。因为自萨维尼提出"法律关系本座说"以来,国际私法均认为准据法的选择与"地域"相关联,是特定地域的立法,未生效条约作为准据法不仅不符合准据法的一般内涵,而且,如果我国法院适用当事人约定的一项我国没有参加的条约作为合同准据法,那么,传统国际法关于国际条约在国内适用的理论将被彻底颠覆。②

由于对未生效条约缺乏足够的认识以及对其性质存在质疑,不少法院的实践也倾向于将其作为合同条款以规制当事人间的权利义务。不把未生效条约作为准据法而作为合同条款,也更切合在一国未生效的条约在该国的地位。因为条约未生效,其对该国没有拘束力,法院不能将其作为裁判的法律依据。但是,将未生效条约作为合同条款约束当事人,在合同中纳入这些条约则是一个完全不同的问题——一个受合同适用法律管辖的合同当事人自治问题。因此,即使法律选择规则不允许未生效条约作为合同的准据法,双方当事人可以通过将未生效条约纳入合同使其成为合同条款而使这些规则有效。虽然这不是国际私法中的当事人意思自治的问题,却具有重大意义。其优点之一,是在各种合同中引用确定的条约条款有利于合同的确定性和国际标准化。③ 优点之二,是在一定程度上尊重了当事人的意思自治,使其选择的规则得以适用,又保证了国内法作为准据法的适用,使合同受法院地国法律的管辖。④ 如上述海事案件,不把提单首要条款中的《海牙规则》等作为准据法条款,而另据准据法条款决定法律适用,往往适用的是作为法院地法的我国法,对于法院而言,其更愿为之。在"绍兴县金斯顿针纺织有限公司诉商船三井株式会社海上货物运输合同纠纷案"⑤中,法院没有把首要条款作为准据法的理由是,首要条款为重

---

① 参见厦门海事法院民事判决书,(2014)厦海法商初字第270号。

② 参见杜涛:《论我国撤销对〈联合国国际货物销售合同公约〉第1条第1款第2项之保留的必要性》,载陈安主编:《国际经济法学刊》第15卷,北京大学出版社2008年版。

③ See Alex Mills, *Party Autonomy in Private International Law*, Cambridge University Press, 2018, p. 492.

④ 参见刘益灯、陈璐:《论非国内规则在国际商事合同中的适用》,载《中南大学学报(社会科学版)》2015年第3期。

⑤ 参见宁波海事法院民事判决书,(2014)甬海法商初字第730号。

复使用的预先拟定的格式条款,该条款直接排除了原告对管辖法院和法律适用的选择权,从而直接影响当事人诉讼权利的行使。被告引用该条款,提出要依据日本法律解释从而适用《海牙—维斯比规则》的意见于法无据,法院不予采信。根据《涉外民事关系法律适用法》第2条的规定,本案适用中国法律。当然,从理论上看,这种做法会带来需另外确定法律适用及查明法律的不便,此外还需把未生效条约与合同准据法进行比对,以排除未生效条约违背准据法中强制性规定的情况。①

(三)未生效条约应当作为合同条款而适用

结合我国海事司法实践,法院对于包含对我国未生效条约的提单首要条款与准据法条款的把握有别。学者对首要条款的性质的认定也不一致,较多学者认为其不是法律适用条款,②实践中也有不少把提单首要条款定性为合同条款的个案。提单的首要条款(paramount clause)乃指提单中指明该提单受某一国际公约或某个国家的某一特定法制约的条款。首要条款虽然含有法律适用的内容,但其本身并非法律适用条款,首要条款将指向的国际公约并入提单,从而构成提单条款。③ 其本身并非法律适用条款的原因在于:首先,"首要"(paramount)应是相对于提单的其他基础条款而言,表明该条款具有优先于其他条款的效力。提单准据法条款是有关提单的任何争议应适用某法律的条款,是当事人协商的结果,该条款与其他条款相比,不存在何者优先的问题。其次,首要条款的本意主要是为了使提单强制适用《海牙规则》或《海牙—维斯比规则》等,并不是为了确定准据法。最后,在提单中,除了首要条款外,往往还存在准据法条款,提单中不可能存在两个法律适用条款。即使把首要条款与准据法条款等同,法院实践中的操作也会削弱或规避未生效条约的效力或作用。如"新鑫海航运有限公司与深圳市鑫联升国际物流有限公司等货物运输合同纠纷案"等把提单首要条款与法律适用条款同等看待,但最终没有适用《海牙规则》,而是根据准据法条款适用了其他国家的法律。

《海牙规则》等虽在我国并未生效,但实践表明,如果把提单中对这些公约的选择定性为合同条款,以此类推,应该把当事人选择的未生效条约定位于合同条款而非准据法条款,如此也更符合未生效条约效力的本源、准据法的内涵及我国司法解释的本意。

---

① 参见黄晖、张春良:《论条约在我国涉外民事关系中的适用——基于规则和实践的考察》,载《法商研究》2014年第5期。

② 参见刘萍:《无单放货中国际私法问题研究》,法律出版社2008年版,第148页。

③ 参见山东省高级人民法院民事判决书,(2002)鲁民四终字第24号。

四、选择适用未生效条约的限度

国际私法发展到现阶段,为当事人选择非国家规则提供了可能性,[①]《海牙原则》第3条规定当事人可以选择非国家规则作为准据法,但是当事人的选择是附条件的,即"除非法院地法另有规定"。强调该条件,说明选择非国家规则作为准据法并未得到各国立法与司法实践的普遍认同。如前所述,非国家规则既无民主的立法过程,又缺乏国家强制力的保障实施,其本身具有不确定性。受传统法律国家主义的影响,加之非国家规则本身参差不齐的现实,相对于适用外国法而言,法院会采取较为严厉的限制措施。[②]

根据《法律适用法解释》第7条,未生效条约在我国的适用取决于"当事人在合同中援引"。但当事人意思自治的权利不是无限的,与意思自治选择准据法一样,当事人选择援引未生效条约作为合同条款也是有限制的。

(一)"依照法律规定"为前提

条约一经对我国生效,即在我国具有法律效力,未生效条约则否。因某些国际条约的缔约国数量较多,而且还规定了较为宽泛的适用条件,故易使人误以为即使国家没有批准该条约,也可以将其中的规定按照国际惯例来适用,其实,此种条约中的规定与国际惯例并非同一概念。[③]《民法通则》第142条第1款规定了生效条约和国内法适用的关系,第2款规定国际惯例的补缺适用。《法律适用法解释》在修正前原本相应对国际条约与国际惯例的适用作了解释。不过,《民法通则》及与其上述条文有关的司法解释均已废止。根据《涉外民事关系法律适用法》第3条"当事人依照法律规定可以明示选择涉外民事关系适用的法律"的规定,"依照法律规定"是法律选择的前提条件,虽然立法并没有明确规定该"法律"的内涵,但根据一般理解,此处所指应为国家立法。也就是说不论对未生效条约如何定性,我国目前并无法律规定当事人可以意思自治选择未生效条约作为准据法。因此,《民法通则》废止后,把未生效条约认定为"外国法律"或国际惯例而由当事人选择作为准据法是无法律根据的。虽然《涉外民事关系法律适用法》对我国生效及未生效的条约的适用没有作出规定,但也并不妨碍法院为某些有限的目的而适用这些规则,例如解释或补充国际

---

① 参见许军珂:《国际私法上的意思自治》,法律出版社2006年版,第121页。

② 参见刘益灯、陈璐:《论非国内规则在国际商事合同中的适用》,载《中南大学学报(社会科学版)》2015年第3期。

③ 参见傅廷中:《国际海事惯例的适用之反思》,载《社会科学辑刊》2020年第5期。

统一法，或解释或补充其他适用的国内法。[①]《法律适用法解释》对在我国未生效的条约的适用作了解释，而司法解释也是中国国际私法的渊源，在海事审判实践中，若当事人在提单中载明适用《海牙规则》等我国并未加入的国际条约，则只能根据《法律适用法解释》第7条，"当事人在合同中援引尚未对中华人民共和国生效的国际条约的，人民法院可以根据该国际条约的内容确定当事人之间的权利义务"，将其仅作为合同并入条款。

（二）以强制性规范与公共秩序为限制

根据《涉外民事法律适用法》第4条的规定，如果我国国内法对某种涉外民事关系有强制性的规定，则将排除适用当事人所选择的法律，据此，有学者认为，把当事人所选择的某一公约中一些不违背国内法中强制性规定的条款，以合同条款的形式加以确定，较之将国际条约的规定视为国际惯例而笼统地适用更为安全、可靠。[②] 笔者赞同该观点。同时，如上所述，准据法既包括任意性规范，也包括强制性规范，选择作为合同条款的法律不能违反准据法中的强制性规定。这种关系也体现在我国的司法实践中，法院明确"双方当事人关于首要条款的约定不得与准据法中的强制性规范相抵触"[③]。

有的学者对《法律适用法解释》第7条后半句"违反中华人民共和国社会公共利益或中华人民共和国法律、行政法规强制性规定的除外"的规定提出质疑，认为该规定"在不将未生效条约定位为准据法的同时，又采用针对准据法才可能存在的公共秩序保留制度和强制性规定，这就显得自相矛盾"[④]。应该认为，此处的违反公共秩序等例外的规定，并非针对准据法适用时产生的公共秩序问题。"公共秩序"本是国内法上的概念，公共秩序与善良风俗是现代民法的一项基本原则。[⑤] 如我国《民法典》第8条规定："民事主体从事民事活动，不得违反法律，不得违背公序良俗。"冲突法规定的公共秩序保留制度有其特定内涵，其功能主要表现在两个方面："安全阀"作用——否定冲突规范所指引的外国法的适用；肯定作用——肯定国内法中的部分

---

① See Symeon C. Symeonides, *Party Autonomy and Private-Law Making in Private International Law: The Lex Mercatoria that Isn't*, in Liber Amicorum Konstantinos D. Kerameus, Athens, Sakkoulas/Kluwer Press, 2006, p.9.

② 参见傅廷中：《国际海事惯例的适用之反思》，载《社会科学辑刊》2020年第5期。

③ 广东省高级人民法院民事判决书，(2001)粤高法经二终字第80号。

④ 黄晖、张春良：《论条约在我国涉外民事关系中的适用——基于规则和实践的考察》，载《法商研究》2014年第5期。

⑤ 参见于飞：《公序良俗原则研究——以基本原则的具体化为中心》，北京大学出版社2006年版，第1页。

法律规则的绝对效力,从而排除外国法的适用。《法律适用法解释》第7条规定的公共秩序除外并非出于以上考虑,而是因为:一方面,国际条约具有复杂性,如将条约的内容简单地等同于当事人之间的合同内容并不妥当;另一方面,不同于已对我国生效的国际条约,尚未生效的国际条约的适用若对我国产生不利影响,无法通过声明保留排除有关条款的适用。既然未生效条约也不作为"外国法"对待,排除外国法适用的公共秩序保留条款就不能发生作用,因此,要增加对违反我国社会公共利益的情形的限制性规定。① 也就是说这里的公共秩序指的是实体法上的公共秩序,而非准据法适用时限制冲突规范效力的公共秩序保留制度。

此外,许多旨在保护弱方当事人利益的国内法规范并不一定会上升到公共秩序的水平或强制性规则的地位。弱方当事人很少理解以"表面上的当事人选择"作为媒介来取代这些规则就是不合理地否定国家为其利益所设计的保护,也无能力拒绝这种选择。② 相对于非国家规则,国家立法更有可能平衡双方当事人的利益。因此,在消费者合同、雇佣合同、保险合同等合同中选择适用非国家规则,不利于保护在谈判中处于弱势地位的当事人。保护弱者利益也是我国国际私法的价值取向,我国法院如果适用当事人选择的对我国未生效的国际条约,不应忽视对弱方当事人实质利益的保护。

五、结论

未生效条约在我国的适用在理论与实践中存在不同看法与做法。司法实践对其适用主要有两种模式:作为准据法适用与作为合同条款适用。因目前我国立法对非国家规则包括对未生效条约的适用没有规定,而且,未生效条约毕竟在未生效国家不能成为法律渊源,将其作为准据法也就带来理论上的质疑。司法与商事仲裁不同,仲裁具有契约性,非国家规则作为准据法的法律选择规则在商事仲裁领域得到立法与实践的普遍认可,而"由于司法在政治及社会体系中所具有的特殊功能,国际商事诉讼至少目前尚未能为商人法化准据法提供栖身之地"③。西蒙·C. 西蒙尼德斯(Symeon C. Symeonides)教授认为,对于没有包括有效的仲裁条款的合同,对非

---

① 参见高晓力:《〈关于适用涉外民事关系法律适用法若干问题的解释(一)〉的理解与适用》,载《人民司法》2013年第3期。

② See Symeon C. Symeonides, *Party Autonomy and Private-Law Making in Private International Law: The Lex Mercatoria that Isn't*, in Liber Amicorum Konstantinos D. Kerameus, Athens, Sakkoulas/Kluwer Press, 2006, p. 21.

③ 贺万忠:《准据法的非国内法化:理想抑或现实——兼评我国〈民法典(草案)〉第9编第4、50条之相应规定》,载《东方法学》2008年第2期。

国家规则的适用与否取决于以下情况:如果合同本身无法律选择条款,或虽有法律选择条款,但当事人并没有求助于非国家规则,法院只能将国家法作为准据法适用于案件,非国家规则可以以补充的方式,用来解释或填补适用的国家法律的空白;若当事人在商事合同中明确选择适用非国家规则,法院可以适用这些规则,但非国家规则只是在一定程度上取代了国家法律规定的任意性适用的部分;法院不得适用非国家规则取代国家法律中不可豁免的规定,即使该规定没有反映该国家的基本或强有力的公共政策。① 对当事人选择未生效条约的适用也当如此。我国《法律适用法解释》把未生效条约定位为合同条款有其合理性。同时,在审判中,法院也有根据未生效条约解释或补充当事人选择的准据法的实践。总体看来,我国法院在涉外案件中适用未生效条约的情况还是少数,大多数案件还是根据法院地法——我国法律作出判决。所以,一国法院是否遵循对该国未生效条约的规定,由该国法院自行决定,它可以这样做,也可以不这样做,这不是该国的义务。②

---

① See Symeon C. Symeonides, *Party Autonomy and Private-Law Making in Private International Law: The Lex Mercatoria that Isn't*, in Liber Amicorum Konstantinos D. Kerameus, Athens, Sakkoulas/Kluwer Press, 2006, p. 19 – 20.

② 参见许军珂:《国际私法上的意思自治》,法律出版社 2006 年版,第 109 页。

论后果主义推理方法在《涉外民事关系法律适用法》“有利于”条款适用中的应用*

翁 洋**

2010年颁布的《中华人民共和国涉外民事关系法律适用法》(以下简称《法律适用法》)一大亮点是规定了“有利于”条款,然而从目前的审判实践看,法官在适用此类条款时,面临运用“法条主义”选法方法无法证明法律选择实质合理性和可接受性的困境。为了应对这一困境,本文提出可以采用后果主义推理方法来验证“有利于”条款法律选择的正当性。为了进一步修正“有利于”条款的适用过程,我们应当将“法条主义”选法方法和后果主义论证方法有机地融入“有利于”条款的适用过程中,强化法官法律选择实质合理性的说理义务,细化后果主义论证过程并设置相应的检验方法。

我国《法律适用法》第25条、第29条、第30条采用了一种新型冲突规范立法形式,即“有利于”条款①,规定了在涉外父母子女人身财产关系、扶养和监护法律纠纷中适用有利于保护弱者权益的法律。这是我国首次以成文法的形式将弱者权益保护原则适用于相关涉外民事关系中。不同于其他类型冲突规范,“有利于”条款具有结构上的特殊性、立法上的价值导向性以及法律适用上的特殊性等特点。然而,从我国当前的司法实践看,“有利于”条款在实践中的适用并未达到立法者期望的程度,法官往往通过形式逻辑推理的“法条主义”方式直接适用“有利于”条款,却无法证明判决结果实现了有利于保护弱者权益的立法目的,从而导致“有利于”条款司法

* 本文为国家社会科学基金一般项目“涉外民事法律适用释法说理问题研究”(项目编号:19BFX212)的阶段性成果。

** 西安建筑科技大学文学院助理教授,法学博士。

① 本文的“有利于”条款是指《法律适用法》第25、29、30条这样在条文中明确说明“……适用……中有利于……的法”的冲突规范立法形式。

适用的"法条主义"困境。针对这一困境,我国学者曾提出过一些改进意见,如"法律说"以及"结果说"等,但这些主张都面临难以操作的问题,无法为司法实践提供正确的方法论指导。[①] 基于此,本文从"有利于"条款在司法实践中难以证明法律选择实质合理性这一困境入手,提出应将后果主义推理方法引入"有利于"条款法律选择的正当化过程中,并从三个方面针对修正"有利于"条款的适用过程提出建议,以期一方面为我国国际私法学界正确认识"有利于"条款("有利于保护弱者权益的法")提供思路,另一方面为我国法官适用"有利于"条款提供方法论导引。

一、适用"有利于"条款的"法条主义"之困

(一)"有利于"条款在我国的司法适用情况

本文通过定向选取方法,以裁判文书的法律依据中包含"有利于"条款为条件,[②]以《法律适用法》颁布时至 2021 年 12 月 31 日为时间区间,在中国裁判文书网、北大法宝网、无讼网以及其他互联网公开资源中共收集整理 54 例案件。[③] 通过统计分析,发现司法实践中法官适用"有利于"条款时有以下几个特点:

第一,主要依据客观连结点确定准据法。在适用《法律适用法》第 25 条的案件中,有 3 例案件选取共同经常居所地作为确定案件准据法的依据;有 3 例案件选取国籍作为确定准据法的依据;有 13 例案件选取一方经常居所地作为确定准据法的依据;有 15 例案件无法从判决中看出法律选择所依据的连结点。在适用第 29 条的案件中,有 2 例案件选取一方经常居所地作为确定准据法的依据;有 5 例案件选取国籍作为确定准据法的依据;有 1 例案件选取一方财产所在地作为确定准据法的依据;有 1 例案件选取弱者经常居所地作为确定准据法的依据;还有 5 例案件无法从判决中看出法律选择所依据的连结点。在适用《法律适用法》第 30 条的案件中,有 4 例案件选取一方经常居所地作为确定案件准据法的依据;有 1 例案件选取国籍作为确定准据法的依据;有 4 例案件选取弱者经常居所地作为确定准据法的依据;此外还有 5 例案件无法从判决书中看出法律选择所依据的连结点。值得注意的是,在

① 参见袁发强:《有利的法——实质正义的极端化》,载《现代法学》2015 年第 3 期;叶竹盛:《寻找"更有利的法":比较型冲突规范的司法困境及出路》,载《现代法学》2017 年第 5 期;张丽珍:《〈法律适用法〉结果选择规则实施考察》,载《中国国际私法与比较法年刊》2018 年(第 23 卷)第 2 期。

② 本文在进行选取时,主要是通过"全文搜索"中限定关键词"《法律适用法》第二十五条","《法律适用法》第二十九条"以及"《法律适用法》第三十条"的方法进行,同时辅以添加"涉外父母子女关系""涉外父母子女财产关系""涉外抚养""涉外监护""涉外扶养"等关键词。

③ 其中有部分案件可能同时适用 2 条或 3 条"有利于"条款,如广东省广州市白云区人民法院民事判决书(2014)穗云法江民初字第 563 号。为了更加直观地反映统计数据以及统计便利,本文将在下文统计中对同一件案件进行重复统计。

"有利于"条款中,"弱者经常居所地"并非法定连结点,但经过统计后发现,不少案件中法官都是以弱者经常居所地作为指向案件准据法的连结因素。

第二,大多数案件没有考量当事人与弱者之间的利益关系。以法官在审理中采用利益分析方法的情况为标准,可将司法实践分为两类。一类是法官在准据法选择的说理部分进行了利益分析,在判决中可以看出法官对于案件当事人以及弱者一方的利益进行了综合考量。如在"廖某与成某同居关系子女抚养纠纷案"①中,法官在进行利益考量时首先确认了非婚生子女与婚生子女的同等权利地位,即无论子女是否为婚内生育在法律上都应当享有同等的权利。因此,不直接抚养子女的父母直到子女能够独立生活前都应当负担子女的教育费与生活费,随后法官就双方当事人对于抚养子女的意愿进行了确认。另一类是无法确定法官在进行准据法选择时是否就各方利益进行了分析,故也难以确定法官是否基于实现弱者利益保护的立法目的进行了裁判。经统计,此类案件共计 44 件,占全部案件的 81% 。

第三,大多数案件对于判决结果是否有利于弱者一方当事人没有说理或说理不充分。依据法官在进行准据法选择时的论证情况,可将样本案件分为 5 类:法官未进行法律论证;法官通过列举客观连结点的方式进行法律论证;法官通过对比不同连结点所指向的实体法的方式进行法律论证;法官依据最密切联系原则进行法律论证;法官从"有利于"条款的角度进行法律论证。具体来看,法官未进行法律论证的案件共计 18 例,主要包含 3 种情形:一是法官在判决书中仅列出相关法条便直接确定准据法,如"黎某某与林某某同居关系子女抚养纠纷案"②。二是未在案件判决书中就准据法选择进行论证,仅将"有利于"条款列入裁判依据部分,如"王某、俞某某等申请宣告公民无民事行为能力案"③。三是直接适用中国实体法规定,如"陈某某与曲某某同居关系子女抚养纠纷案"④。法官通过列举客观连结点的方式进行法律论证的案件共有 28 例,比较典型的论证方式为"列举法条 + 选取连结点",如"马某与拜仁·某抚养纠纷案"⑤。法官通过对比不同连结点所指向的实体法的方式进行法律论证的案件只有 1 例,比较典型的论证方式为采用比较法方法对比不同实体法

---

① 参见重庆市九龙坡区人民法院民事判决书,(2015)九法少民初字第 00067 号。

② 参见广东省江门市新会区人民法院民事判决书,(2014)江新法民四初字第 88 号。

③ 参见浙江省杭州市西湖区人民法院民事判决书,(2014)杭西民特字第 16、17 号。这两个案件均为浙江省杭州市西湖区人民法院所审理,为申请宣告公民无民事行为能力。在这两个案件中,被申请人分别为患有阿尔茨海默病的年迈父亲与患有痴呆症的年迈母亲。

④ 参见上海市闵行区人民法院民事判决书,(2013)闵少民初字第 104 号。

⑤ 参见福建省高级人民法院民事裁定书,(2014)闽民申字第 1223 号。

规定可能得出的判决结果，进而确定案件准据法，如“李某等诉区某某抚养费案”[①]。法官依据最密切联系原则进行法律论证的案件共有2例，即“纪某甲与纪某乙抚养费纠纷案”[②]和“纪某2、纪某1抚养费纠纷案”[③]。法官从“有利于”条款的角度进行法律论证的案件共有5例，判断标准为法官在论证中是否进行有利于弱者的考量，如“胡某某与被申请人余某某申请撤销监护人资格案”[④]以及“陈某某与甄某某同居关系子女抚养纠纷案”[⑤]。

（二）“有利于”条款司法适用存在的问题

从统计结果看，冲突规范虽已被法官广泛适用在涉外婚姻家庭领域的案件中，但在适用“有利于”条款时，具有明显的“法条主义”倾向，主要表现在以下三个方面：

第一，规避“有利于”条款。从前面的统计分析看，法官在适用“有利于”条款时，主要根据客观连结点确定准据法，对于“有利于”这一主观连结点基本上只字不提。例如，在“林某甲与林某乙抚养费纠纷案”[⑥]中，法院援引《法律适用法》第29条的规定，依据双方的共同国籍确定应适用的准据法。从判决中看，法官并未实际适用“有利于”条款，而是依据连结点径直确定了案件准据法，形成了事实上对于“有利于”条款的抛弃。类似的案件还有很多，究其原因，本文认为主要有两方面。一方面，积极选择法院地法并非针对“有利于”条款的独有特性，在世界范围内法官优先选择法院地法已然成为一个不争的事实。据学者统计，在选取的1000件涉外民商事案件中，适用我国法即法院地法的案件数达到了869件，接近87%的比例。[⑦] 同样的情况也发生在其他国家，如西蒙尼德斯（Symeonides）教授通过研究发现美国部分州法院在审理涉外侵权案件时往往以法院地法作为法律适用的主要依据。[⑧] 另一方面，直接适用法院地法一定程度上也可以体现出法官规避适用“有利于”条款的刻意。在绝大多数情况下，法官对法院地法的了解与掌握程度显然要高于外国法，因

---

① 参见广东省中山市中级人民法院民事判决书，（2011）中中法民一终字第776号。

② 参见广东省珠海市中级人民法院民事判决书，（2016）粤04民终470号。

③ 参见广东省珠海市中级人民法院民事判决书，（2019）粤04民终866号。

④ 参见上海市闵行区人民法院民事判决书，（2015）闵民一（民）特字第39号。

⑤ 参见广东省开平市人民法院民事判决书，（2015）江开法民四初字第391号。

⑥ 参见浙江省杭州市西湖区人民法院民事判决书，（2015）杭西民初字第2496号。

⑦ 参见徐锦堂：《当事人合意选法实证研究——以我国涉外审判实践为中心》，人民出版社2010年版，第33～35页。

⑧ See Symeon C. Symeonides, *Choice of Law in the American Courts in 2012: Twenty-Sixth Annual Survey*, 61 The American Journal of Comparative Law 217 (2013).

此适用法院地法对法官来讲也许是最保险的选择,既省去了查明与适用外国法繁复的过程,又可以适用自己熟悉的法律,由此便造成了法官在适用"有利于"条款时的"恋家情结"。

第二,弱化选法逻辑推理。裁判的过程需要法律的指引,同时也需要法官运用自己的法律知识与实践经验结合立法规定对案情进行逻辑推理。究其根本,法律推理的过程就是法官在给定事实和规范的前提下,对未知知识进行思辨、判断的过程。① 实践中,多数情况下法官在适用"有利于"条款时都弱化了选法的逻辑推理过程。在审判的过程中,法官进行逻辑推理的过程实际上也是法官在为裁判结果提供理据的过程,是法律适用正当化辩论过程中的重点环节。我国法院在进行司法裁判时通常采用演绎推理的论证逻辑,逻辑缜密的论证过程是获得公平、公正的裁判结果的必要前提。法官在案件的审理中应当以实现裁判的实践理性为目标,运用逻辑推理的方式论证裁判的正当性与合理性。② 然而,实践中法官在适用"有利于"条款时并未对准据法的选择进行必要的逻辑推理与法律论证。从前文的统计分析中可以看出,在我国司法实践中,相当数量的案件难以从裁判文书中看出法院的逻辑推理过程,如在"杨某某与AMI离婚纠纷案"③中,法院在裁判文书中并未阐述关于法律选择的逻辑推理过程,取而代之的是在法律依据中简单列明该案判决依据是《法律适用法》中的"有利于"条款。法院也未在裁判文书的其他部分对"有利于"条款的适用逻辑进行论述,是一种很典型的弱化选法推理逻辑的表现。

第三,忽视文书释法说理。最高人民法院对裁判文书的释法说理提出要求,只有将判决结论的形成过程与正当性理由予以阐明,才能实现提高裁判可接受性的目标,进而将司法裁判的法律效果与社会效果有机统一起来。然而,司法实践中法官在适用"有利于"条款时却表现出对于这一推理或论证过程的释法和说理的不充分。总体来看,对于"有利于"条款释法说理不充分的表现形式有不释不说、释而不说以及说理不充分3种。所谓不释不说,即为法官未论证准据法的选择过程,直接适用某一国实体法对案件进行裁判,比如在"王某、俞某某等申请宣告公民无民事行为能力案"中,法官未就准据法的选择进行释法说理,而是仅将该案适用的《法律适用法》第30条列入裁判依据部分。所谓释而不说,指法官在准据法选择的论证部分只

---

① 参见陈金钊、熊明辉主编:《法律逻辑学》(第2版),中国人民大学出版社2015年版,第130页。

② 参见张继成:《可能生活的证成与接受——司法判决可接受性的规范研究》,载《法学研究》2008年第5期。

③ 参见广东省梅州市梅县区人民法院民事判决书,(2014)梅县法民一初字第169号。

援引相关法条,而并未阐明准据法选择的论证过程。这也导致从判决书中很难看出法官适用“有利于”条款进行法律选择的逻辑,在一定程度上降低了判决结果的可接受性。如在“李某某与志某某之同居关系子女抚养纠纷案”①中,法官在论证准据法选择时首先识别该案属于涉外民事案件,随后指出该案应当依据《法律适用法》第25条进行裁判,而后在无任何进一步说理的情况下径直得出应当适用中国实体法的结论,显然忽视了释法说理的过程。所谓说理不充分是指,法官在论证法律选择时虽然进行了释法说理,但未能充分体现作出“有利于”判断的过程或依据。如在“B抚养费纠纷案”②中,法官在进行释法说理时认为,适用中国法将有利于保护被抚养人R的利益,但并未阐明其判断过程,只是阐明作出这一判断的理由是因为被抚养人R的经常居所地在中国上海市,而这样的解释显然缺乏说服力。

(三)“有利于”条款的适用陷入“法条主义”之困的原因

如前所述,“有利于”条款的司法适用存在规避“有利于”条款、弱化选法逻辑以及忽视文书释法说理的问题,这些问题会造成法官无法证明其法律选择实质合理性的困境。本文认为,导致这一困境的原因分别是:

第一,对于“有利于”条款存在认识上的偏差。在国际私法领域贯彻弱者利益保护原则是“有利于”条款的一大特点。然而对于如何理解和阐释“有利于”条款,《法律适用法》以及《最高人民法院关于适用〈中华人民共和国涉外民事关系法律适用法〉若干问题的解释(一)》中都未给出答案。对于如何适用“有利于”条款,有学者主张通过比较不同国家实体法的方法来确定“有利于保护弱者权益的法”,③有学者则认为应通过比较适用不同国家实体法所得出的判决结果来确定“有利于保护弱者权益的法”。④ 但是,这两种方法不仅增加了外国法的查明和准确适用的难度,也不利于司法任务的简单化。⑤ 本文认为,理解和阐释“有利于”条款,首先应该明确立法引入“有利于”条款的目的是保护弱者一方当事人的利益。“有利于”条款明确的

---

① 参见四川省金堂县人民法院民事判决书,(2016)川0121民初381号。

② 参见广东省佛山市中级人民法院民事判决书,(2018)粤06民终2839号。

③ 例如,徐伟功教授认为,司法实践中法官需要首先查明客观连结点所指向的不同国家的实体法,并对相关的实体法进行比较和分析,进而最终确定有利于保护弱者一方利益的法律。参见徐伟功:《〈涉外民事关系法律适用法〉实施研究》,法律出版社2019年版,第339页。

④ 例如,王艺博士认为,“有利于”条款属结果导向型冲突规范,结果导向型冲突规范通过将特定判决结果预设为确定准据法的标准的方式,将内国对公平公正以及合理判决结果的理解与价值追求融入法律选择的过程之中,并借助此标准对各法域的实体法和适用结果进行评价。参见王艺:《结果选择理论研究:以涉外产品责任领域为例》,光明日报出版社2014年版,第155~156页。

⑤ 参见袁发强:《有利的法——实质正义的极端化》,载《现代法学》2015年第3期。

价值导向性致使其并非典型意义上的无条件选择适用冲突规范。① "有利于"条款强调"有利于保护弱者权益的法"就是试图在分析当事人以及社会环境等各种利益的基础上进行法律选择。② 换言之,从涉外民事裁判的角度看,"有利于"条款的适用过程应当是法官结合个案具体情况分析当事人之间的各种利益关系来确定准据法,而不应是法官机械地通过演绎推理确定准据法。从法社会学角度来看,《法律适用法》引入"有利于"条款的目的是实现弱者利益保护的社会效果而非法律效果。法律效果是指法官将法律规则适用于案件事实后所得出的法律后果,而社会效果是指案件判决生效后可以对社会产生的实质后果。法律效果仅限定在法律领域之中,而社会效果则反映出判决在政治、经济等各个社会领域之中的影响。

第二,未厘清两种不同适用模式之间的差异。"有利于"条款的适用过程实际上隐含着两种不同的适用模式。一种是规则导向适用模式,也是司法实践中法官适用"有利于"条款时主要采用的模式。规则导向适用模式的理论基础源于萨维尼所提出的"法律关系本座说"。规则导向适用模式在思维模式上认为"有利于"条款的适用过程就是演绎推理过程。"有利于"条款的逻辑涵摄过程本质上就是将"有利于"条款与个案事实分别视为逻辑推理的大小前提,通过司法三段论式的演绎推理找寻并确定个案准据法的过程。另一种是后果导向适用模式,这种模式的思想基础源自"结果定向主义"(result-selectivism)③理论。西蒙尼德斯对其进行过精准的定义,即结果定向主义旨在追求一定的实体结果,并将此结果视为第一需要。④ 温特劳布(Weintraub)认为基于结果的法律选择方法是一种优于其他方法的最佳选择,能够使司法判决结果协调不同州的冲突政策,并可以清晰地解释案件的结果。⑤ 与规则导向适用模式在逻辑上是一种正向思维逻辑不同,后果导向适用模式在适用逻辑上存在一定的倒置差别。在后果导向适用模式下,法官在找寻准据法时首先需要对案

① 《法律适用法》并没有延续《民法通则》在涉外亲属关系中适用最密切联系原则的做法,而是更为直接地表达了《法律适用法》对弱者利益保护的意图。此外,与《法律适用法》在消费者保护、产品责任以及劳动者保护领域采用间接的保护方式相比,"有利于"条款在保护弱者利益的立法意图和方式上显得更为明显。See Yujun Guo, *Changing Private International Law in China*, 55 Japanese Yearbook of International Law 440(2012).

② 参见许庆坤:《美国冲突法理论嬗变的法理——从法律形式主义到法律现实主义》,商务印书馆2009年版,第31页。

③ 结果定向主义也称为结果选择主义或者结果导向主义(result-orientivism)。

④ 参见[美]西蒙尼德斯:《20世纪末的国际私法——进步还是退步?》,宋晓译,载梁慧星主编:《民商法论丛》(第24卷),金桥文化出版(香港)有限公司2002年版,第362~467页。

⑤ See Russell J. W. ,*An Approach to Choice of Law that Focuses on Consequences*,56 Albany Law Review 701(1993).

件类型进行识别，其次在立法中确定相应的冲突规范，随后通过对连结点的判断进而确定最终选择的准据法，最后对准据法的实体规则进行查明。[①] 通过对比两种不同的适用模式可以看出，规则导向适用模式虽然可以保证法律选择具有一定的确定性，但会导致法官机械适用法律，无助于实现当代国际私法所追求的实质正义。而后果导向适用模式将目光聚焦于法律选择的实质正义，力图实现立法对弱者权益倾向性保护的目的，但这种任凭法官个人主观判断而抛弃冲突规范的做法，很容易导致法官恣意选法。从当前的司法实践看，法官在适用"有利于"条款时之所以存在所谓的"司法规避"，其中一个很重要的原因就是没有妥善处理好两种不同适用模式之间的紧张关系。

第三，未重视法律适用的正当化过程。如前所述，我国法官在"有利于"条款的适用过程中，不说理或说理不充分的情况比较严重，这种情况说明法官还没有清楚地意识到其在适用"有利于"条款时应承担释法说理义务。从法律论证的角度看，"有利于"条款的适用实际上包含"发现的过程"与"证立的过程"两个层次。[②] "发现的过程"也是一个"找法的过程"，是指法官进行法律选择，得出法律判断或得出法律结论的过程；"证立的过程"是指法官在作出判断后，通过一定的方法去验证其正确性进而得出最终结论的过程，也是一个法律判断正当化的过程。两者在法律适用中并非对立无法共融，而应当是能够有机地统一在一个过程中。根据实践，我国法官通常的做法是列出所援引的冲突规范，似乎这样就满足了司法三段论推理的形式要求，保证了判决结果的合法性。然而，形式逻辑规则并不能必然保证法律适用的客观性。以实质正义为衡量标准，司法三段论只能保证法的"发现的过程"的正当性，而很难确保法的"证立的过程"的实质正义和可接受性。同时，司法三段论一味追求规则性致使其缺乏对小前提本身可能存在差异性的充分考量，比如同样的案件事实在不同法域中的法律性质或法律地位并非绝对等同，理解和认识上的差异就会导致形式逻辑推理出不同的结果。另外，由于"有利于"条款具有开放性的结构，法官在"有利于"的判断上不仅要考虑客观因素，同时还需要考量结果的合理性和可接受性。而在这一过程中，法官到底要如何判断得出结论？其只能通过论辩的方式去找寻能够正当化其观点或依据的结论，因此这种说理活动具有论辩与对话的特点。在"有利于"条款的适用中，法官不能仅以完成找法的过程就自认完成司法任务，同时其还须承担论证说理的义务。法官在具体个案说理时，应从"有利于保护弱者权

---

① 参见刘晓红：《国际私法：案例与图表》，法律出版社2012年版，第55页。

② 参见焦宝乾：《法律论证：思维与方法》，北京大学出版社2010年版，第126页。

益的可欲后果”出发,论证其法律选择的实质性理由。

二、用后果主义推理方法破解“有利于”条款的“法条主义”之困

通过前面的分析可知,我国现有的“法条主义”选法方法无法证明法律选择的实质合理性。本文主张运用后果主义推理方法,从判决产生的社会效果入手,通过后果衡量为所选之法更有利于保护弱者权益提供实质性理由,以此来破解当前的困境。

(一)后果主义推理方法的特征

与传统法律推理不同,后果主义推理是根据对裁判后果的预测和评价来选择判决理由。这种推理方式将后果考量引入司法过程之中,并使法官的视野拓展至法律之外,可以说,它是对前者的一种突破和补充。① 后果主义推理方法具有浓厚的后果主义色彩以及明显的结果导向性,其以客观视角对不同判决结果及其可能引起的后果(影响)进行分析,试图通过对后果的解释修正法律适用与立法目的之间在结果上可能存在的偏差。

后果主义推理方法的主要特征包括以下三个方面。

第一,强调各种利益和价值的衡量。后果主义推理尝试将法律之外的因素如判决对社会产生的影响、形成的社会后果等纳入法律解释的考量之中。后果主义推理的核心是利益和价值的权衡问题。正是利益和价值的权衡,使法官在审理和判决案件时,引入了法律文本之外的社会学内容。换言之,法官需在进行各种社会利益衡量之后才能作出价值判断,用这种价值判断反过来指导对法律文本的解释过程。因此,利益和价值的衡量是后果主义推理方法的首要特征。

第二,强调利益衡量和价值标准的客观性。后果主义推理方法强调利益衡量和价值判断标准的客观性,其本质或根本目标即为寻找一种客观标准,这一标准能够帮助解释主体超越自己的主观性进行判断。虽然法官无法在法律适用过程中完全摒弃自己的主观判断,但其不能因此而放弃对利益衡量和价值判断标准的客观性的追求。后果主义推理所涉及的利益衡量和价值判断的客观性,只能是“交谈式的,即合乎情理,就是不任性、不个人化和不政治化,就是既非完全的不确定,也不要求本体论意义上的或科学意义上的确定”。②

第三,连接立法目标与司法目的的纽带。从目的论的角度看,实现社会公正是立法与司法共同的目标。立法目标将社会正义抽象地转化为法律规则(文本),高度

① 参见赵力:《论裁判后果主义推理的运作原理》,载《东方法学》2020年第1期。

② 参见[美]理查德·A.波斯纳:《法理学问题》,苏力译,中国政法大学出版社2002年版,第9页。

凝练和普遍化立法者对于社会正义的理解。司法目的则是要将这些抽象的法律规则运用到复杂的社会事件(案件)中,以期实现最终的社会正义。司法实践中,法官应当从生活本身获取结论。事实上,这就是立法者的工作和法官的工作相接的触点。① 后果主义推理方法根植于社会学理论,在对法律规则进行解释时将多种社会因素纳入考量范畴,例如价值观念、政治、文化、经济、道德、公共利益、社会效果等,对于调节社会的复杂性与法律规则的抽象性有着天然的优势。

(二)适用“有利于”条款时引入后果主义推理方法的理由

本文主张,在适用“有利于”条款时引入后果主义推理方法,以证明法律选择的实质合理性。理由有以下三个方面。

首先,解决“法律说”或“结果说”所存在的可操作性难题。从法社会学的视角审视,法律不应是社会目的本身,而应是达到社会目的的手段。因此,对法律的审视应从其目的和效果入手,并围绕两者及其相互间的关系展开评价。② 在“有利于”条款的解读上,区别于“法律说”与“结果说”,后果主义推理方法强调应将各种社会因素纳入法官的裁判之中,法官在进行法律选择和论证时应当以适用不同实体法所得出的可能后果作为评价的客体,并围绕这些客体展开评价。③ 以判决产生的社会后果为起点进行法律选择,一定程度上就可以回避“法律说”与“结果说”当下所遇到的可操作性难题。

其次,有助于实现弱者利益保护之立法目的。弱者利益保护原则贯穿“有利于”条款的适用过程之中,但受限于弱者的法律特征,“有利于”的判断并不能直接以弱者利益保护原则作为标准。换言之,作为一种具有主导性特质的法律思想,法官在司法裁判中不能直接适用法律原则,需要将其进一步转化为具体法律规范从而获得具有司法实践意义的裁判标准。④ 裁判规范的形成是法律原则不断具体化的过程,同时也是法律原则将其所蕴含的评价观点不断融入司法裁判中的过程。⑤ 基于此,在适用“有利于”条款时,弱者利益保护原则显然无法直接转化为判断“有利于”的标准,立法中也无法提供一个确定的判断标准,因此司法实践中法官只能在个案区分的基础上采用类型化的方式,通过对话或商谈的形式完成“有利于”的判断。

---

① 参见[美]本杰明·卡多佐:《司法过程的性质》,苏力译,商务印书馆2000年版,第70页。

② See Karl Llewellyn, *Some Realism about Realism-Responding to Dean Pound*, 44 Harvard Law Review 1222(1931).

③ 参见杨知文:《基于后果评价的法律适用方法》,载《现代法学》2014年第4期。

④ 参见[德]卡尔·拉伦茨:《法学方法论》,陈爱娥译,商务印书馆2003年版,第353页。

⑤ 参见李鑫:《法律原则适用的方法模式研究》,中国政法大学出版社2014年版,第61页。

最后,符合当前我国法律效果和社会效果相统一的司法政策。根据《最高人民法院关于加强和规范裁判文书释法说理的指导意见》(法发〔2018〕10号)第1条,人民法院应当在审判中贯彻法律效果与社会效果相统一的审判理念。在此背景下,从法社会学角度解读"有利于"条款,就是要将目光超越个案考量,将判决所能产生的当下的社会效果和社会影响作为法律选择的考量因素,同时还须对未来的相关影响作出预判,以期实现对全社会产生有益影响之目的。将后果主义推理方法运用于司法实践中,就是希望借助利益衡量和价值判断,让情理与法理、社会的公平与正义在法律的框架内得到尊重与实现,最终实现法律效果与社会效果相统一的价值追求与目标。①

(三)后果主义推理的操作步骤

法官在司法实践中采用后果主义推理方法,可以通过以下几个步骤验证法律选择的实质合理性。

第一,预测可能后果。预测可能后果涉及司法实践中法官应当将何种后果纳入法律选择的考量范畴。要回答这个问题,首先应当明确该后果是指案件所产生的法律后果还是可能产生的事实后果。麦考密克(MacCormick)将法律后果称为"法内后果",是运用法教义学推理在法学领域内获得的后果;他将事实后果称为"法外后果",是判决将在社会中引起的较长期的可能后果。② 本文认为,适用"有利于"条款时后果主义推理中的后果应为考察判决对弱者一方当事人利益产生影响的事实后果,也就是麦考密克认为的"法外后果"。可能后果从性质上看是一种事实后果,从普遍效力的角度看应为一般后果。在适用"有利于"条款时的后果主义推理中,法官预测后果的目的是以这些后果作为证立法律选择的正当理由,而一个具有可接受性的正当理由不应该是只针对个案的,一个可欲后果应该是面对未来的,也就是说能够通过逻辑将其作为以后同类案件的裁判规则。③

第二,考量可能后果。所谓后果考量就是多角度比较和权衡各种可能后果,以"有利于保护弱者权益"为取向,从可能后果中选择其一,形成可欲后果的一个事实判断过程,其目的是为确定"有利于保护弱者权益的法"提供实质性依据。就适用"有利于"条款的后果评价而言,本文认为,适用"有利于"条款的后果考量要求法官

① 参见时显群:《社会学法律解释方法研究》,知识产权出版社2019年版,第186页。

② 参见[英]麦考密克、[奥]魏因贝格尔:《制度法论》,周叶谦译,中国政法大学出版社1994年版,第247页。

③ 参见杨知文:《司法裁决的后果主义论证》,载《法律科学》2009年第3期。

基于自身对社会各领域的认知，以保护弱者权益为取向，主观地对可能后果进行评价，这种以预测为前提的评价显然无法规则化，只能采用规范化的路径去正当化评价的过程。在适用“有利于”条款的后果评价中，由于法律体系内缺乏相应的规则以指导法官进行评价，法官应超越法律体系内部，对案件的可能后果进行法外评价。在多角度考量可能后果后，法官可以择一最优后果，形成可欲后果，为确定“有利于保护弱者权益的法”奠定基础。

第三，寻找法律依据。法官作出可欲后果的考量后须进一步在立法中寻找能够与可欲后果相关联之法律规范，并结合个案事实与法律规范找到能够支持考量结论的理由。“有利于”条款规定了多个客观连结点，不同连结点可能指向不同国家的实体法，法官在进行准据法选择时，即可通过逆推的方式来确定哪一国实体法是“有利于保护弱者权益的法”。应当注意的是，寻找法律和解释法律的目的是适用法律，前述步骤都是法官作出某种决定的方式方法，还需要进一步将这一决定正当化。在通过逆推得出“有利于保护弱者权益的法”后，法官还需要通过司法三段论的方式来验证判决结果是否能够产生相应的可欲后果，这一过程同样也是对法律与事实间逻辑关系的证立。运用三段论推理证立“有利于保护弱者权益的法”与个案事实之间的逻辑关系，是适用“有利于”条款由合理向合法“质的飞跃”不可或缺的重要步骤。

第四，证立及说理。在完成确定“有利于保护弱者权益的法”后，对法律适用过程进行证立和说理也是适用“有利于”条款时法律推理活动的必需环节，也是实现正当化与合法性的必要步骤。在完成后果的确定、预测以及评价之后，还需要通过证立和说理才能将所评价的事实后果转化为最终的判决结果。如前所述，在适用“有利于”条款时的后果主义推理中，由于法官对后果进行的是法外评价，因此其需要对法律适用过程进行详细说理。正如哈特(Hart)所言，法官应当公开地区分和讨论自己关于法律的目的、正义、社会政策或者其他法外因素的考量。只有对后果主义推理进行完整、细致的说理才能保证判决的合法性，防止法官通过解释的方法实现其独断的价值判断，同时也防止法官以逻辑的形式掩盖其造法的事实。①

三、“有利于”条款法律适用过程的修正

从总体上来看，后果主义推理方法无疑为法官在证立“有利于”条款实质合理性方面提供了正确的路径，但是“法条主义”选法方法所存在的价值也不应被彻底否定，而是应该在正确协调二者关系的基础上修正“有利于”条款的适用过程。

---

① See H. L. A. Hart, *American Jurisprudence though English Eyes: The Nightmare and the Noble Dream*, in H. L. A. Hart, Essays in Jurisprudence and Philosophy, Oxford University Press, 1983, p. 84.

(一)正确处理"法条主义"选法方法与后果主义推理方法之间的关系

如前所述,我国法官主要通过"法条主义"选法方法来确定准据法,若将后果主义推理方法引入"有利于"条款的适用过程中,应如何正确处理二者之间的关系?本文认为,在适用"有利于"条款时,可以将具体过程划分为"法的发现过程"和"法律选择正当化过程"两个理性化层次。"有利于"条款的适用过程实际上并非事实与规范之间简单的演绎推理,而是在事实与规范间不断调试的过程。① 在"有利于"条款的适用过程中,"法条主义"选法的正向推理和后果主义的逆向推理这两种推理方法并非择一而选,而是可以有机地融合在同一过程之中。后果主义推理对于证明法律选择的实质合理性固然重要,但不能夸大其在法律适用中的作用,而应当与传统法律推理良性互动,形成一个有机的整体,只有这样才能同时实现法律选择的形式正义与实质正义。在法律选择的理性构架中,后果主义推理应当起到辅助传统法律推理的作用,当传统法律推理无法对案件得出结论或无法解决案件时,后果主义推理才有适用的机会。司法活动需要在法律的框架内进行,如果一味地追求适用后果主义推理方法,则法律效果可能在一定程度上产生异化,这不仅是对形式法治的背离,也是对法律人规范思维的解构以及对法律权威的漠视。② 因此,后果主义推理方法并非在任何案件中都可以适用,可能后果的考量必须接受法律的约束。本文认为,在"有利于"条款的适用过程中,基于规则的传统推理方法与后果主义推理方法并非势不两立,而是相辅相成的关系。

就"有利于"条款的适用而言,法官采用"法条主义"选法方法"找法的过程"实际上只是法官对于个案适用法律的初步判断,至于这一判断是否合理以及判决结果是否有利于弱者一方当事人,都需要通过"法律选择正当化"的过程予以验证。因此,"法律选择正当化"的过程不可或缺,是验证判决结果是否有利于保护弱者一方当事人利益的最佳手段。对于如何正当化法律选择过程这一问题,本文认为,可以通过后果主义推理方法来完成对"法的发现过程"的证立。如前所述,实现弱者利益保护是立法所追求的可欲后果,也就是说,"有利于"的判断应当以可欲后果的实现与否作为标准,从这个意义上讲,这一标准同样也适用于检验"法的发现过程"是否具有正当性。"有利于"条款的特点之一是在选择适用冲突规范的基础上加入了"有利于"这一连结点。法律关系重心地方法是传统国际私法选择适用冲突规范的

① 参见王彬:《法律解释的本体与方法》,载《广东省社会主义学院学报》2006 年第 1 期。

② 参见陈金钊:《被社会效果所异化的法律效果及其克服——对两个效果统一论的反思》,载《东方法学》2012 年第 6 期。

基本方法,这种方法可以通过连结点的援引,将法律选择的范围限定在法律允许的范围内,但也很难确保结果是否实现了弱者利益保护的立法目的,而这时可以运用后果主义推理方法检验结果是否有利于弱者一方当事人。可以看出,通过上述安排,"有利于"条款适用中的"法条主义"选法方法与后果主义推理方法被合理地协调起来,在交融统一中实现法律选择的形式正义与实质正义。实际上,这两种方法之间并非相互割裂、相互孤立。在适用"有利于"条款时,法官不仅要对客观连结点进行数量上的比较,还要考虑判决结果是否能够实现立法追求的可欲后果。所以说,这两种方法相互贯穿在同一适用过程中,是一个事物的两个方面,不能割裂开来。

(二)强化适用"有利于"条款的后果主义论证过程

"有利于"条款的立法目的在于保护弱者一方当事人利益,但司法实践中法官仅仅列出法条而不加说理和论证。从法律论证的角度看,这种做法显然无法证明判决结果实现了立法目的,应进一步强化适用"有利于"条款的后果主义论证过程,原因有以下三个方面。

第一,从适用过程看,"有利于"条款既包含客观连结点,也包含主观连结点,法官不能仅仅依据客观连结点的数量来决定准据法。显然,通过客观连结点的演绎推理无法满足"有利于"判断的要求,需要借助"论题学"的方式进行。换言之,就是要通过一种"特殊的问题讨论程序"去找寻能够正当化其观点或依据的结论,因此"有利于"条款的说理活动具有论辩与对话的特点。① 如前所述,法官需要借助后果主义论证方法来论证"发现的过程",其在个案说理过程中应该通过后果预判和后果考量就法律选择的合理性展开论证,并阐明支撑如此选择的理由。需要注意的是,后果主义论证要以实现法律选择合理性与可接受性为目标,也就是说,法官的后果主义论证要以判决对当事各方以及社会能够产生的效果或影响为评价的标准,同时还要考虑判决对未来类案的影响,而非法官依据个人的主观判断径直作出裁判。

第二,从论证方法看,"有利于"条款"证立的过程"所采用的是后果主义论证方法,这种论证方法强调让法官将法外因素纳入考量范畴,围绕"可欲后果的预测"以及"可能后果的考量"展开论证,并最终找到能够导向可欲后果的实体法。但是后果主义论证方法带有很强的主观性,如果不加以有效的限制,很容易会导致法官的恣意。同时,由于在"有利于"的判断上不存在一个客观的标准,这就会导致"有利于"

① 参见陈林林:《裁判的进路与方法——司法论证理论导论》,中国政法大学出版社 2007 年版,第 35~36 页。

条款的后果主义论证不具备绝对意义上的确定性。① 在司法实践中,“有利于”条款的后果主义论证就是要考察法官如何判断“有利于”,具体包括判断的理由及其是否充分至让各方当事人接受。

第三,从论证目的看,适用“有利于”条款时进行后果主义论证的目的是实现法律选择的可接受性(包含合法性与合理性两方面),这一目的同时也是法律论证的出发点和归宿,而这一目的的实现同样也需要借助法庭论辩和说理活动。由此可以看出,可接受性的实现是“有利于”条款法律论证中最为核心的考量之一,只有经过严密的证成才能为法律选择的可接受性提供理由,进而提高法官最终判决结果的可接受性。因而司法实践中法官的法律选择并非一蹴而就,而是需要在弱者利益保护目的的支配下,经过充分的论证才能连结事实与规范,从而确定应适用的准据法。

本文认为,就我国当前的司法实践而言,应该进一步强化法官在“有利于”条款正当化过程中的后果主义论证,重点在于法官阐明如何确定“有利于保护弱者权益的法”,以及如何证明这样的选择是正当的。从性质上讲,“有利于”条款正当化过程中的后果主义论证可以被看作具有“论题学思维”的论证过程。论题学思维的特点如下:一是当面对多种选择时,探寻一种最合理、最妥当的解决方案;二是坚持问题导向,以问题为核心展开论辩,在数个可供备选的方案中找寻解决问题的最佳方案;三是通过对某一问题的多种观点进行多角度论证,最终找到合理解决方案;四是论题学思维是一种倾向于合理性判断的思维方式。如前所述,在适用“有利于”条款时,由于存在多个连结点,可能指向多个不同的实体法,法官在面临多种选择时必须围绕选择哪一实体法可实现有利于保护弱者权益的立法目的展开分析论证,从多种选择中找寻最优方案,以证明其选择的合理性。适用“有利于”条款时的后果主义论证之所以采用论题学思维,其目的就是期望解决在出现多个连结点的情况下,单纯依靠演绎推理的方式无法确定哪一实体法是“有利于保护弱者权益的法”的问题。只有借助论题学思维的论证方式才能帮助法官在司法实践中确定应该采用哪一连结点及其指向的实体法。

(三)增加适用“有利于”条款时后果主义论证的检验方法

尽管在适用“有利于”条款时,后果主义论证在保证法律选择实质合理性方面具有十分重要的作用,但仅通过后果主义推理来证立法律选择的正当性是不够的。从法律论证是否完全和充分的角度看,适用“有利于”条款时进行后果主义论证还需要

① 参见杨知文:《法律论证具体方法的规范研究》,中国社会科学出版社2013年版,第174~178页。

经由其他形式的检验来确保其自身的正当性。

第一,一致性检验。法律的一致性检验,是指法律对形式价值的追求,也是判断法律是否为“良法”的必要条件。在法律论证中强调一致性问题旨在消除法律制度中可能存在的矛盾,使其保持和谐统一。具体来说,从一致性概念出发,法官作出的裁判应该与法律规定保持一致。为了满足这一条件,法官在司法适用中便需要考虑其决定是否与现行法律规则一致。如果相互抵触,法官应更改其决定。英国学者麦考密克认为,法官应当将一个信条谨记于心,即在司法活动中不能违背、超越既定的或是具有约束力的法律,否则法律所具有的“效力论”将失去意义。[①] 由此看来,一致性对“有利于”条款的适用而言,就是要求法官的法律选择是和有效的法律规则相统一,至少不相冲突。在“有利于”条款适用的法律论证中,一致性首先是保证法律的确定性和具有普遍适用性的基本条件,其次也是法律选择必须符合法律制度的整体性、统一性与完整性的价值需求。一致性检验对于在“有利于”条款适用中的后果主义论证来讲也是必不可少的。如前所述,后果主义论证本质上是评价性的,其主要关注法律选择结果的可接受性和正当性问题,而进行判断又需要借助于许多法律之外的评价标准,如道德、习俗以及政策等。在适用“有利于”条款时的后果主义论证中,对法律选择的确定性与统一性很难进行清晰的检验,因此法官就需要换一种方式通过一致性论证方法加以检验。在适用“有利于”条款时,法官在一致性要求下不能援引与其他现行有效的法律规则相左的规则,也就是说,只有当某一规则不与现行有效的法律规则相抵触时才能被用于得出裁判结论。这种建构规范的目的在于维护“有利于”条款的适用遵循法律的一致性价值的要求。在适用“有利于”条款时的后果主义论证中加入一致性检验的要求再次证明了一个道理:即使是从后果出发进行法律选择,法官也不可以将自己对可欲后果的主观判断毫无限制地付诸到法律选择的过程之中。实际上,法官在进行后果主义推理时还必须使其对于后果的预判和评价在法律的范畴内获得支持,这种支持有时也许带有消极性,但起码它不会是反对性的。

第二,协调性检验。所谓法律论证的协调性检验,就是以法律制度的整体协调性为目标对“有利于”条款正当化过程中的后果主义论证进行检验的程序。在后果主义论证中,对于协调性检验而言,可以经由基于法律原则的论证与类推的论证两条进路展开,两种方式虽各有特点但也存在共同之处,即不能超越协调性检验为后

① 参见[英]尼尔·麦考密克:《法律推理与法律理论》,姜峰译,法律出版社2005年版,第191页。

果主义论证所设置的界限,否则该论证的结论是不可取的。根据埃塞尔(Josef Esser)的方法论,法律体系包含法律规则与法律原则。法官在给个案找寻法律答案时,通常也会借助法律原则。① 法律原则具有更大的宏观指导性,能够为其他法律要素提供基础或本源的综合性准则。进一步讲,法律原则作为一种价值目标,能够引导不同法律规则之间相互协调,形成一个整体。法官在适用"有利于"条款时如果面临多项选择,诉诸原则的论证可以帮助解释为何选择某一方案。就"有利于"条款正当化过程中的法律论证而言,诉诸原则的协调性检验的意义在于检视弱者利益保护原则是否支持这样的法律选择。也就是说,作为"一般法律思想"的指导,弱者利益保护原则能够对"有利于"条款的适用及其结论进行实质评价。阿列克西(Alexy)认为,法律原则贯穿于法律体系之中,法官在进行裁判时负有义务衡量这些法律原则。也就是说,在司法过程中,法官需要借助各种法律原则进行论证以获得更为理想的个案裁判。② "有利于"条款正当化过程中的法律论证同样如此。在司法实践中,法官阐述弱者利益保护原则是否包容当下案件,是法律论证中协调性检验最重要的实践方式。在论证"有利于"条款法律选择的结果时,法官通过明确阐述弱者利益保护原则来展现其对法律选择结果的评价。如果能够说明所适用的准据法与弱者利益保护原则体现在这类案件中的精神和目的相融,则表明法律选择在法律上有了协调性的依据。如果从弱者利益保护原则角度审视,法律选择将导致不公,就说明这一法律选择的正当性论证不具有协调性。由此可见,对"有利于"条款适用过程的法律论证需要进行协调性检验,如果法官能将法律选择的合理性通过有利于保护弱者权益的实现来加以说明,则该法律选择过程便具有更强的正当性。

第三,可接受性检验。可接受性检验,是指对后果主义论证方法合理性和确定性的质疑,本质上源于对具有价值判断色彩的"后果主义"推理所得出的可欲后果的不可接受性,而司法裁决可接受性理论对司法行为中价值判断因素的吸纳与证立,确实有力支撑了司法裁决的合理性与合目的性,③因此,对可欲后果的可接受性检验,能够从很大程度上排除裁判的不合理性。简单来说,可接受性就是说者对听者的说服。在后果主义论证中,法官是说者,而当事人、法律共同体和社会公众则是听

---

① 参见[德]托马斯·维滕贝格尔:《法律方法论之晚近发展》,张青波译,载郑永流主编:《法哲学与法社会学论丛》第8期,北京大学出版社2005年版。

② 参见颜厥安:《法与实践理性》,中国政法大学出版社2003年版,第201页。

③ 参见韩振文:《司法裁决可接受性:理论、困境及优化路径》,载《中南大学学报(社会科学版)》2014年第1期。

者,不同的听者对可接受性的检验标准也不同。对于当事人,法官需要更加注重后果与当事人行为相适应;对于法律共同体,法官需要更加透彻地说理;对于社会公众,法官需要照顾其直观情绪,加强其对法律的认识。从这个角度看,加强法官法律选择实质合理性的说理义务也是为了增加可欲后果的可接受性。

通过对一致性、协调性和可接受性的检验,不仅可以帮助法官更加理性地适用后果主义论证方法,规范可欲后果的形成过程,而且能限制法官恣意,提高适用"有利于"条款得出的裁判结果的合理性和可预测性。

四、结语

当前在"有利于"条款的适用中类案不同判的现象依旧存在。"类案不同判"的现象频繁出现会严重地影响当事人和社会公众对司法公正的确信,并进而影响司法权威和司法公信力。① 党的十八届四中全会指出"加强涉外法律工作"②,习近平总书记也强调"要坚持统筹推进国内法治和涉外法治"③。修正"有利于"条款的适用对加强《法律适用法》在涉外民事关系领域的正确适用有着重要作用,同时对于统一法律适用也具有十分重要的现实意义。如果在"有利于"的判断上缺乏统一的标准,法官就很容易出于各种原因滥用自由裁量权,导致法律适用的不统一。鉴于此,本文主张除了在未来出台相关司法解释,进一步完善"有利于"条款的适用方法外,还应建立"类案指导"制度。具体而言,我们应从以下三个方面入手:一是针对不同类型的案件区分规则管理和方法管理;二是完善类案检索机制;三是总结类案裁判规则和方法,形成主导性的审理思维和方法。④

① 参见刘作翔:《"类案同判"是维护法制统一的法治要求》,载《人民法院报》2020 年 10 月 20 日,第 2 版。

② 《中共中央关于全面推进依法治国若干重大问题的决定》,载《人民日报》2014 年 10 月 29 日,第 1 版。

③ 《习近平著作选读》(第 2 卷),人民出版社 2023 年版,第 572 页。

④ 参见上海市第一中级人民法院课题组:《司法责任制背景下统一法律适用标准研究——以类案同判为目标》,载《中国应用法学》2020 年第 5 期。

萨维尼"法律关系本座说"发生学探源

王晓宇*

萨维尼以民法学家的身份完成了冲突法领域的"哥白尼革命",这一华丽的学术转身耐人寻味。作为冲突法领域法律适用圭臬的"法律关系本座说",字面上看由"法律关系"和"本座"两要素构成,隐含的还有一个关键的背景要素——"法律共同体",三者共同构成"法律关系本座说"的完整意蕴。"法律关系"由萨维尼在《现代罗马法体系》中系统论述,是构成其民法理论的基础概念,对这一概念生成流变的把握自然是理解法律关系本座说的前提和关键。"本座"看似客观的比喻,究其实质,是在资本主义生产生活条件下,当事人自由意志的映射。"法律共同体"则为萨维尼提出法律关系本座说理论提供了建构的宏观视域,对其不能仅停留在价值判断,而应追溯其背后的现实逻辑。对"法律关系""本座""法律共同体"三要素的解构共同构成对"法律关系本座说"发生学的探源。

一、引言

在《重估一切价值的尝试:萨维尼冲突法革命发生学之究竟》一文文末,文章作者写道:"在实体法与超越实体法之间,萨维尼的独特身位、优雅节制的精神操守、先人的历史储备以及法律关系的格致功夫,这一切的风云际合为萨维尼奠定了重估一切价值所必不可少的历史机缘。"①作者勾勒了萨维尼法律关系本座说生成的历史视域,也启示了对萨维尼法律关系本座说发生学考察的可能路向。

罗克珊娜·巴奴(Roxana Banu)认为:"他(指萨维尼)的理论的大部分背景分

---

* 中国社会科学院大学2021级博士研究生。

① 张春良:《重估一切价值的尝试:萨维尼冲突法革命发生学之究竟》,载《贵州大学学报(社会科学版)》2009年第6期。

析在国际私法的研究中通常被忽略了。"[①]中国人民大学朱虎教授也持类似的观点："在我国，研习私法的学者和学子们可能没有一个不知道萨维尼其人，但很多人可能只限于从教科书和专著中知道而已，而并没有对他的著作进行仔细的研究。在这个意义上，萨维尼是因其名而被忽视其文的学者的典型。"[②]

萨维尼作为冲突法世界的哥白尼是学界公认的事实。但其首先是一位享誉学界的民法学家，而后才以"法律关系本座说"为学术标签而蜚声国际私法学界，这"一而二，二而一"的独特学术身份也昭示了法律关系本座说在其一生学术发展中得以提出的必然性和功能价值。本文试图探析法律关系本座说内在于萨维尼学术发展中的生成逻辑，进行尽可能通彻的、无成见的解构，[③]以为今日在世界范围内进行冲突法的对话及建构提供起始的沟通视域。

二、解构"法律关系"的有机性

法律关系是大陆法系民法的重要概念。在罗马法传统中，并没有出现"法律关系"这一术语，但罗马法传统为其在以后的产生奠定了深厚的法理和实证法基础。

深受罗马法影响的康德在《法的形而上学原理——权利的科学》(1797 年首次出版，又译为《法权学说》，下文用此译法)"私人权利"部分使用诸多罗马法概念进行论述，其中，"多次谈到'权利义务关系(Verhältnis des Rechts zur Pflicht)'甚至'法律的关系(Rechtliches Verhältnis)'，可是他并没有以法律关系作为核心命题"[④]。国际私法领域，"魏希特在其论文中开始从法律关系的性质角度探讨解决法律冲突的办法。其实，自 19 世纪以来，德国冲突法学者已经普遍采用了这一新的方法论"[⑤]。而萨维尼在其早期的方法论(1809)中就使用了这个语词。[⑥]

拉伦茨《法学方法论》的第一章是关于萨维尼的方法论，足以彰显萨维尼在方法论的自觉和使用方面在德国乃至整个私法学界的重要地位。萨维尼的方法论呈现

---

① Roxana Banu, *Nineteenth-Century Perspectives on Private International Law*, Oxford University Press, 2018, p. 213.

② 朱虎：《法律关系与私法体系——以萨维尼为中心的研究》，中国法制出版社 2010 年版，前言第 2 页。

③ 按照伽达默尔诠释学的观点，"理解"本身是一种"效果史"，这个过程只可能无限接近文本本身而永远不可能与文本合而为一："对于有限的——历史性的意识来说，意识与对象的绝对同一性原则上是不可及的。意识总是纠缠在历史的效果联系之中。"参见倪梁康：《现象学及其效应：胡塞尔与当代德国哲学》，商务印书馆 2018 年版，第 257 页。笔者在本文中的"探源"即是在此诠释学意义上展开的。

④ 唐晓晴：《法律关系理论的哲学基础与教义结构》，载《法治研究》2019 年第 3 期。

⑤ 杜涛：《德国国际私法：理论、方法和立法的变迁》，法律出版社 2006 年版，第 128 页。

⑥ 参见朱虎：《法律关系与私法体系——以萨维尼为中心的研究》，中国法制出版社 2010 年版，第 47 页。

前后两个时期的不同特征,以《萨维尼法学方法论讲义与格林笔记》(以下简称《1802/1803年方法论讲义》)为代表的早期作品呈现的是一种"制定法实证主义"。[①] 萨维尼开启学术生涯之时,康德已完成了对莱布尼兹——沃尔夫理性主义体系化的批判,康德《法权学说》中的实证法思想无疑影响到了胡果,[②]胡果已然严格区分了理性法和实证法,而深受胡果学术影响的萨维尼在早期的方法论讲义中便认为"体系的内容是立法,即法律规范"[③]。

萨维尼在《1802/1803年方法论讲义》开篇提出法学方法论须遵循三项基本原则:法学是一门历史性的科学;法学是一门哲学性的科学;法学是历史科学与哲学科学的统一。[④] 在这里,哲学和体系的关系是"所有的体系都通达于哲学。对纯历史性体系的阐述将会通达于某种统一性、某种理念,这种统一性与理念构成体系化阐述的基础,这就是哲学"[⑤]。

德国的浪漫主义思潮催生了历史法学派,作为历史法学派集大成者的萨维尼也在其学术生涯的开始便确立了历史性的理论底色,而萨氏理论的另一底色就是上文提及的法学的体系(哲学)性,不过萨维尼这里的体系性已经实证化,"他力图实现的是一种结合实证法而不采用形而上学推导形式的、统一于一个理念之下(非哲学的抽象化)的体系化,体系化必须基于历史性的积极作为,体系必须是'实证法的哲学'"[⑥]。

萨维尼的体系性思想从方法论上开启了普赫塔的概念法学,普赫塔以"'概念法学'的逻辑——演绎方法取代了所有其他的方法——例如取向制定法的目的以及法律制度的意义脉络的解释方法和法律续造,他为法学的'形式主义'取得百余年的统治地位打下了基础——正如维亚克尔强调的,这种形式主义意味着'法学与法的社会现实、政治现实和道德现实最终分道扬镳'"[⑦]。结合本文的论旨,特别需要强调

---

① 参见[德]卡尔·拉伦茨:《法学方法论》(第6版),黄家镇译,商务印书馆2020年版,第19页。

② 关于康德法权学说中的实证法思想,参见杨陈:《康德法权哲学的实证主义倾向》,载《人大法律评论》2015年第2期。

③ [德]弗里德里希·卡尔·冯·萨维尼、[德]雅各布·格林:《萨维尼法学方法论讲义与格林笔记》,杨代雄译,法律出版社2008年版,第109页。

④ 参见[德]弗里德里希·卡尔·冯·萨维尼、[德]雅各布·格林:《萨维尼法学方法论讲义与格林笔记》,杨代雄译,法律出版社2008年版,第4页以下。

⑤ [德]弗里德里希·卡尔·冯·萨维尼、[德]雅各布·格林:《萨维尼法学方法论讲义与格林笔记》,杨代雄译,法律出版社2008年版,第128页。

⑥ 朱虎:《法律关系与私法体系——以萨维尼为中心的研究》,中国法制出版社2010年版,第18页。

⑦ [德]卡尔·拉伦茨:《法学方法论》(第6版),黄家镇译,商务印书馆2020年版,第34页。

的是，萨维尼本人的方法论与概念法学有着根本旨趣的不同，拉伦茨对此也有针对性的论述，"除历史视野外，萨维尼的方法论中产生了持续影响的另一思维是'科学'体系意义上的体系思想，这种科学体系是由法概念构成的；这种体系思想成为了'概念法学'的肇端，不过萨维尼本人不应该，或者说只能有保留地被划入这一学派"[①]。下文关于萨维尼方法论转向的论述将更清楚地阐明这一点。

在1814年《论立法与法学的当代使命》纲领性文献中，萨维尼通过引入"民族精神"的概念将其方法论的历史性维度推向了一个新的高度，也因此实现了后期方法论的转变，"不再是制定法，而是民族的共同法律信念、'民族精神'才是所有法的终极源泉"[②]。这样一个转变对萨维尼方法论的根本意义在于确立"直观"的地位，"能够形成这种共同信念的形式，显然不是逻辑的演绎，而是直接的感受和直观（Empfindung und Anschauung）"[③]。而"直观"则一定是把目光投向生活世界的，"仅以具体的、同时亦为典型的行为方式为对象，这些行为方式恰好被法律共同体在某种'内在必然性'的意识中一般性地考察——亦即在具有必然性的法律意义中被认识的是典型的生活关系本身"[④]。

由此，萨维尼给法律关系下的定义是"通过法规则而界定的人（Person）与人之间的联系（Beziehung）"[⑤]。据此定义，法律关系由两部分构成，即作为实质要素的"人与人之间的联系"和作为形式要素的"法规则"，[⑥]这里的人与人之间的联系即生活关系。生活关系和法律关系之间的关联正如梅迪库斯所言："生活关系是一个连续统一体，而我们正是从这一连续统一体中取出一部分来，对其进行法律观察。"[⑦]法律规则和法律关系之间则是"这种关系从一方面看可视为这些法律规则对法律关系的支配，从另一方面来看，可视为法律关系对法律规则的从属"[⑧]。

萨维尼认为法律关系的突出特征在于它的有机性，他对此明确表述道："法律关

---

① ［德］卡尔·拉伦茨：《法学方法论》（第6版），黄家镇译，商务印书馆2020年版，第26页。

② ［德］卡尔·拉伦茨：《法学方法论》（第6版），黄家镇译，商务印书馆2020年版，第20页。

③ ［德］卡尔·拉伦茨：《法学方法论》（第6版），黄家镇译，商务印书馆2020年版，第21页。

④ ［德］卡尔·拉伦茨：《法学方法论》（第6版），黄家镇译，商务印书馆2020年版，第21页。

⑤ ［德］弗里德里希·卡尔·冯·萨维尼：《当代罗马法体系Ⅰ：法律渊源·制定法解释·法律关系》，朱虎译，中国法制出版社2010年版，第258页。

⑥ 参见朱虎：《法律关系与私法体系——以萨维尼为中心的研究》，中国法制出版社2010年版，第31页。

⑦ ［德］迪特尔·梅迪库斯：《德国民法总论》，邵建东译，法律出版社2000年版，第51页。

⑧ ［德］弗里德里希·卡尔·冯·萨维尼：《现代罗马法体系（第八卷）——法律冲突与法律规则的地域和时间范围》，李双元等译，武汉大学出版社2016年版，第1页。

系具有一种有机性,这种有机性部分体现在法律关系的互相包含并且互为条件的组成部分的相互关联上,部分体现在我们在它的产生和消灭的方式中可以注意到的持续发展上。"[①]在《当代罗马法体系》相关章节中,萨维尼系统论述了法律规则、法律关系和法律制度之间的生成关联,在萨维尼看来,看似某一生活领域繁杂的法律规则"并非是随意和偶然地排列着",法律规则相互之间有一种"内在的亲和性和关联性",从而形成一个有机的统一体,这个统一体就是法律制度。"存在于民族共同意识中的法的形态并非抽象规则,而是处于有机联系中的法律制度的生机勃勃的直观",而"法律制度又支配着法律关系,是法律关系的原型(Typus 或 Urbild)"。[②]

历史性与体系性的结合始终是萨维尼法学思想的底色。萨维尼通过"民族精神""法律制度"等概念的引入,实现了从早期制定法实证主义向后期"直观"和"有机体"方法论的转变。[③] 他在《现代罗马法体系(第八卷)——法律冲突与法律规则的地域和时间范围》(以下简称《现代罗马法体系》第 8 卷)的前言中,就冲突法在其构想的整个现代罗马法体系中的位置作了明确的交代,"第八卷的出现,使《现代罗马法体系》的总论部分得以完成"[④],由此可见冲突法在萨维尼整个现代罗马法体系中的重要地位。所以,从体系归属来看,萨维尼关于法律关系本座说的所有论述应该体现和贯通了其后期的"直观"和"有机体"思想。尽管"萨维尼后期著作中的方法论思考未受到重视"[⑤],但鉴于萨维尼在国际私法领域的重要地位和影响力,笔者以为,全面准确地把握萨维尼的方法论是十分重要且必要的,是正确认识萨维尼法律关系本座说发生学以及正确运用这一思想的一把锁钥。在冲突法领域理解"法律关系"需结合相关制度在不同国家生成的民族文化及历史背景进行具象和整体的把握,而非形式主义地抽象孤立地看待。

三、解构"本座"的自由意志性

同"法律关系"一样,"本座"概念也并非萨维尼首创。美国国际私法早期学者

---

① 朱虎:《法律关系与私法体系——以萨维尼为中心的研究》,中国法制出版社 2010 年版,第 85 页。

② 法律规则、法律关系和法律制度之间的生成关联,参见朱虎:《法律关系与私法体系——以萨维尼为中心的研究》,中国法制出版社 2010 年版,第二章"法律关系与生活关系、法律制度"。拉伦茨对法律规则与法律制度之间关系的精当论述,参见[德]卡尔・拉伦茨:《法学方法论》(第 6 版),黄家镇译,商务印书馆 2020 年版,第 21 页。

③ 萨维尼有机体思想和康德在《判断力批判》中提出的有机体思想的关联,参见朱虎:《法律关系与私法体系——以萨维尼为中心的研究》,中国法制出版社 2010 年版,第 85 ~ 88 页。

④ [德]弗里德里希・卡尔・冯・萨维尼:《现代罗马法体系(第八卷)——法律冲突与法律规则的地域和时间范围》,李双元等译,武汉大学出版社 2016 年版,前言第 2 页。

⑤ [德]卡尔・拉伦茨:《法学方法论》(第 6 版),黄家镇译,商务印书馆 2020 年版,第 26 页。

斯托里已经以一种法律关系的路径来确定法律交易类型与特定的地域之间的联系。[①] 与萨维尼同时代的冲突法学者魏希特也已经提到了萨维尼后来所使用的"本座"概念,不过魏希特在法律选择中所关注的是,"'这种本座依照本国实体法律位于何处'。因此,他给法律关系的'本座'赋予了强烈的属地主义特征"[②]。

本文第一部分已论及,萨维尼的法律关系是以生活关系的直观为出发点的,即由生物人的自然属性过渡到法律属性。在《现代罗马法体系》第8卷的开篇总第345节,萨维尼依旧沿循了这样一条路径。"我们的首要任务是探讨决定一个人与某一特定法域之间一般联系的原则是什么",萨维尼认为,"我们将发现此类实在法共同体据以确立和界定的两种因素:民族性和属地性(nationality and territoriality)。"在对这两种联系原则进行详尽的论述后,萨维尼在总第360节过渡到法律关系:"然而,迄今为止,我们考察的对象一直是我们寻求将其与特定法域联系起来的人,我们现在必须将注意力转向法律关系,我们必须为其与特定的法域建立类似的联系。为了通过类似的术语使我们考察的这两部分内容更为接近,在后续的研究中,我们要为每一类法律关系寻找一个确定的'本座(seat)'。"[③]这是萨维尼关于法律关系本座的经典论述,被荷兰国际私法学者约瑟夫·吉塔誉为"国际私法现代进化的黎明",也是后世误解萨维尼形式主义和教条主义的源出之处。[④] 笔者本部分的论述将力图揭示发生学意义上萨维尼构建法律关系"本座"的真实逻辑。

"试图在萨维尼的著作中找寻康德的影响尤其具有误导性,因为事实很简单,年轻时的萨维尼对康德批判有加。"[⑤]不过,这里弗雷德里克·贝瑟尔指出的萨维尼对康德的批判只限于萨维尼学术的早期,即其实证主义方法论时期,并且只是"散见于其与朋友的书信中",而在萨维尼的后期作品中"几乎没有再出现对康德的批判"。[⑥]

---

① 参见[美]弗里德里希·K.荣格:《法律选择与涉外司法(特别版)》,霍政欣、徐妮娜译,北京大学出版社2007年版,第51页。

② 杜涛:《德国国际私法:理论、方法和立法的变迁》,法律出版社2006年版,第128页。

③ Friedrich Karl von Savigny, *Private International Law and the Retrospective Operation of Statutes: A Treatise on the Conflict of Laws and the Limits of Their Operation in Respect of Place and Time*, trans. by William Guthrie, T&T Clark, 1880, p. 133. 翻译参见[德]弗里德里希·卡尔·冯·萨维尼:《现代罗马法体系(第八卷)——法律冲突与法律规则的地域和时间范围》,李双元等译,武汉大学出版社2016年版,第44页。

④ See Roxana Banu, *Nineteenth-Century Perspectives on Private International Law*, Oxford University Press, 2018, p. 204.

⑤ Frederick C. Beiser, *The German Historicist Tradition*, Oxford University Press, 2012, p. 224.

⑥ 关于萨维尼早期对康德的批判,参见 Frederick C. Beiser, *The German Historicist Tradition*, Oxford University Press, 2012,"Savigny and the Historical School of Law"章节。

从学术发展史的角度,“萨维尼不可能没有受到他那个时代哲学的影响”①。

康德给出的法权的经典定义是“可以理解权利为全部条件,根据这些条件,任何人的有意识的行为,按照一条普遍的自由法则,确实能够和其他人的有意识的行为相协调”,而法权的普遍原则是“外在地要这样去行动:你的意志的自由行使,根据一条普遍法则,能够和所有其他人的自由并存”②。在康德的法权思想中,法和自由是一体两面的,法的根本目的是保障个人自由意志的行使,而自由意志又必须受到法的约束,从而形成一种自由的社会秩序,即法秩序。这里的法秩序是每个人的实践理性去主动构建的一种理性法秩序,也即实践理性的自我立法。

萨维尼关于法的定义与康德有着高度的相似性,“如果现在在此种联系中,自由本质应当并存,应当在其发展中相互促进而非相互妨碍,那么这只有通过对于以下这个不可见的界限予以承认才可能实现,在此界限之内,所有个人的存在和活动都获得了一个安全的、自由的空间。据以确定上述界限和自由空间的规则就是法”③。可见,在萨维尼这里,法的本质也在于对个人自由意志空间的设定和保障,自由意志的行使不是个人的“任意”而是与道德性相统一。由法的本质自然也就明了法律关系的本质,萨维尼在给出上文法律关系定义的同时指出:“这种通过规则而进行的界定在于向个人意志指定了一个领域,在此领域之中,个人意志独立于所有其他人的意志而居于支配地位。”④

作为深谙罗马法传统的民法学者,萨维尼在其理论体系中强调法尊重当事人的自由意志,这既是对罗马法传统的继承,更是对当时资本主义生产生活方式的一种理论反映。这里的自由意志不是亚当·斯密原子论自由主义和个人主义意义上的,而是康德社会共同体意义上的“关系个人主义”,⑤即立足于人的“非社会的社会性”(康德)之上的一种普遍的自由秩序。萨维尼指出:“人错误地认为自己正在行使自由意志(Willkür),其实只有更高的公共自由才是可能的,这种公共的自由拒绝承认

---

① [德]卡尔·拉伦茨:《法学方法论》(第6版),黄家镇译,商务印书馆2020年版,第27页。

② [德]康德:《法的形而上学原理——权利的科学》,沈叔平译,商务印书馆1991年版,第40页。

③ [德]弗里德里希·卡尔·冯·萨维尼:《当代罗马法体系Ⅰ:法律渊源·制定法解释·法律关系》,朱虎译,中国法制出版社2010年版,第257页。

④ [德]弗里德里希·卡尔·冯·萨维尼:《当代罗马法体系Ⅰ:法律渊源·制定法解释·法律关系》,朱虎译,中国法制出版社2010年版,第258页。

⑤ 关于对康德自由主义的理解,参见吴彦:《法、自由与强制力:康德法哲学导论》,商务印书馆2016年版,第167~222页。“康德自由概念在根本意义上是一个关系概念。他的道德哲学以及他的政治和法律哲学都不是从单个人的自由出发的,而是从普遍的自由秩序这一视角出发的。”

个体所谓的最崇高的主张。"[①]在他与艾希霍恩共同创立的《历史法律科学评论》的开篇文章中,萨维尼根据他所信奉的历史法学派写道,"没有完整意义上的(vollkommen)个体和孤立的人类存在:相反,可以被视为原子的东西,从另一个角度来看,是更大的整体的一部分"[②]。

在冲突法领域,这种自由意志性是通过其提出的自愿服从(voluntary submission)原则体现的,该原则从而也具有了"本座"的发生学意义。从《现代罗马法体系》第8卷总第360节"过渡到法律关系"开始,历经身份法、物法、债法、继承法和婚姻家庭法,自愿服从原则是贯穿萨维尼冲突法论述的一条基线,构成法律关系本座分析的核心概念和构建框架。沙基·皮里博士认为"这一原则不仅是基本原则,而且是作为萨维尼法律选择理论基础的唯一原则"[③]。

沙基·皮里博士在其关于萨维尼自愿服从原则的论文中详细解析了该原则在萨氏分析中的三个层次。

第一层次是当事人明确选择了法律关系适用的准据法,萨维尼认为这是完美体现自愿服从原则的一种情况。但涉外生活实践中,更多的是当事人没有作出这种明确的选择,萨维尼的论述也更多地针对此种情况下的自愿服从问题。沙基·皮里使用萨氏著作中的"解释性推定"(constructive inference)[④]一词展开第二层次的论述。"在客观评估一个人的行为时,解释性推定对当事人的想法或愿望不感兴趣。换言之,推定的选择是基于严格的客观标准。通过关注外部行为,解释性推定为人的自愿行为提供了法律意义。"[⑤]萨维尼称这些外部的行为为"司法事实"(juridical facts),沙基·皮里更形象地称为"司法指示"(juridical indicators)。萨维尼集中列举了四种典型的"司法事实",即法律关系所涉及的人的住所、法律关系的标的物所在

① Roxana Banu, *Nineteenth-Century Perspectives on Private International Law*, Oxford University Press, 2018, p. 225.

② Ibid., p. 223.

③ Sagi Peari, *Savigny's Theory of Choice-of-Law as a Principle of "Voluntary Submission"*, 64 The University of Toronto Law Journal 126(2014). 另见西南政法大学徐鹏教授的《涉外法律适用的冲突正义——以法律关系本座说为中心》一文中有关该原则的论述。

④ See Sagi Peari, *Savigny's Theory of Choice-of-Law as a Principle of "Voluntary Submission"*, 64 The University of Toronto Law Journal 128(2014). 在萨维尼的论述中,类似的词汇有很多,诸如"基于诸条件的推定""意愿的默示宣示""意图的默示表达""基于法的普遍规则的推定"等。

⑤ Sagi Peari, *Savigny's Theory of Choice-of-Law as a Principle of "Voluntary Submission"*, 64 The University of Toronto Law Journal 129(2014).

地、法律行为实施地和法院所在地。[①] 当然,萨维尼也指出,“准据法所由出的其他自愿行为是不计其数的”,“不同法律关系具有不同的性质,试图在一个普遍、绝对的规则下确定‘本座’几乎是不可能的”[②]。沙基・皮里继而认为,通过对不同法律关系内在结构本质的分析,萨维尼为每种法律关系预先确定了一个“内在的司法指示”(inherent juridical indicator),并将其称为“司法预设”(juridical presupposition),[③]此“预设”即法律关系的“本座”。第三层次是对法律关系“本座”的矫正,沙基・皮里指出,“司法预设是司法分析的指示性起点,但不是固定的规则。普遍神秘的本座公式只是可以被特定情况下的司法指示推翻的司法预设,在这个过程中,司法预设(作为一个指示性起点)和所有相关的司法指示都应被考虑在内,并根据其重要性进行系统的分析和权衡”[④]。

罗克珊娜・巴奴博士在其专著中也认为“要理解萨维尼如何避免将自愿服从原则拘泥于形式主义的自治概念,必须理解萨维尼根据对法律关系的分析确定适用法律的顺序推理”[⑤]。她将萨维尼的推理过程概括为三个步骤:首先,从对当事人之间法律关系本质的抽象描述开始,界定出法律关系的范围以及当事人可以据此确定的适用准据法的范围;其次,在此基础上提出各种准据法适用的假设,充分考虑适用不同的法律对跨国个体社会生活的影响;最后,在结合实现当事人之间正义的基础上,最终确定对法律关系的解释和准据法的适用。[⑥]

综上所述,萨维尼在自愿服从原则的基础上权衡“本座”时,是根据特定法律关系的性质,对个人在法律关系中的行为方式及对彼此的期望等一系列因素、利益进行衡量后确定的,一以贯之的一条核心义理便是对当事人自由意志的尊重,正是由

① 参见[德]弗里德里希・卡尔・冯・萨维尼:《现代罗马法体系(第八卷)——法律冲突与法律规则的地域和时间范围》,李双元等译,武汉大学出版社2016年版,第49页。

② Friedrich Karl von Savigny, *Private International Law and the Retrospective Operation of Statutes: A Treatise on the Conflict of Laws and the Limits of Their Operation in Respect of Place and Time*, trans. by William Guthrie, T&T Clark, 1880, p. 141.

③ See Sagi Peari, *Savigny's Theory of Choice-of-Law as a Principle of "Voluntary Submission"*, 64 The University of Toronto Law Journal 132(2014). 作者结合萨维尼的文本,论述了在自愿服从原则下,不同法律关系司法预设的确定过程,详参该论文第132～137页。

④ Sagi Peari, *Savigny's Theory of Choice-of-Law as a Principle of "Voluntary Submission"*, 64 The University of Toronto Law Journal 137(2014).

⑤ Roxana Banu, *Nineteenth-Century Perspectives on Private International Law*, Oxford University Press, 2018, p. 198.

⑥ Roxana Banu, *Nineteenth-Century Perspectives on Private International Law*, Oxford University Press, 2018, p. 198－201.

于当事人自由意志的行使,才有了"本座"的意义。可见,"本座"在萨维尼这里绝非僵化的公式,而是在尊重当事人自由意志的基础上,对活生生的法律实践中连结点的相对固定。需要明确的是,萨维尼在论述"本座"过程中,处处体现了对"人际正义"(罗克珊娜·巴奴)的考量。因此,笔者以为,武断地认为萨维尼法律关系本座说只体现了"冲突正义"而没有考虑"实质正义"的观点是有失偏颇的,正如沙基·皮里指出的那样,"萨维尼的自愿服从原则为克格尔的'冲突正义'法律选择提供了规范性内容,并在概念上将其先验地置于克格尔所谓的'实质正义'裁决过程中"①。

四、解构"法律共同体"的实践性②

众所周知,在国际私法学界,如同法律关系"本座"一样,"法律共同体"也成为萨维尼的标签,谈到多边主义、国际主义的理论基础和选法方法,则必谈萨维尼的"法律共同体"思想。对于萨维尼而言,"法律共同体"是生成其法律关系本座说的土壤,自然也是本文应予探源的发生学考量之一。

萨维尼在论述中,使用了不同的措辞来表达由不同国家组成的国际社会型构的法律共同体(如法律确信的共同体、不同国家的共同体、法的共同体、国际普通法、独立国家之间的法律共同体、法律的真正共同体等)。但萨维尼法律共同体的构成单元是国家还是个体的人(抑或人类),学者对此有不同看法。克格尔认为"国际法共同体不是国际法的共同体,而是民族国家(间)的法律共同体。对于萨维尼来说,就国际私法而言,它是相对一国法律共同体存在的,国家间的法律冲突正是源生于此"③。被称为萨维尼"忠实信徒"的吉塔在这个问题上有一段详论:"在我几年前发表的一部关于国际私法方法的著作中,我恭敬地但坚决地拒绝了萨维尼赋予国际私法的基础。根据这位杰出的前辈的意见,国际私法应以国家构成的共同体为基础,通过定期交往而联合起来。然而,我的信念是,国家间的共同体是存在的,但它不是国际私法的基础。国际私法的真正基础是立足于人类的司法共同体。"④

在其另一部著作中,吉塔指责萨维尼不清楚人本主义观点的结构和含义:"萨维尼借助国家共同体而非人类司法共同体的概念,在国际私法中观念化了普遍主义的

---

① Sagi Peari, *Savigny's Theory of Choice-of-Law as a Principle of "Voluntary Submission"*, 64 The University of Toronto Law Journal 124(2014).

② 这里的"实践性"指马克思主义意义上的物质生产实践性。

③ Gerhard Kegel, *Story and Savigny*, 37 The American Journal of Comparative Law 59(1989).

④ Josephus Jitta, *The Renovation of International Law on the Basis of a Juridical Community of Mankind*, Martinus Nijhoff, 1919, p. 1.

必要性,从而离真相只有一步之遥。”[①]也有学者持不同意见,如罗克珊娜·巴奴就主张萨维尼的法律共同体有两个面向,即国家间法律共同体和人类共同体,认为只有国家间的面向是对萨维尼的误解。[②]

这里同样以康德的法权学说作为审视的棱镜。众所周知,康德把公法体系区分为三个层面,即国家法、国际法和世界公民法。国际法指以民族国家为主体形成的法秩序,而世界公民法则是“以人作为整个人类之一分子或作为世界公民而形成的一种法秩序”[③],康德特别强调三者的一体性,指出:“如果其中任何一种不能通过法律体现那些应该用来调整外在自由的基本原则,那么,由其他两种公共权利来建立的立法结构也将同样被破坏,整个体系最终便将瓦解”[④]。

很明显,康德关于个体的人有一个重要的视角转换,即一国之公民到世界之公民的转换,笔者以为这一视角的转换在国际私法理论建构中具有重要的启发意义。萨维尼的冲突法思想固然是以个人(权利)的私法关系为出发点的,但萨维尼还只是从“人—国家”的结构来论述法律的选择,而没有像吉塔那样着眼于“人—世界”的结构,即只停留在康德的国际法层面,而没有到达世界公民法的层面。所以,笔者赞同吉塔对萨维尼法律共同体的评论,在 William Guthrie 翻译的《现代罗马法体系》第8卷的英文版中,笔者并没有发现“Community of Mankind”或“Community of Individuals”的字眼和论述,倒是经常被引用的关于基督教的一句经典论述从侧面印证了萨维尼之国家共同体而非人类共同体的认识,即“这一考虑将使我们得出这样的观点:彼此交往的国家间存在一个国际普通法,随着历史的演进,在共同的基督教道德的影响下,这种观点将得到更广泛的承认”[⑤]。学界普遍认为,基督教思想影响了萨维尼法律共同体思想的形成,[⑥]但也正如西蒙尼德斯所言:“萨维尼的注意力并

---

① Josephus Jitta, *La methode du droit international privé*, Belifante Fréres, 1890, p. 55. Cited from Roxana Banu, *Nineteenth-Century Perspectives on Private International Law*, Oxford University Press, 2018, p. 62。

② See Roxana Banu, *Nineteenth-Century Perspectives on Private International Law*, Oxford University Press, 2018, p. 28.

③ 吴彦:《法、自由与强制力——康德法哲学导论》,商务印书馆 2016 年版,第 303 页。

④ [德]康德:《法的形而上学原理:权利的科学》,沈叔平译,商务印书馆 2017 年版,第 143 页。

⑤ Friedrich Karl von Savigny, *Private International Law and the Retrospective Operation of Statutes: A Treatise on the Conflict of Laws and the Limits of Their Operation in Respect of Place and Time*, trans. by William Guthrie, T&T Clark, 1880, p. 70.

⑥ 参见徐鹏:《涉外法律适用的冲突正义——以法律关系本座说为中心》,载《法学研究》2017 年第 3 期。

没有真正超越‘基督教国家’或者说‘共同的基督教道德影响下的’国家。”①

本部分要解决的第二个问题便是,法律共同体的历史依据是什么?或者进一步说,法律冲突多边主义解决路径的历史依据是什么?

萨维尼所处的时代,德国封建势力和政治割据依然顽固,但从世界范围来看,正值资本主义自由竞争深入发展的时期,资本主义制度在西欧及美国已经普遍确立,世界市场和分工体系已形成并处在基于各资本主义强国势力变化而动态调整的过程中。马克思主义认为,法的关系“根源于物质的生活关系”,而物质生活关系的总和构成市民社会。在《德意志意识形态》中,马克思论述道:“市民社会包括各个人在生产力发展的一定阶段上的一切物质交往。它包括该阶段的整个商业生活和工业生活,因此它超出了国家和民族的范围,尽管另一方面它对外仍必须作为民族起作用,对内仍必须组成为国家。”②在《共产党宣言》中,马克思指出:“资产阶级,由于开拓了世界市场,使一切国家的生产和消费都成为世界性的了——过去那种地方的和民族的自给自足和闭关自守状态,被各民族的各方面的互相往来和各方面的互相依赖所代替了。”③伴随世界市场的形成,历史也在向“世界历史”转变,“从而使民族和国家间的交往逐渐具有了越来越直接、普遍的形式,即‘世界历史性存在’的形式”④。不可否认,共同的基督教文化或道德对法律共同体思想的形成具有一定作用,但物质生产性力量才是背后的决定性因素,马克思“历史向世界历史的转变”是理解冲突法中国际主义或曰多边主义路径的基本理论依据。

同时,由于“世界市场”的存在,个人的存在也具有了“世界历史性存在”的意义,马克思在《德意志意识形态》中明确提出了“世界历史性个人”的思想:“狭隘地域性的个人为世界历史性的、真正普遍的个人所代替”⑤,“而各个个人的世界历史性的存在,就意味他们的存在是与世界历史直接联系的”⑥。“世界历史性个人”就

① Symeon C. Symeonides, *Private International Law Idealism, Pragmatism, Eclecticism*, Koninklijke Brill NV, 2021, p. 17.

② 中共中央马克思恩格斯列宁斯大林著作编译局编译:《马克思恩格斯文集》(第 1 卷),人民出版社 2009 年版,第 582 页。

③ 中共中央马克思恩格斯列宁斯大林著作编译局编译:《马克思恩格斯文集》(第 2 卷),人民出版社 2009 年版,第 35 页。

④ 叶险明:《世界历史理论的当代构建》,中国社会科学出版社 2014 年版,第 109 页。

⑤ 《德意志意识形态》,中共中央马克思恩格斯列宁斯大林著作编译局译,人民出版社 1961 年版,第 29 页。

⑥ 《德意志意识形态》,中共中央马克思恩格斯列宁斯大林著作编译局译,人民出版社 1961 年版,第 30 页。

是单个个体在资本主义普遍化的商品生产和商品交换条件下的基本生存结构。笔者以为,该思想不仅为康德关于"世界公民法"的论断提供了现实的物质性基础,也为国际私法以个人为中心的构建路径提供了基本的理论依据。正如吉塔所言,"我们必须牢记,国际私法不是关于法律或立法者冲突的科学,而是关于比国家更大的共同体中人与人之间法律关系的科学"①。

五、结语

法国国际私法学者皮埃尔·戈托(Pierre Gothot)认为国际私法学说史应该把萨维尼和"萨维尼主义"区分开,②萨维尼以后的国际私法学界在诸多方面对萨维尼产生了误读,法律关系、本座、法律共同体等萨维尼的核心理论元素往往被抽象和概念化地运用。

关于萨维尼理论被异化的学术史需要另行撰文进行分析,本文的写作是立足于现象学"回到实事本事"的方法论要求,力求探赜索隐,从"法律关系"的有机性、"本座"的自由意志性和"法律共同体"的实践性三个方面对萨维尼法律关系本座说的发生学进行解构,分析和揭示这些元素在萨维尼整体方法论及系统论证背后的正当化依据。最后需要介绍的是罗克珊娜·巴奴博士的关系国际主义的总体思想,以作为马克思"世界历史性个人"思想在国际私法学界的呼应。

在这部著作中,罗克珊娜·巴奴博士认为斯托里、萨维尼和吉塔是关系国际主义的三位典型代表。总体而言,关系国际主义的观点是将个人视为嵌入在各种关系中的社会存在,包括与私法关系中对方当事人的关系,与生活于其中的社会共同体的关系以及与一般人类的关系。关系国际主义立足于个人的内在社会性,将分析集中在私法关系而非孤立、原子化的个人与国家的关系上,采取类比私法而不是国际公法的路径,因此分析的重点始终是个人有目的地相互发展的法律关系,诚如吉塔所言:"不是主权的意志,而是人们合理社会交往的要求,才是决定性的因素。"③

---

① Josephus Jitta, *The Renovation of International Law on the Basis of a Juridical Community of Mankind*, Martinus Nijhoff, 1919, p. 119.

② See Roxana Banu, *Nineteenth-Century Perspectives on Private International Law*, Oxford University Press, 2018, p. 73.

③ Josephus Jitta, *The Renovation of International Law on the Basis of a Juridical Community of Mankind*, Martinus Nijhoff, 1919, p. 90.

《民法典》时代国际惯例在我国的适用

叶珊珊*

随着《中华人民共和国民法典》(以下简称《民法典》)的生效,含有涉外民事关系法律适用规范的《中华人民共和国民法通则》(以下简称《民法通则》,已废止)等民事单行法被废止,导致我国在适用国际惯例方面出现法律空缺。国际公法领域的国际惯例理论上是指《国际法院规约》第38条第1款(丑)项所规定的"通例"。国际私法和国际经济法领域的国际惯例主要是指国际商事惯例。在我国司法实践和仲裁实践中,国际惯例存在间接适用和直接适用两种适用途径,实践中以间接适用为主。为填补该法律真空,建议尽快修订《中华人民共和国涉外民事关系法律适用法》(以下简称《法律适用法》),并新增有关适用国际惯例的规定。在内容上,建议在沿用《民法通则》第142条第3款的基础上,进一步明确当事人有权约定适用国际惯例。同时,考虑到法律修订的复杂性和耗时性,可先由最高人民法院以司法解释的形式明确国际惯例的适用。

一、问题的提出

作为新中国成立以来第一部以法典命名的法律,《民法典》自2021年1月1日起开始实施。作为一部以实体性规范为主的法典,《民法典》几乎没有吸收《民法通则》等单行法中关于涉外民事关系法律适用的规定。① 而根据《民法典》第1260条②

---

* 华东政法大学国际法学院博士研究生。

① 综观《民法典》,仅有第467条第2款规定了涉外民事关系的法律适用问题,即"在中华人民共和国境内履行的中外合资经营企业合同、中外合作经营企业合同、中外合作勘探开发自然资源合同,适用中华人民共和国法律"。

② 《民法典》第1260条规定:"本法自2021年1月1日起施行。《中华人民共和国婚姻法》、《中华人民共和国继承法》、《中华人民共和国民法通则》、《中华人民共和国收养法》、《中华人民共和国担保法》、《中华人民共和国合同法》、《中华人民共和国物权法》、《中华人民共和国侵权责任法》、《中华人民共和国民法总则》同时废止。"

的规定,《民法通则》等9部法律已随着《民法典》的生效而被废止。此外,《法律适用法》及其司法解释亦未涵盖此前散见于《民法通则》、《中华人民共和国海商法》(以下简称《海商法》)等单行法中关于涉外民事关系法律适用的规定。因此,《民法典》生效后,原本规定在《民法通则》中的涉外民事关系法律适用相关制度的法律依据不复存在,其中一项制度即为适用国际惯例的制度。

《民法典》生效前,适用国际惯例的一般制度规定在《民法通则》第142条第3款。根据该条款,我国法律和我国缔结或者参加的国际条约没有规定的,可以适用国际惯例。随着《民法典》的生效,《民法通则》被废止,此前国际惯例在我国适用的一般法律依据已不复存在。尽管《海商法》①、《中华人民共和国民用航空法》(以下简称《民用航空法》)②、《中华人民共和国票据法》(以下简称《票据法》)③等单行法包含与《民法通则》第142条第3款相同或相似的规定,但其仅适用于海商、民用航空、票据等特定领域的法律关系,国际惯例在其他领域的法律关系的适用目前处于法律真空的状态。然而,我国司法实践中适用国际惯例的需求并不会随之消失。相反,随着我国"一带一路"倡议的深入实施,国际惯例在我国的适用将愈加频繁。中共中央办公厅、国务院办公厅《关于建立"一带一路"国际商事争端解决机制和机构的意见》即要求"积极适用国际惯例"。最高人民法院《关于人民法院为"一带一路"建设提供司法服务和保障的若干意见》(法发〔2015〕9号)也强调要"依法准确适用国际条约和惯例"。因此,在《民法典》时代如何适用国际惯例是当前我国推进涉外法治建设亟须解决的一项现实问题。为此,本文将首先厘清国际惯例的概念和范围,进而阐明国际惯例在我国司法实践和仲裁实践中的适用方式,最终探寻《民法典》时代我国适用国际惯例的路径。

二、国际惯例的概念和范围

一直以来,国际法学界对国际惯例的概念和范围众说纷纭,始终未能达成一致意见。具体而言,部分学者认为,国际惯例有广义与狭义之分,而广义的国际惯例包

① 《海商法》第268条第2款规定:"中华人民共和国法律和中华人民共和国缔结或者参加的国际条约没有规定的,可以适用国际惯例。"

② 《民用航空法》第184条第2款规定:"中华人民共和国法律和中华人民共和国缔结或者参加的国际条约没有规定的,可以适用国际惯例。"

③ 《票据法》第95条第2款规定:"本法和中华人民共和国缔结或者参加的国际条约没有规定的,可以适用国际惯例。"

括国际习惯和国际通例。[①] 我国著名国际法学家王铁崖先生即持此观点。具体而言,其认为,狭义的国际惯例专指国际习惯,而广义的国际惯例则包括国际习惯和国际惯例。[②] 此外,也有部分学者未作广义与狭义之分,直接认为国际惯例包括国际习惯和国际商事惯例。[③] 其中,有学者将国际惯例分为属于法律范畴的国际惯例和任意性国际惯例,分别对应国际习惯和国际商事惯例。[④] 与前述观点不同的是,另一部分学者认为,国际惯例与国际习惯之间并非包含与被包含的关系,需予以区分。譬如,英国著名国际法学家劳特派特修订的《奥本海国际法》指出,惯例仅指某种"惯行",但缺乏"这种行为按照国际法是必需的或正当的信念",而习惯则同时包含这两项因素,二者不应相混淆。[⑤]

"国际惯例作为法的一种渊源,分属于不同的法学学科和法律门类。有的属于国际公法领域,有的属于国际私法领域,有的属于国际经济法领域。"[⑥]笔者认为,如欲明确国际惯例的概念,须先将其置于不同的领域内进行探讨。一方面,在国际公法领域,笔者赞同第二种观点,即国际惯例和国际习惯之间不存在包含与被包含的关系。与日常用语不同,法律用语的使用必须精准而明确。《国际法院规约》(Statute of the International Court of Justice)第38条是国际法学界公认的关于国际法渊源的权威阐述。《国际法院规约》第38条第1款(丑)项将国际习惯界定为"作为通例之证明而经接受为法律者"。国际公法领域的国际惯例,理论上就是该款所规定的"通例",是构成国际习惯的物质要素。[⑦] 而国际习惯除了需要证明"通例"的存在之外,还需要证明该"通例"已被接受为法律,即构成国际习惯的心理要素——存在法律确信。因此,国际惯例无法等同于或包含国际习惯,二者不应混用。值得注意的是,尽管理论上《国际法院规约》第38条第1款(丑)项规定的"通例"即国际惯例,但由于《国际法院规约》已选择了"通例"这一法律用语,因此,在论及国际公法

---

① 参见高宏贵、司珊:《我国处理涉外民商事关系时对国际惯例的适用——以国际私法的渊源为视角》,载《华中师范大学学报(人文社会科学版)》2010年第3期。

② 参见王铁崖主编:《国际法》,法律出版社1995年版,第13~14页。

③ 参见车丕照:《〈民法典〉颁行后国际条约与惯例在我国的适用》,载《中国应用法学》2020年第6期。

④ 参见肖永平:《论国际商事惯例在我国的适用》,载《河南省政法管理干部学院学报》2003年第1期。

⑤ 参见[英]劳特派特修订:《奥本海国际法》(上卷第一分册),王铁崖、陈体强译,商务印书馆1989年版,第18页。

⑥ 陈安:《论适用国际惯例与有法必依的统一》,载《中国社会科学》1994年第4期。

⑦ 参见翟仲:《国际惯例与国际习惯的概念界分及现实考察》,载《国际法研究》2021年第4期。

领域内国家遵循的不成文实践时,应统一使用“通例”一词,以免造成不必要的混淆。

另一方面,在国际私法和国际经济法领域,国际惯例主要是指作为现代商人法的渊源之一①的国际商事惯例。② 我国不同学者在论述国际商事惯例的概念时所使用的具体措辞不尽一致。例如,有学者认为,国际商事惯例是指“在某一地区或国际范围内的某行业中反复使用并得以遵守的,且有确定性内容的实践和规范”③。也有学者将国际商事惯例定义为“从事国际商事交易的商人们在商业实践中所形成的为交易当事人所承认并惯常遵守的不成文规则或程序”④。本文认为,顾名思义,国际商事惯例是指在特定地域或行业内被惯常遵守的关于国际商事交易的实践。典型的国际商事惯例包括但不限于以下:在国际支付方面,国际商会制定的《跟单信用证统一惯例》《见索即付保函统一规则》《托收统一规则》;在贸易术语方面,国际商会制定的《国际贸易术语解释通则》;在共同海损方面,国际海事委员会制定的《约克—安特卫普规则》。

需要说明的是,本文试图解决的是《民法典》时代国际惯例在我国的适用问题。法律的“适用”一般是指纠纷解决机构依据法律或其他规定解决当事人之间所产生的纠纷的过程。⑤ 在国际民商事领域,适用国际惯例的主体主要是一国国内法院和仲裁机构。在国际公法领域,鉴于“平等者之间无管辖权”,国家之间的争端往往不会交由一国国内法院或仲裁机构管辖。因此,下文所述及的国际惯例不涉及国际公法领域的国际惯例,仅指国际私法和国际经济法领域的国际惯例。

三、国际惯例在我国的适用方式

虽然国际惯例本身不具有当然的法律效力,但其可以通过特定的途径获得法律

---

① 参见[英]施米托夫:《国际贸易法文选》,赵秀文译,中国大百科全书出版社 1993 年版,第 149 页;黄进、胡永庆:《现代商人法论——历史和趋势》,载《比较法研究》1997 年第 2 期;徐国建:《现代商人法论》,载《中国社会科学》1993 年第 3 期;袁发强:《关于国际惯例的立法思考》,载《武汉大学学报(哲学社会科学版)》2004 年第 1 期;李健男:《论国际惯例在我国涉外民事关系中的适用——兼评〈涉外民事关系法律适用法〉》,载《太平洋学报》2011 年第 6 期。

② 参见李健男:《论国际惯例在我国涉外民事关系中的适用——兼评〈涉外民事关系法律适用法〉》,载《太平洋学报》2011 年第 6 期;杜新丽:《论国际惯例在我国涉外审判中的适用》,载《人民司法》2005 年第 9 期;翟仲:《国际惯例与国际习惯的概念界分及现实考察》,载《国际法研究》2021 年第 4 期。

③ 黄进、胡永庆:《现代商人法论——历史和趋势》,载《比较法研究》1997 年第 2 期。

④ 左海聪:《国际商事条约和国际商事惯例的特点及相互关系》,载《法学》2007 年第 4 期。

⑤ 参见车丕照:《〈民法典〉颁行后国际条约与惯例在我国的适用》,载《中国应用法学》2020 年第 6 期;徐锦堂:《关于国际条约国内适用的几个问题》,载《国际法研究》2014 年第 3 期。

的认可,进而获得法律效力。[①] 具体而言,国际惯例可通过间接和直接两种途径取得法律拘束力。相应地,国际惯例的适用方式亦包括间接适用和直接适用。

（一）间接适用

所谓间接适用,是指法院或仲裁机构基于当事人对某国际惯例的约定而适用该国际惯例。由于当事人在合同中就国际惯例作出明确约定,国际惯例实际上已成为合同的一部分。因此,有学者将间接适用称为"作为合同条款的适用"[②]。此时,国际惯例的法律效力源于对当事人意思自治的尊重。这种间接途径获得了许多国际条约和国内法的认可。例如,根据1980年通过的《联合国货物销售合同公约》第9条第1款[③],当事人同意的惯例对其具有约束力。又如,《最高人民法院关于审理独立保函纠纷案件若干问题的规定》(以下简称《保函纠纷审理规定》)第5条第1款[④]要求,当某交易示范规则被独立保函载明适用或在一审法庭辩论终结前被开立人和受益人一致援引时,其内容应被认定为独立保函条款的组成部分。

间接适用是国际惯例得以适用的主要途径。许多国际惯例也在其适用范围中明确其适用于当事人明确约定的情形。例如,2010年修订的《见索即付保函统一规则》第1条规定,其适用于任何明确表明适用该规则的见索即付保函或反担保函。2007年生效的《跟单信用证统一惯例》第1条[⑤]也有类似规定。实践中不乏当事人在合同中对国际惯例作出约定。例如,在最高人民法院公布的第二批涉"一带一路"建设典型案例之一——现代重工有限公司与中国工商银行股份有限公司浙江省分行独立保函纠纷案[⑥]中,案涉独立保函载明适用《见索即付保函统一规则》,因而一

① 参见肖永平:《论国际商事惯例在我国的适用》,载《河南省政法管理干部学院学报》2003年第1期。

② 车丕照:《〈民法典〉颁行后国际条约与惯例在我国的适用》,载《中国应用法学》2020年第6期。

③ 《联合国货物销售合同公约》第9条第1款规定:"双方当事人业已同意的任何惯例和他们之间确立的任何习惯做法,对双方当事人均有约束力。"

④ 《最高人民法院关于审理独立保函纠纷案件若干问题的规定》第5条第1款规定:"独立保函载明适用《见索即付保函统一规则》等独立保函交易示范规则,或开立人和受益人在一审法庭辩论终结前一致援引的,人民法院应当认定交易示范规则的内容构成独立保函条款的组成部分。"

⑤ 2007年生效的《跟单信用证统一惯例》第1条规定,《跟单信用证统一惯例》,2007年修订本,国际商会第600号出版物,适用于所有在正文中标明按本惯例办理的跟单信用证(包括本惯例适用范围内的备用信用证)。除非信用证中另有规定,本惯例对一切有关当事人均具有约束力。

⑥ 最高人民法院:《第二批涉"一带一路"建设典型案例》,载最高人民法院官网2017年5月15日,https://www.court.gov.cn/zixun-xiangqing-44722.html。

审浙江省杭州市中级人民法院[①]和二审浙江省高级人民法院[②]均直接依据《见索即付保函统一规则》确定当事人之间的权利义务。

(二)直接适用

所谓直接适用,是指法院或仲裁机构依据国内立法、国际条约或仲裁规则的规定在裁判案件时对国际惯例予以适用。与间接适用不同,直接适用无须以当事人对国际惯例的约定为前提,而可直接对国际惯例予以适用。因此,有学者将其称为"作为法律的适用"[③]。值得一提的是,国际惯例毕竟不是法律,在缺乏当事人明确约定的情形下,只有在符合国内立法、国际条约或仲裁规则所规定的适用条件时,方可获得法律效力,进而获得适用。因此,在国际惯例获得直接适用的情形下,其法律拘束力源于国内立法、国际条约或仲裁规则关于适用国际惯例的规定。

1. 国内立法

如前所述,我国《民法通则》《海商法》《民用航空法》《票据法》均对国际惯例的适用情形作出规定,即我国法律和我国缔结或者参加的国际条约没有规定的情形。2012 年公布的《最高人民法院关于适用〈中华人民共和国涉外民事关系法律适用法〉若干问题的解释(一)》(已被修改)第 5 条[④]亦规定,涉外民事关系的法律适用涉及适用国际惯例的,人民法院应当根据上述法律规定予以适用。

可以看出,根据我国现行法律,国际惯例的直接适用具有补缺性质,且即使符合直接适用国际惯例的情形,因上述法律规定所使用的措辞均为"可以"而非"应当",裁判者享有适用或不适用国际惯例的自由裁量权。因此,与间接适用相比,我国法院根据上述法律条文直接适用国际惯例的情形并不多见。譬如,在深圳发展银行股份有限公司北京分行与莎蔓特有限公司提单纠纷案[⑤]中,莎蔓特有限公司作出的案涉托收指示载明适用《托收统一规则》,在接受托收指示后深圳发展银行股份有限公司北京分行也未作出拒绝的意思表示。北京市第一中级人民法院认为,按照《民法通则》第 142 条第 3 款的规定,由于我国法律和我国缔结或者参加的国际条约对托

---

① 浙江省杭州市中级人民法院民事判决书,(2014)浙杭商外初字第 60 号。

② 浙江省高级人民法院民事判决书,(2016)浙民终 157 号。

③ 车丕照:《〈民法典〉颁行后国际条约与惯例在我国的适用》,载《中国应用法学》2020 年第 6 期。

④ 由于《民法典》生效后《民法通则》被废止,而该条又涉及《民法通则》第 142 条第 3 款,因此在《最高人民法院关于修改〈最高人民法院关于破产企业国有划拨土地使用权应否列入破产财产等问题的批复〉等二十九件商事类司法解释的决定》(法释〔2020〕18 号)中,最高人民法院将该条和规定适用国际条约的第 4 条一并删除。

⑤ 北京市第一中级人民法院民事判决书,(2009)一中民初字第 5459 号。

收均无直接规定，在该案情形下可以适用作为国际惯例的《托收统一规则》。又如，在江苏华建能源集团有限公司与南京远洋运输股份有限公司等海上货物运输合同纠纷案中，一审天津海事法院[①]和二审天津市高级人民法院[②]均认为，涉案镍矿符合国际航运惯例《固体散装货物安全操作规则》所规定的“易流态化货物”的定义，依照《海商法》第268条第2款的规定该案可以适用《固体散装货物安全操作规则》。

值得一提的是，我国的司法实践在一些技术性较强的专业领域已突破了《民法通则》第142条第3款等条款所规定的适用国际惯例的前提条件，如信用证领域。具言之，最高人民法院《关于审理信用证纠纷案件若干问题的规定》第2条[③]前半部分和后半部分分别规定了法院对信用证领域国际惯例予以间接适用和直接适用的情形。其中，直接适用的情形在一定程度上突破了我国法律关于补缺适用国际惯例的规定。这一突破的原因很大程度上在于：由于信用证的高度专业性和技术性，世界上大多数国家未就信用证进行专门立法，而是准用《跟单信用证统一惯例》的规定。[④] 这点在《最高人民法院〈关于审理信用证纠纷案件若干问题的规定〉的说明》中也有所体现。[⑤]

然而，这一突破并非适用于所有领域的国际惯例，如独立保函领域。根据《保函纠纷审理规定》第5条第2款[⑥]的规定，如某交易示范规则未被独立保函载明适用且在一审法庭辩论终结前未被开立人和受益人一致援引，则该交易示范规则不应获得适用。换言之，在缺乏当事人明示同意的情况下，法院不能直接适用《见索即付保函统一规则》等独立保函交易示范规则。在指导案例109号——安徽省外经建设（集团）有限公司诉东方置业房地产有限公司保函欺诈纠纷案[⑦]中，二审安徽省高级人民法院曾指出：“保函规则并非只有《见索即付保函统一规则》一种，有国内法、国际

① 参见天津海事法院民事判决书，(2011)津海法商初字第117号。

② 参见天津市高级人民法院民事判决书，(2013)津高民四终字第84号。

③ 《最高人民法院关于审理信用证纠纷案件若干问题的规定》第2条规定：“人民法院审理信用证纠纷案件时，当事人约定适用相关国际惯例或者其他规定的，从其约定；当事人没有约定的，适用国际商会《跟单信用证统一惯例》或者其他相关国际惯例。”

④ 参见宋阳：《“一带一路”商事仲裁中国际商事惯例适用研究》，载《法商研究》2020年第2期。

⑤ 在《最高人民法院〈关于审理信用证纠纷案件若干问题的规定〉的说明》中，最高人民法院指出，“信用证纠纷是一个比较特殊的领域。到目前为止，世界上绝大多数国家均没有关于信用证的专门立法，对有关信用证纠纷案件的处理，除了适用国际惯例以外，相关的法律原则散见于各国国内民商事成文法中，或者由判例法调整。我国同样没有关于信用证的专门成文法规定”。

⑥ 《最高人民法院关于审理独立保函纠纷案件若干问题的规定》第5条第2款规定：“不具有前款情形，当事人主张独立保函适用相关交易示范规则的，人民法院不予支持。”

⑦ 最高人民法院民事判决书，(2017)最高法民再134号。

惯例、国际公约供当事人选择。《见索即付保函统一规则》作为国际惯例,只有保函当事人在保函中明确规定适用的情况下方可适用。"[①]类似地,在宣城经济技术开发区建设投资有限公司与中国建设银行股份有限公司金昌分行合同纠纷案[②]中,《见索即付保函统一规则》既未被案涉保函载明适用,在一审法庭辩论终结前也未被开立人援引,因此上诉人关于适用《见索即付保函统一规则》的主张未获得甘肃省高级人民法院的支持。

2. 国际条约

在国际条约层面上,1964 年生效的《国际货物买卖统一法》第 9 条第 2 款[③]和 1980 年签订的《联合国货物销售合同公约》第 9 条第 2 款[④]均赋予国际惯例在缺乏当事人明示同意时的法律约束力。这使国际惯例即使在缺乏当事人明示约定的情况下也能在国际商事合同纠纷中得以适用。例如,在国际商会仲裁院受理的一宗国际商事仲裁案件中,买方向卖方购买锰矿,以转卖给第三方。卖方先后向买方开具两张发票,并通知买方第一张发票上记载的只是暂定的价格,第二张发票上的价格才是最终的销售价格。在按第一张发票支付货款之后,买方拒绝支付第二张发票上记载的货款。卖方随即根据合同里的仲裁条款提起仲裁。仲裁庭依据《联合国货物销售合同公约》第 9 条第 2 款,认定调整销售价格是案涉矿物贸易合同的当事人经常遵守的一项惯例,卖方调整销售价格的行为是合理的。[⑤]

3. 仲裁规则

许多仲裁机构的仲裁规则均规定仲裁庭在作出裁决时应考虑或参考国际惯例。譬如,2021 年生效的《国际商会国际仲裁院仲裁规则》(Arbitration Rules of the International Court of Arbitration of the International Chamber of Commerce)第 21 条第 2 款规定:"仲裁庭应考虑当事人之间的合同(如有)的规定以及任何有关的贸易惯例。"此外,2010 年修订的《联合国国际贸易法委员会仲裁规则》(Arbitration Rules of

---

① 参见安徽省高级人民法院民事判决书,(2014)皖民二终字第 00389 号。

② 参见甘肃省高级人民法院民事判决书,(2019)甘民终 242 号。

③ 1964 年生效的《国际货物买卖统一法》第 9 条第 2 款规定:"当事人还应受与其处于相同情况的通情达理的人通常认为适用于其合同的惯例的约束。如该惯例与本法相抵触的,除当事人另有约定外,以该惯例为准。"

④ 1980 年签订的《联合国国际货物销售合同公约》第 9 条第 2 款规定:"除非另有协议,双方当事人应视为已默示地同意对他们的合同或合同的订立适用双方当事人已知道或理应知道的惯例,而这种惯例,在国际贸易上,已为有关特定贸易所涉同类合同的当事人所广泛知道并为他们所经常遵守。"

⑤ ICC Award No. 8324.

the United Nations Commission on International Trade Law)、[①]2022 年施行的《北京仲裁委员会/北京国际仲裁中心仲裁规则》[②]、2015 年施行的《中国国际经济贸易仲裁委员会仲裁规则》[③]、2018 年公布的《上海仲裁委员会仲裁规则》(已被修改)[④]、2019 年公布的《深圳国际仲裁院仲裁规则》(已被修改)[⑤]均含有类似规定。

基于这些规定,仲裁庭在审理国际商事纠纷时也很可能涉及对国际惯例的适用。据统计,在国际商事仲裁理事会(International Council for Commercial Arbitration)2010 年至 2018 年颁布的《国际商事仲裁理事会仲裁年鉴》(ICCA Yearbook Commercial Arbitration)收录的66 个国际仲裁案例中,有 8 个案例由仲裁庭依职权适用国际商事惯例,占样本总量的 12%。[⑥] 此外,深圳国际仲裁院(当时为华南国际经济贸易仲裁委员会)受理的一起国际仲裁案件也涉及对国际惯例的适用。在该案中,买方和卖方签订《供气合同》。履行合同十年后,买方以情势变更为由书面通知卖方解除并终止合同,卖方遂根据《供气合同》中的仲裁条款申请仲裁。仲裁庭认为,案涉合同约定适用中国法,但当时中国法律和司法解释均未对情势变更原则作出规定,而情势变更原则已经在国际商事纠纷解决实践中得到普遍的承认和适用,该案争议合同又属于国际商事合同,因此根据当时 2000 年《深圳国际仲裁院仲裁规则》第 53 条的规定,参考了作为国际惯例的情势变更原则。[⑦]

四、《民法典》时代适用国际惯例的路径

如前所述,《民法典》生效后我国出现了适用国际惯例的法律空缺。对于《民法典》时代如何适用国际惯例这一问题,不同学者观点不一,分别提出了解释论和立法论两种解决路径。

---

① 2010 年修订的《联合国国际贸易法委员会仲裁规则》第 35 条第 3 款规定,在任何情况下,仲裁庭都应当按照合同条款并考虑到适用于该项交易的贸易惯例作出决定。

② 2022 年施行的《北京仲裁委员会仲裁规则》第 69 条第 4 款规定:“在任何情况下,仲裁庭均应当根据有效的合同条款并考虑有关交易惯例作出裁决。”

③ 2015 年施行的《中国国际经济贸易仲裁委员会仲裁规则》第 49 条第 1 款规定:“仲裁庭应当根据事实和合同约定,依照法律规定,参考国际惯例,公平合理、独立公正地作出裁决。”

④ 2018 年公布的《上海仲裁委员会仲裁规则》第 2 条第 6 款规定:“仲裁委员会受理的仲裁案件,由仲裁庭根据案件事实,符合法律规定,参考国际惯例,遵循公平合理原则,独立、公正、及时地进行仲裁。”

⑤ 2019 年公布的《深圳国际仲裁院仲裁规则》第 51 条第 1 款规定:“仲裁庭应当基于事实,依据可适用的法律及公认的法律原则,参考商业惯例,公平合理、独立公正地作出裁决。”

⑥ 参见宋阳、崔心童:《“一带一路”沿线国家国际商事惯例适用问题研究》,载刘晓红主编:《“一带一路”法律研究》第 3 卷,中国政法大学出版社 2021 年版。

⑦ 参见刘晓春主编:《不可抗力与情势变更典型仲裁案例选编:从突发公共卫生事件出发》,北京大学出版社 2020 年版,第 179 ~ 180 页。

(一)解释论

解释论的路径在于对现行立法进行扩张解释,从而使国际惯例得以适用。具体而言,持解释论的学者认为,"国际惯例的本质就是'习惯'或'交易习惯'",并"应将《民法典》第10条中的'习惯'解释为包含国际惯例"[①],从而在我国适用国际惯例。

对此,笔者持有不同意见。《民法典》第10条规定:"处理民事纠纷,应当依照法律;法律没有规定的,可以适用习惯,但是不得违背公序良俗。"根据最高人民法院民法典贯彻实施工作领导小组主编的《中华人民共和国民法典总则编理解与适用(上)》一书,《民法典》第10条规定的"法律"应作广义理解,而非狭义理解。最高人民法院还列举了此处的"法律"可涵盖的范围,包括《民法典》及一系列民商事单行法、公法中所涉及的民事规范、行政法规、地方性法规、自治条例和单行条例、国际条约与国际惯例。[②] 可见,最高人民法院认为,国际惯例属于《民法典》第10条所规定的应该优先适用的"法律"。据此,一方面,将国际惯例解释为补充适用的"习惯"显然与最高人民法院的上述理解互相矛盾。另一方面,如将国际惯例解释为"习惯",则国际惯例的适用将以"法律"没有规定为前提,且后于地方性法规等法律位阶较低的规范性文件的适用。也就是说,如果地方性法规等规范性文件已经对某问题作出了规定,国际惯例即无法适用。这与国际惯例可以通过当事人的约定间接适用以及法院或仲裁机构可依据相关规定直接适用国际惯例的现状不相符。因此,将国际惯例解释为《民法典》第10条所规定的"习惯"的方式不具有可行性。这种路径仍然无法填补《民法典》生效后适用国际惯例的法律空缺。

(二)立法论

立法论的路径在于对现行立法进行修改,从而为适用国际惯例提供法律依据。具体到建议修改的法律本身,不同学者的意见不尽相同。其中,有学者主张在修改《宪法》或《立法法》时新增一条关于国际条约和国际惯例的条款,其中,适用国际惯例的规定沿用《民法通则》第142条第3款的措辞。[③] 此外,有学者认为《民法典》的出台为系统修改《法律适用法》提供了机遇。[④] 这部分学者建议借鉴《民法通则》第

---

① 车丕照:《〈民法典〉颁行后国际条约与惯例在我国的适用》,载《中国应用法学》2020年第6期。

② 参见最高人民法院民法典贯彻实施工作领导小组主编:《中华人民共和国民法典总则编理解与适用》(上),人民法院出版社2020年版,第85页。

③ 参见王玫黎:《民法典时代国际条约地位的立法模式》,载《现代法学》2021年第1期。

④ 参见丁伟:《〈民法典〉编纂催生2.0版〈涉外民事关系法律适用法〉》,载《东方法学》2019年第1期。

150 条[①]的规定，将现行《法律适用法》第 5 条[②]修改为"外国法律或者国际惯例的适用将损害中华人民共和国的社会公共利益的，适用中华人民共和国法律"[③]。

（三）本文对《民法典》时代适用国际惯例的路径的观点

相比解释论而言，笔者更赞同立法论的路径。原因在于现有规定已然无法为国际惯例在我国的适用提供明确的法律依据，需要对现行规定进行修改或增添新的规定。具体到修改的法律本身，笔者倾向于后者，即在未来修改《法律适用法》时可以考虑新增一条关于适用国际惯例的规定。

首先，相较于一般法律而言，《宪法》的修改程序较为复杂和严格。具体而言，根据《宪法》第 64 条的规定，宪法的修改需由全国人民代表大会常务委员会或者 1/5 以上的全国人民代表大会代表提议，并由全国人民代表大会以全体代表的 2/3 以上的多数通过。相较之下，法律和其他议案只需由全国人民代表大会以全体代表的过半数通过即可。此外，鉴于《宪法》是我国的根本大法，修宪不宜过于频繁。而国际惯例的适用又是实践中亟待解决的现实问题。因此，通过修改《宪法》的方式规定国际惯例的适用这一路径在短期内不太符合现实。

其次，《立法法》主要是关于我国国内立法的权限和程序的一部法律，而国际惯例在性质上并非国内法。因此，将国际惯例的适用置于《立法法》下不太妥当。相比之下，将其规定在《法律适用法》更为合理。如前所述，含有涉外民事关系法律适用规范的《民法通则》《中华人民共和国合同法》等单行法已随着《民法典》的施行而被废止。如此一来，《法律适用法》成为规范我国涉外民事关系法律适用的唯一的一部法律。[④] 因国际惯例的适用本身即发生在涉外民商事领域中，国际惯例本身即是国际私法的重要渊源之一，所以将适用国际惯例的制度规定在《法律适用法》中在内容上更为科学，且有利于推动《法律适用法》的系统化和法典化。

具体到适用国际惯例的制度设计上，笔者建议如下：其一，在将来修订《法律适用法》时对此问题作出规定，并沿用《民法通则》第 142 条第 3 款的内容。如前所述，随着《民法典》的生效，《民法通则》有关国际惯例适用的规定已被废止。《民法典》本应承袭《民法通则》有关适用国际惯例的一般规定，但遗憾的是，《民法典》并未沿

---

① 《民法通则》第 150 条规定："依照本章规定适用外国法律或者国际惯例的，不得违背中华人民共和国的社会公共利益。"

② 《法律适用法》第 5 条规定："外国法律的适用将损害中华人民共和国社会公共利益的，适用中华人民共和国法律。"

③ 丁伟：《后〈民法典〉时代中国国际私法的优化》，载《政法论坛》2020 年第 5 期。

④ 参见丁伟：《后〈民法典〉时代中国国际私法的优化》，载《政法论坛》2020 年第 5 期。

用该规定,导致我国在适用国际惯例方面出现法律真空。鉴于《民法典》刚施行不久,近期修订的可能性不大,建议将来修订《法律适用法》时,加入《民法通则》第142条第3款的相关规定。其二,在《民法通则》第142条第3款规定的基础上进一步明确当事人有权约定适用国际惯例。《民法通则》第142条第3款仅规定了国际惯例的直接适用,但忽视了国际惯例的间接适用。然而,间接适用恰恰是实践中国际惯例最主要的适用途径。事实上,2002年审议的《民法(草案)》第9编第4条第1款曾对国际惯例的间接适用予以规定:"涉外民事关系的当事人可以经过协商一致以明示方式选择适用国际惯例。"我们可以考虑采用2002年审议的《民法(草案)》的这一措辞。综上,为填补目前我国在国际惯例适用方面的法律空缺,建议在《法律适用法》中新增有关适用国际惯例的规定,即"涉外民事关系的当事人可以协商一致明示选择适用国际惯例。中华人民共和国法律和中华人民共和国缔结或者参加的国际条约没有规定的,可以适用国际惯例"。

同时,《法律适用法》的修改亦需历经法定程序,需耗费一定的时间。为了尽快填补现实中已经出现的适用国际惯例的法律空缺,可先由最高人民法院通过司法解释予以明确,以指引司法实践。据悉,最高人民法院已在就涉外民商事案件适用国际条约和国际惯例的相关问题起草、制定司法解释。①

① 沈红雨:《中国法院适用国际条约的实践——以跨境民商事争议为视角》,载微信公众号"武汉大学国际法研究所"2021年11月22日,https://mp.weixin.qq.com/s/PV7681soM5BqaoSmhVcn4w。

冲突法视野下我国国际货物多式联运网状责任制之检视*

许庆坤** 陈 雨***

在准据法为中国法但货损地在国外的涉外多式联运案件中，经营人赔偿责任与责任限额的法律适用长期存在争议。若将《中华人民共和国海商法》（以下简称《海商法》）第105条中的“调整该区段运输方式的有关法律规定”视作货损地法律，虽看似符合字面含义，但其实与相关冲突法立法存在明显抵牾，有违合同冲突法所追求的确定性与可预见性，亦与我国构建中国法域外适用法律体系的政策目标相悖。我国《海商法》虽注重实现网状责任制的平衡价值，但忽视了该制度与冲突法规则之间的关联。我国相关规定应体现网状责任制的国内实体法属性，尊重冲突法规则的优先适用，并适当发挥网状责任制对界定最密切联系地的功能。

在推动“一带一路”建设和构建人类命运共同体的进程中，国际货物多式联运日益成为畅通国际物流的重要途径。① 相关法律制度的完善无疑是其发挥作用的前提和基石。国际货物多式联运通常涉及多种运输方式，相关当事人众多，面临的法律风险更为复杂。因此，通过冲突法规则明确国际货物多式联运合同纠纷的准据法，对防范法律风险和增强当事人交易的可预期性，显然至关重要。

国际货物多式联运合同制度的核心是多式联运经营人责任制度，而该责任制度

---

* 本文系2019年国家社会科学基金一般项目“我国国际商事法庭重大制度革新研究”（19BFX204）的阶段性研究成果。

** 上海政法学院教授，问渠源学者。

*** 山东大学法学院国际法学博士研究生。

① 我国正大力发展多式联运，通过优化调整运输结构，发挥其在“一带一路”建设中的作用。参见2016年交通运输部等十八个部门《关于进一步鼓励开展多式联运工作的通知》第10条，以及2021年国务院办公厅《推进多式联运发展优化调整运输结构工作方案（2021—2025年）》第8条。

向来存在网状责任制和统一责任制之争。我国对于网状责任制的采用,始于1992年《海商法》第105条。① 该条起草几经反复,误将国际公约从全球视角分配立法管辖权的规定,简化移植到国内法,成为此后司法实践不一和学界理解分歧的根源。1999年《中华人民共和国合同法》(已失效)第321条的起草者对此未加鉴别,将其进一步扩大适用于任意运输方式结合的多式联运合同,不再局限于必须包含海上运输。② 2020年《民法典》第842条对此未加改动。③ 上述规定的核心,是"适用调整该区段运输方式的有关法律规定"。"有关法律规定"可否指向境外区段所在的法域的法律?对于该问题,不同法院和不同学者的观点各异。有法院认为,法律选择问题依据冲突法而定,若是当事人选择了中国法,即便货损发生在境外的某一区段,赔偿责任和责任限额也应适用中国法。④ 但也有法院认为,若是货损发生在境外,即便当事人选择了中国法,赔偿责任和责任限额也应适用货损所在法域的法律。⑤ 学界对此同样理解不一。有学者主张,货物的灭失或损坏发生在特定区段时,上述规定可发挥冲突法的功用。⑥ 也有学者认为,"调整该区段运输方式的有关法律规定"应限定为我国法律。⑦

我国学界对国际货物多式联运合同制度的研究多以国际公约为视角,探究统一责任制与网状责任制的异同和优劣,较少从冲突法视角进行研究;即使以冲突法为视角进行研究,也未充分运用历史分析、比较分析和系统分析等多种方法进行深入

① 货物的灭失或者损坏发生于多式联运的某一运输区段的,多式联运经营人的赔偿责任和责任限额,适用调整该区段运输方式的有关法律规定。

② 货物的毁损、灭失发生于多式联运的某一运输区段的,多式联运经营人的赔偿责任和责任限额,适用调整该区段运输方式的有关法律规定。货物毁损、灭失发生的运输区段不能确定的,依照本章规定承担损害赔偿责任。

③ 货物的毁损、灭失发生于多式联运的某一运输区段的,多式联运经营人的赔偿责任和责任限额,适用调整该区段运输方式的有关法律规定;货物毁损、灭失发生的运输区段不能确定的,依照本章规定承担赔偿责任。

④ 上海海航工程物流股份有限公司、中材节能股份有限公司海上、通海水域货物运输合同纠纷案,天津市高级人民法院(2018)津民终459号民事判决书。在该案中,在沙特延布港发生货损29.77万元。

⑤ 马士基航运有限公司与青岛航美国际物流有限公司等国际货物多式联运合同纠纷案,上海市高级人民法院(2018)沪民终405号民事判决书。

⑥ 参见刘玲:《国际货物多式联运经营人责任规则分析》,载《中国海商法研究》2020年第2期。

⑦ 参见刘丹:《国际货物多式联运定域损失赔偿责任法律适用问题分析》,载《世界海运》2021年第11期。

探讨。[①] 本文首先运用历史分析方法厘清我国网状责任制的本源，其次比较相关国内外规定以示中外制度之别，再次系统分析该制度与相关冲突法的关系，最后提出我国立法和司法实践改进之策。

一、我国多式联运网状责任制的本源

我国多式联运网状责任制始于1992年《海商法》第105条，该条起草几经波折。1982年该法第一次征求意见稿第77条规定，如经证明货物的灭失或损坏发生于多式联运的某一运输区段，多式联运承运人的赔偿责任和责任限制，应按适用于该运输区段的国家法规或国际公约办理。1985年第二次征求意见稿第65条规定，货物的灭失或损坏发生于多式联运的海上运输区段时，多式联运承运人的赔偿责任和责任限制，应按该法有关规定办理。换言之，该稿将法律适用的前提从货损发生于任一运输区段改为仅发生于海上运输区段，删除了货损发生于非海上运输区段的内容，不再从多式联运整体的立场分配各运输区段的法律适用，而变为仅适用于海上运输区段的规定。1989年第四次征求意见稿又重新增加了任一运输区段的内容，其第93条规定，货物的灭失或者损坏发生于多式联运的某一运输区段的，多式联运承运人的赔偿责任和责任限制，应当依照适用于该区段的法律办理。自此，我国网状责任制已初具雏形，后经几次细微修改，最终呈现为现行《海商法》第105条。[②]

最高人民法院组织编写的《中华人民共和国海商法诠释》一书针对第105条指出，该条体现了有关多式联运经营人的网状责任制，而该制度是“目前国际上通行的原则”，并随后附了1980年《联合国国际货物多式联运公约》（United Nations Convention on International Multimodal Transport of Goods，以下简称1980年《公约》）第19条的规定，暗指我国立法参考了该公约。[③]

但是，相对于1980年《公约》的规定，我国立法大为简化，从而与该公约的原意

---

① 参见张珠围：《国际多式联运合同法律适用问题研究——以中国〈海商法〉第105条为中心》，载《国际经济法学刊》2021年第1期；徐春龙、周茜：《论定域损失多式联运经营人赔偿责任的法律适用》，载《中国海商法研究》2022年第3期。

② 参见司玉琢、张永坚、蒋跃川编著：《中国海商法注释》，北京大学出版社2019年版，第190～191页。

③ 参见傅旭梅主编：《中华人民共和国海商法诠释》，人民法院出版社1995年版，第195～196页。也有学者认为我国立法可能借鉴了1991年由联合国贸易和发展会议与国际商会共同制定的《多式联运单证规则》。参见张珠围：《国际多式联运合同法律适用问题研究——以中国〈海商法〉第105条为中心》，载《国际经济法学刊》2021年第1期。但从我国立法史料看，1982年草案的规定已与现行规则相类似。同时，鉴于《中华人民共和国海商法诠释》的作者身份和组织者的权威性，我国立法主要参考了1980年《公约》之说更为可信。

差别较大。1980年《公约》站在分配不同国家的立法管辖权的角度,将适用条件限制在其他公约或"强制性国内法"(mandatory national law)规定的赔偿限额高于1980年《公约》第18条规定的赔偿限额下,意在协调该公约与其他公约或国内法的关系,争取使更多的国家加入该公约。

反观我国《海商法》第105条,不仅删除了国内法的"强制性"限定语,而且将适用范围扩及于多式联运经营人的"赔偿责任和责任限额",从而将公约中适用于赔偿限额较高的特殊情形扩展于一般情形。申言之,我国《海商法》起草者即便正确理解了1980年《公约》第19条的本意,其合理性也存疑。原因在于,国际公约与国内法有本质区别。国际公约需要协调不同国家的意志和利益,而国内法在不违反相关国际条约的情况下,完全可仅考虑本国意志和利益。1980年《公约》是一部统一实体法公约,旨在消除不同国内法的冲突,便利跨国多式联运活动的开展。为最大限度避免与其他已有公约的冲突,考虑到缔约国对于本国强行法所维护特殊利益的关切,1980年《公约》将第19条作为第18条第1款至第3款所规定赔偿限额的例外情形,可谓用心良苦。但是,我国《海商法》乃国内法,我国也不是1980年《公约》的缔约国,且该公约从未生效,起草者完全无须有与1980年《公约》起草者一样的顾虑,而应站在我国利益角度,制定有利于推动我国多式联运行业发展的规则。具言之,我国立法者对于国际货物多式联运合同涉及不同国家法律的适用问题,不应站在全球视野像国际立法者那样去分配各国立法管辖权,而应根据我国国际货物多式联运的实践需要,制定切实可行的冲突法规则,指引当事人适用相应的实体法。

二、多式联运网状责任制的域外实践

我国国际货物多式联运网状责任制并非本土"特产",而是源自域外实践。除了1980年《公约》中的规定,考察其他国际规则和他国国内法的相关规定,对于完善我国相关制度不无裨益。

(一)国际规则

1980年《公约》始终未能生效,而且迄今也未有类似的专门针对国际货物多式联运的公约出台。但是,实践中有两部国际示范法具有广泛影响力,时常为国内学界论及。① 一部是国际商会于1973年制定的《联运单证统一规则》(Uniform Rules for a Combined Transport Document),后于1975年修订(以下简称1975年《规则》);

① 参见丁莲芝:《多式联运经营人责任限制问题研究》,法律出版社2015年版,第27~29页。

另一部是1991年由联合国贸易和发展会议携手国际商会共同制定的《多式联运单证规则》(UNCTAD/ICC Rules for Multimodal Transport Documents,以下简称1991年《规则》)。两部统一规则均属示范法,对国家和个人均无强制约束力。针对适用于定域损失的网状责任制,前者规定具体而详尽,与我国立法差异显著;后者规定简单,但其内容与我国立法亦有实质区别。

1975年《规则》对网状责任制的规定主要体现在第13条,该条是第5条第5项一般规定的例外。第13条规定了发生定域损失时不适用一般规定的四种情形:其一,遇有国际条约或相关国内法有强制性规定(不得以私人合同背离的规定),索赔人与多式联运经营人就特定运输区段单独签订了合同,而且有必须适用国际公约或国内法的特定单证。这是针对国际条约或国内法中强行法的情形。其二,多式联运单证上明确约定了适用有关的国际公约。这是针对当事人约定适用国际条约的情形,体现了意思自治原则。其三,针对联运经营人与实际承运人签订的有关内河运输合同,而多式联运单证中约定适用该内河运输合同的条款。这一规定同样体现了意思自治原则。其四,若以上三项规定不适用,则适用有关非定域损失的第11、12条之规定。上述规定表明,1975年《规则》一方面尊重相关国际条约或国内法中的强制性规定,另一方面尊重当事人的意愿。唯有在既不抵触相关强行法,也不违背当事人意愿的情形下,一般规定才得以适用。这充分体现了1975年《规则》示范法的特性。

比较而言,1991年《规则》对网状责任制的规定相对简单,体现于第6条第4项。第6条适用于"多式联运经营人的赔偿责任限制",前3项均为赔偿责任限制的一般规定,而第4项则为例外规定。详言之,若货物灭损发生于特定区段,而适用于该区段的国际公约或强制性国内法规定了不同的赔偿限额,则赔偿责任限额适用该特别规定。同时,1991年《规则》明确宣告,其为民间规则,唯有当事人明确选择适用,才对当事人具有约束力,充分体现了当事人意思自治原则。日本采用了与我国《海商法》与《民法典》相似的表述,但不同的是明确指向了调整各区段运输方式的日本法或者日本缔结的国际条约。这一强制性指引方式有利于国内法律体系的协调统一,亦有利于当事人在涉外案体中选择日本法作为准据法时准确预见法律后果,虽然在国内多式联运合同关系中起到了平衡经营人赔偿责任与追偿权利的作用,但却一定程度上导致涉外多式联运案件中无法在经营人的追偿权利适用货损国法律时达到同样的平衡。

(二)国内立法

在外国立法中,对于涉外多式联运定域货损案件中经营人赔偿责任所适用法律的立法模式可大致分为三类:第一类为统一适用本国法;第二类为特定条件下适用货损国法律或国际公约;第三类为适用针对货损区段的法律或国际公约。

日本《商法典》第578条第1款规定:将陆上运输、海上运输或者航空运输中两种以上的运输方式以同一合同进行承接的,导致货物灭失等的原因发生于各区段时,承运人的赔偿责任,依照各区段运输方式所适用的日本法律法规或者日本缔结的国际公约的规定确定。① 若区段不能确定的,则适用日本《商法典》的一般性规定,即运输总则。②

越南与新加坡采取了特定条件下适用货损国法律或国际公约的立法模式。越南《多式联运法》(Decree on Multimodal Transport)第24条第4款规定,如果货物在多式联运的特定区段发生损失或损坏,该区段运输方式在国际条约或国家立法中规定了责任限制,且当事人就各运输阶段分别签订了合同的,则多式联运经营人对货物损失或损坏的责任限制将根据国际条约或该国法律的规定来确定。新加坡《多式联运法》(Multimodal Transport Act 2021)第19条规定,如果作为多式联运合同标的物的货物的灭失或损坏发生在国际多式联运货物的某一特定阶段,如果为该特定运输阶段订立了单独的运输合同,且某一强制性法律就此规定了另一种责任限额,则多式联运经营人对此种灭失或损坏的责任限额应适用该强制性法律。越南与新加坡的这种立法模式的结果是在一般情形下适用国内法,维护了其国内法律的协调统一性;在例外情形下(如为该特定运输阶段订立了单独的运输合同等)适用相关货损国法律或国际公约,尽可能平衡经营人的赔偿责任与追偿权利,同时考虑了货损国法律或国际公约的适用。此外,网状责任制辅以签订有单独运输合同的适用条件,避免了准据法的再次选择或分割适用。

德国、荷兰、韩国、印度,采用了按货损区段应当适用的法律或国际公约确定责任的立法模式,但亦均未指明该法律或国际公约应为货损国还是法院地国法律或缔结的国际公约。

德国《商法典》(Handelsgesetzbuch)第452条规定,如果在一份运输合同的基础上,通过各种运输方式进行货物运输,并且如果双方当事人就涉及一种运输方式(运输段)的每一部分分别签订合同,其中至少有两份合同受制于不同的法律规则,则第

---

① 参见张秀娟等:《日本最新商法(有关运输/海商部分)和国际海上货物运输法》,载《中国海商法研究》2020年第1期。

② 参见陈昊泽、何丽新:《〈日本商法典〉运输总则最新修订之评析》,载《中国海商法研究》2018年第3期。

一分则的规定适用于该合同,除非以下特别规定或适用的国际公约另有规定。第452a条进一步规定,如果已经确定灭失、损坏或导致延迟交货的事件发生在某一特定运输段,那么,与第一分则的规定相反,承运人的责任将按照适用于涵盖该运输段的运输合同的法律规定确定。损失、损坏或导致延迟交货的事件发生在某一特定运输段的举证责任由提出相应指控的人承担。荷兰《民法典》(Dutch Civil Code)第8编第41条规定,在多式联运合同中,运输的各部分均受该部分适用的法律规则管辖。韩国《商法典》(Korean Commercial Act)第816条规定,承运人承担的货物运输包括海上运输以外的其他阶段的,承运人应根据损坏发生的特定阶段所适用的法律承担赔偿责任。如果不清楚损坏发生在哪个运输阶段,或者从性质上讲损坏的发生不能局限于某个阶段,承运人应根据运输时间最长的阶段所适用的法律承担赔偿责任。但在运输时间相同或无法确定运输时间最长的阶段的情况下,承运人应按照运费最贵的阶段所适用的法律承担赔偿责任。印度《货物多式运输法》(The Multimodal Transportation of Goods Act 1993)第15条规定,若多式联运经营人对任何托运货物的任何损失或损坏负有责任,而托运人在该托运货物被多式联运经营人接管之前没有申报其性质和价值,并且知道发生这种损失或损坏的运输阶段,则多式联运经营人对该损失或损坏的责任限额应根据发生损失或损坏的运输方式所适用的有关法律规定来确定。多式联运合同中任何相反的约定都是无效的。

对于"货损区段适用的法律或国际公约"应指货损国还是法院地国的法律或缔结的国际公约,德国学界普遍认为,第452a条中的涵盖该运输段的运输合同的法律规定只能是德国法。比如有德国学者认为,若该条具有指引至外国法的效力,在性质上便属于冲突法规则,这就导致了多式联运合同整体适用德国法但在特定运输区段中适用其他国家法律的矛盾,与冲突法统一法律适用的导向不符,亦会出现与德国冲突法体系中其他条款的矛盾,因为这些条款明确禁止反致及转致。① 另有德国学者认为,第452a条是实体法规则,不是冲突法规则,只能指引其他的国内实体法规则如何适用,而不能指引至外国法。② 荷兰学者认为,荷兰《民法典》第8编第14条中的调整该区段的法律不能是其他国家的法律,而仅能指荷兰实体法;荷兰《民法典》第8编第14条不能作为冲突法规则来确认适用的准据法,因为一旦适用了荷兰

① See Marian Hoeks, *Multimodal Transport Law: The Law Applicable to the Multimodal Contract for the Carriage of Goods*, Kluwer Law International BV, 2010, p.466 - 467.

② See Marian Hoeks, *Multimodal Transport Law: The Law Applicable to the Multimodal Contract for the Carriage of Goods*, Kluwer Law International BV, 2010, p.467.

《民法典》第8编第14条,荷兰法便已经是准据法,故荷兰《民法典》第8编第14条只能在荷兰法律体系内进一步选择适用于特定运输区段相关的法律。①

三、我国多式联运网状责任制的体系解读

(一)我国多式联运网状责任制在海商法中的定位

我国《海商法》第105条位于第4章"海上货物运输合同",该章中的条文均是对海上货物运输合同主体权利义务的实体法规则,而《海商法》中的所有冲突法规则均位于第14章"涉外关系的法律适用"。因此,《海商法》第105条的体系定位应是实体法规则而非冲突法规则,不具有指引准据法的效力。

我国现行《海商法》起草于20世纪90年代,但在对外开放的背景下,我国立法应同国际公约或惯例接轨。海运的国际性特征也使我国《海商法》许多章节是将国际公约或国际惯例翻译之后便直接借鉴。② 例如,第4章"海上货物运输合同"主要采撷了《海牙—维斯比规则》和《汉堡规则》的规定,甚至一些条文尚留有英文表述特点的痕迹。由此观之,有关多式联运网状责任制的规定直接借鉴国际公约的规定,便不足为奇。其实,类似问题也存在于其他制度中。例如,第9章"海难救助"基本上是1989年《国际救助公约》(International Convention on Salvage)的国内摹本,③而未充分顾及该章对"船舶"的界定与第1章"总则"中第3条对船舶定义的差异。

(二)我国多式联运网状责任制与相关冲突法的关系

从我国法律体系角度观察,我国多式联运网状责任制无法脱离其与相关冲突法规则的关系。若将《海商法》第105条中的"调整该区段运输方式的有关法律规定"理解为货损地法,则意味着当事人选择了中国法或法院依据最密切联系原则确定适用中国法,而我国《海商法》第105条却又指引适用货损地法,若货损地在德国,则案件最终适用德国法。这就出现了冲突法上典型的转致现象。但是,2010年《中华人民共和国涉外民事关系法律适用法》(以下简称《法律适用法》)第9条明确禁止反致。④ 尽管从字面分析,该条仅规定我国冲突法指向的外国法,不包括外国冲突法,似乎我国冲突法指向我国法,并未明确排除我国冲突法。但从逻辑上分析,我国冲突法指引适用中国法,然后再次依据我国冲突法指向外国法,这就隐含了一个无法摆脱的悖论,或第一次运用冲突法(意思自治原则或最密切联系原则)错误,或第二

① See Michiel Spanjaart, *Multimodal Transport Law*, Routledge, 2018, pp. 180-181.

② 参见司玉琢等编著:《海商法详论》,大连海事大学出版社1995年版,第33页。

③ 参见司玉琢等编著:《海商法详论》,大连海事大学出版社1995年版,第33页。

④ 涉外民事关系适用的外国法律,不包括该国的法律适用法。

次运用我国冲突法(网状责任制)错误。从《法律适用法》立法本意考察,该法旨在彻底排除反致制度。[①] 在《法律适用法》出台之前,就有学者运用经济分析方法指明反致对司法资源的高度耗费,运用价值分析方法指明其对公平、效率作用的无力,并从该制度的历史根源和国际私法的发展趋势论证了其必然消亡的结局。[②] 将《海商法》第105条视为具有冲突法功能的观点与我国禁止反致原则难免出现无法兼容的问题。

即便不考虑我国禁止反致制度的规定,将《海商法》第105条解释为具有冲突法功能,也有违反致制度的常规操作和合同冲突法精神。反致通常被视作一种排除外国法适用的制度,旨在解决本国法和住所地法的冲突,主要适用于婚姻、家庭、继承等身份关系和当事人能力事项;反致弊端之一是其导致法律适用过程异常复杂而艰难,法律适用结果难以预料。而合同冲突法的首要价值是保护当事人正当期望,追求法律适用结果的可预测性,因此反致通常不适用于涉外合同争议。恰如英国权威法官詹金斯(Jenkins)、罗默(Romer)和威尔默(Willmer)所言:"反致原则在合同领域无用武之地。"[③]

(三)我国多式联运网状责任制与涉外法治政策

统筹推进国内法治与涉外法治是全面依法治国的重要内容,而涉外法治的政策之一便是尊重当事人意思自治,保护中外当事人合法权益,尤其是其依法选择适用法律的权利。[④] 意思自治是合同法律关系的基本原则,对促进我国对外开放和国际经贸交往意义重大。商业规则能否实现其既定目标,关键是能否实际促进商业关系的实践及实现其主要价值,即法律的确定性和可预测性,商业规则为实用性目的服务,即这些规则应该被实践所接受并具有商业意义。[⑤] 合同的重要目的之一在于预先确定当事人的权利义务,减少不确定性。若我国《海商法》第105条具备指引适用货损国法的功能,其将导致多式联运经营人责任的不确定性,这一不确定性会使得经营人从自身利益出发选择途经国家与运输方式,极易损害托运人的利益。在托运

---

① 参见王胜明:《涉外民事关系法律适用法若干争议问题》,载《法学研究》2012年第2期。

② 参见赵喜臣、许庆坤:《关于反致制度的反思》,载韩德培等主编:《中国国际私法与比较法年刊》第4卷,法律出版社2001年版。

③ See J. H. C. Morris, D. McClean & V. R. Abou-Nigm, *The Conflict of Laws*, 10th ed., Thomson Reuters, 2021, p. 537.

④ 参见2020年最高人民法院《关于人民法院服务保障进一步扩大对外开放的指导意见》第4条。

⑤ See Olena Bokareva, *Uniformity of Transport Law through International Regimes*, Edward Elgar, 2019, p. 83.

人与经营人签订多式联运合同时,通常仅约定运输起止地点,具体运输路线与方式尚未确定,由经营人根据实际情况选择。若我国网状责任制可以指引至货损国法,则托运人在多式联运合同中预先选择适用我国法时,相当于对于经营人的赔偿责任与责任限额无法选择明确的实体法律,仍需随实际运输路线选择而变化;即便托运人在签订多式联运合同时明知我国网状责任制规定可以指引至货损国法,但由于货损国并不确定,导致货损国法所规定的权利义务并不明确,这意味着托运人在多式联运合同中预先选择适用我国法却无法预见发生货损后经营人的赔偿责任究竟如何,有违合同的可预见性及意思自治原则。与托运人相反,经营人可以利用这一规则,在后续安排具体运输时选择有利于自己的运输路线,去途经那些赔偿责任与责任限额较低的国家,如此有可能导致运输时间成本与货损风险增加。

此外,国际货物多式联运合同的当事人选择适用中国法,即便货损地在外国,这也是其在行使选择法律的正当权利,体现了冲突法中的意思自治原则,无论对于私人权益的保护,还是对于国际经贸交往良好秩序的维护,均有积极价值。同时,法院对于货损地在外国的国际货物多式联运合同纠纷,依据最密切联系原则选择适用中国法,若中国法限于实体法,则中国实体法也可正常得到适用。但若认为《海商法》第105条具有冲突法功能,这两种正当适用中国实体法的实践将均遭否定,反而被引导适用货损地所在外国的法律。这也提醒我们,推进我国法域外适用的法律体系建设具有现实必要性;该项工作不仅可于立法层面完善相应制度,而且还可厘清我国政策目标实现的合理路径。

四、我国多式联运网状责任制的立法改进和司法解释建议

(一)我国多式联运网状责任制的立法改进

1980年《公约》从未生效,而且将来生效的概率也是微乎其微。故我国立法者在构建多式联运货损责任制度时不应受1980年《公约》所限,应从本国当事人和国家利益出发,着眼于"一带一路"建设需求,发挥国际货物多式联运在贸易畅通中的巨大作用。基于上述考虑,我国若保留多式联运合同中的网状责任制形式,则应将其限定于指引不同国内实体法的功能。具言之,货物的灭失或者损坏发生于多式联运的某一运输区段的,多式联运经营人的赔偿责任和责任限额,适用调整该区段运输方式的我国有关规定,至于协调不同国家立法管辖权的问题,理应交给我国的冲突法来解决。

如此修改并未涉及国际条约的适用问题。对于国际条约在我国的实施,我国《海商法》第14章"涉外关系的法律适用"第268条实际已明确采用国际条约优先适

用原则,无须在有关网状责任制的条款中赘述,即便涉及海上运输公约之外的条约。虽然我国因《民法典》出台而废止了《民法通则》第 142 条之一般规定,但这几乎未影响人民法院适用国际条约的司法实践。一方面,中国法院基于《联合国宪章》和《维也纳条约法公约》,一直践行"条约必须信守"的国际法基本原则;另一方面,审判实践中涉及国际条约适用的,最高人民法院提倡人民法院直接援引条约的规定。

(二)对将来有关网状责任制司法解释的建议

一方面,在《海商法》第 105 条不进行修改的情况下,其实体法规则的性质、指示的法律范围亦可以通过司法解释予以明确,建议规定:当事人就多式联运合同协议选择适用或者根据最密切联系原则适用中华人民共和国法律,但货物灭失或者损坏发生在国外某一运输区段的,人民法院应当根据《海商法》第 105 条的规定,适用我国调整该区段运输方式的有关法律规定,确定多式联运经营人的赔偿责任和责任限额。如此以保护当事人正当期望,实现我国涉外法治政策,发挥多式联运在"一带一路"建设中的作用。

另一方面,网状责任制并非不可能在将来涉外多式联运合同法律适用的司法解释中发挥一定的作用。相对于统一责任制,网状责任制有利于实现经营人赔偿和对第三人追偿的平衡。多式联运中通常包含多个合同法律关系,除多式联运合同本身外,经营人还可能就各区段运输与他人签订单式运输合同,分段委托他人实际承运。根据合同的相对性,当货物在运输过程中灭失或者损坏的,托运人只能向多式联运经营人主张违约赔偿责任。多式联运经营人向托运人承担责任后,再依据各单式运输合同向实际承运人追偿。在统一责任制下,多式联运经营人对托运人承担的外部赔偿责任与向实际承运人的内部追偿权利很可能不一致,导致经营人的权利出于非自身原因而不当受损或获益。故实现外部赔偿责任与内部追偿权利的平衡,是网状责任制的根本目的,网状责任制在国际公约或示范法中主要体现为对货损地法的尊重。鉴于网状责任制的优点,建议最高人民法院在对最密切联系原则的适用予以司法解释时,可适当关照国际货物多式联运合同的特殊性,强调货损地在确定最密切联系地时的重要性,尤其应特别关注货损地强行法的适用。

《新加坡调解公约》研究

《新加坡调解公约》对国际商事纠纷多元化解决机制的影响及我国因应

王 涵[*] 左海聪[**]

《新加坡调解公约》赋予了由国际商事调解所产生的国际和解协议可直接执行的效力,其影响不只突破了国际和解协议跨境执行力不足的桎梏,还将进一步优化调整国际商事纠纷多元化解决机制,在提升国际商事调解机制的独立性地位,推动多元解纷资源的合理配置,以及优化调解与诉讼、仲裁程序的衔接三个方面均有体现。为了实现我国国际商事纠纷多元化解决机制与《新加坡调解公约》的良性对接,我国应在保障国际商事调解独立运行,提升国际商事调解服务水平的基础上,大力推动国际商事调解优先解决纠纷,同时实现其与诉讼、仲裁程序的科学有效衔接。

一、引言

《联合国关于调解所产生的国际和解协议公约》(以下简称《新加坡调解公约》)于2020年9月12日正式生效,目前已有包括中国在内的56个国家及地区签署了该公约。① 《新加坡调解公约》赋予由国际商事调解机制产生的国际和解协议类似于仲裁裁决的法律效力,保障国际和解协议可以直接向缔约方法院申请强制执行,从而提高国际和解协议的跨境流动效率。国际和解协议跨境直接执行这一全球性制度保障无疑增强了国际商事调解解决纠纷的确定性,增强了调解在国际商事争议解决中的吸引力。

调解作为非诉讼纠纷解决机制的典型代表,是多元化纠纷解决机制建设中的重

* 南开大学法学院国际法专业博士研究生。

** 对外经济贸易大学法学院教授。

① 《新加坡调解公约》缔约现状,载联合国国际贸易法委员会官网,https://uncitral.un.org/zh/texts/mediation/conventions/international_Settlement_agreements/Status,2023年5月6日访问。

要一环。一方面,调解属合意型纠纷解决方式,[①]由当事人在第三人的协助下友好协商达成争议解决方案,具有成本低、效率高、有助于维持商业合作关系等优势。另一方面,调解可以与诉讼、仲裁程序有机衔接,实现各解纷方式间的配合协调、优势互补。因此,从多元化纠纷解决机制建设的视角分析,《新加坡调解公约》所带来的不仅是国际和解协议执行机制的重大革新,在深层次意义上也必将引发多元化纠纷解决机制的一系列调整。

我国已将完善多元化纠纷解决机制作为推进法治社会建设的重要举措,[②]特别是在"一带一路"建设过程中,构建具有中国特色、国际水准的国际商事纠纷解决机制已经成为"一带一路"法治保障的核心内容。[③] 加入《新加坡调解公约》势必会给我国多元化纠纷解决机制的建设带来新机遇和新挑战。基于此,本文以多元化纠纷解决机制的建设为研究视角,阐明国际和解协议的效力依附型执行模式及其困境,研究《新加坡调解公约》下国际和解协议直接执行机制的具体构建,在此基础上,本文深入挖掘《新加坡调解公约》之革新对国际商事纠纷多元化解决机制的影响,并以此为导向,就如何完善我国国际商事争议多元化解决机制以对接《新加坡调解公约》的国内实施提出可行建议。

二、国际和解协议的效力依附型执行模式及困境

一般来说,由调解产生的和解协议在法律性质上属于当事人之间的合同,其没有强制执行力,只能依靠当事人主观上的执行意愿。[④] 如果一方当事人不遵守和解协议,另一方当事人无法直接依和解协议向法院申请强制执行,只能通过合同法寻求违约救济或另行解决争议。为了满足当事人强制执行和解协议的要求,调解往往依附于其他程序以便将和解协议转化成具有强制执行效力的法律文书。此种执行模式包含三种主要类型,即调解与诉讼程序相结合、调解与仲裁程序相结合、调解与公证程序相结合。

(一)调解与诉讼程序相结合

调解与诉讼程序相结合是借助司法程序的公信力对和解协议进行法律上的确

---

① 参见[日]棚濑孝雄:《纠纷的解决与审判制度》,王亚新译,中国政法大学出版社1994年版,第11页。

② 参见2014年中国共产党第十八届中央委员会第四次全体会议《中共中央关于全面推进依法治国若干重大问题的决定》。

③ 参见2016年《最高人民法院关于人民法院进一步深化多元化纠纷解决机制改革的意见》(法发〔2016〕14号);2019年《最高人民法院关于人民法院进一步为"一带一路"建设提供司法服务和保障的意见》(法发〔2019〕29号)。

④ 参见刘敬东主编:《〈新加坡调解公约〉批准与实施机制研究》,中国社会科学出版社2021年版,第3页。

认,通过法院记录、审查确认等方式将和解协议转化为与法院判决具有相同效力的法律文书,从而借助法院判决的跨境执行机制来执行和解协议。在大多数法域,诉讼过程中调解达成的和解协议可以被法院直接记录为可强制执行的法院判决。① 例如,法国《民事诉讼法典》规定在诉讼过程中当事人指定调解员达成的和解协议,经法官审查核准后具有司法上的效力。② 当事人还可以通过申请法院审查确认的方式将在诉讼程序外调解达成的和解协议转化为与法院判决效力相同的法律文书。例如,《新加坡调解法案》为经特定的调解机构或经认证的调解员达成的和解协议的执行提供了一种快速机制,使该类和解协议可以依当事人的申请转化为法院命令,从而按照法院判决的方式执行。③ 将和解协议提交法院审查确认的方式形式上是赋予和解协议强制执行的效力,但实际上是借助司法程序对当事人调解达成的和解协议再加以法律上的确认,降低了调解解决争议的效率,削减了调解的独立性价值。④

调解与诉讼程序相结合的执行模式在实践中也会面临诸多不确定性因素。原则上,一国法院作出的判决只在其本国领域内有效,而无域外效力。⑤ 一国判决若要在他国法院得到承认和执行,需要依赖相关司法协助条约或互惠关系的认定。目前全球范围内的司法协助条约存在地理覆盖范围有限或适用范围严格限制等问题,尚无法担负起判决全球高效流动的重任。⑥ 在缺乏司法互助条约的情况下,互惠作为促进国家间民商事判决被承认与执行的一种合作依据,在多数国家的立法和实践中占有一定地位。但由于立法规定较为简单,导致实践中各国的互惠认定标准存在差异,判决的承认和执行依然存在相当大的不确定性。⑦

---

① See Bobette Wolski, *Enforcing Mediated Settlement Agreements (MSAs): Critical Questions and Directions for Future Research*, Contemporary Asia Arbitration Journal 7(1) 95 (2014).

② 参见 1976 年法国《民事诉讼法典》第 6 编,第 131 条。

③ 参见《新加坡调解法案》第 12 条第 5 款。

④ 参见孙南翔:《〈新加坡调解公约〉在中国的批准与实施》,载《法学研究》2021 年第 2 期。

⑤ 参见徐伟功:《我国承认与执行外国法院判决制度的构建路径——兼论我国认定互惠关系态度的转变》,载《法商研究》2018 年第 2 期。

⑥ 就多边司法协助条约来说,海牙国际私法会议 1971 年主持制定的《外国民商事判决承认与执行公约》仅有 5 个缔约国批准加入。具体缔约情况载海牙国际私法会议官网,https://www.hcch.net/en/instruments/conventions/status-table/? cid = 78,2023 年 1 月 6 日访问。2005 年通过的《选择法院协议公约》将适用范围限缩在协议选择法院的基础上产生的判决的跨境承认和执行问题。2019 年通过的《承认与执行外国民商事判决公约》虽然将适用范围扩大到了国际民商事判决,但该公约至今尚未生效。而双边司法协助条约由于体量较小,规则的可预测性不强,尚无法担负起判决全球高效流动的重任。

⑦ 参见王雅菡:《外国法院判决承认与执行中互惠的认定标准》,载《武大国际法评论》2019 年第 4 期。

(二)调解与仲裁程序相结合

调解与仲裁程序相结合可以将和解协议转化为仲裁裁决以获得强制执行力,从而通过《承认及执行外国仲裁裁决公约》(以下简称《纽约公约》)得到跨境执行。实践中主要通过两种调解与仲裁程序相结合的模式来实现国际和解协议的强制执行,即调解—仲裁模式(Med-Arb)和仲裁—调解模式(Arb-Med)。在调解—仲裁模式下,当事人先启动调解程序,在调解达成协议后由当事人指定的仲裁员将和解协议记录为合意仲裁裁决。例如,《斯德哥尔摩商会仲裁院调解规则》第 14 条规定:(当事人)达成和解协议后,经调解员同意,当事人可以任命调解员为仲裁员,并要求其在仲裁裁决中确认和解协议。在仲裁—调解模式下,仲裁庭启动仲裁程序后,在当事人同意的基础上进行调解。当事人达成和解协议后,由仲裁庭将和解协议记录为仲裁裁决。例如,德国《民事诉讼法典》第 10 编第 1053 条规定:如果当事人在仲裁程序中达成了和解协议,经当事人请求,仲裁庭必须根据协议条件以仲裁裁决的形式记载所达成的和解协议,这一裁决应与就案件实体争议所作出的其他任何裁决具有同等效力。

此种执行模式明显抑制了调解的高效解决争议的优势,破坏了将调解作为一种独立、平等的争议解决程序的目标。当事人不应仅为了给和解协议盖上强制执行力的图章而去启动仲裁程序,从而付出额外的时间和金钱成本。况且调解程序与仲裁程序存在显著区别,将和解协议适用于《纽约公约》必然存在规定上的不适配。此外,借助《纽约公约》实现合意仲裁裁决的跨境执行可能存在一定障碍。《纽约公约》要求仲裁裁决因当事人间的“争议”(differences)而产生,但未明确规定争议是否应当存在于仲裁程序开始时。① 通常认为,如果调解程序发生在仲裁程序之外,即使和解协议被记录为仲裁裁决也不能依据《纽约公约》执行,因为此时当事人间已经没有任何争议需要仲裁。② 合意仲裁裁决只是以仲裁裁决的形式确认所形成的和解协议,并未实质性地解决争议,其是否能顺利依据《纽约公约》得到跨境执行尚未可知。

(三)调解与公证程序相结合

调解与公证程序相结合旨在将和解协议通过公证程序转化成强制执行依据。

① See Ellen E. Deason, *Enforcement of Settlement Agreements in International Commercial Mediation: A New Legal Framework?*, 22 Dispute Resolution Magazine 32, 33 (2015).

② See James T. Peter, *"Med-Arb" in International Arbitration*, 8 The American Review of International Arbitration 83, 89 (1997).

赋强公证属多元化纠纷解决机制的组成部分,可以通过赋予债权文书以强制执行力来直接解决纠纷。调解依附于公证程序能够使具有给付内容的和解协议获得强制执行效力,一方当事人不履行或不适当履行和解协议的,另一方当事人可以根据公证文书申请强制执行。此种赋强公证的执行模式主要应用在大陆法系国家,如德国、奥地利、西班牙、波兰等国家均有类似的规定。① 赋强公证属纯粹国内法规定之事项,对保障国际和解协议的跨境执行作用十分有限。欧盟议会及理事会《关于民商事调解若干问题的第2008/52号指令》虽然赋予了和解协议的国内执行程序以国际法律效力,即经一国赋强公证程序获得强制执行力的国际和解协议,在欧盟成员国内也可以获得强制执行,②但该指令并不直接约束欧盟各成员国,具体推进依然有赖于各国国内法。赋强公证的执行模式具有适用范围上的局限,特别是对不同法律传统下的国际和解协议当事人而言,通过赋强公证实现和解协议的跨境强制执行并非优选。③

综上所述,在国际和解协议的效力依附型执行模式下,国际和解协议能够间接获得强制执行力,但存在两重困境。其一,当事人若想通过调解实现纠纷的彻底解决,须启动额外程序实现和解协议的强制执行。故调解在多元化纠纷解决机制中始终处于附属地位,无法发挥其独立解决争议的价值,调解与诉讼、仲裁之间也无法实现真正的优势互补与良性互动。其二,此种效力依附型执行模式不能给国际和解协议的跨境执行提供充分保障,会更加降低当事人优先选择调解机制的意愿,不利于多元化纠纷解决机制的体系化发展。

三、《新加坡调解公约》下国际和解协议的直接执行

《新加坡调解公约》创设了国际和解协议跨境直接执行的国际规则,带来了国际和解协议执行机制的重大革新。该公约项下的国际和解协议应当符合特定的要求,当事人可以凭借国际和解协议本身直接申请法院强制执行,无须经过转化程序、复审程序和承认程序。国际和解协议直接执行机制保障了当事人跨境执行国际和解协议的高效,弥补了效力依附型执行模式的缺陷。

---

① See UNCITRAL. Note by the Secretariat, Settlement of commercial disputes—Enforcement of Settlement Agreements resulting from International Commercial Conciliation/Mediation: Compilation of Comments by Governments on the work of UNCITRAL Forty-eighth session (Vienna, 29 June – 16 July 2015), U. N. Doc. A/CN. 9/846 (Add1 – Add5).

② 参见欧盟议会及理事会《关于民商事调解若干问题的第2008/52号指令》第6条。

③ See Eunice Chua, *Enforcement of International Mediated Settlements without the Singapore Convention on Mediation*, 31 Singapore Academy of Law Journal 572,596 (2019).

(一)国际和解协议的要求

1. 国际和解协议需产生于国际商事调解

《新加坡调解公约》下的可直接执行的国际和解协议需满足产生于国际商事调解的要求,且该公约对"国际""商事""调解"的含义均有具体的解释。该公约第1条第1款规定以当事人的营业地为判断和解协议是否具备国际性的标准,当事人的营业地位于不同的缔约国即满足国际性的要求。如果当事人的营业地位于相同国家,但和解协议的执行地与当事人营业地分属不同国家的,和解协议也具有国际性。《新加坡调解公约》并没有"和解协议作出地"的概念,其不依赖于传统的属地方式区分和解协议的"国内"和"国外",而是以当事人的营业地来区分和解协议的"国际"和"非国际"。原因在于调解活动可能在不同国家间进行,和解协议与其作出地往往并不存在特殊的关联,确定和解协议的作出地对于和解协议的执行意义并不大。①

《新加坡调解公约》适用于"商事"和解协议的执行,并对"商事"要求做了排除性列举的定义。该公约第1条第2款明确商事范围不包括以下两类协议,即一方当事人(消费者)以个人、家庭或家居目的进行交易的协议,以及与家庭法、继承法或就业法有关的协议。第一类协议的典型特征在于当事人间的议价能力不对等,各国通常会制定强制性规则以保护较弱当事方的权益,从而限制当事人的意思自治。为了避免与各国国内法中的强制性规则产生严重冲突,该公约将此类纠纷排除在外。第二类协议具有强烈的人身性质,在各法域普遍不被认为有商事性质,且涉及各国国内政策和公共价值的判断,故亦被排除在该公约的商事范围外。②

《新加坡调解公约》下的可直接执行的和解协议需由调解程序所产生。关于"调解"一词的内涵,《新加坡调解公约》第2条第3款进行了解释:"调解"无论使用何种称谓或者进行过程以何为依据,指由一名或者几名第三人("调解员")协助,在其无权对争议当事人强加任何解决办法的情况下,当事人友好解决其争议的过程。该公约对调解的定义是广义且具有包容性的,其视调解为一个灵活的过程,可以采用不同类型的调解方法或调解技巧。③ 故在线调解方式也被该公约所承认,只要由

---

① 参见赵云:《〈新加坡调解公约〉:新版〈纽约公约〉下国际商事调解的未来发展》,载《地方立法研究》2020年第3期。

② See Eunice Chua, *The Singapore Convention on Mediation—A Brighter Future for Asian Dispute Resolution*, 9 Asian Journal of International Law 195,197 (2019).

③ See Natalie Y. Morris-Sharma, *The Singapore Convention is Live, and Multilateralism, Alive!*, 20 Cardozo Journal of Conflict Resolution 1009,1012 (2019).

其产生的和解协议所采用的电子通信方式可以调取以备日后查用。① 区别于当事人自行和解,调解应是在第三人的协助下促成争议的友好解决。区别于诉讼和仲裁程序,调解中的第三人应无权强加给当事人任何解决办法。但该公约对第三人的资格未作限制,个人调解员或调解机构都属于第三人的范畴。

2. 国际和解协议不包括可作为判决或仲裁裁决执行的和解协议

如果一项和解协议产生于该公约所规定的国际商事调解机制,但是该项和解协议可以作为判决或仲裁裁决执行,则不属于该公约的适用范围。《新加坡调解公约》为了避免和《纽约公约》《选择法院协议公约》《承认与执行外国民商事判决公约》的适用发生重叠,其在第 1 条第 3 款中规定该公约不适用于经由法院批准或者系在法院相关程序过程中订立的可在该法院所在国作为判决执行的协议以及已记录在案并可作为仲裁裁决执行的协议。该公约采取"可执行性"标准,强调和解协议最终具有作为判决和仲裁裁决执行的可能性,执行的结果在所不问。② "可执行性"标准为此类和解协议能否适用该公约的唯一标准,如果和解协议不具有作为判决或仲裁裁决的可执行性,则应纳入该公约适用范围。不具有可执行性的情形包括和解协议原本具有可执行性,但申请执行时可执行性丧失,如判决已超过执行期限。③

(二)国际和解协议的直接执行

1. 免于转化程序

与国际和解协议的效力依附型执行模式不同,《新加坡调解公约》为国际和解协议的跨境执行提供了一种更为直接的模式。当事人可以凭借符合该公约要求的国际和解协议本身直接向执行地法院申请执行,无须再将其转化成具有强制执行力的其他法律文书。《新加坡调解公约》第 3 条第 1 款规定:本公约每一当事方应按照本国程序规则并根据本公约规定的条件执行和解协议。各缔约方仅能在本公约的规则框架内设定直接执行国际和解协议的具体程序规则,不可以施加额外的执行限制。同时,该公约要求执行方法院审理和解协议执行请求时应从速行事,执行方法

---

① 参见《新加坡调解公约》第 2 条第 2 款。

② See UNCITRAL. Note by the Secretariat, Settlement of commercial disputes —International commercial conciliation: preparation of an instrument on enforcement of international commercial settlement agreements resulting from conciliation on the work of Working Group Ⅱ sixty-seventh session (Vienna, 2 – 6 October 2016), U. N. Doc. A/CN. 9/WG. Ⅱ/WP. 202, para. 14.

③ See Timothy Schnabel, *The Singapore Convention on Mediation: A Framework for the Cross-Border Recognition and Enforcement of Mediated Settlements*, 19 Pepperdine Dispute Resolution Law Journal 1, 10 (2019).

院应当首先推定和解协议是可直接执行的,其无权就协议的形式或内容进行实质性审查或附加其他要求,只有当存在该公约第 5 条规定的拒绝准予救济的理由时才能拒绝执行。①

2. 免于复审程序

工作组否决了在国际和解协议的来源国和来源地区纳入复审机制以作为执行的先决条件这一提议。《新加坡调解公约》提供的机制应当使当事人能够直接在执行地所在国和所在地区要求执行和解协议,无须经过来源国和来源地区主管机构的认证或认可。这是因为,如果设立来源国和来源地区前置审查机制则需要引入更多的要求,如以何种关联因素确认来源国和来源地区问题,②且和解协议的来源国和来源地区对于执行的意义甚微,诸如和解协议有效性等问题完全可以在执行审查时由执行国和执行地区法院把握。

3. 免于承认程序

有代表建议《新加坡调解公约》应仿照《纽约公约》设置承认程序。③ 但工作组认为,该公约应避免"承认"这一具有争议的概念,而是应通过功能性定义明确"承认"和解协议的核心要义,同时将其与执行条款剥离。④ 因此,该公约第 3 条第 2 款规定国际和解协议可以作为争议解决的确凿证据被当事人援引。这一规定的法律效果犹如一枚"盾",可以抵御另一方当事人就和解协议项下的纠纷再生的事端。⑤因此,当事人不能申请执行国和执行地区法院承认和解协议而只能在特定争议中援引,执行国法院也不必先承认和解协议的效力再予以执行,而是应该直接依据本国程序规则和该公约规定的条件执行和解协议。

四、《新加坡调解公约》对国际商事纠纷多元化解决机制的影响

《新加坡调解公约》对国际和解协议执行模式的重大变革为多元化解决机制的优化调整提供了契机。国际商事调解因《新加坡调解公约》而拥有了独立的执行救

---

① 参见蔡伟:《从〈新加坡调解公约〉看我国商事调解的改革》,载《安徽大学学报(哲学社会科学版)》2021 年第 2 期。

② See UNCITRAL, Report of Working Group Ⅱ on the work of its sixty-third session (Vienna, 7 – 11 September 2015), U. N. Doc. A/CN. 9/861, p. 81.

③ See UNCITRAL, Report of Working Group II on the work of its sixty-fourth session (New York, 1 – 5 February 2016), U. N. Doc. A/CN. 9/867, p. 146.

④ See Hal Abramson, *The New Singapore Mediation Convention: The Process and Key Choices*, 20 Cardozo Journal of Conflict Resolution 1037, 1048 (2019).

⑤ See Elisabetta Silvestri, *The Singapore Convention on Mediated Settlement Agreements: A New String to the Bow of International Mediation*, 3 Access to Justice in Eastern Europe 5, 9 (2019).

济机制,其在多元化解决机制中的地位和作用得以被重新定义。在此基础上,多元化解纷资源的配置也将会逐渐向国际商事调解倾斜,国际商事调解与诉讼、仲裁的衔接也将得以进一步优化。

(一)提升国际商事调解在多元解纷机制中的独立性地位

《新加坡调解公约》补齐了国际和解协议执行力不足的短板,使国际和解协议拥有了可以跨境直接执行的效力。除此之外,《新加坡调解公约》更深层次的意义是它首次将调解在国际法意义上提升为与诉讼、仲裁同等地位的争议解决方式,成为国际商事纠纷解决的"三驾马车"。[①] 原因如下:其一,《新加坡调解公约》将和解协议的直接执行机制与仲裁裁决、法院判决的国际执行机制并行,使其与《纽约公约》《选择法院协议公约》等一道成为国际民商事争议解决领域承认与执行制度的基石。其二,借助《新加坡调解公约》,当事人完全可以通过独立的调解程序实现彻底解决争议的目标,不必为了获得对争议解决结果的同等法律保护而被迫参与另一种形式的争议解决机制。[②] 这一变革将大大提升国际商事调解在多元化纠纷解决机制中的功能定位,拥有独立执行救济机制的国际商事调解将不再依附于诉讼、仲裁或公证程序,这有助于实现国际商事调解这一独立纠纷解决机制的真正价值。

(二)推动多元解纷资源的合理配置

《新加坡调解公约》的出台提升了国际商事调解机制的独立性地位,随之而来的便是国际商事调解、仲裁、诉讼在多元化争议解决机制的比重被重新划分。[③] 多元解纷资源的合理配置可以有效增强纠纷解决机制的稳定性和系统性,形成解纷规律、协调联动、高效便捷的矛盾纠纷化解体系。[④] 依据争议解决机制设计理论,如果系统将主要注意力集中在预防冲突战略上,然后依次采用注重利益和权利的程序,系统将是稳定且具有成本效益的。[⑤] 诉讼、仲裁程序均是以权利为导向,依据法律和事实作出相应裁判。诉讼的程序较为繁杂、审理周期长、其对抗性的审理模式会导致当事人双方关系恶化,且审理过程缺乏保密性,不符合商事争议当事人的利益选择,而

---

① 参见娜嘉·亚历山大、赵蕾等:《国际调解十大发展趋势》,载《商事仲裁与调解》2021 年第 3 期。

② 参见蒂莫西·施纳贝尔、王徽:《〈新加坡调解公约〉:跨境承认和执行调解而产生的和解协议的制度基础》,载《国际法研究》2020 年第 6 期。

③ 参见陈洁:《我国国际和解协议准予救济制度的构建——以〈新加坡调解公约〉的签署为契机》,载《东南大学学报(哲学社会科学版)》2020 年第 2 期。

④ 参见龙飞:《多元化纠纷解决机制促进法研究》,中国人民大学出版社 2020 年版,第 23 页。

⑤ See Laurence Boulle, *International Enforceability of Mediated Settlement Agreements: Developing the Conceptual Framework*, 7 Contemporary Asian Arbitration Journal 35, 44 (2014).

商事仲裁在其发展过程中也存在逐渐诉讼化的倾向。① 反观商事调解,其以当事人的利益为导向,以促成当事人达成纠纷解决的合意为目标,在商事争议解决中能够最大限度地维护当事人之间的合作关系,因此应将其置于优先适用的地位。②《新加坡调解公约》将促进使用调解方法解决跨境商事争议作为其首要目标,在有效弥补和解协议执行力缺陷的情况下,调解在国际商事争议解决中的优势便完全凸显出来,当事人优先选择以调解方式解决国际商事争议的意愿将大大增强。因此,国际商事解纷资源的配置也必将向调解机制倾斜,以推动国际商事调解机制的优先适用,力争将纠纷化解在源头,进而形成国际商事纠纷分层递进的化解结构,实现多元化纠纷解决机制的良性运转。

(三)优化国际商事调解与诉讼、仲裁程序的衔接

调解与诉讼、仲裁程序的衔接是多元化纠纷解决机制建设的重要内容,在保障调解方式独立运行空间的同时,可以借助衔接机制实现其与诉讼、仲裁方式之间的功能互补和良性互动,从而提高多元化纠纷解决机制的统筹性与协调性。③ 在诉讼或仲裁过程中引入调解可以保障当事人在纠纷解决中的处分权和自治,提高纠纷解决实效。④《新加坡调解公约》第1条第3款规定,在诉讼或仲裁过程中,经调解所达成的和解协议以"可执行性"标准判断是否排除出该公约的适用范围。通常情况下,司法调解或仲裁调解,即由负责审理案件的法官或仲裁员进行调解,所产生的国际和解协议将大概率被排除出《新加坡调解公约》的适用范围。这是因为"可执行性"标准要考虑该国际和解协议是否具有作为法院判决或仲裁裁决执行的可能性。在经司法调解或仲裁调解成功的情况下,法院或仲裁机构所出台的法律文书具有等同于判决或仲裁裁决的效力,故符合"可执行性"的要求,而只要该法律文书的"可执行性"并未丧失,就不应适用《新加坡调解公约》。而对于由法官或仲裁员之外的人担任调解员调解成功所达成的国际和解协议,如果当事人申请撤诉或撤回仲裁申请,则该国际和解协议必然会落入《新加坡调解公约》的执行范围。《新加坡调解公约》的这一选择可能会加速中立者分离的趋势,为诉讼或仲裁程序中"独立商事调解"的发展提供机会,即诉讼或仲裁过程中进行的调解将转由独立的商事调解机构

① 参见丛雪莲、罗楚湘:《仲裁诉讼化若干问题探讨》,载《法学评论》2007年第6期。

② 参见张立平:《为什么调解优先——以纠纷解决的思维模式为视角》,载《法商研究》2014年第4期。

③ 参见龙飞:《多元化纠纷解决机制促进法研究》,中国人民大学出版社2020年版,第183页。

④ 参见王国华主编:《商事调解理论与实务》,法律出版社2021年版,第311页。

或调解员负责,不再由审理案件的法官或仲裁员兼任。与中立者身份混同相比,“独立商事调解”更能发挥调解的制度优势。原因在于,调解员的双重身份极有可能导致其罔顾调解规则及调解员中立地位,强迫当事人达成和解协议,而当事人出于对调解员双重身份的顾虑,往往不愿在调解阶段主动交换更多的保密信息,以免调解失败后的裁决结果于己不利,这大大降低了调解成功的概率。① 因此,“独立商事调解”不仅能够依赖《新加坡调解公约》实现国际和解协议的跨境执行,还能够避免中立者混同的缺陷,最大限度地保障调解机制的公正运行,实现调解与诉讼、仲裁程序的科学衔接。

五、我国国际商事多元化纠纷解决机制与《新加坡调解公约》的对接

我国作为首批签约国签署了《新加坡调解公约》,借助批准该公约的制度调整契机,我国应当努力做好多元化解决机制与该公约的对接,以回应该公约之实施对我国多元化纠纷解决机制的调整要求,努力寻找我国国际商事纠纷多元化解决机制建设的最优解。

(一)保障国际商事调解独立运行

1. 落实国际和解协议的直接执行机制

我国采取效力依附型执行模式执行和解协议,调解程序需要与诉讼、仲裁及公证程序相结合才能实现和解协议的强制执行效力。根据《中华人民共和国民事诉讼法》等规定,和解协议当事人可以借助司法确认程序、督促程序(申请支付令)实现和解协议的强制执行。② 当事人还可以根据《中国国际经济贸易仲裁委员会仲裁规则》等仲裁规则中规定的合意仲裁程序将和解协议转化为仲裁裁决执行,③或依据《中华人民共和国公证法》的规定,通过赋强公证程序赋予和解协议强制执行力。④以上效力依附型执行模式与《新加坡调解公约》的规定不相符。为了保障国际商事调解能够独立实现纠纷的彻底解决,我国亟须对国际和解协议的执行模式进行改革,依据该公约的要求落实国际和解协议直接执行机制,同时出台相关的程序规则和配套制度。依托我国国际和解协议直接执行机制的构建,国际商事调解在我国多元化纠纷

① See Toshio Sawada, *Hybrid Arb-Med: Will West and East Never Meet?*, 14 ICC International Court of Arbitration Bulletin 29,33 (2003).

② 参见《民事诉讼法》第15章第6节“确认调解协议案件”,第17章“督促程序”;《最高人民法院关于人民法院进一步深化多元化纠纷解决机制改革的意见》(法发〔2016〕14号)第31、32段。

③ 参见《中国国际经济贸易仲裁委员会仲裁规则》第47条第10款,《上海国际经济贸易仲裁委员会仲裁规则》第52条等。

④ 参见《公证法》第37条。

解决机制中的附属地位能得以改善,其解决国际商事争议的比较优势也能得以充分发挥。

2. 建立独立的商事调解法律体系

目前,我国的商事调解制度建设处于"大调解"模式之下,发展空间有限。所谓"大调解"发展模式,指的是以人民调解为基础,以行政调解为依托,以司法调解为主导的调解工作格局。① "大调解"格局追求司法调解、行政调解与民间调解的同质化。② 最高人民法院出台的《关于建立健全诉讼与非诉讼相衔接的矛盾纠纷解决机制的若干意见》首次将商事调解作为一种独立的调解类型,与人民调解、行政调解和司法调解并列提及。但是由于整体上缺乏清晰的调解主体建构逻辑,我国商事调解制度依旧无法实现真正的独立化发展。这表现为商事调解依旧在人民调解的法律框架内,且商事调解的运作仍较多地依附于人民法院和仲裁机构。在此背景下,我国需要冲破现有"大调解"模式对商事调解发展的制约,尽快制定独立的商事调解法律体系,保障国际商事调解在法治轨道上的独立发展空间。

(二)提升国际商事调解服务水平

《新加坡调解公约》的国内实施将会给我国带来巨大的调解市场需求,我国应积极引导国际商事调解往调解员专业化、调解机构国际化和调解方式多样化的方向发展,以增强国际商事调解的社会公信力,提高我国国际商事调解制度优先承载当事人解纷需求的能力。

1. 国际商事调解机构国际化建设

近年来,我国的国际商事调解机构呈现持续快速发展态势,特别是在大力推进"一带一路"建设以及加快自由贸易区建设背景下,国际商事调解机构的发展面临前所未有的机遇。我国需要在政策层面予以进一步地引导和支持。第一,加快落实国际商事调解机构的市场化运作模式。商事调解是市场经济的产物,必须依靠市场化运营谋求生存和发展。同时,市场化运营也能体现民间社会性纠纷解决专门机构的专业能力被社会认可的程度。我国应推动商事调解收费成为常态,有效激励商事调解机构调配优质资源,促进商事调解机制发展的可持续化。③ 我国可以扶持有条件

---

① 参见李祖军:《调解制度论:冲突解决的和谐之路》,法律出版社2010年版,第212页。

② 参见范愉:《纠纷解决的理论与实践》,清华大学出版社2007年版,第555页。

③ 参见赵平:《论多元化纠纷解决机制下的〈新加坡调解公约〉》,载《经贸法律评论》2019年第6期。

的国际商事调解机构采取公司化运营模式，以激活商事调解市场发展活力。[①] 第二，进一步深化与国外知名调解机构的合作。我国国际商事调解机构可以积极通过合作备忘录的形式与境外知名商事调解机构开展多方面合作，拓宽联合调解业务，实现调解资源共享。第三，强化我国国际商事调解机构的品牌意识，打造"中国品牌"。[②] 从加强建设"一带一路"纠纷解决机制的角度出发，我国需要培育若干具有国际影响力和竞争力的国际商事纠纷调解机构，以加快将我国建成国际商事调解中心的步伐，提高我国在国际商事争议解决中的话语权。[③]

2. 国际商事调解员专业化建设

推动调解员专业化有利于提升国际商事调解的实效性和合法性，提高当事人对国际商事调解机制的接受度。笔者建议可以从以下几个方面予以完善。首先，我国应加强对国际商事调解员的专业知识和调解技能的培训，避免调解员水平参差不齐，影响调解效果。其次，我国应研究制定国际商事调解员认证标准和执业许可制度，设置调解员职业标准的最低门槛，[④]避免调解员数量的无序扩张。香港调解资历评审协会有限公司（Hong Kong Mediation Accreditation Association Limited）可以提供有益经验。该机构的工作包括制定调解训练课程以及对参与调解或训练的人员的认可标准，及对已符合标准的人士或训练课程进行认可。最后，我国应制定具体的国际商事调解员职业伦理规范，提高调解员的职业操守和道德素养，同时疏通当事人对违背职业守则的调解员的投诉机制，并设立不同程度的处罚措施对违背职业守则的调解员予以惩戒，旨在确保调解员的独立性、中立性和公平性。

3. 国际商事调解方式多样化建设

《新加坡调解公约》对"调解"的宽泛定义反映了国际商事调解实践的多样性。[⑤] 除了传统的机构调解之外，个人调解、在线调解均是其应有之义。我国只承认由机构调解所产生的和解协议的效力，个人调解方式尚未被我国法律所认可。笔者建议，我国应当逐步放宽对国际商事调解的主体限制，认可个人调解机制以作为机构调解的补充。随着互联网技术的发展，在线调解机制为当事人间更高效便捷地解决

---

① 参见龙飞：《多元化纠纷解决机制促进法研究》，中国人民大学出版社 2020 年版，第 143 页。

② 参见廖永安等：《中国调解的理念创新与机制重塑》，中国人民大学出版社 2019 年版，第 235 页。

③ 参见胡仕浩：《多元化纠纷解决机制的"中国方案"》，载《中国应用法学》2017 年第 3 期。

④ 参见王福华：《中国调解体制转型的若干维度》，载《法学论坛》2010 年第 6 期。

⑤ See Nadja Alexander & Shouyu Chong, *An Introduction to the Singapore Convention on Mediation-Perspectives from Singapore*, 22 Nederlands-Vlaams tijdschrift voor Mediation en conflictmanagement 37, 41 (2018).

国际商事纠纷提供了可能。目前我国在线商事调解机制的运行主要依托法院建立的在线调解平台,2022 年起施行的《人民法院在线调解规则》为人民法院在线调解平台的运行提供了法律保障。未来我国应重点关注独立的在线国际商事调解平台的设立与发展,并进行充分的政策引导与规则建构,推动国际商事调解机构安全有效地利用信息资源,提升我国国际商事调解机构的在线化纠纷解决能力,满足纠纷当事人日益增长的在线调解需求。

(三)助推国际商事调解优先适用

调解因其非对抗性的解纷模式及以利益为导向的解纷思路理应起到前端化解纠纷的作用,故其应优先于诉讼和仲裁适用。在《新加坡调解公约》实施的契机之下,我国应进一步整合多元解纷资源,推动国际商事调解优先化解矛盾,为建成经济便捷、高效有序、分层推进的国际商事纠纷多元化解决体系奠定基础。

1. 进一步推进诉前调解制度建设

就推动国际商事调解优先于诉讼程序适用来说,我国应努力实现把非诉讼纠纷解决机制挺在前面,大力推进诉前调解建设。对于在人民法院立案前适宜采取调解方式解决的国际商事纠纷,均应积极引导当事人选择调解方式予以解决。笔者认为较宜采取"正向引导加反向激励"方法。所谓"正向引导"即在立案前,法官应与当事人进行充分沟通并出示书面告知书,明确告知当事人进行调解的人员、程序、优势等事项,引导当事人自愿选择国际商事调解。① 除法官外,律师也应积极向当事人解释和建议考虑调解,以增加调解适用的可能。如果当事人拒绝调解或者调解不成功,人民法院应当及时予以立案。所谓"反向激励"即如果当事人拒绝调解,则需要说明理由。倘若当事人无正当理由拒绝调解,其将承担相应的不利后果。"正向引导加反向激励"方法能够最大限度地提高诉前商事调解的适用率,以达到案件分流、节省司法资源的目的。

2. 建立和完善仲裁庭前调解制度

就推动国际商事调解优先于仲裁程序适用,笔者建议,我国应尽快建立和完善仲裁庭前调解制度,引导国际商事争议当事人在仲裁庭组成之前选择调解解决纠纷。目前,我国现行法律中并没有关于仲裁庭前调解的规定,但在仲裁实践中却不乏应用,且一些仲裁机构已经将庭前调解的有关内容纳入仲裁规则。为了弥补庭前调解法律规则的空缺,《仲裁法(修订)(征求意见稿)》中增加了关于庭前调

---

① 参见左为民:《通过诉前调解控制"诉讼爆炸"——区域经验的实证研究》,载《清华法学》2020 年第 4 期。

解的规定。① 但是相关规定过于原则化,有关庭前调解程序的启动、原则、时限、终结等具体问题的规定还有待出台。同时,我国各仲裁机构应进一步完善其仲裁规则,制定与庭前调解相关的程序性细化规定,以增加庭前调解机制的公信力,推动庭前调解机制的规范适用。

(四)诉讼、仲裁程序中引导“独立商事调解”

《新加坡调解公约》为进一步优化国际商事调解与诉讼、仲裁的衔接指明了方向。我国应在诉讼、仲裁程序中积极引导当事人选择“独立商事调解”解决纠纷。在该机制下,不仅能够实现国际和解协议直接执行,还能实现裁判与调解的主体相分离,保障国际商事调解的专业与中立。

1. 诉讼程序中引导“独立商事调解”

我国应加速调审分离的改革步伐,推动诉讼中调解由法官、调解员混同调解向“独立商事调解”转变。笔者认为,我国的诉中委托调解制度可以成为实现“独立商事调解”的制度工具。法院可以将适宜调解的商事纠纷案件委托给特邀商事调解机构或特邀商事调解员进行调解,以提高商事纠纷解决的高效化与专业化。为了实现与《新加坡调解公约》的科学对接,我国应进一步健全委托调解制度,提升委托调解程序设计的合理性,引导国际商事争议当事人选择委托调解解决纠纷。值得注意的是,加强国际商事诉调对接中心的建设对委托调解的应用大有裨益。国际商事诉调对接中心可以增强法院与诉外商事纠纷解决力量的联结,大大提高诉调衔接的效能。我国国际商事法庭“一站式”争议解决平台的建设也为国际商事调解与诉讼程序的衔接提供了便利,当事人可以将诉至国际商事法庭的案件委托给国际商事专家委员会或国际商事调解机构进行调解。② 未来我国应进一步拓展委托调解人名单,细化国际商事法庭委托调解程序规则,同时应疏通由国际商事法庭委托调解机制达成国际和解协议的执行路径,明确规定当事人达成国际和解协议后可选择申请撤诉,以便当事人可依据《新加坡调解公约》向法院申请直接执行国际和解协议。③

---

① 参见《仲裁法(修订)(征求意见稿)》第69条第1款规定:“当事人在仲裁庭组成前达成调解协议的,可以请求组成仲裁庭,由仲裁庭根据调解协议的内容制作调解书或者裁决书;也可以撤回仲裁申请。”

② 参见最高人民法院《关于人民法院进一步为“一带一路”建设提供司法服务和保障的意见》(法发〔2019〕29号)第29段。

③ 《最高人民法院关于设立国际商事法庭若干问题的规定》(法释〔2018〕11号)第13条规定:“经国际商事专家委员会成员或者国际商事调解机构主持调解,当事人达成调解协议的,国际商事法庭可以依照法律规定制发调解书;当事人要求发给判决书的,可以依协议的内容制作判决书送达当事人。”根据《新加坡调解公约》第1条第3款,无论是国际商事法庭根据和解协议制发的调解书还是判决书均不属于《新加坡调解公约》的适用范围,故应允许当事人选择撤诉,从而为适用《新加坡调解公约》留有空间。

2. 仲裁程序中引导“独立商事调解”

我国应进一步改革传统的仲调衔接模式,推动仲裁员与调解员身份适当分离。相较于仲裁调解中的仲裁员,“独立商事调解”中的调解员更明确调解规则与调解技巧。《仲裁法(修订)(征求意见稿)》第69条第2款中增加了“当事人在仲裁庭组成后自愿选择仲裁庭之外的调解员调解”的规定,这为推动仲调分离改革定下了基调。在具体措施上,我国仲裁机构可以与独立的调解机构建立合作关系,提供给当事人进行“独立商事调解”的路径。新加坡国际仲裁中心和新加坡国际调解中心联合推出了规范新型仲裁与调解对接机制的文件——《新加坡仲裁调解议定书》。该议定书为国际仲裁背景下的调解提供了一个清晰的可借鉴的框架,①考虑到当事人可能在仲裁过程中有调解意愿,议定书中规定当事人在将争议提交新加坡国际仲裁中心后可以搁置仲裁程序,将案件转由新加坡国际调解中心进行调解。除此之外,在仲裁机构下设立单独的调解中心,并规范仲调衔接机制的运行也是一种可行方案。如《北京仲裁委员会/北京国际仲裁中心仲裁规则》(2022年)在“仲裁庭调解”的规定之后专门规定了“独立调解”的规则,即第44条第1款“案件审理过程中,当事人可以自行和解或依据《北京仲裁委员会调解中心调解规则》的规定向本会调解中心申请由调解员进行调解”。在经“独立商事调解”达成和解协议后,应允许当事人申请撤回仲裁请求,以便当事人可以依据该和解协议向法院直接申请强制执行。

六、结语

《新加坡调解公约》实现了国际和解协议跨境直接执行的历史性变革。从多元化解决机制建设的视角分析,这一变革对提升国际商事调解的独立性地位、推动多元解纷资源的合理配置以及优化调解与诉讼、仲裁程序的衔接具有重要作用,将引领国际商事纠纷多元化解决机制向更加高效化、体系化、科学化的方向发展。我国应以保障国际商事调解独立运行为核心,积极提升国际商事调解服务水平,以增强国际商事调解的公信力。同时大力发展诉前调解与庭前调解机制,推动国际商事调解优先适用,以形成分层次的多元纠纷解决体系。在调解与诉讼、仲裁的衔接方面,我国应引导当事人选择“独立商事调解”,从而实现国际商事调解与诉讼、仲裁的协同互动与科学衔接。

---

① See Eunice Chua, *Enforcement of International Mediated Settlements without the Singapore Convention on Mediation*, 31 Singapore Academy of Law Journal 594 (2019).

我国批准《新加坡调解公约》的要因、风险与应对*

王洪根**

《新加坡调解公约》是国际上第一个为国际商事调解协议跨境执行提供统一法律规则的多边国际条约。在制度型开放背景下,我国批准该公约具有必要性和可行性。但我国批准该公约将会面临该公约部分条款模糊不清、普惠机制存在隐患、该公约内容与国内相关制度不兼容等风险。因此,有必要通过重新定性国际商事调解协议、以自由贸易试验区(港)为试点试行直接执行机制、制定或修订相关法律等措施予以应对,以便保障国内制度与该公约的有效衔接,构建符合我国国情的国际商事调解协议承认和执行制度。

一、问题的提出

2020年9月12日,由联合国国际贸易法委员会制定的《联合国关于调解所产生的国际和解协议公约》①(United Nations Convention on International Settlement Agreements Resulting from Mediation,因在新加坡开放签署故又称为《新加坡调解公约》)正式生效。《新加坡调解公约》是在多边过程中经协商一致制定而成。② 在单边主义和保护主义抬头、多边主义消亡论甚嚣尘上之时,《新加坡调解公约》的生效凸显了多边主义的价值,彰显了多边主义的生机与活力。《新加坡调解公约》是国际

* 本文系山东省社会科学规划研究项目“制度型开放背景下国际商事调解协议跨境承认与执行制度研究”(项目号:22DFXJ10)的阶段性成果。

** 烟台大学法学院讲师,法学博士。

① 本文所涉公约的案文、签署、保留情况等信息,载联合国国际贸易法委员会官网,https://uncitral.un.org/zh/texts/mediation/conventions/international_settlement_agreements,2022年12月23日访问。

② See Natalie Y. Morris-Sharma, *The Singapore Convention is Live, and Multilateralism, Alive*, 20 Cardozo Journal of Conflict Resolution 1009 (2019).

层面上第一个为国际商事调解协议①的跨境执行提供统一法律规则的多边国际条约,是国际商事纠纷解决领域又一里程碑式的国际公约。它与《纽约公约》、《选择法院协议公约》以及《海牙判决公约》一起构建了国际商事纠纷解决承认和执行领域的基本国际法律框架。

随着我国对外开放的领域和层次不断扩大,"一带一路"倡议的"朋友圈"日益壮大,跨国商事纠纷持续增加,亟须发展诉讼、仲裁、调解等多元化纠纷解决方式以提高解决商事纠纷的效率,节约当事人的时间和金钱成本,增强我国国际商事纠纷多元化解决机制的吸引力和国际竞争力。我国已经在2019年8月7日签署了《新加坡调解公约》,是46个首批签署方之一。但在是否批准《新加坡调解公约》这一问题上,我国理论及实务界众说纷纭、莫衷一是。② 目前我国理论及实务界对国内调解制度的研究和实践取得了丰硕的成果。相反,对国际商事调解制度的研究尚付阙如。那么,《新加坡调解公约》的核心内容是什么?我国有没有必要批准《新加坡调解公约》?如果批准,我国将会面临什么样的风险?我国可采取何种措施以保障《新加坡调解公约》在国内的实施?本文围绕上述问题进行分析,并就《新加坡调解公约》在我国的批准事宜提出一些拙见,以供参考。

二、我国批准《新加坡调解公约》的要因分析

(一)《新加坡调解公约》的核心内容

在《新加坡调解公约》出台之前,各国有关国际商事调解协议的执行机制五花八门,③执行国际商事调解协议的复杂性进一步增加了通过调解解决国际纠纷的不确

① 《新加坡调解公约》中文版本采用"和解协议"代指当事人经调解而达成的解决争议纠纷的协议。这与我国一贯的立法和司法实践并不一致,且和解协议在我国的民事诉讼法语境中具有特定含义,即"纠纷当事人在无外部干涉的情况下,通过约定,互相让步,以终止争执、解决争议或使法律关系的内容得以确定的协议"。因此,为了避免产生理解上的歧义与混淆,本文遵循我国实践,以"调解协议"指代调解结束时当事人所达成的纠纷解决协议。

② 有些学者对批准公约持否定态度,有些学者则建议将公约严格限定于国际商事纠纷范畴(国内调解与国际调解"双轨制"),还有一些学者主张创造条件执行公约。参见孙南翔:《〈新加坡调解公约〉在中国的批准与实施》,载《法学研究》2021年第2期。

③ 有些国家没有关于调解协议执行的具体法律规则,调解协议通常被视为私人之间的普通合同并据此加以执行;有些国家的法律则规定了调解协议的执行方式,以确保调解协议的可强制执行性能够以某种形式得到快速承认。这些执行方式主要有法院命令、仲裁裁决、公证书等。See UNCITRAL, U. N. Doc. A/CN. 9/WG. Ⅱ/ WP. 190.

定性和交易成本,这大大影响了调解对当事人的吸引力。① 为了改善调解的这种境况,联合国国际贸易法委员会制定了《新加坡调解公约》,旨在为国际商事调解协议构建一个简便、快捷、统一的直接执行机制。《新加坡调解公约》第3条是核心内容。尽管其他15个条文比第3条的语言表述更长、内容更详细,甚至可能是未来大多数有关《新加坡调解公约》适用于特定纠纷的终局诉讼的重点(例如第4条和第5条),第3条却是该公约的“心脏”。② 该公约所有条文中,只有第3条明确地给成员方规定了实质性义务,其他条文仅扮演辅助性角色,都是用于确定第3条所规定的内容是否适用以及如何适用。

根据第3条的规定,成员方负有根据当事人的请求强制执行国际商事调解协议的义务(第1款)和许可当事人援用国际商事调解协议证明所涉商事纠纷已经解决的义务(第2款)。易言之,第3条实际上处理的是国际商事调解协议的承认与执行问题。《新加坡调解公约》通过为成员方设定实质性义务的方式构建了统一、快捷的直接执行机制,提升了国际商事调解协议的法律地位,有利于促进它在全球范围内自由流通,进而极大地促进调解在国际上的推广与发展。

(二)我国批准《新加坡调解公约》的必要性分析

1.批准《新加坡调解公约》是我国推进制度型开放的必要举措

党的二十大报告明确指出“稳步扩大规则、规制、管理、标准等制度型开放”③。制度型开放是我国新时代更高水平的对外开放,是指国内制度安排与高水平国际规则的对标与衔接。④ 从国家对制度型开放的要求来看,制度型开放具有边境内措施开放、争议解决服务性等特征。《新加坡调解公约》是国际上第一个关于国际商事调解协议跨境执行的多边国际条约,是国际经贸规则重构的重要成果,代表了国际商事调解规则的最新水平和标准。《新加坡调解公约》赋予了国际商事调解协议可强制执行性,为国家公权力保障国际商事调解协议的执行提供了国际法律基础,其生效将促进调解的发展迈上新的高度。适时批准该公约,抓住其为调解制度进一步发

① See Eunice Chua, *The Singapore Convention on Mediation and the New York Convention on Arbitration: Comparing Enforcement Mechanisms and Drawing Lessons for Asia*, 16 Asian International Arbitration Journal 113 (2020).

② See Timothy Schnabel, *Recognition by Any Other Name: Article* 3 *of the Singapore Convention on Mediation*, 20 Cardozo Journal of Conflict Resolution 1181 (2019).

③ 习近平:《高举中国特色社会主义伟大旗帜 为全面建设社会主义现代化国家而团结奋斗——在中国共产党第二十次全国代表大会上的报告》,载《人民日报》2022年10月26日,第1版。

④ 参见常娱、钱学锋:《制度型开放的内涵、现状与路径》,载《世界经济研究》2022年第5期。

展所带来的契机,将有助于我国调解制度的发展和完善,也是我国对标国际标准,由商品、要素流动型开放向制度型开放转变的必要举措。

2. 批准《新加坡调解公约》有助于完善我国的调解制度

虽然调解作为一种非讼纠纷解决方式在我国颇有渊源,我国现在也形成了基本调解法律框架,但是调解法在"可调解事项或不可调解事项的范围、调解保密性原则、调解员的资格条件、个人调解"等方面仍然存在一些空白。《新加坡调解公约》强调了"可调解事项范围"的重要性,不仅在第 1 条第 2 款将消费者纠纷、家庭法及继承法方面的纠纷、就业法方面的纠纷排除在其适用范围之外,还在第 5 条第 2 款 b 项将"根据公约该当事方的法律,争议事项无法以调解方式解决"作为执行方可主动拒绝执行的理由。《新加坡调解公约》还适用于一名调解员协助达成的调解协议。批准该公约将会倒逼我国制定或修订相关调解法,完善我国调解法律框架,促进我国调解制度的发展。

同时,批准该公约有助于构建我国国际商事调解制度,增强我国国际商事纠纷多元化解决机制的国际竞争力。我国现代商事调解始于涉外仲裁,尚处于起步阶段。我国商事调解主要是通过公权力介入的方式进行推广,独立的商事调解利用率很低,商事调解服务处于供不应求的状态。① 近年来,我国对外投资不断增加,与其他国家和地区的商事交往日益密切,国际商事纠纷与日俱增。庞大的需求市场预示着我国国际商事调解发展潜力巨大。我国批准该公约可以抓住其为国际商事调解发展创造的机遇从而促进我国国际商事调解制度的构建和完善。

3. 批准《新加坡调解公约》有助于提升我国商事调解服务对当事人的吸引力

调查显示,93% 的受访者表示愿意与来自该公约成员方的当事人通过调解解决纠纷。② 我国批准《新加坡调解公约》将有助于外方当事人与中方当事人通过调解解决纠纷。根据《新加坡调解公约》对国际商事调解协议国际性的界定,按照"营业地—营业地(主要义务履行地或最密切联系地)—执行地"的模式,在一方当事人营业地或执行地在我国的情况下,公约适用的国际商事调解协议可分为"中—外—中""中—外—外""外—外—中"三种。③ 如果我国批准《新加坡调解公约》并完善国内

---

① 参见黄忠顺:《论商事调解的市场化》,载《人大法律评论》2020 年第 1 辑。

② See International Mediation Institute, *IMI Survey Results Overview: How Users View the Proposal for a UN Convention on the Enforcement of Mediated Settlements*, International Mediation Institute (Jan. 16, 2017), https://imimediation.org/2017/01/16/users-view-proposal-un-convention-enforcement-mediated-settlements/.

③ 参见范怡娜:《有关〈新加坡调解公约〉的八个问题》,载《法制日报》2019 年 4 月 9 日,第 10 版。

立法,可以为"中—外—中"和"外—外—中"类国际商事调解协议在我国的强制执行提供法律保障,对拒绝自愿履行义务的当事人产生威慑,促进国际商事调解协议的履行。同时在我国境内订立的"中—外—外"类调解协议也可在其他成员方得到执行,而无须再将调解协议转换成法院判决或仲裁裁决以获得域外可执行性,从而节约中方当事人解决涉外商事纠纷的时间和费用成本,维护中方当事人的合法权益。这都将大大增加我国调解制度对当事人的吸引力,促进调解在国际商事纠纷解决中的发展和普及。

4. 批准《新加坡调解公约》有利于保障"一带一路"倡议的实施

随着"一带一路"倡议的深入发展,我国企业将会更广泛地参与沿线国家和地区的开发建设,在这一过程中,不可避免地会产生商事纠纷。若通过国际诉讼解决,不仅需要耗费相当多的时间和精力,还可能因冗长的国际诉讼严重影响企业业务,损害其声誉,进而导致其股价下跌,企业利益严重受损。若通过国际仲裁解决,也不一定能得到较好结果,因为在当前的实践中,仲裁出现了一些诉讼化倾向,程序愈加复杂,当事人投入的时间和金钱成本也日益增加。① 调解具有自愿性、灵活性、经济性和耗时短的特质,能及时、快速、有效地解决纠纷并维系正在进行的合作关系,是解决此类跨境纠纷的最佳方式。

《新加坡调解公约》构建的直接执行机制可以使国际商事调解协议像法院判决、仲裁裁决那样在全球范围内流通,为调解协议的跨境执行提供了确定性和法律保障,有利于促进调解在此类纠纷解决中的使用。如果我国批准《新加坡调解公约》,可以在"一带一路"沿线国家形成一个良好的示范效果,带动更多的国家和地区成为该公约成员方,从而有效促进国际商事调解协议在沿线国家和地区的流通,既能有效化解商事纠纷,又能保证建设项目的顺利进行,进而保障"一带一路"倡议的实施。

(三)我国批准《新加坡调解公约》的可行性分析

1.《新加坡调解公约》的起草谈判过程反映了我国的诉求

我国政府派代表参与了《新加坡调解公约》起草和谈判的全过程,我国国际经济贸易仲裁委员会、国际私法学会等非政府组织也多次受邀并派员出席第二工作组会议,积极参与《新加坡调解公约》起草相关问题的讨论并建言献策,对该公约最终达成及中文版本案文的出台做出了重要贡献。

在拟定文书的形式上,我国代表自始就主张制定一项公约,认为若制定一项不

---

① See Dilyara Nigmatullina, *Combining Mediation and Arbitration in International Commercial Dispute Resolution*, Routledge, 2019, p. 3 –4.

具约束力的文书,如示范法,那么在促进调解或满足使用者的需求方面将不会很有效。① 就调解协议形式要求问题,我国代表积极参与讨论,并结合我国实践提出建议。例如,我国国际经济贸易仲裁委员会代表提出"调解员在调解协议上签字在中国属于少数做法"。北京仲裁委员会代表结合我国仲裁机构的实践,认为"将机构证明作为一种申请要件列举出来有利于鼓励机构实践的发展"②。

就主管机构拒绝准予救济的理由,我国代表也积极参与讨论。例如,对于美国代表提出"删除公约草案二稿和三稿中'调解员未公平对待各方当事人'这一抗辩理由"的建议,我国代表予以支持,并补充认为"调解协议的正当性来自双方当事人的同意,而不是由调解的过程或程序的正当性决定。如果调解过程中有不公,当事人要及时提出异议,没有及时提出就视为放弃抗辩的权利,之后也不能再针对不公行为提出抗辩","调查域外的调解员行为是否公平会给一国的主管机构带来很大的负担,当事人为了证明调解员行为不公也需要花费很多的精力"。北京仲裁委员会代表也提出"调解员在调解过程中是否公平对待双方当事人不宜在事后作为审查事项,规定'调解员未公平对待'不利于公约未来发挥作用"③。工作组最终决定删除"未公平对待"的表述,改为将"调解员严重违反适用的准则"作为抗辩理由,以减少不确定性、减轻执行机构的负担。

2.《新加坡调解公约》与我国法律政策并不相悖

《新加坡调解公约》的主要目标是为国际商事调解协议的跨境承认和执行构建统一、有效机制以促进调解在国际上的推广与发展,这与我国的调解立法及政策并不相悖。

调解在我国具有悠久的历史和文化传统。目前,我国已经形成了人民调解、法院调解、行政调解等多种调解模式相结合的调解格局,构建了基本调解立法框架,为调解制度的进一步发展提供了坚实的法律基础和强有力的法治保障。《中共中央关于全面推进依法治国若干重大问题的决定》《关于完善矛盾纠纷多元化解机制的意见》《关于人民法院进一步深化多元化纠纷解决机制改革的意见》等政策性或规范

① See Timothy Schnabel, *The Singapore Convention on Mediation: A Framework for the Cross-Border Recognition and Enforcement of Mediated Settlements*, 19 Pepperdine Dispute Resolution Law Journal 1 (2019).

② 孙巍:《〈联合国关于调解所产生的国际和解协议公约〉立法背景及条文释义》,法律出版社 2018 年版,第 45 页。

③ 孙巍:《〈联合国关于调解所产生的国际和解协议公约〉立法背景及条文释义》,法律出版社 2018 年版,第 66~67 页。

性文件均表明我国完善发展"调解、仲裁、行政裁决、行政复议、诉讼等有机衔接、相互协调的多元化纠纷解决机制"的政策及司法改革导向。我国鼓励具备条件的商会、商事仲裁机构等设立商事调解组织、行业调解组织,在投资、金融、国际贸易等领域提供商事调解服务或者行业调解服务,发挥其专业化和职业化优势。因此,《新加坡调解公约》促进调解发展的目标与我国弘扬"以和为贵"的调解文化、促进调解在纠纷解决领域发展的司法改革方向并不相悖,也符合我国发展多元化纠纷解决机制的政策导向。

根据《新加坡调解公约》规定的适用范围、调解协议的形式要求、拒绝准予救济的理由等内容,可知该公约蕴含了当事人意思自治的基本原则,当事人可自愿订立调解协议,调解员无权向其强加纠纷解决方案,并且该公约适用于具有国际性因素的调解协议,可以避免成员方修订纯粹适用于国内和地区内调解协议承认和执行的法律,这与我国的法律规定并不冲突。我国不存在专门规范商事调解的法律,采用调解解决商事纠纷所依据的主要是《中华人民共和国人民调解法》(以下简称《人民调解法》)、《中华人民共和国民事诉讼法》(以下简称《民事诉讼法》)及部分商事调解组织的调解规则,这些法律或规则都遵循当事人意思自治基本原则。例如,《人民调解法》规定人民调解委员会调解民间纠纷,应当遵循在当事人自愿、平等的基础上进行调解的原则,当事人在人民调解活动中可自主表达意愿、自愿达成调解协议等。[①] 此外,我国也没有专门适用于跨境纠纷的调解立法。因此,《新加坡调解公约》的内容与我国法律政策并不相悖。

三、我国批准《新加坡调解公约》可能面临的风险

(一)《新加坡调解公约》本身存在的模糊性问题

《新加坡调解公约》是各国博弈妥协的结果。为了能够被法律、社会和经济制度不同的国家和地区接受,《新加坡调解公约》本身在规则设计和表述上具有一定模糊性、概括性。例如,第 3 条第 2 款就比较晦涩难懂。[②] 该条款仅规定对于已经在国际商事调解协议中得到解决的纠纷,成员方应该允许当事人援用此协议证明该纠纷已经得到解决,但是对于当事人援用国际商事调解协议的条件和法律效果却没有明确说明。换言之,成员方要在什么情况下、什么期间内允许当事人援用国际商事调解协议?允许援用国际商事调解协议是承认该协议具有既判力或确定效力,还是仅承

① 参见《人民调解法》第 3 条第 1 项与第 23 条第 4 项。

② See Timothy Schnabel, *Recognition by Any Other Name*: *Article* 3 *of the Singapore Convention on Mediation*, 20 Cardozo Journal of Conflict Resolution 1181 (2019).

认该协议具有证据效力？既判力是判决实质上的确定力，无论是对当事人还是对法院都有强制性通用力，民事判决作出以后，不得任意撤销或者变更，当事人不得再就同一诉讼标的再行起诉或者在其他诉讼中提出与确定判决相反的主张，法院在后来的任何裁判中也不得作出与该确定判决内容相抵触的裁决。[①] 证据效力是指某一文件依法可被容许和可被接纳为证据的资格，是其在证明过程中所起的和可能起到的作用。[②] 援用国际商事调解协议的法律效果不明确或许会导致在不同国家和地区援用此类协议会产生不同的法律后果。又如，《新加坡调解公约》规定的拒绝准予救济的若干理由存在模糊性、主观性。再如，国际商事调解协议中的义务不清楚或无法理解、调解员严重违反调解准则、调解员未披露可能引起正当怀疑的情形、援用国际商事调解协议的实质性影响等，都是含糊不清且带有主观性的标准。[③] 如果各成员方对此存在不同理解并采用不同的做法，可能会影响该公约的确定性，从而使该公约很难作为一个共同的规则来统一适用。

(二)《新加坡调解公约》普惠机制的隐患

《新加坡调解公约》为每一成员方规定了强制执行国际商事调解协议的义务。由于国际商事调解协议不像外国法院判决和外国仲裁裁决那样能够确定来源地，所以《新加坡调解公约》没有赋予国际商事调解协议籍属，也没有规定互惠保留。无论国际商事调解协议是在该公约成员方境内还是非成员方境内达成，只要符合该公约的适用范围，就可以在任意一个成员方请求强制执行。可以说《新加坡调解公约》适用的国际商事调解协议实际上是一种无国籍法律文书，该公约构建的直接执行机制实质上是普惠机制，具有如下隐患。

第一，该公约普惠机制会造成国际商事调解协议跨境执行不对等问题。如果过早批准该公约，会出现我国法院有义务执行世界各地符合该公约规定的国际商事调解协议，而我国的国际商事调解协议反倒不能在其他非成员方获得执行的不平衡局面。这种执行上的不平衡、不对等会导致非成员方的当事人从我国司法程序中受益(“搭便车”)，而我国当事人的利益却无法在非成员方得到保护。

第二，该公约普惠机制也可能造成跨境商贸往来频繁且国内具有众多涉外商事

---

① 参见李龙：《论民事判决的既判力》，载《法律科学(西北政法学院学报)》1999年第4期。

② 参见裴苍龄：《关于证据效力的研究》，载《现代法学》1995年第1期。

③ See Hector Flores Senties, *Grounds to Refuse the Enforcement of Settlement Agreements under the Singapore Convention on Mediation: Purpose, Scope, and Their Importance for the Success of the Convention*, 20 Cardozo Journal of Conflict Resolution 1235 (2019).

主体的财产的成员方的执行机构压力激增。① 有学者担忧,我国批准该公约会导致大量国际商事调解协议执行案件涌入我国法院,造成法院负担增加。② 近年来,我国对外投资不断增加,不可避免地出现各种国际商事纠纷。③ 如果我国批准公约,中外双方当事人订立的国际商事调解协议的执行申请可能会大量涌入我国法院,导致我国法院执行负担增加。

(三)《新加坡调解公约》内容与我国的相关制度难以契合

1.《新加坡调解公约》与我国国内法对国际商事调解协议的定性矛盾

在《新加坡调解公约》构建的直接执行机制下,国际商事调解协议是一种新型的可在全球范围内流通的法律文书,而非普通民事合同。④ 如果义务人拒绝履行义务,则权利人可根据该公约直接向执行方申请强制执行国际商事调解协议。简言之,该公约将国际商事调解协议定性为具有强制执行力的类似仲裁裁决的法律文书。我国相关法律将调解协议定性为民事合同,⑤国际商事调解协议也不例外。在我国境内订立的国际商事调解协议若要在我国取得强制执行效力,只能通过转换机制——仲裁、公证、司法确认、申请支付令等间接达成。⑥ 因此,《新加坡调解公约》赋予国际商事调解协议的性质定位和我国法律赋予国内调解协议的性质定位存在冲突。

一旦我国批准《新加坡调解公约》,在我国订立的调解协议或许将面临转换执行与直接执行两种截然不同的执行机制,这种并行的双轨制在适用时会发生冲突,或将影响调解对国内当事人的吸引力,将我国当事人推向境外调解机构。虽然第二工作组拟订该公约时将其适用范围限定在具有国际性的商事调解协议,以便各方加入并避免各方对处理纯国内和地区内调解协议的现行法律作出重大修改,但是这种双轨制极易引发理论上对调解协议性质和法律效力的争议,从而影响调解协议执行程

① 参见孙南翔:《〈新加坡调解公约〉在中国的批准与实施》,载《法学研究》2021 年第 2 期。

② 参见孙巍:《对加入〈新加坡公约〉几点顾虑的回应》,载微信公众号"微言律义"2019 年 4 月 21 日,https://mp.weixin.qq.com/s/L_F6Uw3ioMxTuK9ZKulykA。

③ 例如,2021 年我国境内投资者共对全球 166 个国家和地区的 6349 家境外企业进行了非金融类直接投资。参见对外投资和经济合作司:《2021 年我国对外全行业直接投资简明统计》,载商务部官网 2022 年 1 月 24 日,http://hzs.mofcom.gov.cn/article/date/202201/20220103238997.shtml。

④ See Timothy Schnabel, *The Singapore Convention on Mediation: A Framework for the Cross-Border Recognition and Enforcement of Mediated Settlements*, 19 Pepperdine Dispute Resolution Law Journal 1 (2019).

⑤ 参见《最高人民法院关于建立健全诉讼与非诉讼相衔接的矛盾纠纷解决机制的若干意见》(法发〔2009〕45 号)。

⑥ 参见肖建国、黄忠顺:《调解协议向执行名义转化机制研究》,载《法学杂志》2011 年第 4 期。

序的设置。

2.《新加坡调解公约》规定与我国调解制度部分内容有差异

尽管《新加坡调解公约》与我国的法律政策没有根本性冲突,但是该公约部分内容与我国现行的调解制度存在不兼容的问题。例如,根据该公约第2条第3款之规定,该公约适用于由一名或多名调解员协助调解达成的国际商事调解协议。对调解的组织形式、调解员的资质条件等,该公约没有作出明确规定。质言之,《新加坡调解公约》所适用的国际商事调解协议的范畴较为宽泛,包括未经相关国家认可的个人调解员协助达成的国际商事调解协议。但是,根据我国相关法律的规定,我国要求以组织调解为法定形式,并对调解员设置了相对严格的资质规定。① 此外,我国现行的调解制度以民事调解为主,商事调解尚处于发展阶段,商事调解立法有待进一步完善。

(四)《新加坡调解公约》保留声明问题

《新加坡调解公约》准许各成员国针对"调解协议一方当事人是任何政府机构或代表政府机构行事的任何人时不适用本公约、本公约只在调解协议当事人已经同意适用本公约的情况下适用"这两项内容提出保留声明。由于保留会产生对成员国排除适用该公约的某些规定或改变其法律效果的意义,因此,我国在批准该公约之时,要决定是否对这两项内容提出保留,是都保留还是只保留其中一项。

此外,该公约还准许非统一法律制度的成员方声明该公约适用于其全部领土还是仅适用于部分区域。虽然我国是统一的主权国家,但是我国内地(大陆)与我国香港特别行政区、澳门特别行政区、台湾地区分别采用不同的法律制度。因此,我国在批准该公约时需要处理该公约是否适用于我国香港特别行政区、澳门特别行政区、台湾地区的问题。

四、我国宜采取的应对措施

正如学者所言,新事物自然会带来不确定风险,但看到《新加坡调解公约》生效并总结各当事方实践经验后再考虑是否加入,恐怕也需要一个相当长的时间,与此同时,我们不得不放弃加入会带来的益处。② 适时批准《新加坡调解公约》并提前做好制度衔接准备是对我国最有利的选择。

---

① 参见刘敬东等:《批准〈新加坡调解公约〉对我国的挑战及应对研究》,载《商事仲裁与调解》2020年第1期。

② 参见范怡娜:《有关〈新加坡调解公约〉的八个问题》,载《法制日报》2019年4月9日,第10版。

(一)重新定性国际商事调解协议

国际直接执行机制与国内司法确认制度冲突的根本在于对国际商事调解协议性质的不同理解,即国际商事调解协议是具有强制执行效力的法律文书还是普通合同?明确国际商事调解协议在我国的法律性质并使当事人认可国际商事调解协议的独立救济功能,是批准该公约所需回应的核心问题。① 因此,从理论上重新解读国际商事调解协议的性质并在立法上对其进行定性是解决该公约批准问题的必要前提。

国际商事调解协议是各方当事人之间解决纠纷的合意,具备合同的契约性。但是,作为纠纷解决结果的载体,国际商事调解协议与普通合同又存在显著的差别。因此,将国际商事调解协议定性为普通合同并不合理。它应该是一种特殊契约,是介于普通合同与判决裁决之间的具有强制执行效力的一种特殊法律文书。

国际商事调解协议作为一种解决商事纠纷的特殊契约,其法律效力②源自"合意+法律"(内因与外因)的双重赋予。国际商事调解协议是各方当事人就解决商事纠纷达成的合意,这种合意仅仅是形式上的和表面上的,其拘束力的根源并不是这种表面上的合意,而是隐藏于合意背后的东西。③ 合意背后所隐藏的"东西"或是"人的意志具有支配一切的效力",或是"利益交换"的目的,或是对信赖利益的保护,抑或法律的规定。这些"东西"归纳起来可以分成内因与外因两种因素。一方面,合意的达成可能是一方当事人为交换某种利益而做出的让步,故当事人为取得利益而遵守调解协议是国际商事调解协议具有拘束力的内因。另一方面,国际商事调解协议的客体是各方当事人之间的商事纠纷,商事纠纷的解决有利于维系当事人之间的商业关系、维护和谐稳定的国际经济贸易环境和社会秩序。法律规定调解协议对当事人具有拘束力既是对当事人意思自治的认可,也是对当事人合理利益的保护,这是国际商事调解协议具有拘束力的外因。

内因与外因的结合为当事人自觉履行国际商事调解协议奠定了基础,也排除了当事人肆意违反国际商事调解协议的合理性。换言之,国际商事调解协议之所以具有法律效力,除了当事人对解决商事纠纷所带来的利益的追求,最根本的是各

① 参见孙南翔:《〈新加坡调解公约〉在中国的批准与实施》,载《法学研究》2021年第2期。

② 此处的法律效力是指"当事人必须为之或不得为之的强制状态,以国家强制力为后盾,当事人摆脱这一约束将承担相应的法律责任"。参见张永进:《传统与超越:人民调解协议司法确认制度再解读》,载《实事求是》2011年第1期。

③ 参见李永军:《契约效力的根源及其正当化说明理论》,载《比较法研究》1998年第3期。

国和地区通过立法和缔结国际条约赋予了国际商事调解协议法律效力。否则,除非国际商事调解协议的当事人自动履行协议,国际商事调解协议的法律效力将无法实现。

(二)以自由贸易试验区(港)为试点试行直接执行机制

2021年6月10日,第十三届全国人民代表大会常务委员会通过决定,授权上海市人民代表大会及其常务委员会根据浦东改革创新实践需要,遵循宪法规定及法律和行政基本规则,制定浦东新区法规,在浦东新区实施。① 同日,全国人民代表大会常务委员会通过了《中华人民共和国海南自由贸易港法》(以下简称《海南自由贸易港法》),支持海南自由贸易港探索与其相适应的司法体制改革,建立多元化商事纠纷解决机制。② 基于此,我国批准《新加坡调解公约》之前,在上海浦东新区和海南自由贸易区(港)试行直接执行机制就具有了法律依据。

在自由贸易试验区(港)试行直接执行机制可选择的方案有三种:一是扩大现行司法确认制度的适用范围;二是仅对国际商事调解协议适用直接执行机制,即国内国际双轨制;三是国际国内统一适用直接执行机制。这三种方案各有利弊。第一种方案无法解决我国批准《新加坡调解公约》后存在的司法确认理论基础与直接执行理论基础相互冲突的问题,并且司法确认的适用条件比之直接执行要更为严格。第二种方案除了无法解决第一种方案面临的问题外,还可能导致两种完全不同的调解协议执行制度适用上的冲突,会降低我国商事调解制度对本国当事人的吸引力,把我国当事人推向境外的商事调解机构。

相较而言,第三种方案更为有效。直接执行机制并不排斥执行国主管机构对国际商事调解协议的审查,而是包含了审查和执行权证的签发。③ 因此,可在自由贸易试验区(港)尝试对司法确认制度进行改革,将司法确认程序由民事诉讼法中的特别程序类别变革为执行程序类别,在执行阶段适用。将我国现有司法确认实践经验与《新加坡调解公约》条款相结合,探索适合我国的调解协议直接执行机制。在自由贸易试验区(港)试行直接执行机制并取得一定成效之后,可以启动《新加坡调解公约》批准程序并在全国推行直接执行机制。

① 参见全国人民代表大会常务委员会《关于授权上海市人民代表大会及其常务委员会制定浦东新区法规的决定》(2021年6月10日第十三届全国人民代表大会常务委员会第二十九次会议通过)。

② 参见《海南自由贸易港法》第54条。

③ See UNCITRAL General Assembly, U. N. Doc. A/73/17.

（三）制定或修订相关法律

我国目前没有专门规范调解员和商事调解程序的法律，为了促进该公约在国内的实施，为主管机构审查国际商事调解协议提供法律依据，笔者认为，我国应尽快制定专门的商事调解法，将该公约的内容结合我国的实际情况转化为我国的国内法。

首先，商事调解法应释明调解协议与该公约中文版本所使用的“和解协议”的关系，即“本法所称调解协议，不论使用何种称谓，是指经由一名或几名调解员协助，且在调解员无权对争议当事人强加解决办法的情况下，当事人为友好解决争议而订立的书面协议。无论协议的内容以何种形式记录，只要该种形式所含信息可调取以备日后查用，就符合书面形式的要求”。在转化该公约内容时，商事调解法应明确公约中笼统模糊的规定。譬如明确国际商事调解协议的法律效力，规定“调解协议订立后，当事人就同一纠纷再申请仲裁或者向人民法院起诉的，仲裁委员会或者人民法院不予受理”。再者，该公约规定的拒绝准予救济的理由有“调解协议中的义务不清楚或无法理解”，主管机关在审查寻求救济所依赖的调解协议时，对应如何认定这一理由的问题，须在商事调解法或相关司法解释中作出指示。

其次，我国需修订《民事诉讼法》，在涉外编中增加国际商事调解协议的承认与执行内容。虽然我国在2021年修订了《民事诉讼法》，将司法确认程序的适用范围扩大到由依法设立的调解组织或依法任职的调解员主持达成的各类调解协议，这解决了原来的司法确认程序适用范围狭窄的问题，可以惠及各类调解协议，包括国际商事调解协议，但其适用条件并没有改变，依然要求“双方当事人共同向管辖法院申请”且时限是“调解协议生效后30日内”。此外，司法确认程序的类别设置也没有变动，依旧属于特别程序类别，是调解协议获得强制执行效力的必经程序。这与该公约直接执行机制并不兼容。为了实现与该公约的有效衔接，可在第四编涉外民事诉讼程序的特别规定中增加执行国际商事调解协议的规定，规定被申请人住所地或者其财产所在地的中级人民法院是当事人可依赖于调解协议寻求救济的主管机构。还可将该公约第1～5条的规定转化为司法确认的审查条件，符合这些条件的，由主管机构签发执行令，并交由专门的执行机构强制执行。

最后，因制定“商事调解法”并不属于我国立法机构近期立法规划的范畴，因此，我国可考虑将国际商事调解协议纳入“民事强制执行法”的范畴，为国际商事调解协议的直接执行提供法律依据。①

(四)审慎提出保留声明

截至目前,共有55个国家和地区签署了该公约,其中新加坡等10个国家批准了该公约,伊朗在签署该公约时提出了保留,白俄罗斯、格鲁吉亚、哈萨克斯坦和沙特阿拉伯在批准时提出了保留声明。我国政府代表在签署该公约时没有提出任何保留声明,因此在批准时有必要就是否保留作出声明。

对于第二项保留内容,笔者建议保留。考虑到调解协议完全基于当事人合意,当事人一致同意适用该公约,意味着调解协议当事人同意在一方反悔时另一方可根据该公约申请法院强制执行。这样可以有效保护调解协议当事人的选择权,完全由当事人自己决定调解协议能否根据该公约强制执行,可在一定程度上纾解普惠机制带来的隐患,保障我国当事人的权益。而鉴于第一项保留内容所提及的"政府机构或代表政府机构行事的任何人"在不同法域存在不同理解,尤其是在国有企业是否属于该范畴的问题上。② 笔者认为,学界应对此进行深入研究,对该项内容保留与否进行利益衡量,并分析不保留时该公约与国家主权豁免原则的关系,为我国立法机关或行政机关作出决策提供建议和理论基础。

此外,根据相关法律规定,我国缔结的国际协议,中央人民政府可根据我国香港、澳门特别行政区的情况和需要,在征询香港、澳门特别行政区政府的意见后,决定是否适用于香港、澳门特别行政区。③ 在批准前,中央人民政府可征得香港、澳门特别行政区政府的同意后,作出该公约适用于香港、澳门特别行政区的声明。对于我国台湾地区,可在与台湾地区沟通之后,作出该公约适用于台湾地区的声明。

五、结论

《新加坡调解公约》为调解所产生的国际商事调解协议构建了高效、便捷的直接执行机制,有利于增加调解对当事人吸引力,为调解在全球范围内的推广与普及创造了较大的机遇、提供了强大的助力。我国应该抓住机遇构建并完善我国国际商事

① 2018年第十三届全国人民代表大会常务委员会发布的立法规划将"民事强制执行法"列为需要抓紧工作、条件成熟时提请审议的法律草案之一,并由最高人民法院牵头起草。参见第十三届全国人民代表大会常务委员会:《十三届全国人大常委会立法规划》,载全国人民代表大会官网2018年9月10日,http://www.npc.gov.cn/npc/c30834/201809/f9bff485a57f498e8d5e22e0b56740f6.shtml。

② 例如,美国《外国主权豁免法》将外国国家界定为包括外国国有企业。参见李庆明:《论中国国有企业在美国民事诉讼中的国家豁免》,载《江西社会科学》2018年第11期。

③ 参见《中华人民共和国香港特别行政区基本法》第153条第1款,《中华人民共和国澳门特别行政区基本法》第138条第1款。

调解制度,打造具有国际竞争力的国际商事争议解决中心,为推进制度型开放提供专业服务与法治保障。同时要谨慎应对该公约带来的挑战,鼓励学界积极研究该公约中笼统模糊的规定如何在我国适用、我国是否要对政府机构或其授权代表作为一方当事人的调解协议提出保留、如何促进调解成为国有企业主要的纠纷解决方式、调解协议如何在内地(大陆)与港澳台地区之间流通等问题,为立法机关、行政机关和司法机关作出决策提供建议和理论基础,为国际商事调解协议的执行提供法律依据和法律保障。

国际民商事争议
解决机制研究

国际仲裁裁决转让的法律风险及中国对策*

欧福永** 黄思瑞***

近年来,国际仲裁裁决的胜诉方为顺利、有效维护自己的权益,在必要时积极努力地将仲裁裁决转让给第三方,这在一定程度上缓解了国际仲裁裁决承认与执行的困境,促进了资金融通。然而,伴随而来的有裁决被撤销或不予执行、多国退出《解决国家与他国国民间投资争端公约》(以下简称《ICSID 公约》)及欧盟法规定的义务与该公约相冲突导致仲裁裁决减值、国家豁免、转让交易的双方破产等诸多执行困境。对我国来说,开放国际仲裁裁决转让的市场,有一定的理论和法律基础,是更好地打造国际仲裁中心和促进资金融通的需要,具备可行性。为应对国际仲裁裁决转让的风险,政府可以从立法和司法层面着手,在肯定国际仲裁裁决转让行为效力的基础上,对转让的时间节点、次数、金额以及转让协议的真实性和效力审查等相关问题加以规制;当事人须确保转让交易的结构符合法律规定,围绕双方具体情况达成合理的裁决转让协议。

一、引言

作为国际社会通行的争议解决方式,国际仲裁在解决国际经贸纠纷中的优势越发凸显。虽然规范国际商事仲裁或国际投资仲裁裁决承认与执行的《承认及执行外国仲裁裁决公约》(以下简称《纽约公约》)和《ICSID 公约》已分别有 171 个和 158 个缔约方,但是,由于裁决的债务人可能通过申请撤销仲裁裁决和不予执行仲裁裁决对裁决债权人的执行程序予以阻断,或者由于国际投资仲裁裁决减值、债务人破产,国际仲裁裁决的执行仍面临一些难题,这催生了国际仲裁裁决的转让市场。国际仲

---

* 本文系湖南省教育厅科研重点项目“国际标准必要专利禁诉令与反禁诉令的冲突及其解决路径”(项目编号:22A0079)的阶段性成果。

** 湖南师范大学法学院教授、博士研究生导师,法学博士。

*** 湖南师范大学法学院国际法专业博士研究生。

裁裁决转让一般是指国际商事仲裁或国际投资仲裁裁决的债权人将裁决以一定的价值出售给第三方,为自己免除复杂的执行程序,在短期内换取流动资金的行为。裁决转让的前提是:已作出或尚未作出的仲裁裁决具有经济价值,裁决下的权利和利益可以被定性为债权,能够像其他资产一样被出售和购买。在转让交易中,仲裁裁决的债权人是转让方。从实践中来看,裁决的转让方并非全是资本短缺的公司,许多资本充足的公司出于对流动资金的迫切需求,经过深思熟虑的财务评估,也会选择转让仲裁裁决。裁决的受让方主要包括银行、对冲基金和第三方资助机构等。较债权人而言,这些成熟的投资机构具备更好的资源,更有条件实现仲裁裁决的执行。仲裁裁决一般以低于债务人应支付金额的价格出售,具体出售价格受到转让的时间点、裁决被撤销的可能性、执行程序的复杂程度、债务人履行裁决的能力等因素的影响。双方可以选择不同的交易结构①转让仲裁裁决,可以仅转让裁决下的部分经济利益,也可经各方同意,通过提升条款(elevation clauses)②转让全部裁决。

国际社会对国际仲裁裁决转让的态度逐渐友善,英国、法国等多国已开放国际仲裁裁决转让的市场并有相关实践。国际仲裁裁决转让市场的形成和发展,为国际仲裁理论与实践带来新的挑战。当前,我国学界关于国际仲裁裁决转让问题的研究较为有限。立足国际仲裁裁决转让的理论与实践,分析国际仲裁裁决转让的法律风险,并探索我国的应对之策,对于我国减少国际贸易投资障碍、推进国际商事仲裁中心建设及加强涉外法治工作有着重要意义。

二、国际仲裁裁决转让的原因

国际仲裁裁决转让的市场因裁决承认与执行的困境而形成,因资金融通的需求而发展,为裁决的债权人提供了巨大的便利。

(一)国际仲裁裁决承认与执行的困境

国际仲裁裁决作出后,如果债务人不主动履行裁决,债权人可向债务人财产所在地国家的法院申请承认和执行。然而,基于以下两个因素,国际仲裁裁决的承认与执行成为困扰国际仲裁当事人的难题。

债务人可能通过向法院申请撤销、不予执行仲裁裁决,对执行程序予以阻断。

---

① 交易结构,即交易双方以合同条款的形式所确定的、协调与实现双方最终利益关系的一系列安排。国际仲裁裁决转让的交易结构主要有两种:一是仅转让裁决下的部分债权;二是转让裁决下的全部债权,即转让全部裁决。

② 提升条款,即国际仲裁裁决转让交易的双方在转让协议中约定转让裁决下全部债权的条款。通过实施该条款,受让方成为相对于仲裁败诉方的裁决唯一债权人。

如2019年,法国巴黎上诉法院决定不予执行我国香港亚历山大兄弟公司取得的国际商会国际仲裁院作出的其胜诉的裁决案。[①] 2016年,国际商会国际仲裁院对阿尔斯通法国公司与亚历山大兄弟公司之间的合同纠纷作出裁决,支持亚历山大兄弟公司的部分仲裁请求。该裁决作出后,阿尔斯通公司向仲裁适用的准据法所属国瑞士的联邦最高法院申请撤销上述仲裁裁决,理由是该裁决违反公共政策。瑞士法院经审理驳回了其申请。后亚历山大兄弟公司向法国巴黎初审法院申请承认与执行上述仲裁裁决,法国巴黎初审法院同意承认与执行该裁决。阿尔斯通公司向巴黎上诉法院提出上诉。巴黎上诉法院认为,本案中的投资项目涉及腐败,承认与执行该裁决将违反国际公共秩序,因此撤销巴黎初审法院作出的承认与执行该裁决的命令,并要求亚历山大兄弟公司退还已支付的所有款项。[②] 在此情况下,当事人几经周折获得的仲裁救济成了一纸"白条";当事人想兑现的权益无法落实,而该案中的"违反公共秩序"是《纽约公约》第5条规定的国际仲裁裁决不予承认与执行的几个理由之一。[③]

另外,债权人申请强制执行国际仲裁裁决的成本高、难度大。国际仲裁裁决的执行,在当事人不自动履行时,需要依赖法院的强制执行力来保障。寻找债务人的资产,向法院申请必要的查封、冻结和其他执行措施等,一般均须在资产所在的司法管辖区内聘请当地律师完成。如果资产位于多个司法管辖区,则可能需要进行多次执行程序的申请,所耗成本也会相应增加。当裁决债务人是空壳公司或没有足够的资产时,裁决就难以执行。当裁决债务人是主权国家时,执行将更为复杂,需考虑资产所在的司法管辖区对主权豁免的态度。持绝对豁免立场的司法管辖区,对外国国有资产均不予扣押和执行;持限制豁免立场的国家,将国家的商业资产和主权资产进行区分,只允许对商业资产进行扣押和执行。

面对以上国际仲裁裁决承认与执行的困境,将裁决商业化,允许转让给更具执行把握的第三方,对于持有胜诉裁决,但又缺乏寻找资产能力和耐心的债权人而言,有利于其转嫁裁决承认与执行的风险,有效地降低自己的执行成本。

---

① Paris Court of Appeal, Pôle 1, Chambre 1, Case 16 – 11182, May 28, 2019.

② 参见王军仲裁团队:《法国案例:涉及腐败,中企 ICC 胜诉裁决被不予执行》,载微信公众号"采安律师事务所"2019年8月27日,https://mp.weixin.qq.com/s/0VX – l8N3kyUU6EesOWgK2A。

③ 《纽约公约》第5条规定了缔约国国内法院可以拒绝承认与执行裁决的一系列理由,主要包括:(1)仲裁协议无效;(2)仲裁违反正当程序规则;(3)裁决内容构成超裁;(4)仲裁庭组成或仲裁程序不符当事人协议约定;(5)裁决对当事人尚无拘束力,或已经被裁决地所在国或裁决所依据法律之国家的主管机关撤销或停止执行;(6)裁决事项不具可仲裁性;(7)裁决违反裁决地公共秩序。

(二)资金融通的需求

国际仲裁裁决作出后,由于裁决的域外执行程序复杂冗长,裁决价值的实现时点被或长或短地延迟,这势必影响裁决债权人的资金周转。为快速换取流动资金,裁决债权人可能会采取裁决后和解这种救济手段,即在裁决作出后,债权人放弃裁决中胜诉的部分请求,以获得债务人自愿履行的承诺,达成和解协议。在和解协议中,债权人往往会降低债务人的履行条件,向更长的履行期限、更低的赔偿金额妥协。此种手段在促进裁决变现的同时,还有助于维护争议或证据的保密性,维持双方的业务关系。在一些案例中,债权人选择这种"退而求其次"的办法,替代高成本、可能低回报的裁决执行程序,成功实现部分债权。①

虽然和解协议在一定限度上减少了未偿债务执行的不确定性,但是债权人又将面临着债务人不遵守和解协议的新风险。这种新风险一旦出现,债权人则需承担就和解协议提起诉讼的费用。较裁决后和解而言,利用国际仲裁裁决本身的经济价值,将裁决转让给第三方是更好的变现办法,有助于债权人更加快捷、便利地挽回损失,解决国际仲裁裁决债权人的资金融通需求。

三、国际仲裁裁决转让的法律风险

近年来,国际仲裁裁决转让的实践已屡见不鲜,转让经常发生在仲裁程序的不同时间点。裁决在不同时间点转让有不同的风险。如果提前购买未来的裁决,受让方还需要评估如下可能会面临的众多不可预测的法律风险:仲裁庭裁定对案件无管辖权;转让方的仲裁请求没有得到仲裁庭支持;仲裁程序受一些因素影响而大大放缓;等等。如果购买已经作出的国际仲裁裁决,受让方则需审慎评估以下法律风险。

(一)与裁决相关的风险

1. 与裁决转让后被撤销或不予执行相关的风险

一是仲裁裁决因存在前述《纽约公约》第5条规定的不予承认与执行的理由之一而被拒绝承认与执行,裁决受让方因而不能实现自己的权益。

二是受让方申请执行仲裁裁决时,在某些司法管辖区裁决债务人可能以"转让行为本身无效"进行抗辩,如伯利兹社会发展有限公司(Belize Social Development Limited)诉伯利兹政府案。② 2009年3月,伦敦国际仲裁院对伯利兹电信传媒有限

---

① 参见范晓宇:《投资仲裁裁决执行的国家豁免困境、成因及出路》,载《武大国际法评论》2021年第3期。

② Belize Social Development Limited v. The Government of Belize, United States District Court, District of Columbia, Case 9-2170, December 11, 2013.

公司(Belize Telemedia Limited)与伯利兹政府之间的争议作出裁决。该裁决作出2日后,仲裁胜诉方伯利兹电信传媒有限公司将仲裁裁决的部分经济利益转让给成立于英属维尔京群岛的伯利兹社会发展有限公司。2009年11月,受让方伯利兹社会发展有限公司向美国哥伦比亚特区地方法院提起诉讼,要求法院根据美国《联邦仲裁法》第207条承认和执行该裁决。被执行人伯利兹政府根据该裁决转让协议的条款和伯利兹法律主张该裁决的转让无效。与伯利兹政府的抗辩相反,美国法院认定伯利兹政府根据伯利兹法律提出主张是错误的,认为:只要根据适用于转让协议的法律,该裁决转让有效即可;该转让适用英国法律,伯利兹的法律与转让的有效性问题无关;根据英国法律,该转让协议有效。虽然本案的最终结局是法院认定转让行为有效,但从中可见,在某些司法管辖区,如果裁决债权人希望进行裁决转让就必须满足一个前提,即根据适用于裁决转让协议的法律,该裁决可转让给受让方。

三是受让方申请执行仲裁裁决时,在某些司法管辖区债务人可能以"非仲裁当事人无权申请执行裁决"进行抗辩,如裕利安怡公司(Euler Hermes)诉敖德萨油脂公司(PJSC Odessa Fat and Oil Plant)案。[①] 2011年9月,伦敦国际油、油籽和油脂协会(FOSFA)对敖德萨油脂公司与蓬特斯贸易有限公司(Pontus Trade S. A.)之间的纠纷作出裁决,要求敖德萨油脂公司向蓬特斯贸易有限公司履行债务。然而,蓬特斯贸易有限公司已于2009年11月将该裁决中其对敖德萨油脂公司的债权转让给了裕利安怡公司。裕利安怡公司向乌克兰敖德萨州普里莫尔斯基(Prymorskyi)区法院提出申请,要求准许执行该仲裁裁决。该区法院驳回了执行申请,理由是只有参与仲裁程序并获得仲裁裁决的当事人才有资格请求执行裁决。裕利安怡公司上诉后,敖德萨州上诉法院支持了区法院的裁决。州法院指出,只有仲裁裁决作出时的债权人才有权申请承认和执行仲裁裁决。[②] 在某些司法管辖区,法律没有直接规定裁决作出时的债权人以外的任何人可以申请执行国际仲裁裁决。为减少这种风险,转让双方会约定只转让裁决的权益,这意味着仲裁裁决的债权人仍然是执行裁决的申请人,但通过执行程序收取的任何款项都归受让方所有。然而,这种做法仍存在不足,因为仲裁裁决的债权人可能不希望其名字继续出现在执行程序中。

---

① Euler Hermes v. PJSC Odessa Fat and Oil Plant, FOSAC Case No. 4219, September 7, 2011.

② See Pilkov Konstantin, *Assignment of Benefits of Arbitral Awards: Problematic Enforcement in Ukraine*, Accessed November 11, 2022. http://gffyf8265c9a7cb0e4f2ahwwk0wwbxcxff6vku.fyxb.oca.swupl.edu.cn/2014/06/02/assignment-of-benefits-of-arbitral-awards-problematic-enforcement-in-ukraine.

2. 与投资仲裁裁决减值相关的风险

在过去,各国为了改善投资环境和吸引投资者,签署了大量双边或多边投资条约,而因投资条约产生的国家责任,使投资仲裁领域的格局发生了深刻的变化。一些国家和国际组织对现行的外国投资保护制度表示不满,例如拉丁美洲的厄瓜多尔、玻利维亚、委内瑞拉声称投资仲裁损害了本国国家主权并偏袒外国投资者,退出了《ICSID 公约》,该地区的主要经济体巴西也拒绝批准该公约。[①] 对投资仲裁的反对意见越来越多,这主要有两方面的原因:一是一些主权国家仲裁债务不断增加,裁决的债务额有时占该国国内生产总值相当大的比例。二是裁决一般要求以外币(美元)支付,并对那些转换货币能力有限的国家收取高额利息。

欧盟内部投资仲裁格局的发展,也影响了人们对投资仲裁的看法。如果一主权国家同时是欧盟成员国与《ICSID 公约》成员国,则需同时履行《欧洲联盟条约》规定的"真诚合作义务"与《ICSID 公约》规定的承认与执行仲裁裁决的义务,而在法律适用中这两重义务往往存在冲突,使得该国难以同时履行。[②] 米库拉什公司(Miculas)诉罗马尼亚仲裁裁决执行案就是其中典型一例。[③] 2005 年,瑞典公司米库拉什基于《瑞典—罗马尼亚双边投资协定》向国际投资争端解决中心(ICSID)申请仲裁。仲裁过程长达8 年,在此过程中,罗马尼亚于2007 年加入欧盟。2013 年,ICSID 仲裁庭作出裁决,裁定罗马尼亚因未给予投资者公平公正待遇、未尊重投资者合法期待以及未透明化地行动而违反了双边投资协定。2015 年,欧盟委员会认为罗马尼亚执行仲裁裁决构成《欧洲联盟运行条约》第 107 条第 1 款规定的"非法国家援助与欧盟内部市场不相容",要求罗马尼亚停止执行裁决,并要求米库拉什公司偿还罗马尼亚已支付的费用。这不仅直接阻碍了罗马尼亚对 ICSID 仲裁庭所作裁决的执行,也将阻碍此种仲裁裁决在其他欧盟成员国内的承认与执行。

毋庸置疑,多国退出《ICSID 公约》、欧盟法规定的"真诚合作义务"与《ICSID 公约》规定的承认与执行仲裁裁决义务相冲突这些问题,将会对 ICSID 仲裁庭所作仲裁裁决的市场价值、国际投资仲裁裁决转让产生重大影响。

---

① 参见[美]加里·B. 博恩:《国际仲裁:法律与实践》,白麟、陈福勇等译,商务印书馆 2015 年版,第 554 页。

② 参见王晔琼:《论欧盟法引起的 ICSID 仲裁裁决在国内法院承认与执行之困境——从 Miculas v. Romania 案出发》,载《法律适用》2021 年第 8 期。

③ Micula and others v. Romania, [2020] UKSC, 5.

（二）与债务人相关的风险

1. 债务人是国家时的风险

当国际仲裁裁决的债务人是主权国家时，债权人在裁决执行过程中可能面临资产难以追回的风险，具体表现在以下两个方面。

（1）与对国家进行强制执行有关的风险

一方面，在过去几十年各国减少国家从事的商业活动，对持限制豁免主张的国家来说可用于执行措施的商业资产也随之减少。许多国家已经意识到其商业资产所带来的风险，为避免本国资产被扣押纷纷采取预防措施，实施保护性立法。部分国家还对可能在其境内被扣押的外国主权资产加强了保护，如比利时和法国分别制定了新的法律，提高对面向国家的潜在执法措施的审查程度和获得扣押主权资产的授权所需满足的标准。

另一方面，国家豁免常常被东道国用作对强制执行的抗辩。当一国不愿自觉履行仲裁裁决时，投资者便会到该国的其他财产所在地国家的法院寻求执行，此时无可避免地会产生国际法上的执行豁免问题。① 根据《ICSID 公约》第 53 条和第 54 条第 1 款的规定，ICSID 仲裁庭所作出的仲裁裁决对所有成员国均有拘束力，成员国无权撤销或拒绝承认与执行 ICSID 仲裁庭所作裁决。然而，根据《ICSID 公约》第 55 条，当东道国不愿自觉履行 ICSID 仲裁裁决、投资者请求强制执行该国财产时，不能违背执行地国内关于执行豁免的法律规定。对于非 ICSID 仲裁庭作出的投资仲裁裁决，《纽约公约》明确其需接受国内法院的司法审查。虽然该公约第 5 条规定的国内法院拒绝承认与执行外国仲裁裁决的 7 种事由中不包括国家豁免，但根据该公约第 3 条，各缔约国国内法中国家豁免的规定会对裁决的承认与执行产生影响。因此，ICSID 投资仲裁裁决和非 ICSID 投资仲裁裁决的执行，均须受制于国内法对国家豁免的规定。②

需要特别注意的是，根据我国 1987 年加入《纽约公约》时所作出的商事保留声明和最高人民法院 1987 年所作出的相关通知，国际投资仲裁裁决在我国不能依据《纽约公约》获得承认与执行，实践中尚未出现当事人依据《纽约公约》向我国申请承认与执行国际投资仲裁裁决的案例。在国际投资争端频发、国际仲裁发展迅猛的

① 参见孙南申、李思敏：《国际投资仲裁裁决执行中的国家豁免适用问题》，载《上海对外经贸大学学报》2021 年第 6 期。

② 参见张亮、宁昆桦：《国家豁免对国际投资仲裁裁决有效执行的影响及其克服》，载《政治与法律》2021 年第 1 期。

时代背景下,如果继续坚持上述商事保留条款,限制非 ICSID 仲裁裁决依《纽约公约》在我国进行承认与执行,可能不利于改善我国的投资环境,导致投资仲裁裁决的当事人在进行裁决转让交易时因裁决承认与执行的困境而瞻前顾后、选择放弃中国市场,进而导致我国国际仲裁裁决转让市场的开放和我国国际仲裁中心的建设受到不利影响。

(2)与涉及国家的裁决后和解相关的风险

随着以国家为债务人的巨额仲裁裁决债务的增加,单一国家资产(single state asset)有可能不足以偿付国际仲裁裁决的债务,在世界范围执行针对国家的裁决变得越来越困难,因此裁决债权人开始寻求裁决转让后进行和解这一替代途径,如蓝岭投资公司(Blue Ridge)诉阿根廷案。[①] 在该案中,CMS 天然气运输公司(CMS Gas Transmission Company)在获得针对阿根廷的胜诉裁决后,将裁决转让给了蓝岭投资公司,但是受让方却并不打算通过法院寻求承认和执行。同样,其他几起针对阿根廷的 ICSID 案件,如英国国家电网公司(National Grid)案和美国大陆保险公司(Continental Casualty)案,债权人将裁决转让给知名基金后,受让方也没有向法院请求执行。在这些案件中,裁决的转让实质上是裁决后和解的一部分。裁决后和解是最有可能实现遵守裁决和收回款项的选择,但在这一过程中仍然会遇到障碍。最为典型的障碍有政府的更迭、利益对立政党的更替。政治因素往往会影响裁决后和解的效果,拖延支付程序,增加时间成本。

2. 债务人是私人公司时的风险

当国际仲裁裁决的债务人是私人公司时,仲裁裁决相对来说更容易执行。然而,在这种情况下,仍可能存在债务人破产风险。

在破产背景下,破产的债务人自愿遵守仲裁裁决的意愿更弱。一方面,相比一般的商事从业者,破产的当事人对不履行裁决义务可能带来的市场声誉下降的担忧会更少;另一方面,破产方的其他债权人往往向破产管理人施加压力,希望其拒绝承认与执行裁决债务,从而更大程度地保护破产方资产以提升自身债权得到清偿的可能性。除此之外,国家保护主义也可能使得破产地法院更愿意优先处理本国债权人的债权,而不是国际仲裁裁决债权。[②]

---

① Blue Ridge Investments, LLC. v. Republic of Argentina, United States District Court, Northern District of New York, Case No. 00153, September 30, 2012.

② 参见范晓宇:《论破产对国际商事仲裁裁决承认与执行的影响——以〈纽约公约〉第 5 条的适用为视角》,载《国际经济法学刊》2022 年第 3 期。

在国际仲裁裁决承认与执行过程中,若裁决债务人破产,在审查执行申请的法院同时为破产程序启动国或承认国时,应在适用《纽约公约》第5条时考虑破产事实的存在。一般而言,破产不会轻易影响《纽约公约》第5条下破产方的行为能力和仲裁协议的效力,但对于是否影响破产争议的可仲裁性和导致违背执行地的公共政策的问题,各法域对此存在不同做法。并且,在破产背景下仲裁裁决往往无法获得单独强制执行,而仅能作为债权凭证通过债权申报方式与其他债权人的债权一同获得执行。①

(三)与债权人相关的风险

不只是债务人的破产对转让后的国际仲裁裁决的承认与执行有重大影响,债权人的破产也可能影响裁决的撤销,进而影响裁决的承认与执行。在九仁控股公司(9REN Holding)诉西班牙王国可再生能源投资争端案中,②ICSID仲裁庭认定,西班牙调整补贴的措施违反了《能源宪章条约》第10条第1款所规定的公平公正待遇义务,应当向投资者九仁控股公司支付赔偿金。③ 针对ICSID仲裁庭所作裁决,西班牙提起了ICSID裁决撤销程序,而濒临破产的九仁控股公司将其在裁决中的权益转让给了一家位于纽约的对冲基金国王街资本管理公司(King Street Capital Management)。ICSID特设委员会认为,申请人九仁控股公司将裁决变现以改善其自身破产困境的行为造成了裁决无法撤销的风险。在此基础上,特设委员会下令终止裁决的执行,阻止申请人或受让方在撤销程序未决时寻求执行裁决。特设委员会在强调裁决无法撤销的风险时,提到了以下原则:"一国在行使《ICSID公约》规定的程序性权利时,不应面临根据最终被撤销的裁决所支付的款项可能无法从破产的债权人那里收回的风险。"④

由此可见,当国际投资仲裁裁决的债权人面临破产,其可能出于对资金融通的需求,在撤销程序未决时就将仲裁裁决转让,因保护受让裁决的第三人的利益所以裁决无法被撤销,造成裁决被终止执行的后果。

四、我国开放国际仲裁裁决转让市场的可行性

即使国际仲裁裁决的转让存在诸多风险,裁决的国际转让市场依然生机勃勃。

---

① 参见范晓宇:《论破产对国际商事仲裁裁决承认与执行的影响——以〈纽约公约〉第5条的适用为视角》,载《国际经济法学刊》2022年第3期。

② 9REN Holding S. À. R. L. v. Kingdom of Spain, ICSID Case No. ARB/15/15, April 7, 2020.

③ 参见吕江、赵靖:《〈能源宪章条约〉对可再生能源投资的规制研究》,载《武大国际法评论》2021年第4期。

④ 采安仲裁团队:《国际仲裁裁决的转让:原因、路径、风险及可能应对》,载微信公众号"采安律师事务所"2022年4月19日,https://mp. weixin. qq. com/s/ – QaBDXyHbrf_Nj0s37xkCQ。

前文所述国际仲裁裁决转让的原因在我国同样适用。在我国,国际仲裁裁决转让行为同样具有可行性和现实合理性,同样有国际仲裁裁决市场赖以生根发芽的法治土壤。

(一)理论基础

一方面,国际仲裁裁决的转让实质上是裁决所确认的债权的转让,符合基本法理,符合确认和保护私权的初衷。现代民法普遍承认债权的可转让性。国际仲裁裁决所确认的债权,虽然是可以申请法院强制执行的债权,但其本质依然是私权利,其本身具备一般债权的可处分性,即债权人可以整体或部分转让。国际仲裁裁决只是确认、保护债权的一种形式,使债权具有公信力和强制执行力,并不能改变债权本身的私权利性质。

另一方面,国际仲裁裁决转让后,裁决的执行力发生扩张,受让人因此享有申请执行的权利,这也为国际仲裁裁决的转让提供了理论基础。因债权已由生效法律文书确认,除了因特殊情况对债权转让、债务履行情况可以提出异议,在裁决确定的债权实现阶段,债务人对裁决的权利义务关系本身在法律上已经不能再起争执。加之,转让方和受让方之间对此也没有争议。因此,在裁决确认的债权转让后,债务人应向受让方履行义务,一般来说,没有必要再通过诉讼进行确认。如果受让人受让权利后只能通过另行起诉获得判决才能执行,就必然影响权利实现的效率。因此,在裁决执行程序开始后,实体权利主体发生变更时,可以通过执行程序变更权利主体的方式解决,使受让人在获得受让的实体权利的同时,获得相应的强制执行的申请权以及在执行过程中变更为申请执行人的权利。①

(二)法律基础

目前,我国没有专门规范国际仲裁裁决转让的规则,但国内法院判决和仲裁裁决的转让已有一定的法律依据。判决转让是经济快速发展和法治意识逐步提升之后出现的新事物。② 自2001年武汉出现首例判决书转让事件以来,民事判决书债权转让现象已不鲜见,以“民事判决书(债权)转让问题”在闲鱼网络平台搜索,发现民事判决书转让涉及全国多个省份的几十份民事判决。美国民事判决书债权买卖甚至促成了一个新兴的行业——判决追偿(judgment recovery),专门通过转让判决书

① 参见孟淑芳、钱钧:《最高院关于生效法律文书债权转让涉执行问题的裁判观点》,载北大法宝网2021年2月17日,https://www.pkulaw.com/lawfirmarticles/dac4b2b2e03c783a99353e23da29e358bdfb.html。

② 参见周海浪:《转让判决书确定的债权是否合法》,载《人民法院报》2012年1月18日,第8版。

债权获利。[①] 大多数当事人是迫于债权实现的困难,将民事判决书当作债权凭证,通过转让方式将债权转移,以最大限度地挽回损失。随着金融资产管理公司收购、处置银行不良资产工作的展开,确定债权的转让行为不断产生,受让方持转让协议申请执行原法律文书的现象日趋增多。[②] 为正确处理民事执行中变更、追加当事人问题,维护当事人、利害关系人的合法权益,最高人民法院 2016 年通过了《关于民事执行中变更、追加当事人若干问题的规定》(2020 年修正),其中第 9 条规定:"申请执行人将生效法律文书确定的债权依法转让给第三人,且书面认可第三人取得该债权,该第三人申请变更、追加其为申请执行人的,人民法院应予支持。"生效法律文书一般包括法院判决书、仲裁裁决书、调解书和公证书等。因此,在国内仲裁裁决转让的实践出现后,我国法院依据上述规定对仲裁裁决债权转让的效力和可执行性问题作出了认定。2018 年厦门海事法院审理的中国东方资产管理股份有限公司福建省分公司诉被告泉州建鑫物流有限公司、第三人华夏银行股份有限公司泉州分行海事债权确权纠纷一案,[③]是目前这方面相关度较高的典型案件。

《中华人民共和国民事诉讼法》(以下简称《民事诉讼法》)第 266 条规定:"在中华人民共和国领域内进行涉外民事诉讼,适用本编规定。本编没有规定的,适用本法其他有关规定。"由于《民事诉讼法》涉外编及其相关司法解释未对国际仲裁裁决转让作出相关规定,国际仲裁裁决的转让应该可适用国内仲裁裁决转让的规定,即可适用《关于民事执行中变更、追加当事人若干问题的规定》第 9 条。因此,应当认为我国的法律规定使我国能够回应国际仲裁裁决转让的需要。

(三)现实基础

一方面,开放国际仲裁裁决转让市场是打造国际商事仲裁中心的有力推手。近年来,我国的国际仲裁发展迅速,虽然受到新冠疫情的影响,但国际商事仲裁案件的数量依然可观。2019 年共 63 家仲裁委员会受理涉外、涉港澳台案件共计 2226 件;[④] 2020 年共 61 家仲裁委员会受理涉外、涉港澳台案件 2180 件;[⑤]2021 年共 66 家仲裁

---

① 参见李代华:《强制执行请求权移转探析——兼议闲鱼网络平台民事判决书之买卖》,载《时代法学》2020 年第 3 期。

② 参见张英、马怀国:《确定债权转让的实践反思与理论追寻——兼论受让人的申请执行权》,载《山东审判》2007 年第 2 期。

③ 参见厦门海事法院民事裁定书,(2018)闽 72 民初 476 号。

④ 参见中国国际经济贸易仲裁委员会:《中国国际商事仲裁年度报告(2019 ~ 2020)》,法律出版社 2020 版,第 6 页。

⑤ 参见中国国际经济贸易仲裁委员会:《中国国际商事仲裁年度报告(2020 ~ 2021)》,法律出版社 2021 版,第 7 页。

委员会受理涉外、涉港澳台案件2695件。[①] 中国裁判文书网信息显示,人民法院2019年共审结申请承认和执行外国仲裁裁决的案件32件,2020年共审结此类案件18件,2021年共审结此类案件12件。根据英国玛丽女王大学国际仲裁权威研究机构发布的《2021年国际仲裁调查报告》,我国香港特别行政区、北京和上海分列为全球最受欢迎仲裁地的第三名、第六名和第八名,其中香港国际仲裁中心和中国国际经济贸易仲裁委员会分列为全球最受欢迎的仲裁机构的第三名、第五名。以上种种数据表明,我国国际仲裁的公信力、国际竞争力和影响力都已显著提升。为了更好地实现打造国际商事仲裁中心的目标,我们需要为中外当事人提供世界一流的国际仲裁服务,进一步吸引更多的仲裁当事人选择我国为仲裁地。因此,开放国际仲裁裁决转让的市场正当其时。

另一方面,开放国际仲裁裁决转让市场是促进我国企业和个人资金融通的实际需要。过去几年,帮助当事人资金融通的第三方资助[②]在国际商事仲裁领域逐渐兴起,并且得到不断的发展和实践。[③] 受新冠疫情的影响,许多企业面临巨大的财务压力,市场对第三方资助的需求有了显著增长。如果开放国际仲裁裁决转让的市场,那么仲裁当事人可在裁决尚未作出时或者作出后将裁决下的债权转让,在短期内获得流动资金,以满足其融资需求。

五、我国应对国际仲裁裁决转让风险的措施

国际仲裁裁决转让市场的开放,对我国国际仲裁话语权的提升有重要推动作用。我国有必要从以下几方面着手应对国际仲裁裁决转让的风险,为国际仲裁裁决转让市场的开放和发展扫清障碍。

(一)*国家层面*

1.法律方面

首先,完善相关司法解释,明确国际仲裁裁决转让行为的效力,并对转让后裁决的可执行力问题作出规定。当前,我国对国内仲裁裁决的转让持肯定态度,经过上述对国际仲裁裁决转让可行性的分析,人们对国际仲裁裁决转让的一些顾虑可以减

---

① 参见中国国际经济贸易仲裁委员会:《中国国际商事仲裁年度报告(2021～2022)》,法律出版社2022版,第7页。

② 第三方资助,即当国际商事仲裁裁决的当事人不能或不愿在仲裁结果未知的情况下预先支付高昂的法律费用时,专业的投资机构与资金方为仲裁当事人提供金钱资助,帮助当事人转嫁争议解决及裁决执行的风险,从而获得约定的收益。

③ 参见沈伟、陈治东:《商事仲裁法:国际视野和中国实践》,上海交通大学出版社2020年版,第7页。

轻。肯定国际仲裁裁决转让行为的效力，开放转让市场，可以有效维护当事人的利益。在明确转让后裁决的执行力问题上，除了允许受让方替代原裁决债权人实现债权的执行，还需要适时修改最高人民法院《关于执行我国加入的〈承认及执行外国仲裁裁决公约〉的通知》，删除将投资仲裁争端排除在商事法律关系之外的但书，或者更新相关司法解释以满足国际投资仲裁裁决在我国承认与执行的需求。[①] 如此，不仅可以为商事主体提供便利，保护中外投资者的合法权益，而且可以促使我国仲裁服务与国际接轨，更好地打造国际仲裁中心。

其次，推动国家豁免的立法进程，为国际投资仲裁裁决在我国的承认与执行提供必要的法律空间。一国对国家豁免问题的态度，决定着投资仲裁裁决的受让方是否可以向该国法院申请承认与执行以国家为被执行人的仲裁裁决。《联合国国家及其财产管辖豁免公约》和很多国家在国家豁免问题上采取限制豁免主义，而我国采用绝对主义立场，这与当前国际大环境及我国新一轮对外开放不相适应，亟待作出适当的调整。一方面，坚守绝对豁免不利于维护我国政府在国际投资仲裁中的利益。当我国政府在投资仲裁中败诉时，胜诉方可能选择向采取限制豁免主义的国家提出裁决执行申请，申请根据该国的主权豁免法执行我国在该国的商业资产。而当他国政府在投资仲裁中败诉时，我国法院对于向我国申请承认与执行投资仲裁裁决的案件是否受理，需要取决于该国是否放弃管辖豁免。在绝对豁免主义下，我国在国际投资争端解决中将遭遇不公待遇。[②] 另一方面，坚守绝对豁免不利于构建我国在国际投资仲裁中的话语权。中国国际经济贸易仲裁委员会、北京仲裁委员会、深圳国际仲裁院等知名仲裁机构，已经在仲裁规则中明确可受理投资仲裁案件。若坚持绝对豁免，我国在投资仲裁市场中将缺乏足够的竞争力，无法吸引更多的外国当事人选择我国为仲裁地。基于我国国情，有必要逐步由绝对豁免主义转向限制豁免主义。从豁免路径来看，可先尝试适用限制性管辖豁免，将执行豁免作为裁决承认与执行的最后一道防线。[③] 如此，不仅有利于我国在投资仲裁裁决的承认与执行中掌握主动权，也有利于增强我国在国际投资仲裁领域的话语权。值得欣慰的是，我国 2022 年公布的《外国国家豁免法(草案)》坚持限制豁免主义，规定了外国国家的

---

① 参见于湛旻：《论我国仲裁法制兼容“投资仲裁”的重要发展——〈仲裁法(修订)(征求意见稿)〉相关条款探讨》，载《国际经济法学刊》2022 年第 4 期。

② 参见张建：《国际投资争端仲裁裁决在中国法院的承认与执行——兼论国家豁免立场的现代转型》，载《司法改革论评》2020 年第 1 期。

③ 参见汪蓓：《论承认与执行国际投资仲裁裁决面临的挑战与出路——基于上诉机制改革的分析》，载《政法论丛》2021 年第 5 期。

管辖豁免和司法强制措施豁免的例外。

最后,通过立法或司法解释,为我国法院处理破产背景下国际仲裁裁决的承认与执行问题提供指引。我国司法实践已涉及破产与仲裁裁决承认与执行的交叉问题,但目前《中华人民共和国仲裁法》(以下简称《仲裁法》)并未对此作出明确规定,《中华人民共和国企业破产法》(以下简称《企业破产法》)的规定也较为笼统,未区分国际仲裁裁决和国内仲裁裁决。① 随着跨境破产协调机制的不断完善,破产法院可能通过与他国法院的合作,直接控制债务人在国外的资产。在此背景下,国际仲裁裁决的承认与执行可能更加难以得到保证。各国处理该问题的一般态度如下:在承认阶段,若裁决与该国的破产法无重大冲突,不否认裁决所确定的债权;在执行阶段,通过债权申报将裁决确认的债权纳入破产的整体程序中予以实现。上述态度有一定合理性:首先,以破产为由拒绝承认与执行国际仲裁裁决,与《纽约公约》第3条、第5条相悖;其次,若因债务人的资不抵债,使债权人耗费巨大成本得到的国际仲裁裁决无法获得承认与执行,则对债权人有失公允,且可能使更多的债务人以破产为保护伞,躲避履行仲裁裁决;最后,在执行程序中拒绝对国际仲裁裁决进行单独强制执行,体现了对破产法中债权人平等原则的尊重、对债权人整体利益和其他债权人利益的公平保护。我国亦可采取此种做法,在《仲裁法》中增加有关处理破产背景下国际商事仲裁裁决承认与执行问题的条款,以填补立法空白、解决《企业破产法》规定模糊不清的问题,为司法实践提供明确的指引。②

2. 司法方面

在司法实践中,法院需要立足国家利益,对国际仲裁裁决的转让进行肯定的同时加以必要限制。为此,在程序上具体可做如下设计。

第一,限制裁决转让的时间节点、次数和金额,以防止腐败现象发生。在国际仲裁裁决转让中,受让方的权利本不该受到过度限制。但由于裁决转让的同时附加了强制执行请求权,为了保障裁决转让之公平就不能纯粹依赖意思自治。关于国际仲裁裁决转让的时间节点,人民法院可在执行程序启动后禁止裁决转让,如此,既可以从源头上遏制执行人员人为制造执行困境的动机的产生,又可促进执行申请人积极

---

① 《企业破产法》第119条规定:“破产财产分配时,对于诉讼或者仲裁未决的债权,管理人应当将其分配额提存。自破产程序终结之日起满二年仍不能受领分配的,人民法院应当将提存的分配额分配给其他债权人。”

② 参见范晓宇:《论破产对国际商事仲裁裁决承认与执行的影响——以〈纽约公约〉第5条的适用为视角》,载《国际经济法学刊》2022年第3期。

寻找线索实现权利。关于国际仲裁裁决转让的次数,原则上应当只允许转让一次,以避免"中间商"的出现。关于国际仲裁裁决确认债权转让的金额,人民法院可以视具体情况设定相应标准,可以设定转让的金额不得低于裁决债权扣除相关费用和合理利润后的数额。当转让金额过低时,法院即可拒绝受理执行申请,或在当事人补足价差之后再受理,使利用特权经营裁决转让的"中间商"失去期待的巨大利润空间。①

第二,关于国际仲裁裁决转让后受让方能否获得强制执行请求权的问题,人民法院需要对裁决转让协议的真实性和效力进行审查。法院可要求申请执行仲裁裁决的受让方提交生效裁决书和裁决转让协议原件,同时要求协议双方当事人到场,参与协议真实性的审查程序。如果法院根据审查结果否定协议的效力,那么应当只具有程序上而不具有实体上的效果,并且应当允许受让方就转让协议的效力提起确认之诉。

第三,针对国际仲裁裁决转让交易双方达成转让协议后又发生争议的情况,可以进行调解,以便将调解与法院执行相结合,进一步完善裁决转让的程序设计。②

(二)当事人层面

1. 确保仲裁裁决转让交易的结构符合法律规定

如前所述,目前国际仲裁裁决转让主要有转让裁决下的部分债权和转让裁决下的全部债权两种交易结构。在仅转让裁决下的部分债权时,相对于败诉方,转让方仍然是唯一的债权人。在转让时,须确保严格遵守转让协议所适用法律规定的所有必要程序,如通知债务人或对转让进行登记。在通过"提升条款"转让全部裁决时,必须同时满足两个前提条件:一是经过了各方的共同同意;二是根据适用于转让协议的法律,该裁决可被转让给非仲裁当事人。

两种裁决转让的交易结构各有优势,转让交易的双方可根据自身实际需求进行选择,谨慎草拟转让协议。当交易双方选择仅转让裁决下的部分债权时,一定程度上可以避免债务人以"裁决转让行为本身无效"进行抗辩而导致裁决被不予执行的风险。因此,该结构宜适用于根据转让所适用的法律及潜在执行地法律规定,裁决转让可能无效的情形。当交易双方选择转让全部裁决时,受让方成为相对于仲裁败

① 参见黄毅:《善待判决确定债权转让——以强制执行请求权为中心的考察》,载《学术界》2016年第6期。

② 参见黄毅:《善待判决确定债权转让——以强制执行请求权为中心的考察》,载《学术界》2016年第6期。

诉方的裁决唯一债权人。这将为受让方带来一定的优势,如对裁决执行的无条件控制。该结构适宜短期内对流动资金有较大需求的仲裁胜诉方。

2. 围绕双方权利的实际情况达成裁决转让协议

交易双方需围绕裁决下权利的实际情况达成转让协议,具体应包含以下关键条款。

第一,双方应达成规定交易双方之间各自义务和费用的承担的条款,明确双方在不同阶段的参与程度和勤勉程度,以优化双方之间的合作,尽量减少交易冲突。首先,明确各方在仲裁程序中进行沟通和合作的义务。双方有义务同意相互协商和合作,以实现裁决转让的目的和意图。虽然个案情况有所不同,但总体来说,转让方应当比受让方承担更多的沟通义务。转让方需要向受让方报告案件的总体进展情况,将任何可能影响仲裁程序结果的重大进展告知受让方。其次,明确裁决被撤销或不予执行时的风险承担义务。双方可以约定,当裁决被撤销或不予执行时,应当以何种比例承担相关的成本和其他费用。由于受让方未参与仲裁程序,可能对争议的具体情况缺乏相关了解,双方可以约定以合理的方式对费用承担进行协商。最后,明确裁决执行阶段各方的参与程度。受让方通常希望转让方在执行阶段继续跟进案件,提供各种形式的帮助。为此,受让方可以与转让方约定,由转让方协助受让方在合理时间内执行裁决,并就执行成功后的经济回报达成协议。

第二,双方应达成约定交易价款支付机制的条款。交易双方应就裁决转让的价款支付方式达成一致。如果受让方是购买裁决部分债权的基金,但转让方仍投资于该债权,则受让方将获得约定的优先收益,剩余的收益将按照约定的比例分享,该比例可随着收益的增加通过公式计算。这些类型的条款通常被称为支付瀑布条款(payment waterfall provisions),它出现在大多数的裁决转让协议中。如果裁决在撤销程序提出之前已经转让,一般情况下,价款分以下几个阶段支付:转让交易成交时,支付购买价款的一部分;裁决撤销阶段过后,第二次付款;进入裁决执行阶段时,支付尾款或执行成功后的费用。第一笔付款是确定的,但第二笔和第三笔付款是有条件的。

第三,双方应达成裁决减值风险承担的条款。设定关于裁决减值风险的条款也同样重要。即转让方不得因为任何作为或不作为,使受让方在其根据转让协议有权享有的预设份额方面,所获得的报酬或优惠待遇比例少于裁决项下债权的其他所有人或裁决的其他持有人。这种类型的条款被称为减损条款(impairment clauses),其目的是保护受让方免受这种情况下的损害:由于转让方违反其声明、保证,或由于对该事项有管辖权的法院的命令,裁决的全部或部分价值减少或被损害。如果出现这种情况,转让方应承诺向受让方偿还与受损金额相当的金额。①

第四,双方应达成保护交易双方权利的条款。一方面,转让协议应包含保护受让方的条款,这主要是关于转让方可能需要在仲裁中对债务人承担的责任。例如,转让方须承诺没有收到仲裁另一方当事人提出的任何未决索赔的通知,以及任何可能与该裁决有关的诉讼。另一方面,转让协议也应包含保护转让方的条款,以防受让方是一家不依法成立的公司,确保受让方在任何司法管辖区开展业务时具有合法的资格和良好信誉。

第五,双方应达成法律适用条款。转让协议一般包含法律适用条款,在此条款中,交易双方约定因转让引发的相关纠纷以及由此产生的任何非合同义务应适用某国的法律。为避免裁决承认与执行的困境,适用财产执行地国家的法律可能是一种合适的选择。

此外,由于我国目前尚未撤回加入《纽约公约》时所作的商事保留,也没有通过修改相关司法解释来取消对国际投资仲裁承认与执行的限制,当我国当事人作为国际投资仲裁裁决转让的受让方时,须避免选择受让以我国为被执行财产所在地的投资仲裁裁决下的债权,而应考虑选择受让以同意依据《纽约公约》承认和执行投资仲裁裁决的国家为被执行财产所在地的裁决下的债权。

六、结语

国际仲裁裁决承认与执行的困境引发了国际仲裁裁决转让这一新实践的产生。随着国际仲裁当事人资金融通需求的提升,国际仲裁裁决转让市场将会进一步发展。从已有的转让实践来看,国际仲裁裁决转让面临着转让后的裁决被撤销或不予执行、投资仲裁裁决减值、国家豁免和私人公司破产等诸多执行困境。

虽然国际仲裁裁决的转让存在种种困难与挑战,但开放国际仲裁裁决转让市场将会对我国打造国际仲裁中心大有裨益。我国国内仲裁裁决转让的实践已经出现,且已有相关规则可循,这些都为我国国际仲裁裁决转让市场的开放提供了依据。同时,我国有必要通过法律进一步肯定国际仲裁裁决转让行为的效力,并因势利导规范国际仲裁裁决转让市场。当我国企业和个人作为国际仲裁裁决转让市场的参与者时,应当确保转让交易的结构符合法律规定,围绕交易双方的具体情况达成合理的裁决转让协议。

---

① Carine Dupeyron and Michela Laviani Mancinelli, *The Emerging Practice of Assigning Arbitration Awards: Rationale, Structure and Potential Hurdles*, 40 ASA Bulletin 18 (2022).

国际商事仲裁禁诉令之司法协助与监督:逻辑、实践与路径

林 洧*

国际商事仲裁禁诉令有违反国际礼让原则之嫌,却是法院支持仲裁的重要措施,有利于解决仲裁与诉讼之间平行程序的问题。借助仲裁法修改的契机,我国开始接纳国际商事仲裁禁诉令制度,以增强我国仲裁市场在全球的竞争力。为确保国际商事仲裁禁诉令的良好运作,需平衡兼顾法院协助规范与法院监督规范。在尊重国际礼让原则的基础上,我国应以支持仲裁原则为出发点,利用立法与司法解释等方式增强法院协助规范的友善性,并细化法院审查国际商事仲裁禁诉令的规则,明确审查范围与认定标准。

一、前言

在国际商事交往中,仲裁始终体现着当事人的意思自治——其契约性的本质属性,①更符合交易习惯,因而成为当事人乐于选择的争议解决方式。在国际商事仲裁中,仲裁条款具有排除法院管辖的效力,该效力体现了司法对当事人自治性的尊重。发生争议的当事人基于自身利益而选择国际商事仲裁进行争议解决,此为广义程序选择权之表现,能实现当事人利益的最大化,使其对发现真实与促进程序进行自主取舍。国际商事仲裁禁诉令是一国法院为支持国际商事仲裁而禁止当事人在他国进行诉讼,并保障仲裁条款执行的禁诉令。② 国际商事仲裁禁诉令③通过排除或抑

* 中国人民大学法学院博士研究生。

① 参见韩德培主编:《国际私法问题专论》,武汉大学出版社2004年版,第332页。

② 参见彼得・哥特瓦尔德、曹志勋:《论国际商事仲裁的最新发展》,载《法治现代化研究》2018年第5期。

③ 国际商事仲裁禁诉令的概念有广义与狭义之分,狭义的概念专指由法院签发的禁诉令,广义的概念还包括仲裁庭签发的禁诉令,若未特别指明,本文的禁诉令采狭义的概念。

制法院的管辖，落实对当事人共同选择的仲裁纷争解决方式的保障，避免当事人因选择法院而生裁判冲突或重复讼累。禁诉令作为国际商事仲裁的配套措施，体现了对程序法中诚信原则等公益价值的保障，促进当事人遵守仲裁条款中关于管辖权的承诺。

在过往实践中，只有法院进行必要的协助与监督，才能使国际商事仲裁禁诉令所蕴含的效率价值最大化。在公益层面，国际商事仲裁禁诉令不仅在客观上有利于缓解司法审判压力，也有利于优化本国的营商环境而扩大国际仲裁的经济效益，提升我国作为国际商事仲裁地的市场竞争力与吸引力。禁诉令如国际商事仲裁般，其综合竞争力既取决于仲裁规范本身与法院介入界限的明确性，又取决于用以保障当事人高度自主权与仲裁程序正当的禁诉令的友善性。鉴于此，本文探究国际仲裁规范对禁诉令的规制现状与域外法院对禁诉令的司法实践，审视我国司法对国际商事仲裁禁诉令的协助与监督的现状与不足，寻求平衡当事人意思自治与程序保障的中国方案。

二、逻辑证成：商事仲裁中禁诉令之必要性

（一）比较法下实践分野之考察

在域外实践中，英美法系与大陆法系对于国际商事仲裁禁诉令的态度截然不同。前者的法院普遍认同禁诉令的适用，后者的法院则通常反对禁诉令的适用。这种差异是两大法系司法系统的固有特点导致的。英美法系允许法官造法，以防止滥诉为目的时，自可颁发禁诉令实现衡平法的价值理念；而大陆法系的法官只能严格地适用法律，禁诉令则有违法律的高度确定性与可预测性。

在欧洲大陆，深受大陆法系影响的《布鲁塞尔规则Ⅰ》[Council Regulation (EC) No 44/2001]虽在一定程度上缓解了这种冲突，允许基于义务的情况下实施禁诉令，禁止非基于义务的情况下实施禁诉令。但该规定非常模糊，实际更倾向大陆法系的实践，在事实上也无法阻止当事人面临起诉的风险，甚至导致司法管辖区之间互相"踢皮球"的情形，当事人利益无从保障。① 基于此，欧洲法院在 West Tankers 案②中进一步明确了：英国法院为保护国内仲裁或抑制平行诉讼而颁布禁诉令的行为是对他国法院管辖权的干预，违反了国际礼让与互信原则，其被排除在《布鲁塞尔规则Ⅰ》

① See Kahraman Altun, *Anti-Suit Injunctions in European Transnational Litigation: Past, Present and Post-Brexit Future of an Unusual Remedy*, 28 European Review of Private Law 585 (2020).

② See Allianz SpA (formerly Riunione Adriatica di Sicurta SpA) v. West Tankers Inc (C-185/07) [2009] 3 W. L. R. 696.

的适用范围之外,故原则上禁止成员国实施国际商事仲裁禁诉令。[①] 在法益的价值位阶上,欧洲法院否定禁诉令是维护《欧盟基本权利宪章》(Charter of Fundamental Rights of the European Union)第47条获得司法救济之基本权利的需要,禁诉令本身暗含违反公共政策的基本原则,侵犯了当事人依宪法与法律所明确规定的获得诉讼救济的权利。[②]

以英国为代表的英美法系则具有适用禁诉令的衡平法传统,也形成了为保护仲裁协议的完整性而颁发禁诉令的司法习惯。虽然,英国颁布国际商事仲裁禁诉令可能减损国际礼让原则;但依据英国普通法原则,Donohue 案[③]已确立禁诉令适用的检验标准,即当事人若在契约中已约定排他性管辖权条款,法院得自由裁量作出禁诉令来确保当事人遵守该条款。[④] 英国法院颁发禁诉令不仅是对法院本身正当程序的保护,也是对当事人实体权利的一种救济,通常会首先评估当事人是否有不可接受的行为,其次审视契约中共同承诺的重要事项并作出是否授予禁诉令的决定。[⑤] 因此,英国法院也主张其颁布国际商事仲裁禁诉令并非与《布鲁塞尔规则Ⅰ》相互冲突,而是履行其监督仲裁的职能,构成有助于仲裁程序的一种辅助程序,亦不应被完全排除在规则之外。[⑥] 美国法院亦更易批准涉及排他性管辖权协议案件的禁诉令申请,在强力支持仲裁的政策下,国际商事仲裁禁诉令更是如此。但对于外国法院颁发的禁诉令,美国法院仅在不干扰美国诉讼的前提下才会遵循礼让原则,进行承认与执行。[⑦] 英美皆高度重视对仲裁协议完整性的保障,较广泛地适用国际商事仲裁禁诉令,并将其作为一种优化自身国际商事仲裁环境的战术措施,增强吸引力与竞争力。

---

① See Ewelina Kajkowska, *Anti-Suit Injunctions in Arbitral Awards: Enforcement in Europe*, 74 Cambridge Law Journal 414(2015).

② See Pawel Marcisz and Aleksandra Orzel-Jakubowska, *The Right to Be Unheard: Recognition and Enforcement of Anti-Suit Injunctions Issued by Arbitrators in the EU*, 10 Journal of International Dispute Settlement 16(2019).

③ See Donohue v. Armco Inc., [2001] UKHL 64, [2002] 1 All ER 749.

④ See Felix W. H. Chan, *Anti-suit Injunctions and the Doctrine of Comity*, 79 Modern Law Review 343(2016).

⑤ See Cameron Sim, *Choice of Law and Anti-suit Injunctions: Relocating Comity*, 62 International & Comparative Law Quarterly 708(2013).

⑥ See Berk Demirkol, *Ordering Cessation of Court Proceedings to Protect the Integrity of Arbitration Agreements under the Brussels I Regime*, 65 International & Comparative Law Quarterly 397(2016).

⑦ See S. I. Strong, *Anti-Suit Injunctions in Judicial and Arbitral Procedures in the United States*, 66 American Journal of Comparative Law 173(2018).

(二)禁诉令存废的立法论之争

我国并未确立禁诉令制度,现行《民事诉讼法》或《仲裁法》关于国际商事仲裁禁诉令的规定付之阙如,学界关于禁诉令的立法论仍方兴未艾。正如两大法系存在禁诉令立与废的分歧,我国学界对于禁诉令的立法同样存在两种截然相反的态度。其中,否定说为我国学界的少数说,而肯定说是大多数学者的主张,且多数学者主张须根据我国的具体国情进行本土化的改造。

持部分否定说的学者反对我国引入禁诉令制度,最主要的理由是禁诉令存在干涉他国司法制度的缺点,间接限制了他国法院的管辖权,具有侵犯国家主权与损害外交关系之嫌。① 也有学者认为,我国引入禁诉令制度虽有理论上的合理性,但在实际上并不可行,原因诸如禁诉令属于英美法系的产物而与我国法律制度有别、我国较少适用不方便法院原则而缺乏禁诉令的法律基础、引入禁诉令损害我国的管辖权、禁诉令的遵守与执行存在不确定性等。② 与此相反,我国亦有众多持肯定说的学者主张引入禁诉令制度,认为禁诉令有助于表明我国对管辖权的态度,这种公权对私权的干预手段有助于最大限度维护我国当事人的利益,在解决国际民商事管辖权冲突的问题上具有积极意义与可操作性。③ 我国引入禁诉令制度的合理性表现在四方面:第一,禁诉令是解决国际平行诉讼问题的有效措施;第二,禁诉令可以避免本国在管辖权问题上的不利地位;第三,法官审慎签发禁诉令与保障当事人辩论权可避免禁诉令的滥用;第四,我国已有适用不方便法院原则的司法实践而有适用禁诉令的法律空间。④ 肯定说或否定说的论证路径皆借鉴了比较法的实践经验,并兼顾我国法律制度与社会背景的本土特征,但在本土适配问题上产生了不同的主张。

事实上,我国学界对借鉴禁诉令制度的分歧并非仅是由于学者自身学术观点或理念的主观态度有别,亦与我国客观的历史背景与复杂的法律系统有关。首先,我国处于不断深化参与经济全球化进程的新阶段,正形成以国内大循环为主,国内国际双循环相互促进的新发展格局。⑤ 在内外双循环动态发展的过程中,我国始终兼

① 参见张淑钿:《论解决国际诉讼竞合的四种国内法机制》,载《前沿》2005 年第 3 期。

② 参见徐昶:《我国不宜在涉外民商事审判中引入禁诉令制度——以禁诉令的目标与效果为视角》,载《南京工业大学学报(社会科学版)》2009 年第 3 期。

③ 参见《中国国际私法学会 2004 年年会“程序法的修改问题”小组讨论会简报》(一),载东方国际经济法律网,http://www.eastwestlaw.com/c_int/show.asp? id = 183,2022 年 7 月 27 日访问。

④ 参见张利民:《国际民诉中禁诉令的运用及我国禁诉令制度的构建》,载《法学》2007 年第 3 期。

⑤ 参见江小涓、孟丽君:《内循环为主、外循环赋能与更高水平双循环——国际经验与中国实践》,载《管理世界》2021 年第 1 期。

顾二者协调发展及其相互促进,这也导致无论是肯定说或否定说都有其经济基础。其次,我国法律系统既有大陆法系与英美法系的特点,又有自身的特色。正如,《中华人民共和国民事诉讼法》(以下简称《民事诉讼法》)的体系与大陆法系较为接近,但包括《中华人民共和国民法典》与《中华人民共和国仲裁法》(以下简称《仲裁法》)在内的其他民商事法律则吸取大量的英美法系与相关国际条约的立法经验,法律体系的复杂性也赋予了学者在引进禁诉令问题上更多的解释空间。最后,从禁诉令采用的全球趋势观察,两大法系也在朝着中间趋同的方向发展,德国、法国等大陆法系国家在国际商事仲裁领域逐渐出现适用禁诉令的情形。肯定说与否定说本身界限也变得越发模糊,是否建立禁诉令制度也不是非黑即白的问题,二者都有比较法上的实践经验支撑。

(三)禁诉令本土构建的必要性

随着经济全球化的发展,禁诉令正逐步变为世界主要经济体用于解决国际商事仲裁管辖权问题的有效司法措施,肯定禁诉令的必要性也成为世界主流的发展趋势。我国学界的主流见解也逐渐倾向借鉴禁诉令制度,法院适用禁诉令的司法实践也常有发生。例如,在2021年7月30日发布的《中华人民共和国仲裁法(修订)(征求意见稿)》(以下简称《仲裁法征求意见稿》)中,较之现行《仲裁法》增加了“临时措施”一节,增加行为保全和紧急仲裁员制度。可见,借助此次仲裁法修订的契机,我国倾向于将禁诉令纳入仲裁临时措施范围内,修法中日益增强的司法支持仲裁的态度也成为承认禁诉令的理念基础。另外,禁诉令的本土化除了在功能层面存在解决管辖权冲突、衔接不方便法院原则等方面的工具性,更深层次的必要性体现在制度与文化两个层面。

在制度层面,禁诉令的本土化是健全我国民事禁令规范体系的法制发展要求。过去,司法实践主要以行为保全的相关规定作为禁诉令的依据,但这种扩大行为保全来对抗平行诉讼的解释论,常导致当事人诉权受限的疑虑。禁诉令制度构建的必要性在于,将行为保全扩大为权利维护措施时,行为保全则可广泛对抗平行诉讼,且需法律明确规定予以规范与限制。① 从行为保全间接解释出禁诉令亦缺乏程序的正义性。禁诉令客观上限制了当事人的诉讼权,而法治原则却要求,对人民权利的限制需以法律明文规定为前提。是故,将禁诉令通过国家立法实现明文化,属于健全我国法律制度的重要举措。另外,从我国民事禁令体系的立法沿革观察,从最初的

① 参见张卫平:《我国禁诉令的建构与实施》,载《中国法律评论》2022年第2期。

行为保全,到人身保护令,再到人格权禁令,我国民事禁令健全过程就是相关的立法进程。禁诉令也属于民事禁令的一种,禁诉令的立法符合我国民事禁令的立法发展。

在文化层面,禁诉令的本土化顺应了国内与国际双重环境下的时代发展要求。一方面,在国际商事仲裁与国际诉讼领域,以德国和法国为代表的大陆法系也开始出现适用禁诉令的司法案例。起源于英美法系的禁诉令制度正逐步融入大陆法系的法律文化中,法律文化隔阂已非建立禁诉令制度的障碍。另一方面,我国对禁诉令已有相关司法实践,例如,在华为技术有限公司与康文森无线许可有限公司确认不侵害专利权及标准必要专利许可纠纷案中,最高人民法院知识产权法庭已经作出无线通信标准必要专利领域的禁诉令。① 我国已有本土禁诉令制度的案例探索,也具备正式引入禁诉令制度的司法文化基础,且在我国不断优化营商环境的背景下,国际商事仲裁制度的不完善会产生无法贯彻国际商事交往中的平等互惠原则、阻碍国外企业的"走进来"与国内企业的"走出去"等消极影响,造成国家的经济损失与国际负面评价。② 禁诉令作为国际商事仲裁中临时措施的重要组成部分,有助于维护仲裁条款中的意思自治原则并借此解决管辖权纷争问题,也能通过彰显司法对仲裁的支持态度来增强我国作为仲裁地的全球竞争力。在国际商事交往与仲裁文化的角度上,为增强我国营商环境的国际化、法治化与便利化,禁诉令也有进行本土化的必要性。

三、司法协助:商事仲裁及其禁诉令之支持

(一)禁诉令中司法协助之理念

支持仲裁的理念能彰显司法对禁诉令协助的核心价值,也是法院颁发禁诉令的直接原因。相较于国际诉讼领域,禁诉令在国际商事仲裁领域更容易为各国法院所承认与执行。一者,各国为增强本国仲裁市场在全球的竞争力,在全球化浪潮中获得更大的国家层面的经济利益,司法支持仲裁的原则已成为全球政策共识。二者,仲裁本身体现当事人的高度自主性,世界大多数国家都选择加入了1958年《承认及执行外国仲裁裁决公约》(the New York Convention on the Recognition and Enforcement of Foreign Arbitral Awards,以下简称《纽约公约》)并借此实现本国仲裁的国际化。《纽约公约》的缔约国普遍承认国际商事仲裁裁决具有拘束力,相较于内

① 参见最高人民法院民事裁定书,(2019)最高法知民终732、733、734号。

② 参见陈磊:《优化营商环境背景下中国临时仲裁的制度设计——以〈仲裁法〉的修改为中心》,载《广东社会科学》2020年第5期。

国的法院判决,国际商事仲裁裁决具备更强的国际流动性与国际约束力。支持国际商事仲裁的精神也贯穿于我国最高人民法院在司法解释、国际商事仲裁司法审查的内部报告制度、最高人民法院具体个案的答复中。① 基于此,国际商事仲裁禁诉令也更易被他国法院所承认与执行,尤其是对于国际商事仲裁高度发达的国家,其法院对国际商事仲裁禁诉令的协助更为明显。禁诉令也是法院保障当事人之间仲裁条款能够落实的重要司法措施,法院发布禁诉令的情形甚至是不惜减损国际礼让原则以维护仲裁协议的完整性,即为司法对仲裁高度支持的表征。在利益衡量的视野下,法院发布国际商事仲裁禁诉令也是将"支持仲裁"的利益置于优先地位,在不侵犯国家主权的前提下,对诸多利益进行衡量后选择了支持仲裁的原则。

法院对国际商事仲裁禁诉令之协助还有维护意思自治原则、保护当事人的利益、合理分配诉讼资源等价值考量。首先,法院对禁诉令之协助是为了维护仲裁当事人的意思自治,仲裁条款是当事人程序主体权的表现,法院应予以尊重与维护。当事人意思自治也是国际商事仲裁制度合理性与合法性的基础,法院只有维护好这种仲裁自生秩序才能有效构建仲裁友好型的司法环境。② 禁诉令则是法院借以维护该仲裁秩序的重要手段,促使当事人诚信地按仲裁条款的约定解决纷争。其次,禁诉令保障了当事人对仲裁条款信赖的利益,尤其是仲裁当事人因程序选择权所生的利益。一方当事人可通过向法院申请禁诉令,防止对造另行诉讼,避免因此造成与仲裁条款不符的劳力、时间与费用的支出。最后,禁诉令通过强制当事人遵守仲裁解决纷争的程序选择契约,排除诉讼程序的救济,有利于缓解国际商事讼源的压力。法院可通过国际商事仲裁禁诉令进行司法资源的再次合理分配,进行讼源分流与案源疏解,促进法院高效地行使裁判权。

(二)法院协助的本土规范体系

我国法院对于国际商事仲裁禁诉令的协助规范,虽在解释论上可从仲裁程序促进规范中予以发展,但整体上仍不够明确,也尚未形成体系化。国际商事仲裁禁诉令的法院协助主要表现为两方面:一是我国法院为维护仲裁协议而可作出禁诉令的相关规定,二是承认与执行国外法院或仲裁庭为维护仲裁协议而作出禁诉令的相关规定。目前,禁诉令作出前的法院协助主要是《民事诉讼法》第 103 条规定的保全措

---

① 参见于喜富:《国际商事仲裁市场竞争机制下国内法院对国际商事仲裁的支持》,载《东岳论丛》2014 年第 4 期。

② 参见李贤森:《国际商事仲裁意思自治的保障与限制问题——兼评〈仲裁法〉的修改》,载《法学》2022 年第 4 期。

施,法院可依申请或依职权作出行为保全裁定。禁诉令属于禁止当事人在法院起诉的行为保全措施,法院依《民事诉讼法》第 103 条发出禁诉令具备实定法基础与合法性。

然而,国际商事仲裁禁诉令与一般的禁诉令并不完全相同,还具有涉仲裁属性、涉外属性与商事属性。在仲裁属性方面,我国现行《仲裁法》仅在第 28 条规定财产保全措施,第 46 条规定证据保全措施,第 68 条规定涉外证据保全措施,并未有行为保全的相关规定。禁诉令在《仲裁法》中缺乏明确性,作为禁诉令上位概念的行为保全在《仲裁法》中也是空白状态。行为保全制度是《民事诉讼法》在 2012 年新增的制度,立法者在 2017 年修法时本可增加仲裁行为保全制度却未增加,可见立法者对仲裁中可否适用禁诉令的态度十分暧昧,至少不是直接肯定。在涉外属性方面,《仲裁法》仅对证据保全措施采取了区别规范模式,财产保全则对国内与国际商事仲裁作了相同的规制。行为保全在未有规定的情况下,则与财产保全作类似解释,采取统一规范模式。这种模式无法区分国内仲裁与国际仲裁的特殊性,在国内与国际不同的市场环境下,其合理性有待进一步检验。在商事属性方面,商事活动极其重视商人依商事习惯法的自治,在法律适用与诉讼证明中也高度重视这种商事习惯法的功效。① 商人自治理念是商法的基本理念,商法追求的盈利性更是衍生出交易迅捷、交易安全、商事自由等原则,构成了商法不同于民法的独特性。② 国际商事仲裁也应区别于一般的国际仲裁,充分顾及商法逻辑与商法思维,对禁诉令作出特别的规定。《仲裁法征求意见稿》第 91 条认识到国际商事仲裁的特殊性,特别允许其适用临时仲裁,但并未对国际商事仲裁禁诉令也作出特别规定;现行的《仲裁法》也未对商事领域的保全措施作出特别规定。

国际商事仲裁禁诉令作出后,我国法院对其的协助规范则相对明确。《仲裁法征求意见稿》第 43 条明确仲裁庭有权决定临时措施,第 48 条明确当事人可向法院申请协助执行仲裁庭的临时措施。在本次修法中,立法者扩大了禁诉令颁发主体的范围,不再仅限于法院,仲裁庭也能够颁发禁诉令;且对于仲裁庭颁发的禁诉令,明确了法院可依照相关法律规范予以协助。《仲裁法征求意见稿》不仅丰富了我国仲裁领域禁诉令的类型,也对仲裁庭所颁发的禁诉令的法院协助执行进行了规范,较之《仲裁法》更为明确,呼应了《联合国国际贸易法委员会国际商事仲裁示范法》

---

① 参见李建伟:《法源意义上的习惯与习惯法合一论——以商事习惯与商事习惯法为视角的研究》,载《政治与法律》2021 年第 11 期。

② 参见杨峰:《商法思维的逻辑结构与司法适用》,载《中国法学》2020 年第 6 期。

(UNCITRAL Model Law on International Commercial Arbitration,以下简称《示范法》)第17条的规定。另外,经过当事人申请,国际商事仲裁庭颁发的禁诉令经过《纽约公约》与我国《民事诉讼法》第290条、《仲裁法》第62条的双重审查后,具有管辖权的中级人民法院可通过承认裁定制度赋予仲裁裁决以执行力。[①] 对于外国法院颁布的禁诉令,则依《民事诉讼法》第288条与第289条关于外国法院判决的承认和执行的规范进行审查。审查的重点主要有三:一是关于互惠关系的认定,以事实互惠为基本立场;二是判决适当性审查,包括管辖权、判决终局性与实体公正性三方面;三是程序正当性的判定,包括缺席判决的送达抗辩等问题。[②] 其中,对于我国香港特别行政区法院签发的禁诉令,依《最高人民法院关于内地与香港特别行政区法院相互认可和执行民商事案件判决的安排》(尚未生效)第4条,该规则不适用禁诉令,第28条也规定禁诉令的协助问题可由最高人民法院与香港特别行政区政府另行签署补充文件。在相关规定未出台前,内地法院协助执行香港特别行政区法院的禁诉令,在解释论上也只能参照外国法院的规定进行审查。

(三)法院协助的本土司法实践

相对于法规范的模糊与缺失,国际商事仲裁禁诉令之法院协助的司法实践却并不匮乏。我国法院发出禁诉令的实践主要集中于知识产权领域,华为技术有限公司诉康文森无线许可有限公司案是我国法院颁发的首个跨国禁诉令裁定,最高人民法院在该案中确立了我国法院颁布跨国禁诉令的考量因素,涉及被申请人行为的危害性、禁诉令措施的必要性、损益平衡问题、公共利益维护问题、国际礼让原则遵守问题等内容。[③] 此外,湖北省武汉市中级人民法院、广东省深圳市中级人民法院也都签发过知识产权领域的跨国禁诉令。[④] 但上述禁诉令解决的是平行诉讼的问题,而非仲裁与诉讼之间平行程序问题,且我国法院并未签发过任何国际商事仲裁禁诉令,缺乏商事仲裁领域的司法实践。

与此相反,法院对禁诉令的承认与执行之实践相当丰富,或置之不理,或不承认国际商事仲裁禁诉令效力。一方面,最高人民法院对禁诉令采取置之不理的态度。例如,在英国法院签发禁诉令禁止当事人在厦门海事法院提起诉讼的案件中,最高

---

① 参见李旺主编:《国际私法》,高等教育出版社2015年版,第346~350页。

② 参见张玲:《我国承认与执行外国判决的司法问题与立法完善》,载《山东社会科学》2020年第8期。

③ 参见李宗辉:《标准必要专利跨国诉讼中禁诉令的适用标准研究》,载《法商研究》2022年第4期。

④ 参见湖北省武汉市中级人民法院民事裁定书,(2020)鄂01知民初169号之一;广东省深圳市中级人民法院民事裁定书,(2018)粤03民初335号之一。

人民法院通过(2010)民四他字第67号复函进行回应,通过否定仲裁协议的效力来否定禁诉令,但并未直接对禁诉令的效力进行表态。① 此后,最高人民法院又在(2015)民四他字第41号复函中通过否定仲裁条款对当事人的约束力来否定禁诉令,也并未正面回复禁诉令的效力。② 另一方面,在地方法院层面,我国法院正面否定了禁诉令的效力。武汉海事法院就曾直接否定了当事人以存在仲裁条款为由向香港特别行政区高等法院申请的禁诉令,原因在于当事人未在法定期限内向武汉海事法院提出管辖权异议,并发出海事强制令要求当事人向香港特别行政区高等法院撤回禁诉令。③ 由此看来,我国法院对于国际商事仲裁禁诉令的承认与执行的实践始终持保留的态度,法院协助的实效性相当有限,通常要求仲裁当事人以遵守仲裁协议为由直接向我国法院申请禁诉令,对境外法院签发的禁诉令认可较为谨慎。

四、司法监督:法院对禁诉令合法性之审查

(一)双重必要性:司法监督禁诉令的正当性

法院监督国际商事仲裁禁诉令具有司法监督司法与司法监督仲裁的双重必要性。外国法院为维护仲裁协议的完整性而颁布的禁诉令,是内国司法权向外扩张的情形;为维护本国司法权的独立性,本国法院必须对其进行必要的审查,避免遭受公共政策与公共利益方面的减损。同时,司法作为当事人权利救济的最后一道防线,也必须对仲裁协议本身进行审查,这是法院所具备的私权救济、纷争解决职能的内在要求。法院监督禁诉令的意义在于确保禁诉令与仲裁协议本身不违背公正的法治价值。

在司法监督司法方面,一国法院对外国法院禁诉令裁定进行司法审查既有宪法上维护国家主权与独立司法权的必要,也有在个案上保障禁诉令符合司法公正的必要。宪法层面最重要的课题就是借助法院监督禁诉令来保护本国法院的管辖权。禁诉令在主观上针对仲裁协议的当事人,但客观上仍可能危及本国法院的管辖权。为维护管辖权规则背后的公共政策与公共利益,本国法院需对外国禁诉令进行必要的审查。在国际法层面上,这也是互相尊重国家主权原则的要求,且外国法院在颁发禁诉令时是否符合司法公正的理念,本国法院此前无从得知,亦需借助合法性审查来探明。这种实质性的审查则包含公私政策的多重考量,例如,是否违反本国法

① 参见厦门海事法院民事裁定书,(2009)厦海法认字第2号。

② 参见天津市高级人民法院民事裁定书,(2016)津民辖终8号。

③ 参见武汉海事法院民事裁定书,(2017)鄂72行保3号。

院的管辖权规则、是否存在程序不正当的情形、是否违反本国的公共政策等。[1] 另外,当事人的程序利益与实体利益也只有经历本国法院的实质性审查,才能得到充分的保障与救济。

在司法监督仲裁方面,仲裁的效益性与正义性的价值,需通过法院的监督与审查进行秩序排序与价值平衡。仲裁需受到司法监督的理据有四:第一,仲裁在本质上源于当事人的程序自治权,否定公力救济使其必须受到监督;第二,仲裁本身具有契约性与司法性,其有效运作需以必要的监督为基础;第三,仲裁的功能中存在公正与效率双重价值,需通过司法监督对二者进行利益协调;第四,仲裁的发展史表明,仲裁监督是仲裁制度不断完善的重要内容。[2] 这表明,即使是在高度自治的仲裁程序中,仍离不开法院对其进行审查,以维持最低限度的公正。禁诉令虽属法院裁定,但其正当性与当事人仲裁协议中的管辖权条款息息相关。仲裁条款被否定,禁诉令亦将失去事实基础与法律根据,自始无效。在司法监督仲裁的理念下,司法监督以维护仲裁为目的的禁诉令亦有必要。另外,仲裁的禁诉令在功能上与仲裁的妨诉抗辩类似,旨在停止当事人的诉讼程序,协调仲裁协议、当事人诉权、法院管辖权之间复杂的关系,这亦须法院作为中立方的监督。

(二)第一重审查:法院对于仲裁协议的监督

无论是在法院签发禁诉令时或在之后的承认与执行过程中,仲裁协议妨诉抗辩效力的审查都始终贯彻于法院对国际商事仲裁禁诉令的监督程序。我国对于仲裁协议效力的司法审查属于禁诉令司法审查的前提性内容。我国并无专门针对国际商事仲裁禁诉令的仲裁协议审查规范,审查规范只能参照《仲裁法》《民事诉讼法》及相关司法解释进行梳理。其中,《最高人民法院关于审理仲裁司法审查案件若干问题的规定》对国内仲裁与涉外仲裁采取了内外有别的审查模式,二者在仲裁协议的构成要素、法律适用、协议效力的司法控制等方面呈现双轨制的审查状态。[3] 同时,法院对仲裁协议的监督权也被立法所确定,《仲裁法》第 20 条赋予司法审查仲裁协议效力的职权,《仲裁法》第 58 条及《民事诉讼法》第 281 条规定了司法审查时发

---

① 参见宋晓:《涉外标准必要专利纠纷禁诉令的司法方法》,载《法学》2021 年第 11 期。

② 参见汪祖兴:《仲裁监督之逻辑生成与逻辑体系——仲裁与诉讼关系之优化为基点的渐进展开》,载《当代法学》2015 年第 6 期。

③ 参见张春良、黄庆:《我国涉外仲裁协议司法审查新规评析》,载《仲裁研究》2021 年第 1 期。

现不存在仲裁条款的法律后果。[①] 在审查禁诉令中对仲裁协议的审查具有附随性，但根据法体系一致性与立法意旨，这种附随性的审查在程序上亦类推适用独立审查的规定。上述法规范也仅是概括性授权规范，我国法律当前并未对仲裁协议的具体审查范围与审查程序作出明确的规定，具体规则需由法院在个案中自由裁量。

我国法院审查仲裁协议的有效性属于完全审查，其内容包括仲裁协议的成立、生效、主观范围、客观范围、履行的可能性等。其中，我国法院对于涉外仲裁协议的审查既包括形式审查，又包括实质审查。过往司法实践表明，缺乏涉外因素又选择境外仲裁机构会导致仲裁协议的无效；涉外因素与仲裁机构的审查主要为形式审查，包括仲裁主体、客体与法律关系三要素，并且审查的准据法为中国法。协议效力则是实质审查，审查案件的实体内容与程序性事实是否合法。[②] 以我国《仲裁法》为准据法，国际商事仲裁协议需符合该法第 16 条书面签订、当事人意思表示、仲裁事项、仲裁机构四个要件，法院还需针对这四个要件进行实质审查，若仲裁协议皆满足效力认定的四个要件，则法院应排除自己对该纷争的管辖权。[③] 就此而言，我国法院对国际商事仲裁协议的审查，除去对涉外因素的审查不同，其他方面的审查规则和实践与对国内仲裁的审查并无二致。仲裁条款具有妨诉抗辩的效力，无论是该条款无效或仲裁协议不存在，都会影响外国法院颁发禁诉令的正当性与我国法院的管辖权，使得仲裁妨诉抗辩的效力自始无效。基于此，只有仲裁协议完全通过我国法院的合法性审查，方有必要进一步审查禁诉令裁定的合法性；否则，可径行认定禁诉令不合法。

（三）第二重审查：法院对禁诉令裁定的监督

不同于仲裁裁决或仲裁庭签发的禁诉令，我国法院对外国法院签发的禁诉令并无直接撤销的制度规范，仅能依拒绝承认与执行规范进行事后监督。仲裁庭颁发的禁诉令可依照《纽约公约》对该仲裁裁决进行合法性审查，法院颁发的禁诉令则仅能依国内法予以审查，缺乏世界普遍认可的国际条约可依。禁诉令具有事实上的域外

---

① 在我国，对仲裁协议存否问题是否属于仲裁协议效力审查的范围，在实务上有争议。法院过去多采否定的限缩解释；但最高人民法院在（2019）最高法民特 2 号案中将其纳入仲裁协议效力的审查，《全国法院涉外商事海事审判工作座谈会会议纪要》第 90 条也将仲裁协议存否问题纳入仲裁协议效力确认程序的审查范围。

② 参见秦男：《论选择境外仲裁机构仲裁协议效力的司法审查路径》，载《法律适用》2021 年第 10 期。

③ 参见崔宵焰、嵇钰涵：《国际商事仲裁协议效力之司法认定——兼评〈仲裁法（修订）（征求意见稿）〉第二十一条》，载《商事仲裁与调解》2022 年第 1 期。

效力,其承认与执行应依《民事诉讼法》第288条与第289条的规定进行。法院的审查分两阶段:第一阶段对互惠关系或国际条约等协助的依据进行审查;第二阶段对禁诉令与国家主权、安全、社会公共利益的不利影响进行审查。互惠关系的认定标准分为三种情况:存在双方缔结或共同参与的国际条约,或在司法中存在事实上同等承认与执行对方判决的互惠关系,抑或存在国际司法合作共识。① 互惠条件的审查则属于法院依职权调查事项,法院需承担互惠关系的证明责任,但可要求当事人提供证据资料。② 第二阶段的审查包括法院主动审查与法院被动审查两方面,前者包括外国法院管辖权审查,后者则主要是审判程序审查。在管辖权审查中,对于外国法院管辖权的判断标准我国并无明文规定,但在法理层面违反我国专属管辖的案件因危及我国司法主权,通常不予承认与执行;在审判程序审查中,则需审查被申请人是否受到合法通知传唤与是否有其他程序参与,以确保判决具有最低限度的公正性。③ 凡是涉及公共利益的审查,皆为法院主动审查事项,例如禁诉令是否违反我国公序良俗。

然而,法院审查禁诉令裁定本身并无法律明文规定,参照法院对外国法院判决的审查也仅是解释论上的成果。我国对于国际商事仲裁禁诉令的司法监督持谨慎态度,相关规定付之阙如。《全国法院涉外商事海事审判工作座谈会会议纪要》第41条对外国法院裁判的认定标准进行了明确,要求法院对外国裁判的实质内容进行审查;但该规定在适用范围上明确排除了包括禁诉令在内的保全裁定与临时措施。由此,事实上形成法院审查禁诉令裁定的法律漏洞,而填补这种漏洞的法学方法可采类推适用的方法。但我国法官需严格适用法律,不能造法,司法实务通常会避开禁诉令的审查标准的问题,在审判结果上出现一概否定禁诉令的现象。为了填补禁诉令妨诉抗辩的法律效果,当事人被要求在诉讼的管辖权异议阶段提出抗辩,无论是禁诉令或仲裁协议都只能成为管辖权异议的证据资料。可见,我国法院倾向于通过仲裁协议默示放弃规则来解决国际商事仲裁管辖权的问题,并借此实质上否定了禁诉令的效力,绕过了禁诉令司法审查的认定过程。但基于支持仲裁的理念,对仲

---

① 参见徐伟功:《我国承认与执行外国法院判决制度的构建路径——兼论我国认定互惠关系态度的转变》,载《法商研究》2018年第2期。

② 参见李旺:《论承认外国法院判决的互惠原则》,载《南大法学》2022年第1期。

③ 参见李双利、赵千喜:《论承认和执行外国法院判决申请之司法审查——以中美两国的立法和司法案例为分析对象》,载《法律适用》2018年第5期。

裁协议默示放弃规则应作严格解释,才能从源头上避免仲裁案件进入诉讼程序。①另外,因禁诉令本身与国际礼让原则有冲突,普遍缺乏法律上互惠或事实上互惠,所以即使法院参照外国判决承认与执行规范予以审查,在互惠关系的审查上也无法通过,更不必说侵犯他国司法管辖权与违背社会公共利益问题。

五、完善路径:平衡协助与监督的中国方案

(一)利益的平衡点:落实国际法治合作的理念

统筹国内法治与涉外法治并加强国际法治合作,是平衡国际商事仲裁禁诉令中若干价值的指导理念。国际商事仲裁禁诉令具有涉外性的特点,存在维护司法主权与支持仲裁间的理念冲突,其根源在于跨法域过程中司法与仲裁间的角力。禁诉令损害他国司法主权与限制当事人诉权的风险是国际民事司法合作的障碍,各国普遍拒绝承认与执行禁诉令也因此符合国际礼让原则。② 国际礼让原则建立在对等与互惠的基础上,禁诉令若能通过贯彻国际礼让原则得到完善,则无阻止的必要。因此,立足于肯定国际商事仲裁禁诉令的基本立场,禁诉令的体系建构不仅依托于国内法律规范,还仰赖于国际法律规制。

国际规则之构建应以习近平法治思想为指引,强化包括国际商事仲裁在内的涉外法律服务,并对跨国事务加强协助与合作,通过国际法治合作参与全球治理。③ 首先,积极推动就国际商事仲裁禁诉令的承认与执行问题订立双边或多边的国际司法合作协议,在法律互惠的前提下,使禁诉令跨法域流动时也尊重他国主权。例如,我国可以考虑增进与海牙国际私法会议的合作,在推动新的管辖权国际公约时,寻求化解禁诉令与管辖权冲突的国际共识,并完善管辖权争议的解决机制。④ 其次,在"一带一路"合作文件或《区域全面经济伙伴关系协定》等多边贸易体制的基础上,完善国际商事仲裁禁诉令的互认互通机制,打造法律上或事实上的互惠。最后,对于未有互惠关系的国家,基于国际礼让原则与互相尊重主权原则,应避免相互发出禁诉令,谨慎地对国际商事仲裁禁诉令进行审查。禁诉令跨境流动与实施的基础与前提是,在国际法治合作的理念下,构建平等、正义、民主的国际禁诉令协助机制,并借此正当化禁诉令向域外的效力延伸。

---

① 参见肖建国、黎弘博:《仲裁协议默示放弃规则的重构——以〈仲裁法〉第26条后半部分为中心》,载《法律适用》2021年第8期。

② 参见刘枫欣:《国际民事司法合作视野下外国禁诉令之应对》,载《河南财经政法大学学报》2021年第5期。

③ 参见黄进:《习近平全球治理与国际法治思想研究》,载《中国法学》2017年第5期。

④ 参见宁立志、龚涛:《禁诉令大战的理论意蕴与实践应对》,载《政法论丛》2021年第6期。

(二)协助的友善性:国内外禁诉令的平等对待

增进国内规范对国际商事仲裁禁诉令的友善度,是落实支持仲裁与国际法治合作理念的重要举措。我国司法常受立法滞后性的影响,无法充分落实司法支持仲裁的理念;我国仍需通过推进相关立法活动,使禁诉令之法院协助有法可依的目标能够实现。一方面,如《仲裁法征求意见稿》般,增加仲裁临时措施的规定,将禁诉令制度明文化,尤其是在《仲裁法》《民事诉讼法》等涉外仲裁的相关规范中,增加禁诉令条款的规定。另一方面,最高人民法院也应修改与完善相关司法解释规定,明确法院协助禁诉令的原则与标准,使法官在审理案件时有明确的裁判指引。例如,法院以司法解释的形式明确禁诉令属于行为保全的一种,并确立其签发条件与程序、适用的具体范围、法律效果等。① 最高人民法院亦可通过发布指导案例的形式,确立法院协助禁诉令过程中的具体规则。

另外,须在实质上平等对待国内外的国际商事仲裁禁诉令。国内法院或外国法院发布的禁诉令,应在效力赋予程序与审查方式上作相同的制度安排,以确保禁诉令能平等地跨法域流动,推动商事仲裁的国际化与自由化。避免国内外差别待遇的规范模式,也是互惠原则与国际礼让原则的要求。基于此,在禁诉令的效力上,通过本国法院合法性审查的外国法院禁诉令应具备与国内法院禁诉令相同的法律效力;同时,为维护司法主权,我国法律对国内禁诉令采取自动承认制,对外国禁诉令采取裁定承认制。但从顺应全球化发展、尊重当事人意思自治等角度,在深化国际法治合作的基础上,我国也有推行国内外禁诉令皆采取自动承认制的空间,以彰显包含国家间互信与司法协调的人类命运共同体的理念。② 当然,基于相互尊重主权原则,国外禁诉令的自动承认制的前提应当是双方存在法律上的互惠——双边或多边条约,且自动承认制度本身也应为国内法所允许,这或许也是我国未来涉外法治完善的方向。

(三)监督的明确性:禁诉令审查模式的再细化

明确法院审查的规则体系,是构建协调司法监督仲裁与司法支持仲裁制度的基础。不同国家法院对仲裁介入的程度有差异,但法院监督禁诉令却是全球司法的共识。当前,我国尚未明确建立国际商事仲裁禁诉令制度,司法实践中主要依靠法院进行自由裁量。基于法治与程序保障原则,法院监督禁诉令的规范只有具备明确

① 参见刘敬一:《国际民商事诉讼中禁诉令的中国应对:实践及路径》,载《中国外资》2022 年第 9 期。

② 参见李旺:《论外国法院判决的自动承认制度》,载《清华法学》2019 年第 6 期。

性,仲裁当事人才能避免突袭性裁判,权衡实体利益与程序利益进行必要的应对并增强对法院审查的信心。

一方面,监督规范的明确性程度可参照《示范法》的规定。例如,《示范法》确立了比较损害的标准、胜诉的可能性标准、适当的标准来帮助法院判断禁诉令颁发的必要性与可行性,形成了逻辑上的闭环,在仲裁法的修改中可进行本土的借鉴。[①] 我国需对法院签发禁诉令的审查要件进行必要的类型化与具体化,明确有效仲裁协议的存否、实际联系原则、实体争议的同一性或关联性、被申请人的恶意、社会公共利益等情况,是否皆纳入法院对禁诉令的审查范围。[②] 只有在明确审查规范的基础上,禁诉令也才能真正成为当事人的诉讼策略,司法机关也有法律上公正审理的根据,以此实现司法的被动性。[③]

另一方面,需明确我国法院在承认与执行外国法院禁诉令时的审查规则。例如,应在规范上区分当事人抗辩事项与法院职权调查事项,明确相关事项的具体内容。前者属于当事人自治的范畴,后者则是维护我国法秩序的内容,应赋予不同的法律效果。对于仲裁协议的审查密度问题,也应明确审查标准属于表见审查抑或完全审查,以利于仲裁当事人进行诉讼资料与证明活动的准备。我国《仲裁法》对审查限度并不明确,类似于《示范法》第 8 条,属于模糊的折中标准。[④] 仲裁协议审查标准是法政策的选择,仲裁发达者采表见审查,反之采完全审查,并无优劣之分。无论如何,至少应明确我国在禁诉令审查程序中对仲裁协议的审查标准,保障仲裁当事人对裁判结果预期的可能性。

六、结语

国际商事仲裁禁诉令不仅是当事人在纷争解决策略问题上的博弈,还是不同国家在仲裁与司法之间关系选择的法律角力。不可否认,禁诉令有危及司法主权与违背国际礼让原则之嫌;但仲裁发达国家的经验也证明,禁诉令在维护仲裁管辖权方面有实质性作用。随着经济全球化不断发展,我国在支持仲裁的理念下,已开始在最近《仲裁法》的修改中增加包含禁诉令在内的仲裁临时措施之规定,需要借鉴禁诉令制度为我国商事仲裁保驾护航。

---

① 参见徐伟功:《论我国商事仲裁临时措施制度之立法完善——以〈国际商事仲裁示范法〉为视角》,载《政法论丛》2021 年第 5 期。

② 参见张建:《国际商事仲裁中禁诉令的适用问题研究——兼论我国仲裁禁诉令制度的立法构建》,载《国际法学刊》2021 年第 3 期。

③ 参见彭哲、安佰生:《禁诉令判决:国际规则对话的司法路径》,载《国际贸易》2022 年第 6 期。

④ 参见傅攀峰:《国际商事仲裁中的禁诉令:特殊性及其应对》,载《河北法学》2021 年第 8 期。

在国际商事仲裁禁诉令的借鉴过程中,应注重法院对其协助与监督的体系建构与路径完善。只有提升我国相关规范的友善性与明确性,才能使仲裁当事人明确我国法院介入禁诉令的样态,平衡禁诉令的流通性与程序自治权的私益。支持仲裁的理念已深入我国司法实践,法院对国际商事仲裁禁诉令之协助规则势必会愈加完善,但同时,仍需注重法院对国际商事仲裁之监督规则,确保在尊重当事人意思自治的同时,仍足以维护最低限度的程序公正与法秩序的基本价值。二者的平衡之道,也是对国际商事仲裁禁诉令进行本土改造的重中之重。司法协助与监督在完善国际商事仲裁禁诉令制度过程中是相辅相成的,不可偏废。

论我国承认与执行外国破产判决范围的困境及破解

黄　旭*

我国对外国破产判决范围规定不明,导致司法实践中很少或错误适用外国破产判决的承认与执行规则。外国破产判决与外国破产程序紧密相关,我国要求外国破产程序需具有相似性和集体性特征。相似性不符合适用外国法识别的国际趋势,容易排除合适的外国破产程序。集体性不宜采用严格的传统集体性,而应考虑全体债权人利益,采纳公平集体性。因为破产集中管辖制度,破产判决的承认与执行具有特殊性。由于特殊性,破产判决与破产程序密切相关,与一般民商事判决不可混淆。判断破产判决与破产程序的实质关联,应主要考察法律依据是否与破产法具有紧密联系。界分破产判决与一般民商事判决时宜对前者采取狭义解释。

我国跨境破产判决的承认与执行,①既不能按照国际私法中一般外国民商事判决的承认与执行规则来实现,也不同于外国破产程序的承认与协助规则,而应适用专门规则。一般外国民商事判决的承认与执行问题,和外国破产程序的承认与协助问题,都是学界关注和讨论的重要问题。② 相比之下,学界一直忽视破产判决的承认与执行问题,对其讨论不足。③ 在这些讨论中,作为首要难题的破产判决范围更是较

* 武汉大学国际法研究所博士研究生。

① 本文所指破产判决不包括破产程序启动判决。

② 判决承认与执行方面的有关讨论参见何其生:《〈海牙判决公约〉与国家相关判决的承认与执行》,载《环球法律评论》2020 年第 3 期。破产承认与协助方面的讨论参见张玲:《亚太经济一体化背景下跨境破产的区域合作》,载《政法论坛》2021 年第 1 期。

③ 参见雷雨清、王欣新:《〈跨国界承认和执行与破产有关判决的示范法〉与我国相关立法的完善》,载《法律适用》2019 年第 19 期;王欣新、梁闽海:《〈关于承认和执行与破产有关的判决示范法〉及其对我国跨境破产立法的借鉴意义》,载《人民司法(应用)》2018 年第 34 期。

少涉及。

《中华人民共和国企业破产法》(以下简称《企业破产法》)第5条第2款虽然已经存在于我国破产法律体系中很长时间,但其发挥的功能有限,其与《中华人民共和国民事诉讼法》(以下简称《民事诉讼法》)第289条的适用范围关系不清晰。因此,研究外国破产判决承认与执行中的破产判决范围具有理论意义和现实意义。本文旨在结合国际经验,参考相关理论与实践,确定外国破产判决范围,填补关键的理论空白,为我国法院将来承认与执行外国破产判决提供实际有效的建议。

一、我国关于外国破产判决范围的规定

第一,我国没有外国破产判决范围的直接规定。我国《企业破产法》第5条第2款规定了外国破产判决的承认与执行,但该条并没有明确外国破产判决范围。我国2021年《全国法院涉外商事海事审判工作座谈会会议纪要》(以下简称《商事会议纪要》)第41条规定了外国法院判决的认定标准,但是第33条规定破产案件因具有较强的地域性、特殊性,相关判决的承认和执行不适用本纪要。外国破产判决缺乏直接认定标准,一般外国民商事判决的认定标准排除适用于外国破产判决。

第二,我国域外破产程序范围的规定对认定外国破产判决范围的作用有限,且缺乏与破产判决关联性的认定标准。外国破产判决与外国破产程序的关系紧密,由破产程序产生,直接来源于破产程序或者与破产程序密切相关。欧盟议会和理事会《关于破产程序的2015/848号条例》(以下简称《欧盟破产条例》)第32条和联合国国际贸易法委员会《与破产有关判决的承认与执行示范法》(以下简称《破产判决示范法》)规定破产判决的承认与执行,但我国相关法律并没有规定。相较之下,我国没有指明可认可的其他法域的破产程序范围。

第三,外国破产判决适用一般外国民商事判决承认与执行的法律依据是错误的。一般民商事判决承认和执行适用的是《民事诉讼法》,而对外国破产判决的承认与执行适用的是《企业破产法》第5条第2款。虽然两者内容上都包括以条约和互惠方式进行承认和执行,但两者的法律依据不同。值得注意的是,因为我国在签订民商事司法协助条约时,时常不区分两者,所以在《企业破产法》生效之前,两者的法律依据一般都为司法协助条约。[①] 例如,法国百高洋行案中,我国法院适用司法协助条约承认法国破产判决。[②] 但在《企业破产法》生效之后,受到先前统一适用司法协

① 《企业破产法》于2007年生效。

② 参见广州市中级人民法院民事裁定书,(2005)穗中法民三初字第146号。《中法民商事司法协助条约》没有区分破产判决和一般民商事判决。

助条约做法的影响,有的法院往往错误适用《民事诉讼法》来处理破产判决的承认与执行问题。

我国不仅没有直接规定外国破产判决范围,通过相关规定也很难明确外国破产判决的认定标准。所以司法实践混淆适用破产判决和一般民商事判决的承认与执行规定。因此,我国现需解决的问题包括:第一,确定外国破产程序范围;第二,认定外国破产判决与外国破产程序的关联;第三,界分破产判决与一般民商事判决的范围。

二、外国破产程序范围

外国破产判决与外国破产程序密切相关,外国破产程序的范围影响外国破产判决范围的认定。

(一)《跨国界破产示范法》和《欧盟破产条例》的破产程序范围

《跨国界破产示范法》第 2 条定义外国程序:在某一外国遵照与破产有关的法律而实施的集体司法程序或行政程序,包括临时程序,在这一程序中,为达到重组或清算目的,债务人的资产和事务由某一外国法院控制或监督。

集体程序具有弹性特征,即并非仅为一个或一组特定债权人的程序,亦非必须影响到所有组类债权人。一方面,因为破产程序意图解决所有债权人的财产分配问题,仅特定债权人获得利益并不满足破产法公平分配的原则;另一方面,部分法域将抵押资产排除于破产财产范围,导致担保债权人在破产法外行使索赔权利,即担保债权人没有受到破产程序影响。与破产法有关的法律主要指的是公司法,不拘泥于程序行文于破产法中。但值得注意的是,如果程序主要目的是解除法人实体法律地位,而非重组该实体财政事务,则该程序可能并非破产程序。外国法院控制或监督的程度和时间不定。控制或监督的程度可能是间接的,并不一定由法院直接执行,而是由受到法院控制或监督的破产管理人执行。①

《欧盟破产条例》采用列举的方式规定了该条例适用的程序范围,属于其范围的破产程序在其附录当中列出,同时第 1(1)条规定破产程序。欧盟法院认为附录排他性地决定一个程序是否属于合格的破产程序。如果程序满足第 1(1)条的要求,但不在附录中,则不属于破产程序。② 如果程序不满足第 1(1)条的要求,只要其在

---

① 参见《贸易法委员会跨境破产示范法与颁布及解释指南》第 69 ~ 78 段。

② See Case C – 461/11 Ulf Kazimierz Radziejewski v. Kronofogdemyndigheten i Stockholm, EU: C: 2012:704; Regulation (EU) 2015/848, Recital 9.

附录中,则属于破产程序。[①]

《欧盟破产条例》的程序主要有四项要求。第一,公开性,尤其是程序的启动应该采取公开形式。[②] 理由是一法域程序的启动将限制其他法域程序的启动,特别是主要破产程序的启动。欧盟破产的主从程序机制要求程序首次启动具有公开性。[③]第二,集体性。集体性指的是程序应当规制大部分的债务人剩余债务。与《跨国界破产示范法》类似,集体性的解释具有宽松的特点。即使程序排除特定类别的债权人,或者程序仅包含特定类别的债权人,例如金融机构债权人,[④]也具有集体性。[⑤]第三,依据与破产有关的法产生。基于一般公司法但并非专为破产情况设计的程序不属于基于破产相关法律。[⑥] 第四,产生三项效果之一,即全部或部分剥夺债务人财产且任命破产管理人,法院监督或控制,或临时中止单独执行债权。[⑦]

《跨国界破产示范法》和《欧盟破产条例》的破产程序要求并不相同,例如公司债务重组程序(scheme of arrangement)规定在公司法而非破产法中,欧盟司法实践不承认该程序为外国破产程序,但采纳《跨国界破产示范法》的美国承认该程序为外国破产程序。[⑧] 两部法律文件都规定集体性和依据与破产有关的法产生。与我国的集体性和相似性相比,明显的区别在于我国识别外国破产程序将通过我国破产法,而依据与破产有关的法的要求则不拘泥于本国破产法,可能是本国公司法或外国相关法律。关于其他方面的规定,因为依据我国法律判断破产程序,所以满足公开性和法院监督等要求。

(二)相似性

无论是《跨国界破产示范法》还是《欧盟破产条例》都没有将相似性作为判断外国破产程序的标准。为吸引更多的法域采纳《跨国界破产示范法》,外国破产程序的定义宽泛。采纳《跨国界破产示范法》的法域,其外国破产程序的定义可能较国内破

---

① See Case C－116/11 Bank Handlowy w Warszawie SA v. Christianapol sp z oo, EU：C：2012：739.

② See Regulation (EU) 2015/848, Recital 12.

③ See G McCormack, *Jurisdictional competition and forum shopping in insolvency proceedings*, Cambridge Law Journal 68, p. 186(2009).

④ 法国仅规制金融机构债权人的程序列于附录 A 中。

⑤ See Regulation (EU) 2015/848, Recital 14.

⑥ See Regulation (EU) 2015/848, Recital 16.

⑦ See Regulation (EU) 2015/848, Recital 10.

⑧ See Case No 13－13508 (SHL) (Bankr SDNY, 11 Dec 2013).

产程序的定义更为宽泛,以满足跨境破产合作的目的,例如美国。① 《欧盟破产条例》破产程序同样采用较为宽泛的定义。

相似性的内涵是适用我国破产法中的破产程序规定识别外国破产程序。认定外国程序是否属于破产程序所适用的法应该为破产程序启动地法,而非被申请承认国的法律。因为不同法域的破产制度存在不同程度的差异,仅依据本国法决定外国破产程序可能会排除存在形式差异的外国破产程序,而不顾外国破产程序规制破产问题是否合适,忽视保护国内外债权人和债务人的合法权益。司法实践中美国和英国适用破产程序启动地法来认定外国破产程序。②

我国既然坚持合作态度,就不应该将破产程序限制在与我国破产程序相似的破产程序范围内。《商事会议纪要》第 41 条规定,认定外国法院判决应考虑判决的实质内容。该规定无法规制外国破产程序,但是表明我国不局限于国内法识别一般外国民商事判决,还可以通过外国法识别。

随着企业拯救制度的不断演变,国际破产法和国内破产法之间的边界随之变化。固守国内破产法的边界来处理国际破产法问题显然是不合适的,结果可能既不利于保护我国企业,也不利于我国破产法吸引外国企业。在全球化竞争时代,提高破产程序识别的灵活性既有利于健全跨境破产承认机制,也能促进我国国内破产程序的变革。

(三)集体性

我国将集体性作为判断破产程序的特征,但没有阐释其内涵。不同程度的集体性对债权人参与比例和债务人财产控制的要求不同。从严格到宽松可以分为以下三种集体性,即传统集体性、完全集体性和公平集体性。

1. 传统集体性

传统集体性指的是破产程序必须规制债务人的所有财产且要求所有债权人参与程序。传统集体性约束所有债权人,所以满足该要求的破产程序少。传统集体性破产程序是跨境破产中破产程序集体性的最高标准。如果将传统集体性设定为破产程序集体性的门槛,将阻碍跨境破产合作。

《跨国界破产示范法》和《欧盟破产条例》弹性解释集体性,而非采取严格的传统集体性。两部法律文件没有具体化弹性解释的标准,回避进一步探讨集体性。

---

① See In re Betcorp Ltd, 400 BR 266, 280 (Bankr, D Nev, 2009).

② See In re Betcorp Ltd, 400 BR 266 (Bankr, D Nev, 2009); Rubin v. Eurofinace SA [2010] 1 All ER (Comm) 81.

《跨国界破产示范法》通过弹性解释给采纳法域留出个性化的解释空间,模糊化弹性解释符合其作为示范法的目的。考虑到《欧盟破产条例》的司法实践严格按照附录中的破产程序,弹性解释并没有实际作用。

2. 完全集体性

完全集体性指的是破产程序通过程序性或实体性限制债权人单独执行债权的方式,处理涉及所有债权人的共同财产问题。① 相较传统集体性,完全集体性更加灵活,无需在单一程序中解决所有债权人和债务人纠纷,仅需要具有限制所有债权人执行债权的功能,或者调整所有债权人债权的功能。因此,与传统集体性不同的情形是,完全集体性程序在控制执行债务人资产的情况下,可以仅调整部分债权人债权而非全部债权人债权。

完全集体性的作用在于保护全体债权人利益和最大化债务人价值。如果破产程序不具有完全集体性,不同债权人之间可能会竞争执行其债权,结果给破产企业带来不必要的损失,例如企业的持续经营价值降低,拆分出售企业资产价值低于整体出售企业资产价值等。为解决破产企业价值损失问题,须集体限制执行全体债权人债权。

完全集体性限制所有债权人的个别强制执行行为,这种限制可能以程序规则的形式出现,例如,以自动中止的方式禁止个别债权人的强制执行行为。限制债权执行也可能表现为实质性变更债权,可以违背债权人的意愿调整其债权。例如,延期付款、减额、股权置换或其他可以由债权人多数通过的或法院批准的重组计划强制债权人调整债权。②

3. 公平集体性

公平集体性指的是即使破产程序仅调整某类债权人的权益,如果不影响该破产程序外其他类债权人的权益,则该程序具有集体性。与完全集体性不同的是,公平集体性不要求规制所有债权人的权益。公平集体性重点在于规制的方式不应影响破产程序外的债权人,要公平考虑对所有债权人的影响。

公平集体性由美国判例发展而来。贝特科案是美国法院处理关于集体程序问题具有较大影响的案件。法院在该案中提出后来在大多数案件中适用的集体性判

---

① See Horst Eidenmüller, *What Is an Insolvency Proceeding*?, American Bankruptcy Law Journal 92, p. 66(2018).

② See Horst Eidenmüller, *What Is an Insolvency Proceeding*?, American Bankruptcy Law Journal 92, p. 67 – 68(2018).

断标准,即集体程序是考虑所有债权人权利和义务的程序。该案中法院主要考虑两个因素判断集体性:第一,破产管理人有义务考虑所有债权人在分配过程中的权利;第二,分配过程中存在债权人参与的机会。[①] 贝特科案分析破产管理人是否默示地对所有债权人负有义务来判断是否为集体程序。金蜜案将这一结论提高到一个新的高度,即集体性可以适用于将部分债权人明确排除在破产程序之外的情形。[②] 英美保险公司案中,法院在重述贝特科案标准时指出,集体性既考虑对各类债权人债权的影响和最终处理,也考虑债权人可以参与国外诉讼的可能性。考虑仅意味着不忽视,而最终的参与和处理可以在某一较晚阶段或某一较晚程序中发生。[③]

值得注意的是,公平集体性与国际破产中外国破产程序的正当程序要求不同。后者的含义是要保证国内外债权人参与破产程序的程序正义受到保护。[④] 两者的区别在于对象和性质。公平集体性的公正面对的是程序外的债权人,而正当程序的公正面对的是程序内的债权人。公平集体性既包括程序公正也包括实体公正,尤其是保护不参与破产程序债权人的实体利益,而正当程序则关注程序公正。

三种不同的集体性逐步放松形式集体性的要求,加强对债权人债务人实体权益影响的关注。在跨境破产中,传统集体性对财产和债权人参与的严格要求并不理想,仅有通过高标准获得更多法域认同的优点,而无促进跨境破产合作实践的功能。完全集体性放宽要求所有债权人参与,但是仍然需要控制所有债务人的财产。公平集体性则进一步放宽对债务人财产的监督,只要能保证对所有债权人公平,而无论其是否在程序中。

集体性是破产程序的特点,但随着各国对破产程序拯救企业功能的重视,越来越多的法域放松破产程序集体性的要求,以方便及时进行司法干预,通过部分或某一组特定债权人的协商拯救濒临失败的企业。相较于传统集体性和完全集体性,公平集体性符合现代破产法更加灵活地救济企业的要求,体现修正的普遍主义。采取公平集体性认定破产程序有利于协助外国破产程序,有助于执行外国破产判决。我国在适用集体性考察外国破产程序中的债权人参与和债务人资产控制事项时,应以债权人集体利益为核心,保障外国破产程序对所有债权人公平。

---

① See In re Betcorp LTD, 400 BR 266 (Bankr D Nev 2009).

② See In re Gold & Honey Ltd, 410 BR 357, 370 (Bankr EDNY 2009).

③ See In re British American Ins Co Ltd, 425 BR 884 (Bankr SD Fla 2010).

④ 参见石静霞、黄圆圆:《跨界破产中的承认与救济制度——基于"韩进破产案"的观察与分析》,载《中国人民大学学报》2017 年第 2 期。

三、破产判决的范围

破产判决与破产程序密切相关。此种关联性是判断破产判决的主要标准。相反,一般民商事判决的承认与执行和破产判决的承认与执行不同,两者之间缺乏实质关联。我国需要明确破产判决范围,明晰破产判决与破产程序的关联,界分破产判决与一般民商事判决范围。

(一)破产判决承认与执行的特殊性

《商事会议纪要》规定外国破产判决因为具有地域性和特殊性,所以不同于一般外国民商事判决的承认与执行。地域性可能意指跨境破产域外效力的三种主义,即普遍主义、地域主义和修正的普遍主义。我国并没有明确破产判决承认与执行的特殊性。

将破产判决与一般民商事判决区分的做法起源于古尔丹案。① 在该案中,欧盟法院提出与破产有关的诉讼概念,认为与破产有关的诉讼属于布鲁塞尔体系破产事项排除适用规则的范围。历史原因在于防止与未来欧盟破产程序法律文件产生冲突。②

破产判决承认与执行和一般民商事判决承认与执行的重要区别在于两者的管辖权审查不同。产生差异的原因在于破产集中管辖制度。例如,我国《企业破产法》第 21 条规定,人民法院受理破产申请后,有关债务人的民事诉讼,只能向受理破产申请的人民法院提起。破产的集中管辖制度使一般民商事案件交由破产法院管辖,在跨境破产情形下产生的问题是审查破产判决承认与执行中外国法院的管辖权是否适当,如果不适当则判决可能无法得到执行。与国内破产不同,在跨境破产中,破产集中管辖制度无法涵盖域外诉讼。所以在破产程序地的相关诉讼将由破产法院管辖,而没有开启破产程序地的相关诉讼将适用一般国际民事诉讼管辖规则。与破产有关诉讼的管辖依据可能是国际破产管辖规则,也可能是一般国际民事诉讼管辖规则。因此,破产判决与一般民商事判决的承认与执行相比,特殊之处在于管辖权的扩大化,以防止破产集中管辖制度损害审查外国法院管辖权。

无论是《破产判决示范法》还是《欧盟破产条例》都设置了多样的管辖权连结因素,以防止因管辖权不适当而拒绝承认和执行与破产有关的判决。③《破产判决示

---

① See Case C – 133/78 Henri Gourdain v. Franz Nadler [1979] ECR 00733.

② See Fabok Z., *Jurisdiction concerning annex actions in the context of the insolvency and Brussels Ibis regulations*, International Insolvency Review 29, p. 207(2020).

③ See Regulation (EU) 2015/848, Article 6.

范法》规定了四项管辖权。前两项是一般国际民事诉讼管辖权依据,即明示同意管辖和服从管辖。后两项则是指国内法公认,或至少不与国内法相抵触的适当依据。第四项类似于第三项,但范围更广,并不限于接受国法律明确允许的管辖理由,而是可以基于任何额外的管辖理由,这些理由虽然不是接受国法院可以行使管辖权的明确理由,但并不与接受国法律相抵触。① 因此,破产判决承认与执行中的管辖权连结因素不仅包括一般国际民事诉讼的管辖权连结因素,也包括跨境破产的管辖权连结因素,如主要利益中心。

破产判决承认与执行的特殊性在于:一方面,破产程序的承认与协助作为特别问题需要特殊对待,破产判决承认与执行是一般民商事判决承认与执行破产排除适用规则的产物;另一方面,破产集中管辖制度对管辖权审查产生更为复杂的影响,相较一般民商事判决承认与执行管辖权,破产判决承认与执行管辖权的连结因素更加多样。正是因为破产判决承认与执行的特殊性,破产判决范围需要区分于一般民商事判决范围。

(二)《破产判决示范法》和《欧盟破产条例》的破产判决范围

《破产判决示范法》作为国际贸易法委员会制定的又一示范法,其破产程序的概念大体上与《跨国界破产示范法》中的概念保持一致。② 与破产有关的判决是指:在该破产程序开始之时或之后发布,无论该破产程序是否已经结束,而作为破产程序的结果产生或与破产程序有实质关联的判决;且不包括破产程序启动判决。③

《欧盟破产条例》判决的承认与执行没有仅规定与破产有关的判决,其判决范围更大。④ 判决包括三类:第一,主要破产程序地法院作出的裁判,例如,关于破产程序进行和结束、法院批准的和解协议;第二,直接源于破产程序或者与破产程序密切相关的判决;第三,保全措施。

第一类破产判决可能直接包含于破产程序启动判决中也可能产生于破产程序启动判决之后。虽然第一类破产判决仅给出破产程序进行和结束、法院批准的和解协议的例子,但并不意味着第一类破产判决仅限于此。破产程序进行和结束的描述赋予第一类判决很大的范围。法院批准的和解协议的示例可以推论出重整计划等

---

① 参见《贸易法委员会关于承认和执行与破产有关判决的示范法附颁布指南》第115段。

② 参见《破产判决示范法》第2(a)条和《跨国界破产示范法》第2(a)条。

③ 参见《破产判决示范法》第2(d)条。承认破产程序启动判决为承认破产程序问题,属于《跨国界破产示范法》的规制对象。

④ See Regulation (EU) 2015/848, Article 19 and Article 32.

协议。《破产判决示范法》包含此类判决,具体包括确认或变更重组计划或清算计划、准予解除债务人责任或债务、核准自愿或庭外重组协议。①

因为第二类判决不一定由主要破产程序地法院作出,所以第二类判决的范围很广泛。第二类判决不仅包括破产程序中的判决也包括破产衍生诉讼中的判决。《破产判决示范法》包含此类判决。具体而言,包括撤销权诉讼判决、关于债权确认和顺位的判决、关于债权人委员会责任的判决、关于董事责任的判决、关于破产费用的判决等。②

与前两类判决要求破产程序启动不同,第三类判决仅需申请启动破产程序。《破产判决示范法》明确排除临时保全措施。③ 值得注意的是,保全措施可能被认定为破产程序的启动判决。例如,任命临时破产管理人来保全债务人财产。在欧洲食品案中,欧盟法院认为,爱尔兰高等法院对临时破产管理人的任命构成主要破产程序的启动。根据爱尔兰法律,临时破产管理人拥有包括接管公司资产在内的广泛权利。因此,爱尔兰法律中任命临时破产管理人的效果不局限于临时保全功能的实现。法务官解释,在不同的法域,启动破产程序的方式不同,通常一种是法院判决,另一种是指定破产管理人。两种方式启动的破产程序都会得到承认。④

(三)实质关联

《破产判决示范法》和《欧盟破产条例》对破产判决的描述有所不同,前者规定为作为破产程序的结果产生或与破产程序有实质关联的判决,后者规定为主要破产程序地法院作出的裁判和直接源于破产程序或者与破产程序密切相关的判决。实际上都意指破产判决与破产程序具有实质关联。

除破产程序启动判决外,其他主要破产程序地法院作出的判决既能通过破产程序的承认与协助方式,又能通过破产判决的承认与执行方式,实现域外法律效果。所以直接源于破产程序或者与破产程序密切相关的判决和破产程序的实质关联更值得讨论。欧盟法院通过司法实践,阐释了后者与破产程序的实质关联。“直接源于破产程序或者与破产程序密切相关的判决”的说法源于欧盟法院的古尔丹案,⑤之后的欧盟法院判例不断发展出三项标准。

① 参见《贸易法委员会关于承认和执行与破产有关判决的示范法附颁布指南》第60段。

② 参见《贸易法委员会关于承认和执行与破产有关判决的示范法附颁布指南》第57~62段。

③ 参见《破产判决示范法》第2(d)条。

④ Case C-341/04 Eurofood IFSC Ltd, ECLI: EU: C: 2006: 281.

⑤ See Case C-133/78 Henri Gourdain v. Franz Nadler [1979] ECR 00733.

第一,应考虑全体债权人的利益,排除仅由债权人提起以保护个人利益的程序。在西贡案中,欧盟法院认为,破产撤销权诉讼判决为破产判决,原因是只有破产管理人能在破产的情况下提起这样的诉讼,目的是保护全体债权人的利益和增加破产企业的资产。① 在特克斯案中,欧盟法院认为破产撤销权涉及的债权已经转让给第三方。第三方不是破产管理人,无须为全体债权人的利益行事,并且没有法定义务执行被转让的债权,所以产生的判决不是破产判决。② 奥法布案涉及一家进入破产程序有限责任公司的债权人追究董事和股东责任的纠纷。欧盟法院认为该诉讼不是依据破产管理人为全体债权人利益的排他性权利,而是依据债权人个人利益的权利,所以诉讼产生的判决不是破产判决。③

第二,以赋予债务人破产特定法律后果的规定,而不是一般民商法律规定,为诉讼请求依据。戈尔德纳案涉及一项运输合同,原告请求被告支付运费,原告破产后由破产管理人提起诉讼。欧盟法院认为该诉讼本可以在破产程序启动前提起,且适用一般民商法规则。请求付款的诉讼由破产管理人提起并不实质性改变债务的性质,所以该诉讼产生的判决不是破产判决。④

第三,诉讼请求依据并不需要排他性适用于破产程序,只需与债务人无力偿债、过度负债或无流动现金等一般破产情况下的依据有关。德国某股份有限公司破产管理人案涉及一项破产管理人根据《德国有限责任公司法》第 64 节的董事责任提起诉讼的识别问题。根据第二项标准,欧盟法院判断在该案中德国公司法下的相关规定是否可以适用于破产程序外。《德国有限责任公司法》第 64 节规定,公司的执行董事在公司无力偿付债务或公司的债务超过资产时,必须偿还其代表公司支付的款项。法院认为,该案所依据规定的适用并非直接源自破产程序,与破产程序没有密切联系,并不要求已正式启动破产程序,但是要求债务人实际无力偿债,所依据的规定限制民商法的一般规则,应认定该诉讼判决属于破产判决。⑤

如何判断破产判决与破产程序是否有足够的实质性关联,应该具体案件具体分析,

---

① See Case C－339/07 Christopher Seagon v. Deko Marty Belgium NV [2009] ECR 00767.

② See Case C－213/10 F-Tex SIA v. Lietuvos-Anglijos UAB "Jadecloud-Vilma", ECLI: EU: C: 2012: 215.

③ Case C－147/12 ÖFAB, Östergötlands Fastigheter AB v. Frank Koot and Evergreen Investments BV, ECLI: EU: C: 2013: 490.

④ See Case C－157/13 Nickel & Goeldner Spedition GmbH v. «Kintra» UAB, ECLI: EU: C: 2014: 2145.

⑤ See Case C－295/13 H v. H K, ECLI: EU: C: 2014:2410.

判定破产判决是为单独债权人利益服务还是为全体债权人的集体利益服务,如果仅为某一债权人的利益服务,则此种判决与破产程序缺乏实质关联。破产判决与破产程序的实质关联建立在诉讼请求上的法律依据与破产法紧密相关,而非一般民商事法律依据。

在判断破产判决与破产程序的实质关联时法律依据是关键。因为破产程序的相似性要求,我国识别破产程序依据我国法律,所以识别破产判决可能仅依据我国法律判断实质关联性。司法实践中,我国法院可能认为诉讼请求依据需要排他地适用于破产程序,而忽视了非排他地适用于破产程序的请求依据,进而缩小了破产判决范围。例如,我国破产规则并非只包括显性破产法规则,还包括隐性破产规则、公司法相关解释等。① 隐性破产规则可能被视为非排他适用于破产请求依据,从而被排除适用。判断破产判决的诉讼请求法律依据是否与破产规则紧密相关,需要具体分析法律依据的内容,而非仅查看是否排他适用于破产程序。

(四)破产判决与一般民商事判决的界分

《布鲁塞尔条例Ⅰ》(重订)的适用范围排除破产事项,②但是其与《欧盟破产条例》之间不可能完美衔接。一方面,《布鲁塞尔条例Ⅰ》(重订)第1条第2款作为排除事项的规定,不仅包括破产事项,还包括仲裁、抚养之债等其他事项;另一方面,《欧盟破产条例》的破产事项排除保险机构、银行等特定破产事项。③

除上述排除适用规定的空缺外,一般两者应能够衔接解决法律问题,且两者的解释方式应以狭义解释《欧盟破产条例》为指导方法。《欧盟破产条例》与《布鲁塞尔条例Ⅰ》(重订)的衔接问题原本有分歧。在欧盟法院作出裁判前,一种观点认为不属于《欧盟破产条例》程序范围承认的问题应属于《布鲁塞尔条例Ⅰ》(重订)的范围。④ 另一种观点认为不属于《欧盟破产条例》程序范围承认的问题可能也不属于《布鲁塞尔条例Ⅰ》(重订)的范围。⑤ 欧盟法院认为《布鲁塞尔条例Ⅰ》(重订)排除的破产事项限于《欧盟破产条例》附录的破产程序及其相关破产判决,应避免法律规则空白,促进两条例的衔接。⑥ 因此,《欧盟破产条例》中破产判决与《布鲁塞尔条

① 参见韩长印、何欢:《隐性破产规则的正当性分析——以公司法相关司法解释为分析对象》,载《法学》2013年第11期。

② See Brussels I Regulation recast, Article 1(2)(b).

③ 排除这些事项的原因是欧盟针对这些特殊破产事项有专门规定。

④ See In re DAP Holding NV [2005] EWHC 2092 (Ch).

⑤ In re Gansewinkel Groep BV & ors [2015] EWHC 2151 (Ch).

⑥ Comité d'entreprise de Nortel Networks SA and others v. Rogeau and others C-649/13, ECLI: EU: C: 2015: 384; Nickel v. Goeldner Spedition C-157/13 ECLI: EU: C: 2014: 2145.

例Ⅰ》(重订)的衔接问题应当由《欧盟破产条例》中的破产程序范围决定。

在德国图形案中,欧盟法院处理关于一般民商事判决与破产程序的独立性问题。该案涉及一项所有权保留条款纠纷,欧盟法院认为该诉讼并不是与破产有关的诉讼。更重要的是,在该案中欧盟法院认为,对《布鲁塞尔条例Ⅰ》(重订)中的民商事判决范围应作广义解释,而破产判决应作狭义解释。具体而言,申请人要求取回所有权保留条款所涵盖的资产。欧盟法院认为,该诉讼依据一项独立的诉讼请求,并不依据破产法,也不需要破产程序的启动或破产管理人的参与。①

《海牙承认与执行外国民商事判决公约》(以下简称《海牙判决公约》)排除破产事项类似欧盟的做法。《海牙判决公约》第2(1)(e)条规定排除破产、破产和解、金融机构的清理和其他类似事项。金融机构清理事项的排除,类似于同时适用《布鲁塞尔条例Ⅰ》(重订)和《欧盟破产条例》的排除事项规定,将此种特殊类别的破产事项排除。

在界分与破产有关的判决和一般民商事判决的问题上,《海牙判决公约》与欧盟的处理方式基本保持一致,也表达了狭义解释破产判决的主张。一方面,《海牙判决公约》同样排除破产程序的启动判决。另一方面,对于与破产有关判决的承认问题,公约排除适用于判决作出国作为诉讼法律基础的债权或债务依据的是专门与破产程序有关的规则,而不是民法或商法的一般规则产生的判决。②

界分破产判决和一般民商事判决的考虑主要在于区分破产程序承认与协助与一般民商事判决承认与执行,破产判决不应影响前两者功能的实现,所以在后两者可能发生冲突时一般对破产判决进行狭义解释。

现阶段我国法院对外国民商事判决的承认与执行实践较为丰富,外国破产判决的承认与执行实践匮乏,几乎不存在一般外国民商事判决承认与执行和外国破产判决承认与执行相冲突的问题。但是从长远来看,我国法院将承认与执行更多法域的破产判决。在两者可能发生冲突的情形下,我国法院应广义解释一般外国民商事判决,狭义解释外国破产判决。

四、对解决我国破产判决范围困境的启示

之所以排除破产判决于一般民商事判决的承认与执行之外是为避免后者与破

---

① Case C–292/08 German Graphics Graphische Maschinen GmbH v. Alice van der Schee, ECLI:EU:C:2009:544.

② See Francisco Garcimartin and Geneviève Saumier, *Convention of* 2 *July* 2019 *on the Recognition and Enforcement of Foreign Judgments in Civil or Commercial Matters*: *Explanatory Report* (approved by the HCCH, September 2020), p. 49–53.

产程序的承认与协助产生冲突,我国在缺少外国破产程序承认与协助一般性规定的情况下规定外国破产判决的承认与执行问题,无疑加剧了破产判决的不确定性。破产判决承认与执行的管辖权审查连结因素较一般民商事判决更加广泛多样。我国明确要求区分外国破产判决和一般外国民商事判决的承认与执行,但没有说明破产判决范围,也没有指明如何界分两种判决,导致司法实践的混乱。比较分析域外经验有利于我国解决破产判决范围困境。

我国适用相似性标准判断外国破产程序并不合理。相似性要求适用我国破产法来识别是否属于破产程序,但识别外国破产程序时更应该考虑外国法律对破产程序的规定,而非仅考虑我国的破产程序。我国集体性的含义并不明确,如果固守传统集体性要求所有债权人参与和控制债务人所有财产,可能会因此排除大量外国破产程序。国际上多采用弹性解释规则,建议我国具体分析案件中破产程序是否顾及全体债权人利益,而不局限于全体债权人参与破产程序。

对于没有签订跨境破产承认与协助条约的法域,其与破产有关判决的承认与执行问题需要遵守以下步骤判断是否为破产判决:通过破产程序启动地法识别破产程序,判定破产程序是为单独债权人利益服务还是为全体债权人的集体利益服务。如果识别为认可的破产程序,则再考虑破产判决是否由破产程序直接产生。如果不是,则需要判断破产判决与破产程序是否具有实质关联,即判决是否依据与破产有关的法,表现形式为是否有破产程序的启动或破产管理人的参与等情形。在判断过程中如果出现与一般民商事判决范围混淆的难题,则应对一般民商事判决进行广义解释,对破产判决进行狭义解释。

跨境数据流动问题研究

我国内地与香港特别行政区之间数据流动的法律规制及统合之路

郭子平*

我国内地对跨境数据流动的法律规制较为审慎,重在维护国家网络空间治理主权,强调保障国家安全,遵循"非必要不出境"原则,实行严格监管约束;我国香港特别行政区侧重个人信息保护,对于数据跨境流动几乎没有实质性限制。除了数据保护理念上的差异,内地存在相关法律法规的可操作性有待加强、个人信息保护实践水平应予提高等问题,客观上对两地数据流动造成了一定障碍。推动两地跨境数据流动规则体系的统合衔接,需要内地确立更加平衡的数据保护理念,加快完善数据跨境流动相关立法,提升法律规制的可操作性,加强两地跨境个人信息保护合作,推进专门的双边框架协议谈判。以粤港澳大湾区为试点区域,率先探索构建更加开放便捷的数据流动规则体系,以点带面推动两地数据跨境流动。

一、问题的提出

当今世界,数据①已成为基础性战略资源和关键性生产要素。全球范围内的数据跨境流动已经成为常态,各国都在努力通过开放、共享、交易等手段促进数据流动。但数据跨境流动涉及国家安全、公共利益、个人隐私、知识产权、产业竞争等一系列复杂的问题,需要通过特定的法律规制平衡其中的利益和价值诉求。这种规制涉及两个层面:一个是国内法层面的规制,各国基于本国利益考量制定大量的数据保护法,往往限制或禁止数据跨境流动,具有单边规制特征。据世界经济论坛估计,

* 武汉大学国际法所博士研究生,深圳市委大湾区办主任、市发展改革委主任,管理学博士。

① 本文研究的数据是指任何以电子或者其他方式进行的信息记录,包括个人数据和非个人数据,与通常意义上的"信息""资料"等说法在内涵上没有本质区别。跨境数据流动一般是指跨越国境(或独立司法管辖区)对数据进行读取、处理、使用、存储等活动。

全世界有200多项有关数据流动的法规。[①] 另一个是国际法层面的规制,一些国际或区域组织为应对各国数据保护法造成的数据流动障碍,通过达成特定的国际条约或协议明确跨境数据流动规则,具有双边或多边规制的特征,此类规制多以鼓励和促进不同国家或法域之间数据跨境流动为价值导向。经济合作与发展组织(Organization for Economic Co-operation and Development, OECD)1980年制定的《关于隐私保护与个人数据跨境流动的指南》就是从全球视角对跨境数据流动进行规制的第一次尝试。[②] 联合国、亚太经济合作组织(Asia-Pacific Economic Cooperation, APEC)、欧盟等均推出了一系列指引或规范跨境数据流动的规则框架,《全面与进步跨太平洋伙伴关系协定》(Comprehensive and Progressive Agreement for Trans-Pacific Partnership, CPTPP)、《区域全面经济伙伴关系协定》(Regional Comprehensive Economic Partnership, RCEP)等晚近签署的自由贸易协定都涉及、吸纳了高标准的跨境数据流动规则。因此,跨境数据流动规制是一个关乎涉外法治和国内法治的交叉性问题。

随着我国数字经济的发展和跨境数据流动规模迅速扩大,为维护国家主权、网络安全、公民隐私等核心利益,我国日益重视跨境数据流动治理,陆续制定了《中华人民共和国网络安全法》(以下简称《网络安全法》)、《中华人民共和国数据安全法》(以下简称《数据安全法》)、《中华人民共和国个人信息保护法》(以下简称《个人信息保护法》)等法律法规。但这也在一定程度上限制了数据跨境流动,难以回应数字经济发展带来的大规模跨境数据流动需求,与全球数据治理一体化进程不相协调。在此背景下,我国香港特别行政区作为"一国两制"下的独立司法管辖区,是我国探索数据跨境流动法律规制的绝佳"试验场"。推动我国内地与香港特别行政区之间的跨境数据流动,对我国探索更加开放、更加便捷、更高标准的跨境数据流动规则体系具有重要的示范意义。

与此同时,粤港澳大湾区开放程度高、经济活力强,数据流动十分频繁。但随着内地数据保护法律规则日益健全,两地数据规制体系的差异性逐渐凸显,跨境数据流动的合规性问题越来越突出,客观上阻碍了数据在两地之间的流动。因此,深入分析两地数据流动的法律规制现状及法律困境,提出推动两地数据流动的法律措施,对于进一步推动数据跨境自由流动,提升粤港澳市场互联互通水平,推进粤港澳

---

① 参见刘志雄:《跨境数据流动的全球态势及对我国的启示》,载《人民论坛》2021年第33期。

② O'Leary D. E., et al., *Some privacy issues in knowledge discovery: The OECD personal privacy guidelines*, Ieee Expert 10, p. 48 – 59(1995).

大湾区建设具有重要的现实意义。

二、我国内地对于跨境数据流动的法律规制

近年来,为规范数据开发利用,保障数据安全,维护国家主权、安全和发展利益,我国先后出台了一系列重要的数据保护法律法规。2015年7月颁布实施的《中华人民共和国国家安全法》(以下简称《国家安全法》)第25条规定了"维护国家网络空间主权、安全和发展利益",以立法形式明确了"网络空间主权"的概念。2017年6月,《网络安全法》正式施行,建立了关键信息基础设施安全保护制度,并明确了关键信息基础设施重要数据跨境传输规则。① 2021年9月,《数据安全法》正式施行,明确要建立数据分类分级保护制度,对影响或可能影响国家安全的数据处理活动进行安全审查。2021年11月,《个人信息保护法》正式施行,系统建立了我国个人信息保护制度,明确跨境提供个人信息的规则。2022年2月,《网络安全审查办法》正式施行,要求掌握超100万个用户个人信息的网络平台运营者赴国外上市,必须申报网络安全审查。② 此外,《网络数据安全管理条例(征求意见稿)》已于2021年年底公开征求意见,③《数据出境安全评估办法》已于2022年9月生效上述一系列法律法规的出台实施,标志着我国数据安全保护进入了新阶段,构成当下内地规制跨境数据流动的主要规范体系,对于促进数据跨境安全有序流动具有重要的现实意义。具体来看,主要包括以下几方面的规制:

一是建立数据分类分级保护制度。《数据安全法》第21条明确规定,国家建立数据分类分级保护制度,根据数据的重要程度,对数据实行分类分级保护。根据数据对国家安全、公共利益或者个人、组织合法权益的影响和重要程度,《网络数据安全管理条例(征求意见稿)》第5条明确将数据分为一般数据、重要数据、核心数据,不同级别的数据采取不同的保护措施。其中,核心数据是指关系国家安全、国民经济命脉、重要民生、重大公共利益的数据;重要数据由各地区、各部门按照国家有关要求和标准,组织本地区、本部门以及相关行业、领域的数据处理者识别确定,并进行目录化。对于不同重要程度的数据,适用不同的跨境管理规则。核心数据跨境流动适用更严格的安全审查规则,重要数据跨境流动遵循《网络安全法》确立的出境安

---

① 参见《网络安全法》第31条规定。

② 参见《网络安全审查办法》第7条规定。

③ 参见国家互联网信息办公室《关于〈网络数据安全管理条例(征求意见稿)〉公开征求意见的通知》,载中国网信网,http://www.cac.gov.cn/2021-11/14/c_1638501991577898.htm。

全管理规则,一般数据根据平等互惠等原则基本可以实现自由流动。①

二是遵循数据"非必要不出境"原则。相关法律法规虽没有明确禁止数据跨境流动,但基本上遵循"非必要不出境"原则,对于跨境数据流动进行特定条件的限制。其中,关键信息基础设施运营产生的数据应存储在我国境内地区。《网络安全法》第37条规定:关键信息基础设施的运营者应当在我国境内存储在运营中收集和产生的公民个人信息等重要数据,确需在境外存储或者向境外的组织或者个人提供的,应当按照国家有关部门制定的办法进行安全评估。个人信息和其他数据出境也应遵循"非必要不出境"原则。《个人信息保护法》第38条规定,确需向境外提供个人信息的,应当符合一定的数据出境条件。《网络数据安全管理条例(征求意见稿)》第35条也强调数据处理者因业务等需要,确需向境外提供数据的,应当具备某些条件才能向境外提供数据。

三是需要履行特定的出境安全评估程序。根据《个人信息保护法》第38条、《网络数据安全管理条例(征求意见稿)》第35条规定,向境外提供数据应当具备四项条件之一,具体包括通过国家网信部门组织的数据出境安全评估,数据处理者和接收方均通过网信部门认定专业机构的个人信息保护认证,按照网信部门制定的标准合同条款与境外接收方订立合同,或者符合法律法规、网信部门规定的其他条件。但从其他补充规定看,数据出境安全评估基本上属于必备条件,而非备选条件。《网络数据安全管理条例(征求意见稿)》第37条规定,出境数据中包含重要数据、关键信息基础设施运营者和处理100万人以上个人信息的数据处理者向境外提供个人信息、国家网信部门规定的其他情形,应当通过数据出境安全评估。《数据出境安全评估办法》第4条进一步将"自上年1月1日起累计向境外提供10万人个人信息或者1万人敏感个人信息"补充为应当通过数据出境安全评估的情形。从上述两类规定看,只要具备一定数量规模的"大数据"出境,基本上都需经过国家网信部门的出境安全评估程序。此外,除国家网信部门组织的出境安全评估外,数据处理者还必须进行出境风险自评估。根据《数据出境安全评估办法》第5条规定,数据处理者在申报数据出境安全评估前,应事先开展数据出境风险自评估。

四是个人信息出境须取得个人单独同意。随着《个人信息保护法》的出台实施,我国对于个人信息出境采取了更加严格、更高标准的保护措施。《个人信息保护法》第38条第3款规定:"个人信息处理者应当采取必要措施,保障境外接收方处理个

① 参见高通:《数据安全法中的数据跨境流动规则》,载《民主与法制时报》2021年9月15日,第3版。

人信息的活动达到本法规定的个人信息保护标准。”这实际上是要求境外数据接收方必须满足不低于我国个人信息保护水平的“充分性保护”标准。同时,个人信息出境还必须取得个人单独同意。《个人信息保护法》第39条规定:“个人信息处理者向中华人民共和国境外提供个人信息的,应当向个人告知境外接收方的名称或者姓名、联系方式、处理目的、处理方式、个人信息的种类以及个人向境外接收方行使本法规定权利的方式和程序等事项,并取得个人的单独同意。”此外,根据《网络数据安全管理条例(征求意见稿)》第26条,对于数据处理者处理100万人以上的个人信息的,还应当遵守条例第四章对重要数据的处理者作出的规定。

五是因跨境司法或执法合作所需的数据出境须经主管机关批准。互联网犯罪地域性特征的弱化,凸显了跨境司法取证的重要性,带来了大量因跨境司法或执法合作所需的数据流动问题。对于此类数据出境,我国一般遵循有关法律规定或者缔结的国际条约、协定,或者按照平等互惠原则,处理外国司法或者执法机构要求提供数据的请求,但相关数据出境需要经过相关国家主管机关的批准。《数据安全法》第35条、《个人信息保护法》第41条均明确规定,非经我国主管机关批准,境内组织和个人不得向外国司法或者执法机构提供存储于境内的数据或个人信息。之所以采取如此严格的限制性规定,主要是为了维护国家主权、安全和发展利益,保护我国公民和机构的合法权益,阻断部分域外国家行使“长臂管辖权”。美国《澄清域外合法使用数据法》(Clarifying Lawful Overseas Use of Data Act,CLOUD Act)采取“数据控制者”标准无限扩张其跨境调取数据的范畴,①而他国机构需经“适格政府审查”才能调取美国境内的数据;欧盟《通用数据保护条例》(General Data Protection Regulation,GDPR)也通过扩张对“数据控制者”的解释延伸自己的管辖范围,②这就使得掌握数据的机构即使在欧盟境外,欧盟的司法和执法机构也有权依据GDPR“数据控制者”适用标准跨境调取相关数据。

六是数据出境可以适用相关国际条约或协定。国际上,一般通过国际条约或协

① 美国《澄清域外合法使用数据法》规定,只要是通信、记录或者其他信息为服务提供者所拥有、监管或控制,无论其是否存储在美国境内,服务提供者均负有依法保存、备份、披露相应内容的义务。See U. S. Department of Justice, *Promoting Public Safety, Privacy, and the Rule of Law Around the World: The Purpose and Impact of The CLOUD ACT White Paper* (April 26, 2022), https://www.justice.gov/opa/press-release/file/1153446/download.

② 根据欧盟《通用数据保护条例》第3条规定,该条例适用于设立在欧盟内的控制者或处理者对个人数据的处理,无论其处理行为是否发生在欧盟内。See The European Parliament and the Council, *General Data Protection Regulation*, *Intersoft Consulting* (April 26, 2022), https://gdpr-info.eu.

定达成跨境数据流动的规制安排,来协调各国国内法的差异和冲突。美国与欧盟之间先后实施的“安全港协议”(Safe Harbor Framework)和“隐私盾协议”(Privacy Shield Framework)是典型的跨境数据流动双边框架协议。但根据欧洲法院对“米利安・施雷姆斯诉爱尔兰数据保护专员案”(Maximillian Schrems v. Data Protection Commissioner,以下简称 Schrems Ⅰ案)和“数据保护专员诉爱尔兰脸书和米利安・施雷姆斯案”(Data Protection Commissioner v. Facebook Ireland and Maximillian Schrems,以下简称 Schrems Ⅱ案)的审理结果,“安全港协议”和“隐私盾协议”先后被判决无效,目前美国与欧盟仍在寻求通过谈判达成新的数据跨境流动协议。各国还努力通过区域或双边自由贸易协定为数据跨境流动提供规范和指导,《美墨加协定》(US-Mexico-Canada Agreement, USMCA)、《全面与进步跨太平洋伙伴关系协定》、《数字经济伙伴关系协定》(Digital Economy Partnership Agreement, DEPA)、RCEP 等晚近签署的国际经贸协定都纳入了数据跨境流动的相关规则。[①] 我国对于通过国际条约或协定规制跨境数据流动秉持相对开放的态度。《数据安全法》第 11 条明确国家积极开展数据安全治理、数据开发利用等领域的国际交流与合作,参与数据安全相关国际规则和标准的制定。《个人信息保护法》《网络数据安全管理条例(征求意见稿)》均规定[②],跨境提供数据可以按照缔结或者参加的国际条约、协定执行。目前,我国已与 26 个国家和地区签署了 19 个自由贸易协定,但鲜有涉及限制数据本地化、促进数据跨境流动的措施。只有在 RCEP 协定中针对个人信息保护、数据跨境传输、计算设施本地化等相关议题进行了相关规制。[③]

总体来看,随着近年来一系列重要法律法规的出台,我国对于数据安全监管和跨境数据流动的规制体系正在不断完善。我国内地虽在《数据安全法》第 11 条明确了“促进数据跨境安全、自由流动”的基本理念,但对跨境数据流动的法律规制主要以国内法单边规制为主,立法态度较为审慎,[④]重在维护国家网络空间治理主权,跨境数据流动必须是建立在安全前提之下的有序流动,面临非常严格的监管约束,缺乏通过双边或多边国际框架协定促进数据跨境流动的规制安排。

三、我国香港特别行政区对于跨境数据流动的法律规制

我国香港特别行政区作为重要的国际金融、贸易、航运、科技创新及信息中心,

① 参见黄秋红、李雅颖:《对接 CPTPP 数据跨境流动规则研究》,载《南海法学》2022 年第 1 期。

② 参见《个人信息保护法》第 38 条、《网络数据安全管理条例(征求意见稿)》第 38 条规定。

③ RCEP 第 12 章第 15 条文本详细阐述了对于数据跨境流动的规定,参见赵海乐:《RCEP 争端解决机制对数据跨境流动问题的适用与中国因应》,载《武大国际法评论》2021 年第 6 期。

④ 参见黄秋红、李雅颖:《对接 CPTPP 数据跨境流动规则研究》,载《南海法学》2022 年第 1 期。

是连接国际与国内的重要纽带，在数据流动方面也一直扮演重要角色，是中外数据跨境流动的重要中转驿站。在“一国两制”的框架安排下，香港特别行政区拥有独立的立法、执法和司法机关，具备健全的法治体系和保障数据流通的规则体系，是亚洲首个就个人资料保障制定法例的司法管辖区。[①] 早在1996年，我国香港特别行政区就开始实施《个人资料（私隐）条例》（以下简称《私隐条例》），紧跟全球标准建立了国际认可的保障资料原则，成立个人资料私隐专员公署（以下简称私隐专员公署）开展规管工作，二者共同构成了香港特别行政区规制数据安全和流动的主要规则和架构体系。《私隐条例》于2012年、2021年经历了两次修订。其中，2012年主要修订了使用个人资料直接促销、青少年个人资料使用等规范内容；2021年修订主要是遏制“起底”行为的罪行，赋予私隐专员刑事调查和检控的权力。[②] 此外，为配套《私隐条例》的实施，私隐专员公署还制定了个人信贷资料实务守则、身份证号码及其他身份代号实务守则等配套守则或指引。2014年12月，私隐专员公署专门出台了《保障个人资料：跨境资料转移指引》，以更好地规制香港特别行政区个人信息的跨境转移。

高度重视个人信息保护，是我国香港特别行政区数据监管框架体系的鲜明特点。为保障个人信息安全，《私隐条例》设定了六项个人资料保障原则。[③] 一是限制收集原则，强调收集个人资料的目的必须合法、必要和明确，不能过度收集。二是准确性原则，资料使用者必须采取充分措施确保个人资料准确无误，达到必要的使用目的后就不再保留。三是限制使用原则，资料使用的目的应当和资料收集的目的直接或间接相关，除非当事人明确同意，不能另作他用。四是安全性原则，资料使用者必须采取切实可行的措施，保障个人资料安全，确保其不被滥用或者泄露。五是公开透明原则，资料使用者应该公开有关个人资料保障的政策和惯例做法，包括其掌握个人资料的类别、用途、使用和处理方式等信息。六是查阅及更正原则，当事人有权要求查询、访问并修正其个人数据。这六项个人资料保障原则，涵盖了个人资料由收集、保存、使用到销毁的全过程，为我国香港特别行政区市民的个人信息保护构

---

① 参见陈美仪、黎智敏、袁烨：《香港个人资料私隐专员公署：社交媒体与个人资料私隐保障》，载《全球传媒学刊》2017年第2期。

② 参见香港个人资料私隐专员公署：《2012年条例修订》，载 https://www.pcpd.org.hk/sc_chi/data_privacy_law/amendments_2012/amendment_2012.html；《2021年个人资料（私隐）（修订）条例》，载 https://www.pcpd.org.hk/sc_chi/data_privacy_law/amendments_2021/amendment_2021.html。

③ 参见香港个人资料私隐专员公署：《个人资料（私隐）条例》附表1“保障资料原则”，载 https://www.pcpd.org.hk/sc_chi/data_privacy_law/ordinance_at_a_Glance/ordinance.html。

筑了高标准的规则体系。如果资料使用者违反了上述任意一项原则,私隐专员公署有权发布强制执行通知,指令其改正有关行为。例如,2018 年,香港国泰航空公司发现有客户资料外泄,约 86 万个护照号码及 24.5 万个香港身份证号码曾被不当取阅,403 张已逾期信用卡号码和 27 张无安全码的信用卡号码被不当取阅。香港国泰航空公司主动对外披露了这一情况,并表示目前没有证据显示泄露数据遭到不当使用。2019 年 6 月,香港私隐专员公署发布《资料外泄事故调查报告》,并根据《私隐条例》第 50(1)条所赋予的权力,向国泰航空公司送达执行通知,指示其纠正及防止再发生有关违反行为。①

实行相对宽松的例外条款,是我国香港特别行政区规制跨境数据流动的主要措施。从法律条文看,我国香港特别行政区规制跨境数据流动采取了"原则禁止 + 例外条款"的方式。《私隐条例》第 33 条规定"禁止除指明情况外将个人资料转移至香港以外的地方",并在第 33 条第(2)款明确了允许向我国香港境外转移个人资料的六种例外情形。第一种情形是经私隐公署评估后正式公告纳入白名单的司法管辖区,公署会定期评估其他司法管辖区的个人信息保护水平是否达到我国香港特别行政区的保护标准,来决定将其纳入允许向其转移个人资料的白名单。第二种情形是该地区虽没有被私隐公署纳入白名单,但资料使用者经过专业评估后认为该地区有类似香港《私隐条例》之法律正在生效,也可以向其跨境转移资料。第三种情形是资料当事人以书面同意跨境转移。第四种情形是跨境转移资料是为了避免对资料当事人的不利行动或减轻该等行动所造成的影响。第五种情形是符合《私隐条例》第八部分的豁免情况,如因新闻活动需要跨境转移个人资料且有理由相信这种行为是符合公众利益的。第六种情形是资料使用者恪尽职守,已采取所有合理的预防措施以及所有应作出的努力,确保个人资料转移不会违反规定,如双方通过签订有效合同明确转移资料的条件和义务。只要符合上述六种例外情形之一,就属于符合《私隐条例》第 33 条规定的"指明情况",可以将个人信息资料跨境转移至我国香港特别行政区以外的地区。

需要指出的是,我国香港特别行政区《私隐条例》第 33 条关于个人资料跨境转移的规制措施,至今尚未正式实施。私隐专员公署出台的《保障个人资料:跨境资料转移指引》,只是"协助资料使用者了解第 33 条生效之后,关于跨境资料转移应该遵

---

① 参见香港个人资料私隐专员公署:《保障个人资料:跨境转移资料指引》第 1 页。载 https://www.pcpd.org.hk/tc_chi/resources - centre/publications/files/GN_crossborder_C.PDF,2023 年 4 月 26 日访问。

守的义务”，为第33条实施做好准备。[①] 尽管《私隐条例》第33条尚未实施，但在我国香港特别行政区跨境移转个人资料仍要受到条例其他条文的约束。例如，根据保障资料的第三原则，移转个人资料的目的须与原来收集有关资料时的目的相同或直接有关，或得到资料当事人的同意，才可将资料移转至香港特别行政区以外的地方。再如，根据《私隐条例》第65条第(2)款，若资料使用者把个人资料移转至外地获其授权的人士从事任何活动，将被视为资料使用者作出的行为，需要承担相应的法律责任。

总之，我国香港特别行政区作为独立的司法管辖区，较早通过自身立法建立了数据保护规则体系，其法律规制旨在实现高标准的个人信息保护。《私隐条例》第33条规定虽然原则上禁止将个人信息转移至香港特别行政区以外的地区，但也设置了相对宽松的允许跨境转移个人信息的例外条款。而且第33条对跨境数据流动的规制之所以至今尚未生效实施，主要原因就在于我国香港特别行政区政府担心“第33条会对不同界别的跨境资料移转活动施以比现时严厉的规管，需要多方面的准备”。[②] 这也从侧面印证了我国香港特别行政区政府对于跨境数据流动规制的复杂心态，既要保护香港市民的个人隐私安全，又不愿对我国香港特别行政区高度发达的信息数据跨境流动进行严厉的限制，以免影响香港特别行政区经济的活力和自由港的宽松营商环境。总之，香港特别行政区的数据保护规制主要体现在个人信息保护层面，对于跨境数据流动几乎没有实质性的限制措施。[③]

四、我国内地与香港特别行政区跨境数据流动的法律障碍

由于特定的历史原因，我国内地和香港特别行政区作为“一国两制”下两个独立的司法管辖区，形成了不同的法治体系。无论是内地的《数据安全法》《个人信息保护法》，还是香港特别行政区的《私隐条例》，都是各自司法管辖区内部针对数据安全的保护性立法，有着不同的立法理念、规制目的和安全利益考量，客观上对内地与香港特别行政区数据跨境流动造成了一定障碍，主要体现在以下几个方面：

一是内地和香港特别行政区数据保护的立法理念存在明显差异。从各国对数据保护的法律规制实践来看，主要有三个方面的目的，分别是“良好的数据保护”、

---

① 参见香港个人资料私隐专员公署：《保障个人资料：跨境转移资料指引》，载原创力文档知识共享平台，https://max.book118.com/html/2019/1018/6155035044002114.shtm。

② 参见香港立法会2015年4月29日第十九议题《梁继昌议员关于〈个人资料（私隐）条例〉第33条实施的提问和政制及内地事务局局长谭志源的书面答复》，载https://www.legco.gov.hk/yr14-15/chinese/counmtg/floor/cm20150429-confirm-ec.pdf#nameddest=wrq19。

③ 香港《私隐条例》没有域外法律效力，只适用于我国香港特别行政区。参见陈美仪、黎智敏、袁烨：《香港个人资料私隐专员公署：社交媒体与个人资料隐私保障》，载《全球传媒学刊》2017年第2期。

"跨境数据自由流动"和各国政府的"数据保护自主权",分别代表了个人、市场主体和政府三方对数据保护的利益诉求。其中,"良好的数据保护"主要是个人隐私保护诉求,"跨境数据自由流动"代表市场主体的数据收益权,政府的"数据保护自主权"主要体现为国家安全、公共利益和本土产业保护等方面的利益诉求。三者之间难以兼顾,天然存在数字经济对数据开放、流动、共享的本源需求和国家安全、公共利益、个人信息保护等法律价值的冲突。① 简言之,就是数据自由流动与限制数据流动的价值冲突。从这个视角出发,考量我国内地与香港特别行政区对跨境数据流动的法律规制,会发现二者在立法理念上的明显差异。内地立法采取了"非必要不出境"的原则和严格的安全评估程序,要求数据的计算和存储设施建设,以及数据的处理遵循本地化原则,实际上倾向于限制数据流动,以保障国家安全、公共利益和产业安全;香港特别行政区作为全球自由港对于数据出境,在满足其个人隐私保护标准的基础上,采取了相对宽松的例外条款,而且相关规制措施一直未生效实施,实际上倾向允许数据跨境自由流动。在具体数据安全关切方面,内地对于数据流动的安全监管,采取了国家安全、公共利益安全和个人隐私安全并重的理念,尤其重视对数据跨境流动背后国家安全利益的考量;香港特别行政区的数据安全规制主要强调个人隐私保护,缺乏对国家安全利益的考量。这种立法理念上的差异和冲突反映到实践中,造成的最大问题是内地数据跨境流入香港特别行政区后,得不到充分的国家安全、公共利益方面的保护性监管。这是当前制约内地数据跨境流入香港特别行政区的根本性因素。

二是内地数据跨境流动的法律规制有待完善。内地法律法规对跨境数据流动的规制重心在于国家安全、公共利益和个人信息保护等价值诉求,而非推动数据跨境自由流动。这会导致立法者在表述数据出境相关规定时,采取相对谨慎、苛刻的话语体系,限制范围尽可能全面甚至相互重叠,导致法律实施上不够清晰、不够细化,缺乏可操作性。例如,在数据分级分类保护机制方面,虽然大致明确了"核心数据""重要数据""一般数据"的分类,但没有明确具体的分类范围。"核心数据"以"关系国家安全、国民经济命脉、重要民生、重大公共利益"为分类标准,过于模糊笼统;"重要数据"需要各地区、各部门具体研究确定,很容易造成各地、各行业的重要数据保护标准不统一,相互重叠干扰;"一般数据"在相关法律法规中也没有明确的范围表述。对于不同级别的数据跨境流动时,如何适用严格程度不同的安全保护措

① 参见张舵:《跨境数据流动的法律规制问题研究》,对外经济贸易大学2018年博士学位论文,第39页。

施,也没有明确清晰的规范。在适用出境安全评估程序方面,《数据出境安全评估办法》第 4 条对应当实施安全评估程序的情形作了规定,涉及关键基础设施运营数据、重要数据以及一定数量的个人信息数据出境均要进行安全评估,容易造成安全评估程序的泛化。出境安全评估的重点是评估数据出境活动可能对国家安全、公共利益、个人或组织合法权益带来的风险,但如何保证数据处理者在自评估材料中能够充分揭示风险,以及主管部门如何评估风险危害性以及拟将采取防范措施的完备性,尚缺乏明确、客观、具体的标准。相关企业或机构无法根据清晰规范的指引完善自身的数据出境合规体系。

三是内地与香港特别行政区缺乏规制数据跨境流动的专门协议安排。对于跨境数据流动的法律规制,不能仅仅考虑一独立法域内部对相关安全利益、个人权益的保护,更重要的是要通过区际层面的规制解决各自法域内的法律冲突、效力以及执行等问题,明确数据跨境流动的合理路径。但截至目前,两地之间尚未谈判、达成任何的规制跨境数据流动的专门协议。仅在两地签署的《〈CEPA〉服务贸易协议》修订协议中有所涉及①,其附件中的跨境服务开放措施(正面清单)在“金融服务”部分明确了允许香港银行在内地注册的法人银行将数据中心设在香港特别行政区的几种特定情形;在“商务服务”部分明确了“允许香港服务提供者在前海、横琴试点提供跨境数据库服务”。但这两条措施都有严格的适用条件和范围限制,相关试点也尚未落地实施,具体规制措施也未得到进一步明晰。例如,根据该修订协议跨境服务开放措施(正面清单),允许香港银行在内地注册的法人银行将数据中心设在香港特别行政区的条件之一是“设立的数据中心,须符合内地有关监管要求并经内地相关部门认可”,但内地相关数据监管部门尚未就落实这一开放举措出台针对内地数据流入香港特别行政区的特殊监管措施或监管豁免配套制度。

五、促进我国内地与香港特别行政区跨境数据流动的法律统合之路

随着数字经济的快速发展,任何一个国家或经济体都无法忽视数据开放、跨境流动、共享利用方面的巨大需求。推动内地与香港特别行政区之间的数据跨境自由流动,既有利于我国探索构建符合国情、更加开放包容的跨境数据流动规则体系,争夺全球数据安全治理的国际话语权,也有利于提升粤港澳大湾区市场一体化水平,助力香港特别行政区打造全球数据中心枢纽,更好地实现“一国两制”下香港特别行

① 参见《关于修订〈《内地与香港关于建立更紧密经贸关系的安排》服务贸易协议〉的协议》附件表2“跨境服务开放措施(正面清单)”,载 http://www.mofcom.gov.cn/article/b/g/202005/20200502967425.shtml。

政区的繁荣稳定。当然,推动这一进程离不开内地与香港特别行政区在政治、经济、社会和法律层面的全方位互信与合作,最根本的还是要从法律规制层面寻求解决阻碍两地数据跨境流动困境的务实举措。应坚持"一国之本",善用"两制之利",致力于建立有明确法律基础,有利于争端解决的长效合作机制,并在宪法和基本法的框架下,探索两地数据流动的法治统合路径,为内地与香港特别行政区数据流通提供法律基础。具体建议如下:

一是树立更加平衡的数据保护理念,合理设置规制跨境数据流动的例外条款。跨境数据流动规制需要在数据自由流动创造的价值和防止国家安全、公共利益、个人隐私等受到侵蚀的风险之间寻求平衡。一般情况下,拥有互联网产业和技术优势的国家倾向于主张最低程度地限制数据自由流动,以实现数据跨境流动的经济利益最大化,如美国。① 而欧盟则主张个人隐私权属于基本人权,跨境数据流动必须建立在对个人信息充分保护的基础之上,向欧盟之外的地区传输数据必须施加必要的限制。② 我国基于当下复杂的国际政治经济大环境,以国家安全、公共利益和产业安全为主要利益出发点,强化政府的数据保护自主权,亦是一种正确且明智的选择。但从全球数据流动的大趋势着眼,仍然需要保持相对开放、相对平衡的跨境数据流动规制思维和理念,即在充分考量国家安全、公共利益和个人隐私保护的基础上,更加重视促进数据跨境流动。具体到立法实践方面,可以考虑在坚持"原则禁止+例外条款"的基础上,对跨境数据流动设置更具弹性的例外条款。例如,可以建立达到"充分性保护"标准的白名单机制,由国家网信部门定期综合评估一个国家或地区在政治互信、隐私保护以及数据安全监管等方面是否符合特定的标准,将符合标准的国家或地区纳入白名单,允许企业向其跨境输出数据时适用相对便捷高效的简易程序,以更好地促进数据跨境流动。

二是加快完善数据跨境流动相关立法,提升法律规制的操作实施性。在现有《网络安全法》《数据安全法》《个人信息保护法》等法律的基础上,尽快出台、实施《网络数据安全管理条例(征求意见稿)》《数据出境安全评估办法》等配套法规,必要时可以就规制跨境数据流动进行专项立法,以解决实际执行中规定笼统、范围不明、标准不清等问题,着力提升相关法律规制的可操作性、可实施性。进一步完善数

① 参见张生:《美国跨境数据流动的国际法规制路径与中国的因应》,载《经贸法律评论》2019年第4期。

② Holly Kathleen Hall, *Restoring Dignity and Harmony to United States-European Union Data Protection Regulation*, Communication Law and Policy 23(2), p. 145(2018).

据分类分级保护机制，明确“核心数据”、“重要数据”和“一般数据”的概念定义、范围目录，以及相应的跨境数据流动规制措施，避免出现各地区、各行业部门分类标准不统一、规制措施相互冲突的混乱局面，造成企业适用法律规制和执法部门监管的困扰。进一步明确数据出境安全评估的适用情形、标准流程、评估要求和救济措施，尽可能采用相对清晰客观的标准要求，压缩安全评估部门的自由裁量空间，提高安全评估的实施效率，完善被评估对象的权利救济渠道，为各类市场主体规范推进数据跨境流动提供合规指引。

三是加强我国内地与香港特别行政区跨境个人信息保护合作，提高个人信息保护水平。加强个人信息保护已成为全球规制跨境数据流动的共识理念，也是破解我国内地与香港特别行政区数据跨境流动难题的关键举措。进一步加强对个人信息使用者的监管，尽快完善个人信息保护的具体规则，重点针对小型个人信息处理者、敏感个人信息处理者以及人脸识别、人工智能等新技术、新应用，制定专门的个人信息保护规则和标准，完善个人信息保护投诉、举报工作机制，加大对侵害个人信息行为的处罚力度。综合我国内地《个人信息保护法》和香港特别行政区《私隐条例》对个人信息的保护原则，构建双方认可、相互通用的跨境个人信息保障机制，明确个人信息跨境保护的监管责任，防止相关个人信息使用者跨境逃避监管。

四是适时推动我国内地与香港特别行政区数据跨境流动规则协调，达成更加宽松高效的双边框架协议。内地和香港特别行政区分属不同的司法管辖区，构建合理的跨境数据流动规则体系，仅仅依靠各自辖区内立法的相向而行是不够的，必须考虑通过专门的双边协议进行合理规制。具体路径上，可以考虑在 CEPA 框架下专门就跨境数据流动达成补充协议，或者以《深化粤港澳合作　推进大湾区建设框架协议》为基础达成一个促进粤港澳大湾区数据跨境流动的专门协议。相关框架协议旨在推动两地在跨境数据流动立法、执法与对外合作方面的政策协同，重点解决两地个人信息保护合作、维护国家安全、跨境司法和执法数据协助等核心议题，共同建立一套促进两地数据跨境流动的监管标准体系。

五是发挥好粤港澳大湾区的引领示范作用，率先探索两地数据自由流动。建设粤港澳大湾区是重要的国家战略，《粤港澳大湾区发展规划纲要》明确提出要“探索有利于人才、资本、信息、技术等创新要素跨境流动和区域融通的政策举措”。因此，可以优先考虑以粤港澳大湾区为试点区域，率先探索构建更加开放、更加便捷、更高标准的跨境数据流动规则体系，以点带面推动两地数据流动。在法治保障方面，全国人大可以考虑根据《深化粤港澳合作　推进大湾区建设框架协议》，结合粤港澳大湾区实际情况,采取示范法的形式制定促进粤港澳数据流动的专门软法规范,为缓解区际法律冲突提供指引。在体制机制创新方面,可以考虑通过定期评估将部分可信主体纳入白名单机制,试行相对宽松便捷的数据安全监管机制,探索设立“数据海关”,专门负责大湾区数据跨境流动审查、评估、监管、执法等工作,也可以借鉴欧盟《通用数据保护条例》约束性企业规则(Binding Corporate Rules, BCRs)和标准合同条款(Standard Contractual Clauses, SCCs)等措施①,引导两地企业通过自身合规体系建设管控数据跨境流动风险。此外,可以依托深港边界的河套深港科技创新合作区,打造具有离岸性质的数据流通平台,探索建设大湾区数据跨境交易试验区,以跨境数据交易促进大湾区跨境数据流动,并探索协调数据流动的监管合作体系。一方面,通过监管推动和培育市场业态,破除垄断等数据流通中存在的突出矛盾问题,防止头部企业利用数据、算法、技术手段等方式排除、限制竞争。另一方面,辅导和推动深港两地,甚至整个粤港澳大湾区企业数据的开放程度,推进大型平台之间的数据共享。

总之,应在夯实国家安全观、促进数字贸易发展的双重目标下,规制和统合粤港澳大湾区内的数据流动。法律规制体系的核心在于协调数据安全保障与数据有序流动之间的关系。应从数据安全和数字贸易协调共生视角,对粤港澳大湾区数据流动的制度协调展开审视和分析,力促符合我国数据安全管理和数字贸易发展双方面的诉求,以便塑造大湾区持续发展、更为规范、更为互联的数字贸易体系。尽量减少我国内地和香港特别行政区数据跨境流通的阻碍,做好我国内地与香港、澳门特别行政区法规政策的衔接协同,畅通大湾区数据流通体系,探索建立适用于粤港澳大湾区的数据安全流通标准和数据多样化的合规流动机制。

---

① 参见刘志雄:《跨境数据流动的全球态势及对我国的启示》,载《人民论坛》2021年第33期。

个人数据治理域外管辖权扩张、冲突与协调

薛清嘉*

全球数字经济迅猛发展，为应对个人数据跨境流动带来的管辖不能风险，国际社会成员倾向于扩大自身域外管辖权。规范层面，强调属人原则和效果原则；裁判层面，限制协议管辖、扩张案件与管辖权主张国“联系”的解释空间、拓展证据开示义务、针对相关国际协定进行司法审查；执行层面，要求境外机构指定境内代理人、加强境内执法部门境外执法权。个人数据治理的国际协调有待深入，协调应重视大国协商的引领作用，以共同利益为基础强调相互性，以统一的实体法和冲突法为理想结合现实情况循序推进，引导和细化礼让原则的适用。规范管辖层面，宜根据所涉事项的性质及利益实现分层限制，设置差异化连结点，突出真实联系与地域因素的优位性；裁判中，鼓励法院通过释明权与当事人共同确定适用法律，结合共通原则和实体正义要求确定权利义务内容；保持境外执法的谦抑性，通过非正式协议拓宽执行合作新路径。中国参与协调应以“一带一路”、RCEP、WTO等平台增强信任，倡导兼顾安全与发展的包容性制度理念；善用法治思维实施适当反制与阻断措施以应对不当管辖；优化域外管辖体系，形成立法、司法与执法的相互支撑与良性互动。

信息化与全球化的叠加效应推动数字经济大发展，个人数据作为基础性资源，重要性日益凸显。个人数据治理事关数据安全、个人信息与隐私保护、数字经济发展，各个国家和地区具有管辖动力。云计算等技术使得数据活动可以轻易突破国（边）界，使数据活动规制的不确定性增加，进而增强主权国家行使域外管辖的主观意愿。传统上以领土范围为界限的管辖与法律适用原则无法有效应对数字时代人员、数据快速跨境流动、网络空间地域概念淡化的问题。相较于因放弃对域外主体和行为的管辖权而产生本国保护的漏洞，各国更倾向于尽量扩大自身的管辖范围，

* 上海财经大学法学院2017级国际法学博士研究生。

以"主体"与"利益影响"为调控出发点,从更宽泛的意义上界定自身的法律适用范围,以实现保护本国数据隐私和数据安全的政策目标。但也引发了对个人数据的"长臂管辖"与数据处理者、数据控制者、数据主体所在国"属人管辖""属地管辖""保护性管辖"以及基于效果原则管辖的多元竞争格局。

一、域外管辖权及其行使的争议与实践

域外管辖是否具有国际法层面的合法依据存在争议。"荷花号案"(The Case of the S. S. Lotus France v. Turkey)中,常设国际法院没有禁止国家将本国法律和法院的管辖权延伸至领土外,国家只在某些情况下受禁止性规则的限制,①但该案的观点在实践中受到批评。2000 年国际法院在"逮捕令案"[Arrest Warrant of 11 April 2000 (Democratic Republic of the Congo v. Belgium)]中指出国家行使域外管辖权需要具有国际法上可接受的基础。国际法并不周延,无法为现实的国际交往提供全面细致的规则。完全否认域外管辖权将导致大量跨境活动处于法律真空状态,进而减损国际社会的整体利益或个别国家及其国民的利益,②因此域外管辖具有现实必要性,但其行使应受到限制。

"荷花号案"以来,国际实践逐渐发展出属地管辖、属人管辖、效果原则、保护管辖、普遍管辖等管辖权原则。属地管辖基于领土主权,因行为的实施与结果阶段具有分离的可能,由此发展出客观属地原则和主观属地原则。属人管辖基于国家对法律拟制的本国国民或居民的主权权利。根据行为与主体的关系差异,划分为积极属人原则和消极属人原则。效果原则与客观属地原则相关,但淡化了行为发生的客观地点、不要求行为的因素之一发生于管辖权主张的国境内,③且效果原则中的"影响"比客观属地原则中要求的实质"损害"在程度上更加轻微。④

实践中,国家主张管辖权并非严格按照前述理论分类,将不同种类的管辖权视为一个广泛原则的组成部分是当前的主要趋势,管辖权的行使取决于标的物与管辖主张国之间的真正联系。属地管辖与属人管辖是最主要的管辖基础,客观属地原则和积极属人原则与国家领土和主权权利有直接联系,是实践中争议最小的管辖权行

---

① See PCIJ, SS Lotus (France v. Turkey), PCIJ Reports, Series A, No 10, 1927, p. 18 - 19.

② 参见宋晓:《域外管辖的体系构造:立法管辖与司法管辖之界分》,载《法学研究》2021 年第 3 期。

③ See United Nations, Report of the International Law Commission, Fifty-eighth session (1 May - 9 June and 3 July - 11 August 2006), No. 10 (A/61/10), p. 522.

④ 参见杜涛:《论反垄断跨国民事诉讼中域外管辖权和域外适用问题的区分——以中美新近案例为视角》,载《国际经济法学刊》2019 年第 1 期。

使原则,受到普遍认可。[①] 原则上,属人管辖仅限于本国领土之内,然而随着跨国公司的发展与信息技术的广泛应用,法人国籍的认定具有不确定性。实践中将行为的任意构成要素或行为效果等要素纳入客观属地管辖的考量范围增加了本国法律在域外适用的可能。数据是数字经济时代重要的生产要素,全面融于经济、社会关系,导致国家在数据治理中强调本国法广泛的域外适用空间,国内数据规则具有强烈的"溢出效应"。

二、个人数据治理域外管辖权扩张的现实样态

联合国国际法委员会将域外管辖权定义为:在没有国际法规则的情况下,一国试图以立法、裁判、执行的方式对领土之外影响其国家利益的人、财产、行为行使主权权利或权威。[②] 从权能角度看,域外管辖权可分为规范管辖权、裁判管辖权与执行管辖权。规范管辖权是国家机关行使主权权利界定法律对本国利益保护范围的方式;裁判管辖权则是国家司法机关依据案件性质或涉及的法律关系决定自身管辖正当性的过程,包括对行为合法性进行评判的权利;执行管辖权是国家机关保障本国法律获得遵守的权利,包括制裁违法者的权利等。国际法上的规范管辖权、裁判管辖权、执行管辖权与国内法中的立法管辖权、司法管辖权、执行管辖权总体含义相似,但由于各国政治体制、法律传统的差异,存在细微差别,鉴于本文重点讨论域外管辖权的扩张表现和未来协调路径,为便于厘清思路从整体上把控制度框架,暂且不对此作细致区分。

总体来说,三类管辖权所涉事项不同,但具有紧密的相互依存关系:符合国际法合法性的规范管辖权是行使裁判或执行管辖权的前提,裁判管辖权和执行管辖权的可行使性亦影响规范管辖权的认可度和可接受性。执行管辖权与裁判管辖权因均涉及司法程序而具有交叉关系。执行管辖权由执法官员或法院具体实施,包括通过使用武力遵守法律和履行强制性政府职能,[③]因此需要以规范管辖权或裁判管辖权为前提。三类管辖权的表现不同,对规则实践和发展的影响却具有相似性。聚焦世界主要国家和地区的个人数据规则,其在规范、裁判与执行层面均存在域内效力排他性和域外效力扩张性并存的现象。

(一)规范管辖的多维扩张

规范管辖权作为域外管辖权的基础性支撑,具有广泛的涵摄范围。个人数据治

---

① 参见宋晓:《域外管辖的体系构造:立法管辖与司法管辖之界分》,载《法学研究》2021 年第 3 期。

② See United Nations, Report of the International Law Commission, Fifty-eighth session (1 May - 9 June and 3 July - 11 August 2006), No. 10 (A/61/10), p. 516 - 517.

③ See Restatement (Fourth) of Foreign Relations Law § 432.

理的规范管辖权在实践中突出表现为三个方面:以属人原则和效果原则为核心赋予法律域外适用的效力;设置排他性法院选择条款以限制境外法院裁判管辖的可能;通过授权境内执法机构境外执法和要求境外机构指定境内代理人的方式明确执行管辖的依据。

1. 通过属人原则和效果原则拓宽规范管辖权的涵盖范围

全球范围内多数国家或地区个人数据规则的域外适用条款都不同程度地体现了属地原则、属人原则和效果原则。理论上属地管辖与属人管辖符合经济原则和司法主权的正当性,但因互联网的国(边)界模糊性和全球交互性,数据极易在网络空间飞速跨境流动,削弱了基于地域边界传统管辖规则的可行性。大型跨国科技公司在全球范围内的业务活动和人员的跨境流动使得属人原则的解释空间进一步扩张。地域和国籍与数据处理活动、数据主体、数据控制者或处理者的联系存在不确定性和偶发性,导致属地原则、属人原则和效果原则在实际适用过程中存在较大的弹性空间,进而动摇域外管辖的正当性基础。

欧盟个人数据规则具有较大的影响力,产生了数据保护的"布鲁塞尔"效应。以欧盟《通用数据保护条例》(General Data Protection Regulation,GDPR)第 3 条为代表的地域适用规则在属地原则和属人原则的基础上融入效果元素进而增加域外适用的可能。第 3 条第 1 款授权管辖与欧盟境内作为数据控制者或处理者的营业机构相关个人数据的处理活动。一方面,通过"与欧盟境内营业机构的活动相关"嵌入效果原则,将与境内机构存在"无法分割的联系"的境外机构的行为纳入管辖范围,拓展对境外机构管辖的可能。① 另一方面,放松对境内营业机构的法律形式要求,将营业机构转化解释为"稳定的安排"(stable arrangements),主张存在雇员或代理人即构成"稳定的安排",②同时淡化传统的设立地、实际控制中心所在地等法人国籍认定标准。

GDPR 第 3 条第 2 款授权管辖境外数据控制者或处理者针对欧盟境内数据主体的相关数据处理活动。一方面,对数据主体的认定突破传统属人原则中的国籍和住所地限制,适用主体扩张至所有在欧盟境内使用数字产品或服务或因其他原因可被识别的个人,且对其法律地位不作要求。另一方面,在认定数据处理活动的过程中融

① See Guidelines 3/2018 on the Territorial Scope of the GDPR (Article 3), Version 2.1, 12 November 2019, p. 8.

② See Recital 22 of the GDPR.

入效果原则,尤其针对监控类数据处理行为,不要求行为具有锁定目标的意图。①

美国法通过属人管辖原则扩张法律域外效力的特点亦十分鲜明。其2018年颁布的《澄清海外数据的合法使用法》(CLOUD Act)授权美国执法机关可以及时获取存储于境外但受美国管辖的通信服务提供者所监管、控制或拥有的数据,体现了强烈的积极属人色彩。立法本身并不违背国际法,但鉴于美国大型互联网跨国公司在全球的影响,这种"数据控制者标准"在客观上产生了刺破主权屏障的效果。②

2. 限制境外法院裁判管辖的可能

裁判是法律实施的重要环节,规范基础为法院提供管辖的依据和指引。通过设置排他性法院选择条款限制境外法院管辖的举措并不罕见。例如,GDPR第79条要求针对数据控制者或处理者的诉讼,应在数据控制者或处理者设立营业机构的欧盟成员国境内或数据主体惯常居所地所属欧盟成员国境内提起,限制了当事人协议选择管辖法院的权利。标准合同条款作为欧盟用于跨境数据传输的示范性文本虽然并非强制性文本,却具有引导实践操作的功能。新版标准合同条款第18条限定控制者—控制者、控制者—处理者、处理者—处理者三类跨境传输情况下的管辖法院均须为欧盟成员国境内法院。③

3. 明确执行管辖的规范依据

规范管辖是执行管辖的前提,各国行政、司法机关基于法律授权实施境外执法、要求境外机构指定境内代理人以保障执法有效性的作法并不鲜见。一方面,通过立法直接授权本国执法机构的境外调查权是保障法律域外效力的重要手段。例如,澳大利亚《隐私法》赋予信息专员在海外采取行动调查投诉的权力。④ 另一方面,要求境外机构指定境内代理人是执法机关保障对境外主体执法有效性的有力方式。欧盟GDPR和新修订的《电子隐私条例(草案)》(Regulation on Privacy and Electronic Communications)要求被管辖的数据控制者或处理者、电子通信服务商在欧盟境内

---

① See Guidelines 3/2018 on the territorial scope of the GDPR (Article 3), Version 2.1, 12 November 2019, p.15, 21.

② 参见叶开儒:《数据跨境流动规制中的"长臂管辖"——对欧盟GDPR的原旨主义考察》,载《法学评论》2020年第1期。

③ See Annex to the Commission Implementing Decision on Standard Contractual Clauses for the Transfer of Personal Data to Third Countries Pursuant to Regulation (EU) 2016/679 of the European Parliament and of the Council, Clause 18.

④ See Privacy Act 1988, Registered: 10 March 2021, 5A, 5B.

书面授权指定代表。① 韩国《个人信息保护法》亦规定达到总统令(Presidential Decree)要求的一定用户数量和收入标准的在韩国没有地址或办公室的信息和通信服务提供者必须指定一位在韩国代表其行事的代理。②

(二)裁判管辖的弹性扩张

司法主权是国家主权的重要内容,裁判权与司法主权直接相关。涉及个人数据案件的裁判管辖在实践中的扩张主要表现为:结合个案情况弹性分析案件与管辖国的联系、拓宽证据开示规则的适用范围、对跨境数据流动的相关国际协定进行司法审查。

1. 结合个案弹性分析案件与管辖国的联系

个人数据案件的裁判管辖规则受互联网案件管辖规则的影响。2000 年全球互联网管辖权第一案"雅虎法国案"(LICRA & UEJF v. Yahoo! Inc. & Yahoo France)③中,巴黎高等法院指出只要有充分联系即可管辖。"充分联系"的弹性空间为数据案件中管辖权基础的扩张解释提供了可能。

2014 年欧盟法院在"谷歌西班牙案"[Google Spain SL and Google Inc. v. Agencia Espa ola de Protección de Datos (AEPD) and Mario Costeja González]④中将"充分联系"解释为"无法摆脱的联系",从字面上限定"联系"的程度,但指出实践中应结合个案具体分析。"谷歌西班牙案"中搜索引擎服务由谷歌美国公司完成,谷歌西班牙公司虽并未直接承担个人数据的处理工作,但其所提供的商业广告与搜索结果出现在同一界面,广告位销售业务是搜索引擎服务获取商业广告的重要途径,因此欧盟法院认定谷歌西班牙公司的活动与谷歌美国公司的活动具有"无法摆脱的联系",美国公司处理个人数据的行为在西班牙公司的活动范围内,其个人数据处理行为应受欧盟数据规则约束。欧盟法院认为"无法摆脱的联系"不局限于商业广告与免费引擎服务的业务模式。⑤ 欧盟法院的实践对世界其他地区法院的裁判也产生了影响,如加拿大伊凯斯塔克策划公司诉杰克案(Equustek Solutions, Inc. v. Jack)中

---

① See Article 27.3 of GDPR, Recital 80 of GDPR, Article 3.2 of Regulation on Privacy and Electronic Communications [2017/0003 (COD)].

② 参见韩国《个人信息保护法》第 11 ~ 39 条。

③ See LICRA & UEJF v. Yahoo! Inc. & Yahoo! France, No. 00/05308, Tribunal de grande instance [T. G. I.][Superior Court], Paris, May 22,2000.

④ See Google Spain SL and Google Inc. v. Agencia Espa ola de Protección de Datos (AEPD) and Mario Costeja González, Case C – 131/12(2014).

⑤ 参见何叶华:《论数据保护法的域外效力》,载《北京理工大学学报(社会科学版)》2021 年第 5 期。

不列颠哥伦比亚省最高法院就曾提及谷歌西班牙案,认为搜索引擎的免费服务与广告具有紧密联系。[①]

2. 拓宽证据开示规则的适用范围

证据开示是裁判活动中事实认定的重要环节,随着数字化的深入,与个人数据相关的电子证据日趋常见。美国执法和司法机构在个案裁判过程中运用证据开示规则强制涉案当事人或第三人提供案件相关信息,即使此类信息存储于美国境外且与美国缺乏充分联系,或提供信息将违反信息所在地国内法。美国联邦最高法院在裁判中表示《海牙取证公约》并未剥夺美国法院要求案件中的外国当事方提供位于其他公约成员国境内证据的权利,外国法与美国法在证据收集方面冲突时,当事人的证据开示义务并不当然被豁免。[②] 此后美国法院沿用利益平衡标准处理外国立法中的证据交换限制问题,使得外国强行法中的证据交换限制形同虚设。[③] 近年来美国法院发展出依据外国金融机构在美国的代理账户、清算账户要求外国金融机构履行提供客户资料证据开示义务的新路径。古驰诉李伟兴(音)案(Gucci America, Inc. v. Weixing Li)等案中,中国银行以国内强行法限制为由拒绝执行美国法院的证据开示义务,但被判藐视法庭并罚款。[④]

3. 司法审查影响数据跨境流动国际协议的效力

司法审查有助于发挥司法能动性以回应社会演变的新趋势、满足推进法治与公共政策的需要。法院对数据跨境流动国际协议司法审查的影响力在 Schrems Ⅰ案和 Schrems Ⅱ案中表现尤为突出。由于"棱镜门"事件及施雷姆斯诉数据保护专员案(Maximilliam Schrems v. Data Protection Commissioner),2015 年 10 月,欧盟法院宣告《安全港协议》(U. S. -EU Safe Harbor Framework)无效。随后欧美达成《隐私盾协议》(EU-U. S. Privacy Shield Framework)以便在两个经济区之间自由传输个人数据。然而欧盟法院在数据保护专员诉脸书爱尔兰公司和玛克西米利安·施雷姆斯案(Data Protection Commissioner v. Facebook Ireland Limited and Maximillian Schrems)中指出美国对个人数据的干涉缺乏必要限制,尤其是美国的监视程序不能满足欧盟法严格必要和成比例的要求,隐私盾监察员机制存在缺陷,受到非法电子

---

① See Equustek Solutions, Inc. v. Jack (2014) BCSC 1063 , p. 63.

② Societe Nationale Industrielle Aerospatiale v. U. S. Dist. Ct. for S. Dist. of Iowa, 482 U. S. 522, 107 S. Ct. 2542, 96 L. Ed. 2d 461 (1987).

③ 参见李秀娜:《制衡与对抗:美国法律域外适用的中国应对》,载《国际法研究》2020 年第 5 期。

④ Gucci America, Inc. v. Weixing Li. . Cite as 768 F. 3d 122 (2nd Cir. 2014).

监视的欧盟数据主体缺乏诉讼救济权利。因此《隐私盾协议》被宣告失效。[①] 欧盟委员会通过颁布决定的方式实施《安全港协议》和《隐私盾协议》,而欧盟法院通过裁判欧盟委员会决定无效的方式,影响美欧数据跨境流动国际协定的效力,表明美欧达成数据跨境流动共识的政治压力与欧盟法院对数据保护高标准的坚持之间存在矛盾。

(三)执行管辖的扩张

落实个人数据规则的域外效力需要执行保障机制,当前的实践主要表现为:基于属人原则扩张执法活动中的电子数据获取权;通过示范性合同文本引导境外数据活动参与主体自愿接受管辖。

1. 基于最低限度联系原则和属人原则扩张境外数据获取权

个人电子数据作为司法、执法案件中的证据,常见于境外执法。为应对云计算等信息技术带来的电子证据跨境获取问题,美国一方面以最低限度联系原则为基础拓展执法和司法过程中证据开示义务的域外适用范围,另一方面以国内立法的方式明确从控制或占有数据的网络服务提供者处获取电子数据的合法性。《塔林手册2.0》反对对拥有本国国籍的个人或私人实体存储于境外的数据进行管辖,但主张基于属人原则对本国的个人或私人实体行使执行管辖权。[②] 将数据管辖权与对数据主体、数据控制者或处理者的管辖权分离的做法,一定程度上明晰了境内外执行管辖权的分配,但增加了管辖冲突的可能。一方面,对境内私人实体的域内管辖可能影响境外分支机构从而产生实质域外管辖的效果。另一方面,境内外不同法域的要求可能使私人实体处于"遵守此法即违反彼法"的窘境。此外,各国基于不同连结点界定网络服务提供者的本国属性,以及针对同一取证对象,一国要求协助提供证据的规定可能与他国的规则相冲突。

2. 示范性合同文本引导自愿管辖

欧盟将数据保护机关的审计调查权纳入标准合同条款变相增加了欧盟执法机

---

① See Judgment of the Court (Grand Chamber) of 16 July 2020; Data Protection Commissioner v. Facebook Ireland Limited and Maximillian Schrems. Case C – 311/18. p. 61 – 64, 164, 168 – 185, 180 – 181, 191 – 192, 193 – 197.

② 参见[美]迈克尔·施密特总主编:《网络行动国际法塔林手册 2.0 版》,黄志雄等译,社会科学文献出版社 2017 年版,第 108 页。

关域外管辖的可能。[①] 西班牙数据保护局曾依据数据进口商签署的欧盟标准合同条款对位于哥伦比亚的第三方数据处理者进行审计，以审查其是否符合西班牙关于数据传输的法律要求。[②] 该标准合同条款赋予西班牙审计和发展局域外审计权，但没有提及事先获得哥伦比亚政府的同意。实践中的此种做法具有以数据处理者或控制者同意替代国家同意之嫌。

(四)跨境数据流动中的管辖权重叠与冲突

全球化时代，人员、资本和企业活动跨越国境已成常态，数据活动业务模式多样、牵涉主体多元，数据规则域外效力范围扩张导致活动主体面临规范冲突的可能性增加。在不存在国际条约、协定或双边互惠约定的条件下，跨境数据流动中数据传输实体面临输出和输入地主管机关的双重监管压力，地区间的法律差异可能引发守法冲突。国际层面缺乏防止管辖权越权的“安全阀”机制，国家间价值观、国家利益等差异都将加剧冲突。如 CLOUD Act 生效后，苹果公司包括苹果分销国际有限公司(Apple Distribution International Limited)或 Apple Inc 若被认定为中国地区 iCloud 中个人数据的持有、保管或控制者，在中美不存在有关协定或平等互惠承诺的前提下，CLOUD Act 赋权美国司法或执法机关直接获取存储于中国本地的用户数据显然有违中国《个人信息保护法》《数据安全法》《网络安全法》中个人数据出境报主管机关批准的要求。2021 年滴滴在美国上市面临的中美两国双重数据监管进一步凸显了国家间个人数据管辖重叠问题。滴滴在中国境内的运营实体为北京小桔科技有限公司，其运营涉及大量中国用户的个人数据，数据跨境传输须遵守中国法律法规。而滴滴的上市主体 DiDi Global Inc. 作为美股发行人受到美国法管辖，根据美国《通用会计准则》(Generally Accepted Accounting Principles)，北京小桔与 DiDi Global 属于协议控制关系，北京小桔有义务配合美国司法或执法机构披露财务情况，而其是否因此在美国法下有义务配合获取存储于中国的个人数据则存在不确定性。

三、个人数据治理域外管辖权的协调方略

主权国家行使域外管辖的直接后果是使国内立法、行政和司法机关的权力外溢。过度的域外管辖和明显违反国际法规则的国内法域外的适用措施是强权政治

---

① See European Commission, Annex to the Commission Implementing Decision on standard contractual clauses for the transfer of personal data to third countries pursuant to Regulation (EU) 2016/679 of the European Parliament and of the Council, Standard Contractual Clauses, Clause 13 (b), Brussels, 4.6.2021.

② See Christopher Kuner, *Extraterritoriality and Regulation of International Data Transfers in EU Data Protection Law*, International Data Privacy Law 5, p. 240(2015).

在国家对外关系中的反映,[①]容易催化数据管理的单边主义倾向,使法律适用陷入合法性困境,进而增加跨境经贸活动的合规成本,不利于创造公平的市场竞争环境。[②]当前个人数据的国际和区域监管框架存在覆盖范围不全面、内容原则化的问题,且鲜少提及管辖权分配。全球治理是调和相互冲突或不同的利益,并且采取联合行动的持续互动过程。协调个人数据规则的域外效力冲突,虽然存在众多概念和政治上的困难,但可以国际私法和基本权利法的交叉部分为立足点进行探索。

(一)强调共同利益、相互关系与大国协商

在不存在共同利益的场景下,各国为自身利益最大化,而作出损己利人的决策,获益国不会因受损国的惩罚而遭受损失,因此并无国际合作的动力。在存在共同利益的场景下,国家间的博弈存在无限次,即使一次博弈中一国获益另一国受损,下次博弈中,前次博弈中的获益国会因受损国的惩罚而遭受损失。因此在存在共同利益的场景下,完全可能实现国际合作。全球数字贸易有序稳健发展是各国的共同追求,是国际协调与合作的前提。协调须符合共同的客观需求,从具有较强紧迫性和较大共识的部分入手,设定事项管辖权的范畴、协调证据披露规则是当前个人数据治理中需求较大、紧迫性较强的内容。

协调的过程中国家间相互作用的内容具体、多元且与时俱进,忽视相互关系的利益主张难以被他国接受,难以达成国际合作。因此,协调应以相互关系为主导,坚持互利原则,避免单边主义与霸权主义,过程中尤其需要加强规则信息的公开透明度与交流。大国间的和谐关系有助于维持世界秩序,大国间的协调虽然不很彻底并且步履蹒跚,但确实具有建设性。[③] 部分大国具有技术优势和市场优势,同时积极制定规则以期形成先发优势和协调主导地位。建立大国协调机制,以协商替代对抗具有现实可行性。

(二)以统一实体法和冲突法为理想,结合现实循序推进

数据流动具有天然的跨国性,由于不同国家的国家利益之间、国家利益与国际社会整体利益之间存在矛盾,[④]避免公地悲剧和集体行动困境的关键是建立强制性的法律和加强中央集权机构的干预。

---

① 参见廖诗评:《中国法域外适用法律体系:现状、问题与完善》,载《中国法学》2019 年第 6 期。

② 参见肖永平:《"长臂管辖权"的法理分析与对策研究》,载《中国法学》2019 年第 6 期。

③ 参见[英]赫德利·布尔:《无政府社会:世界政治中的秩序研究》(第 4 版),张小明译,上海人民出版社 2015 年版,第 252 页。

④ 参见古祖雪:《国际法:作为法律的存在和发展》,厦门大学出版社 2018 年版,第 42 页。

统一的实体规范具有维持秩序、树立预期并导向该预期的功能，尽管个人数据治理涉及的主体、利益、权利义务内容纷繁复杂，调和难度较大且需支付高昂的谈判成本，但从长期角度看，可以分阶段、分环节、分层次地逐步实现规则的一致性趋向。就数据控制者、数据处理者、营业机构、数据处理活动等术语的内涵外延，各主体的权利义务与责任，处理与流动的基本原则，监管机构的权力与职能等事项达成共识。在此过程中不仅要关注正式的法律规范，也应注重参考吸收市场中多方利益主体制定和实施的标准、良好实践指南等非正式规范。

由于存在以国内法在国际范围内配置立法管辖权的企图，以国内冲突法为主划分和确定法律适用范围，难免遭遇现实阻碍。最直接的解决方法是从国家视角转向国际视角，制定国际统一冲突规则，将国际范围内的“权利分配”交给国际社会。① 尽管由于主权对抗、利益冲突等束缚，统一冲突法的理想在短期内难以实现，但现阶段可以实施国际礼让、反域外效力推定等原则限制域外管辖的范围，积极达成双边或多边协定，从区域和领域层面逐步推进冲突法协调。

（三）引导和细化礼让原则的适用

国际法院在巴塞罗那电力公司案（Barcelona Traction Co. Case）的裁决中指出，每个国家都有义务在行使涉外案件的管辖权过程中进行节制和限制，避免侵犯别国更适当的管辖权。② 节制自身管辖权的关键在于运用礼让原则。礼让并非绝对的义务或单纯的善意，而是在考虑国际责任、互利和权利保护正当性的背景下，在本国领土内对外国的立法、行政或司法行为给予认可。通过冲突规范、反域外效力推定原则、不方便法院原则等限制本国法的域外适用范围。

在个人数据管辖冲突案件的具体分析中，可以借鉴多要素礼让分析方法，从当事人私人利益和国家公共利益两个维度列举评估要素，权衡本国及他国在行使管辖权方面的利益。具体评估因素包括但不限于当事人国籍或位置、当事人被认定为非法的可能性、法律救济的现状与可能性、裁判执行的有效性、管辖利益对国家的相对重要性、管辖对象对主张管辖国家的影响、行使管辖权对对外关系的影响、是否存在解决管辖权冲突的国际条约、不同国家法律或政策的冲突程度、外国管辖的可接受

---

① 参见王国语：《论国际私法的经济功能》，载《北京理工大学学报（社会科学版）》2009 年第 5 期。

② See Barcelona Traction, Light and Power Co Ltd (Belgium v. Spain), (1970) ICJ, Separate Opinion of Judge Sir Gerald Fitzmaurice, p. 106.

性、主张管辖国的法律获得遵守与执行的水平等。①

四、个人数据治理域外管辖权协调的实现路径

(一)分层设定域外管辖的实施条件

在主权并行的世界中,多元化是当前国际法律体系的基本价值。个人数据处理活动涉及的事项具有复杂性,对特定数据的处理行为行使管辖权可基于多种理由,管辖权主张平行共存具有客观性。采用“全有或全无”的域外管辖权行使方式或“一刀切”的管辖权限制行使原则,难免武断且徒劳。数据牵涉领域广泛、主体众多,依据数据活动和规则具体内容的类型对标不同域外管辖权合理性、合法性的检验标准,具有合理性和可行性。

根据数据活动所涉事项的性质及利益,可从三方面对规则的域外效力进行分层限制。首先,未经授权披露或以其他方式使用个人数据的行为严重侵害数据主体的基本权益,对此类行为的管辖可以国籍、住所等与数据主体具有紧密联系的连结点为中心,释放广泛的域外管辖空间。其次,个人行使查阅、复制、更正、删除等数据权利的过程中遭遇阻碍或损害,为实现公平竞争和实质正义,此类事项的域外管辖须基于管辖对象与管辖国家“最低限度的联系”。再次,数据控制者或处理者履行管理义务或职责的行为需要符合特定活动区域的规则,具有强烈的地域色彩,适宜设定以数据控制者、处理者行为实施地或结果发生地等连结点为核心的管辖制度,域外管辖的行使应当基于管辖对象和主张管辖国家间实质、持续和系统的联系,且管辖权主张须具有合理性。②

(二)分类确定适当的连结点

冲突规范是解决法律冲突的有效方法,体现国家权力在国际社会共同体中的分配,连结点是其中关键。数据保护规则具有公法和私法的双重属性,加之网络的跨地域性,导致容易出现多个连结点黏连难以区分管辖权归属的现象。对此,一方面,可以通过分割法律关系,针对数据活动的不同部分或环节设置差异化连结点。另一方面,以真实联系为基础,根据数据活动与法院之间的联系程度考量管辖的必要性、合理性和可执行性,避免出现侵犯他国主权的过度的域外管辖。

---

① See In Re Vitamin C. Antitrust Litigation, Animal Science Products, Inc. & The Ranis Company, Inc. v. Hebei Welcome Pharmaceutical Co. Ltd., North China Pharmaceutical Group Corporation, 837 F. 3d 175, 184 - 185, 193 (2nd Cir. 2016).

② See Dan Jerker B. Svantesson, *A "layered approach" to the extraterritoriality of data privacy laws*, International Data Privacy Law 3(4), p. 278 - 281(2013).

数据活动中涉及域外管辖的争议主要有获取境外数据的行为、规制境外数据控制者或处理者的行为。前者不仅涉及数据主体的权利保护,更触及存储地国家的数据主权和司法主权;后者场景下,数据活动中的控制者或处理者为参与市场而与其他行为者共同遵守相关法律规范符合平等原则。因此,宜优先遵循属地原则,强调领土连结点。当然,对于数据活动进入领土范围纯属偶然的情形,需避免将属地性作为评估管辖权的唯一标准,综合考量法律关系的性质、数据主体和数据活动行为主体的利益,补充其他具有充分性和适当性的关联因素,如数据主体的国籍或经常居住地、数据处理活动行为主体的设立地、公司所在地或控制中心所在地等。

(三)限制适用管辖权行使原则

管辖权行使原则由国际实践发展而来,具有一定的合理性与接受度。客观上网络空间的不确定性、随机性,主观上国家对本国数据要素的重视与保护,均要求对管辖权原则的适用进行适当限制。主观属地原则和客观属地原则的区分本身已扩张解释了属地的范围。前者适用于境内开始实施的任何数据活动,然而应排除其中行为开始实施地与个人数据处理活动并无实质联系(只是偶然性联系)的情况。后者适用于在境外发生但在境内完成的数据活动,或者一个构成要素在境内发生的数据处理活动,[①]然而目标数据活动应仅限于针对该国境内的人或物的数据活动,以及本意在该国境内实现的数据活动。“效果”本身存在的弹性空间可能导致基于效果原则主张管辖挤占其他管辖权原则的行使空间。国际法对效果原则的限制条件并不十分明确,但普遍认可需要考虑的因素包括合理性与礼让,具体包括:数据活动的“效果”具有实质性,且在呈现方式上具有直接性或可预见性;管辖权主张国具有明确和国际认可的利益;管辖行为不侵犯其他国家或外国国民的正当利益。

(四)借鉴法律共享理论纾解裁判管辖困境

借鉴法律共享理论有助于缓解个人数据案件中多国同时主张管辖权的情形,鼓励裁判者在参与当事人协商程序的过程中行使释明权,与当事人共同确定适用的法律。在法律选择的过程中对与数据纠纷相关的各国法律均予以考虑,而非仅从多个相互冲突的法律中选择唯一的准据法。确定当事人的权利义务内容,应从实体公正的角度出发,探寻相冲突的各国法律中共通的原则和价值,按比例考量相关国家的

---

① See United Nations, Report of the International Law Commission, Fifty-eighth session (1 May - 9 June and 3 July - 11 August 2006), No. 10 (A/61/10), p. 521.

法律规定,充分注意各国和各当事方的利益平衡。①

(五)保持境外执法的谦抑性,拓展执法合作新方式

相较于规范管辖权和裁判管辖权,执行管辖权的属地性尤为突出,且特别依赖国家间的合作。数据保护机构间的合作可以增强信任、减少管辖冲突的范围与影响、缩小法律适用与执行的差距,但合作并不能彻底弥合不同国家、地区间的法律传统和文化差异。现有的国际执法合作框架有待完善,一方面有必要推动合作方式与途径的细化与创新,另一方面应保持境外执法的谦抑性,克制过度的境外执行。短期内可通过非正式手段,如非正式执行协议等,有针对性地在个案基础上减少单边域外执行,增加信息共享途径。

五、个人数据保护域外管辖的中国因应

我国个人数据规则的地域适用框架已初步建立。《中华人民共和国数据安全法》(以下简称《数据安全法》)第2条确定管辖权行使以属地原则为基础、以保护原则和效果原则为补充:一方面,克制管辖边界,强调数据处理活动的"开展地"须位于境内;另一方面,为维护国家安全和公共利益、公民和组织的合法权益,主张对造成境内损害结果的境外行为具有管辖权。《中华人民共和国个人信息保护法》(以下简称《个人信息保护法》)第3条明确属地原则和消极属人管辖原则,将管辖范围限于境内发生的个人信息处理行为或针对境内主体的行为。总体来看,现有域外管辖规则具有国际合法性,然而从规范对象看,存在"概括式"立法之嫌,不同类型数据案件中的法律适用标准有待厘清。

针对外国个人数据规则的域外效力,中国初步构建了预防和应对体系。一方面,通过《中华人民共和国网络安全法》《数据安全法》《个人信息保护法》提供本地化存储、出境安全评估以及司法协助分段式审查等多元自我保护模式。另一方面,颁布《阻断外国法律与措施不当域外适用办法》,采用综合方式评估外国法律与措施"域外适用"的"不当"性,并授权国务院商务主管部门有针对性地采取对抗措施。综合来看,当前应对策略侧重于境内防御,积极主动应对域外不当管辖的阻断与反制程序、措施有待细化。

可以发现,目前中国个人数据治理的域外管辖制度尚不健全,主要聚焦于立法,司法与执法方面并无突出表现。这与中国数字经济发展水平、中国的国际地位和国家利益的实际需要并不匹配,具有域外效力的个人数据治理体系亟待深度发展。

① 参见杜涛:《从"法律冲突"到"法律共享":人类命运共同体时代国际私法的价值重构》,载《当代法学》2019年第3期。

(一)培育积极信任,倡导兼顾安全与发展

在完善国内数据规则的基础上,发展规则的域外效力体系,是深化国内法治改革的要求,更是履行大国责任推动全球治理改革的要求。为推动个人数据全球治理向着更加公正、合理、有效、有序的方向发展,中国以人类命运共同体理念为指导,支持发展多边主义,以主权平等、合作共治为原则,强调对话协商。深度参与国际协调更强调主要大国间的对话交流,积极信任是对话得以持续和升级的前提,客观理性地看待彼此的战略意图、摒弃对立思维、尊重各方合理利益关切是增进信任的关键。中国可以"一带一路"、《区域全面经济伙伴关系协定》(RCEP)、世界贸易组织(WTO)等国际平台为基础增强与其他国家和地区的互动,进一步培育积极信任,倡导建设保障主权与安全要求、维护公民数据权利、推动数字市场发展的包容性数据规则体系。

(二)运用法治思维与方式进行适当反制与阻断

针对外国滥用域外管辖权的情形,一方面,要强化法治思维,利用外国国内法、国际争端解决机制寻求救济,同时进一步优化国内司法制度,增强中国司法的可信度和竞争力。另一方面,在遵守多边主义与国际法治的基础上,综合运用立法、执法、司法等手段做好风险防范,进行必要适当的反制,维护国家主权和核心利益。制定阻断法律制度是对本国利益正当化保护的有力手段,然而,阻断法具有增加当事人违反阻断国与被阻断国法律的双重风险,容易导致阻断国国内交易主体退出特定境外市场的后果,因此适用阻断法需要权衡"牺牲"国内当事人利益维护国家利益或公共利益的必要性。①

针对外国法院通过证据开示规则要求获取中国境内个人数据的情况,应善于运用法治思维鉴别其取证要求的合理性。针对缺乏合理管辖权基础的要求,应充分运用中国法、外国国内法、国际法的实体规则与程序规则加以应对。同时推动域外取证的国际协调与合作,就特定类型个人数据的流动制定专门规则或通过双边协议对跨境电子证据的获取设立快速通道。②

(三)建立立法、司法与执法相互支撑的域外管辖体系

建立数据规则的域外适用体系是循序渐进的系统工程,规则的合法性、合理性与必要性将经受国内主体与国际主体的双重检验,因此需要营造科学开放的制度环

① 参见宋晓:《域外管辖的体系构造:立法管辖与司法管辖之界分》,载《法学研究》2021 年第 3 期。

② 例如,欧盟制定的《预防、调查、侦查和起诉恐怖主义犯罪和严重犯罪中适用乘客姓名记录指令》、美国和英国基于 CLOUD Act 签订的《美英反严重犯罪电子数据访问协定》。

境,加强国内规则与国际规则的有效互动。以建设和防御并重的理念,发展与数字时代发展情况匹配、与中国的国际地位和国家利益的实际需要契合的域外管辖体系。法律实施中应依照数据活动的法律属性和所涉利益设立具体的法律域外适用标准、厘清发挥域外效力的方式、范围与后果,提高规则的可操作性。

应以立法管辖权为基础,司法管辖权为切入点,执行管辖权为保障,形成立法、司法、执法相互支撑与良性互动的新局面。借鉴域外立法中的充分性认定、标准合同条款、充分性保障措施等制度完善域外规则的内容体系。在执行法律时恪守执法的宗旨与边界,采取软性与硬性措施并举的多元化执法手段,合法合理地行使执法权。在司法实践中强化法院结合个案事实解释规则域外效力的作用,发挥法院相对独立温和的跨国司法治理权,改革单一主义法律选择模式,借鉴"法律共享"思想,在合理的管辖权基础之上,注意各国和各当事方的利益平衡。

六、结语

个人数据相关活动涉及主体和领域广泛,信息技术高速迭代导致互联网环境具有更强烈的动态性和灵活性,数据权能扩张致使公法与私法的内容交织并加剧了利益冲突的深度和广度,进而激发了规则竞争动力。各国个人数据法律的域外管辖冲突主要表现为立法管辖权的竞争,司法管辖与执法管辖的实践则因国家的技术实力、市场规模差异而有所不同。

协调个人数据规则的域外效力冲突,总体上应优先适用属地管辖原则,同时以实质联系原则排除数据处理活动中地点不确定导致的过度管辖,针对当事人利益、国籍国利益与行为发生地国利益等因素进行礼让分析,合理行使管辖权,不违反公平与实质正义。在私法视域下,个人数据具有鲜明的人格属性,应以保护数据主体的权益为主,法律的域外适用遵循国际私法中的管辖权分配和法律适用规则,注重实质联系。在公法视域下,域外管辖往往出现在对数据控制者、数据处理者的监管以及司法协助中电子数据获取等的场景中,主权国家行使管辖权以不侵犯他国司法主权为前提。践行国际协调需要克服诸多现实障碍、经历漫长过程,但为实现全球数字经济的可持续发展,采取整体多维、整合政府和多方利益主体的方式构建包容性的全球数据治理框架仍值得不断探索与追求。

数据跨境流动标准合同条款的路径分析

冯春阳*

数据跨境流动使信息时代的法律关系和责任分配进入新维度，也催生了一系列数据跨境流动的法律工具。数据出境标准合同条款的应用平衡了数据安全监管和数据利用效率之间的矛盾，将数据跨境流动规范化和便利化。通过比较研究中国和欧盟关于数据标准合同条款规则的差异，论证完善中国数据标准合同条款的必要性。研究、分析欧盟的经验和教训，有助于进一步完善中国的数据标准合同条款，推动中国数据跨境流动的立法进程，也为中国有效参与国际数据流动统一规则的谈判奠定基础。

数据流动突破了传统的国家边境概念，在全球各种终端中极速往来。联合国开发计划署（United Nations Development Programme，UNDP）强调数据流动在推动经济和社会发展方面可以发挥的作用，并将其作为实现可持续发展目标（sustainable development goals）的关键基础。① 数据流动离不开主权国家的安全监管，但数据天然的流动性特征决定了数据只有流通才能产生价值，限制甚至管制数据的流动必然引发国际交流障碍。数据跨境也是自由贸易的重要部分，从数据自由贸易的立场上看，最关键的问题是如何通过协议避免对数据跨境自由流动造成障碍。

现阶段，学界关于跨境数据流动的法律问题研究主要聚焦于数据流通制度的建构：一是参考借鉴欧盟《通用数据保护条例》（General Data Protection Regulation，GDPR）规定的“充分性决定”（an adequacy decision）“同等水平的保护”（a level of protection essentially equivalent）等数据流动监管机制，建立数据跨境的安全评估制

* 武汉大学国际法研究所 2019 级博士研究生。

① See UNEP, *Digital connectivity: a catalyst for growth, inclusion, prosperity*, Accessed December 28, 2022. https://www.undp.org/policy-centre/singapore/blog/digital-connectivity-catalyst-growth-inclusion-prosperity.

度;二是在国际数据跨境规则的制定谈判中如何协调我国的安全监管框架,做好国内法和国际法的衔接。可见,学界的研究重心均为从公法层面将数据监管纳入行政监管或安全审查的范围,忽视了纯粹依靠监管不符合数据流通产生商业价值的天然属性。在各国完善个人信息保护的立法体系中,往往以有关数据安全的立法为先,有关数据利用和流通的立法紧随其后。因此,目前各国面临的主要问题是,如何在满足数据安全这一立法目标的基础上,建构一个既便利数据跨境流动的商业活动又可以减少非必要数据合规审查的数据跨境流动框架。

为了规范个人信息出境,保护个人信息权益,促进个人信息跨境安全、自由流动。国家互联网信息办公室依据《中华人民共和国个人信息保护法》(以下简称《个人信息保护法》)起草《个人信息出境标准合同规定(征求意见稿)》(以下简称我国SCCs草案)并于2022年6月30日发布。对数据出境标准合同条款(Standard Contractual Clauses,SCCs)的研究,当前学界也以分析欧盟标准合同条款的内容和执行为主,缺少从公法监管和私法自治结合角度修改我国标准合同条款的具体意见。① 因此,有必要厘清中欧关于以私法形式监管数据流动的基本立场,比较分析中欧SCCs的具体条款,以期对完善我国SCCs有所裨益。

一、数据标准合同条款的缘起与发展

(一)数据标准合同条款在欧盟的创设性使用

在欧盟GDPR通过和适用之前,欧盟于1995年通过的《关于保护个人在个人数据处理和数据自由流动方面的第95/46/EC号指令》(Directive 95/46/EC on the protection of individuals with regard to the processing of personal data and on the free movement of such data,以下简称1995年《数据保护指令》)就规定了欧盟委员会可以决定"使用某些标准协议作为保障",以授权向未满足"充分性决定"要求的第三国转移数据。② 随后,委员会根据1995年《数据保护指令》发布决定,为数据处理者和数据控制者的数据转移制定了两套标准合同条款,即境内数据控制者—境外数据

① 标准合同条款在我国学界的研究处于起步阶段,部分概念尚未厘清,学界研究普遍偏向对国际规则完善的讨论,或单纯从国内法视角研究标准合同条款的设计。如李仁真、罗琳娜:《欧盟数据跨境传输标准合同新发展及启示》,载《情报杂志》2022年第5期;李艳华:《隐私盾案后欧美数据的跨境流动监管及中国对策——软数据本地化机制的走向与标准合同条款路径的革新》,载《欧洲研究》2021年第6期;金晶:《作为个人信息跨境传输监管工具的标准合同条款》,载《法学研究》2022年第5期。

② See 26(4) of the Directive 95/46/EC on the protection of individuals with regard to the processing of personal data and on the free movement of such data, Accessed December 28, https://edps.europa.eu/sites/default/files/publication/dir_1995_46_en.pdf.

控制者(SCC2001C)、境内数据控制者—境外数据处理者(SCC2001P)。

在2016年"米利安·施雷姆斯诉爱尔兰数据保护专员案"(Maximillian Schrems v. Data Protection Commissioner,以下简称Schrems Ⅰ案)的判决作出后,欧盟修正了之前的SCCs。而"数据保护专员诉爱尔兰脸书和米利安·施雷姆斯案"(Data Protection Commissioner v. Facebook Ireland and Maximillian Schrems,以下简称Schrems Ⅱ案)是基于SCCs决定和2016年的修正案作出的改判。所有修正后的SCCs决定还是根据1995年《数据保护指令》作出,并没有反映欧盟GDPR的规定。随着欧盟数据保护水平的不断提升,这一趋势在欧盟GDPR颁布、实施并取代1995年《数据保护指令》成为欧盟新的数据保护法后尤为明显。2021年,欧盟发布新的SCCs作为GDPR的配套制度,旨在使条款更加现代化,也更加契合GDPR的要求和Schrems Ⅱ案判决所体现的精神。①

随着数据跨境流动的常态化和数据跨境传输领域规则制定权的竞争加剧,欧盟率先通过制定SCCs来规范和便利数据的跨境传输。欧盟之外的商业实体使用或共享欧盟内的个人数据必须首先符合欧盟GDPR的"充分性认定"等要求,但该要求在使用和解释方面存在不确定性和其他困难,因此欧盟的SCCs机制是各实体常用的方式。Schrems Ⅱ案中法院判决美国—欧盟隐私盾协议无效,在裁判意见中,法院澄清了GDPR对数据跨境传输的要求,并对数据的输出者和输入者施加了新的法律义务,明确了数据输出者进行数据传输时应负的义务。② 2021年6月欧盟委员会推出新的SCCs,新版SCCs引入对个人数据的更强保护,要求各方承担评估预期传输合法性的新义务,并提高了透明度要求。欧洲数据保护委员会(European Data Protection Board,EDPB)同样于2021年6月18日更新了关于补充传输工具措施的建议,以确保数据传输遵守欧盟对个人数据的保护要求。③

SCCs是通过私法上的义务细化跨境数据流动的规制,减少公法监管的过多介

---

① See W. Gregory, *Transatlantic Data Transfer Compliance*, 28 B. U. J. SCI. & TECH. L., p. 158 (2022).

② 欧盟—美国和瑞士—美国隐私盾框架分别由美国商务部、欧盟委员会和瑞士政府设计,旨在为大西洋两岸的公司提供一种机制,以便在将个人数据从欧盟和瑞士传输到美国以支持跨大西洋商业时遵守数据保护要求。See *Privacy S-hield Framework*, Accessed December 28, 2022, https://www.privacyshield.gov/WELCOME.

③ See EDPB, Recommendations 01/2020 on measures that supplement transfer tools to ensure compliance with the EU lev-el of protection of personal data, 18 June 2021.

入,同时也降低数据流动商事主体的合规义务。这种法律工具虽然适用范围有限——目前仅适用于特定商事主体之间的特定数据传输,但其适用较为便利,形式比较灵活,也不限于特定国家,原则上可以全球适用,因此具有不可忽视的实践价值。

(二)Schrems Ⅱ案后标准合同条款的新发展

Schrems Ⅱ案中,欧洲法院确立了实质等同审查标准的基础。法院在解释欧盟GDPR第46条第1款"数据主体的可执行权利和有效的法律补救措施"和第2款"适当保障措施"时认为,基于标准合同条款传输到第三国的个人数据所获保护水平应当与欧盟GDPR和《欧盟基本权利宪章》(以下简称《宪章》)的水平实质等同。判决判定《标准合同条款决定》未违反《宪章》第7条、第8条和第47条,欧盟—美国隐私盾协议无效。SCCs的有效性需要在个案事件中始终保持"适当数据保护水平",欧盟公司或接收数据的第三国公司等合同主体应审查个案中是否达到了充分的数据保护水平。① 因此,欧盟法院原则上支持适用SCCs传输数据,但是如果数据出口方不能在个案中保证提供与欧盟同等的数据保护,数据传输仍然可能无效,这就赋予了欧盟主管监管机关通过临时性或确定性的数据处理禁令,暂停或禁止数据传输行为的权利。②

Schrems Ⅱ案引发了数据传输主体对传统传输机制的担忧,如瑞士—美国隐私盾协议很大程度上与欧盟—美国隐私盾协议相似,那么瑞士—美国隐私盾协议是否也随之被判定无效?由此,数据传输主体在法律合规方面的困难大增。尽管SCCs原则上只约束合同当事人,对数据传输第三国的当局并无拘束力,但SCCs以欧盟委员会《标准数据保护条款决定》的形式发布,决定的效力取决于是否包含有效的机制,可以在合同实践中确保遵守欧盟法律要求的保护水平,并根据此类条款传输个人数据,且如果违反此类条款或无法履行这类条款,欧盟可暂停或禁止该决定。③ 欧盟委员会根据GDPR第46条第2款(c)项采用的标准数据合同条款仅提供私法保障功能,这些保障统一适用于第三国在欧盟设立的数据控制者和数据处理者,以确保整个合同条款的实践达到GDPR和《宪章》要求的保护水平,审查第三国的数据保

① See Data Protection Commissioner v. Facebook Ireland Limited and Maximillian Schrems, Case C-311/18, Judgment of 16.07.2020, p.203.

② Ibid., p.113.

③ Ibid., p.136-137.

护水平不属于欧盟委员会的职责,而属于欧洲法院的权责范围。[①] 也就是说,在未被欧洲法院判定为无效或者违反欧盟法律和《宪章》之前,欧盟 SCCs 作为使用最多的跨境数据流动工具,只要不符合欧盟 GDPR 和《宪章》的基本权利保护要求,都可能面临欧盟的司法审查,甚至被判定为无效。

作为充分性保护的替代性机制,SCCs 也体现出一定的公法特征,商事主体签订的标准合同仍受到欧盟数据保护机构的监督,也必须以欧盟委员会的版本为基础。为了抵御欧盟借用 GDPR 对数据流动监管的"长臂管辖",我国有必要完善和更新自己的标准合同条款。

(三)中国《个人信息出境标准合同规定(征求意见稿)》的出台

我国也开始探索对 SCCs 的适用,国家互联网信息办公室于 2022 年 5 月 19 日审议通过的《数据出境安全评估办法》第 9 条规定,数据处理者与境外接收方应当通过法律文件约定数据安全保护义务,并对 SCCs 这类法律文件应包含的内容作出详细规定,此外还对合同目的、范围、方式等的合规性、正当性、必要性作出原则性的安排,明晰"充分约定"的判断标准。我国 SCCs 草案初步显露了我国对 SCCs 这种信息出境监管机制的要求。

我国 SCCs 草案从合同定义、合同主体的义务、当地政策法规对遵约的影响、个人信息主体的权利以及救济条款等方面对我国个人数据跨境流动作出规定。其创新性体现在两个方面:一方面,从公法角度上看,我国 SCCs 草案的授权上溯至《个人信息保护法》第 38 条。依照网信部门创制的 SCCs 草案与境外数据接收方订立数据跨境传输合同,系由监管机关预先决定内容,并强制纳入合同,从而可以代替数据流动中缔约方的监管义务。另一方面,从私法角度上看,SCCs 亦是数据交易合同,是数据传输协议双方意思自治的体现,但也包含对第三方及信息主体遭受损害的救济条款。

二、中欧 SCCs 的条文分析

作为最大的跨境电子商务市场,我国在保障数据流动方面存在重大利益,因此不宜回避数据跨境流动的规制问题。在此方面,我国坚持以数据保护的风险防范为基础思路,初步形成了数据分级分类管理的顶层设计框架。[②] 但我国对数据跨境尚未与发达国家和经济体建立长久稳定的数据跨境流动互信机制。目前,我国对向境

---

① See Data Protection Commissioner v. Facebook Ireland Limited and Maximillian Schrems, Case C – 311/18, Judgment of 16.07.2020, p.113.

② 参见谭观福:《数字贸易中跨境数据流动的国际法规制》,载《比较法研究》2022 年第 3 期。

外传输个人数据的规制途径主要分为三种:通过网信部门的安全评估;通过专业机构的个人信息保护认证;签订 SCCs。

欧盟 GDPR 提供了三种个人数据的跨境传输方式:通过基于充分性的认定机制,其又称为“白名单”机制;通过签订 SCCs、约束企业规则等适当措施机制;获得数据主体同意和合同必要条款等。由于欧盟认定的达到 GDPR 数据保护充分性认定的白名单未包含中国,因此欧盟企业在将数据传输到中国时需要采取 GDPR 规定的其他豁免途径。囿于当前欧盟对中国数据监管环境的不当指责,中欧企业获数据主体的同意比较困难,提交符合 GDPR 的文件也很难被欧盟采纳,因而签订 SCCs 是中欧数据流通的更优方式。

2021 年 6 月 4 日欧盟委员会发布的最新版本条款,统合为“一套条款、四种模式”,适用于欧盟境内数据控制者或处理者的数据跨境传输活动。① 标准数据保护条款结构相对稳定,合同条款主要包括一般条款、数据出口方义务、数据进口方义务、违约救济与争议解决等内容,为当事人设定了具体的权利和义务以及不得规避解释。我国 SCCs 草案较之欧盟 SCCs 在条款设计和具体适用上有所不同,有必要从文本上比较研究中欧 SCCs 的内容差异和侧重点。

(一)适用范围的差异

1. 适用主体的分类

欧盟 SCCs 规定,只要是负有数据保护责任的企业,将在欧盟收集的个人数据传输至第三国的自然人、法人、公共机构及其他实体时,均可选择适用欧盟 GDPR。根据主体在个人数据处理中的不同角色,欧盟 SCCs 将合同主体划分为数据控制者(controller)和数据处理者(processor)。因此,欧盟通过采用四种模式满足各种传输方案的差异化需求,而不需要再订立单独的数据处理协议。这四种类型化的处理也满足了非欧盟主体适用 SCCs 处理欧盟内个人数据的需求。由于 GDPR 第 3 条第 2 款规定只要处理欧盟境内数据主体的个人数据,即可监测他们的行为,这样就给予了 GDPR 约束此类数据传输协议的管辖权。

不同于欧盟区分主体的做法,我国 SCCs 草案将其统称为“个人信息处理者”,个人信息处理者或境外接收方合称为“合同双方”。按照我国《个人信息保护法》的定义,“个人信息处理者”指在个人信息处理活动中自主决定数据处理目的、处理方式的组织和个人。由于我国 SCCs 草案区分公共机构的数据和个人数据,以实现维

① 旧版本废止日期前,依据现行标准合同条款签订的跨境传输协议仍被视为符合欧盟 GDPR 的规定,直至 2022 年 12 月 27 日。

护国家安全和个人信息保护的双重价值,所以我国对该标准合同的主体作出了一定的限制,如个人信息处理者必须是非关键信息基础运营者、处理个人信息量不满100万人次、一年内累计向境外提供未达到10万人次个人信息、一年内向境外提供个人敏感信息不超过1万人次等。这也与《数据出境安全评估办法》关于数据处理者向境外提供数据的规定一致。

2. 数据传输中的第三方对接条款

在适用范围方面,原则上我国和欧盟的SCCs均只适用于签署标准合同的双方,但是欧盟SCCs中的"对接条款"(docking clause)可以使非合同方在合同履行中以数据传输方或数据接收方的身份或地位加入该标准合同并受该合同约束,享有数据传输方或数据接收方的权利并承担相应义务。SCCs的作用仅限于为国际数据转移提供适当的数据保护。因此,将个人数据转移到第三国的数据控制者或处理者和接收个人数据的数据控制者或处理者可以相对自由地将这些标准合同条款纳入更广泛的合同,并且在不直接或间接违背SCCs或损害数据主体基本权利或自由的前提下,增加其他条款或额外的保障措施。① 除最初的合同双方之外,只要新的数据接收方或数据发送方能够获得SCCs缔约方的同意并签署附件,就能加入同一份SCCs。而我国SCCs草案中,若是境外接收方再向第三方提供个人数据,则必须再一次获得用户的同意并达成新的数据保护协议,这让数据传输有迹可循,但不利于数据的多次重复传输。

3. 主体的法律责任

欧盟GDPR在数据处理主体的概念下将数据控制者和数据处理者分离,并分别进行法律规制,适用不同模式的SCCs。不同主体在不同模式的欧盟SCCs中所承担的责任与义务存在差异。欧盟SCCs对自然人或法人、公权力机关、机构或其他实体一视同仁,当事方只要同意接受这些SCCs,即接受该合同约束并承担相关法律后果。我国SCCs草案则遵循一元化的主体规制,不区分数据处理者的角色,将其统称为个人信息处理者,因此个人信息处理者与境外接收方承担的义务是相同的,只是在委托处理的场景下有所不同。类比我国其他立法,《中华人民共和国网络安全法》(以下简称《网络安全法》)将数据处理者统称为"网络运营者",我国《个人信息保护法》中又划分为"国家机关"和"非国家机关",由此观之,我国对数据流动的主体规制基于不同的立法目的进行了区分。要考虑的是,SCCs的设置是为个人数据更为

① See European commission, Annex to the Commission Implementing Decision on standard contractual clauses for the transfer of personal data to third countries pursuant to Regulation (EU) 2016/679.

自由地跨境流动提供法律工具,我国立法尚无使 SCCs 作为所有数据跨境流动范本的意图,因此只要为非重要数据提供高效、可信的安全协议,为企业尤其是中小企业提供更多的法律可预测性即可。

(二)对数据传输双方义务规制的差异

欧盟 SCCs 区分了个人数据向第三国传输的四种模式,即数据控制者—数据处理者、数据控制者—数据控制者、数据处理者—数据控制者、数据处理者—数据处理者。欧盟 SCCs 第二节明确了四种模式下的数据传输目的、透明度、安全性等问题,并对后续转移的规则进行了细化。在第二节"双方义务"条款中,欧盟 SCCs 设置了"数据保护和保障措施"(第 8 条)、"第三方处理者"(第 9 条)、"数据主体权利"(第 10 条)和"补救措施"(第 11 条)等条款。新版本的欧盟 SCCs 在旧版本的基础上增加了两种传输模式,使 SCCs 的应用场景更加丰富,与 GDPR 的适用范围更为契合,也更有利于欧盟在数据流动规制中为个人数据提供更强有力的保护,并增强对传输合法性的评估。① 可以说,新版 SCCs 通过应用场景与适用范围的拓展,不仅成为 GDPR 施行的重要配套措施,还有可能成为普遍适用于欧盟数据跨境传输的基础,并为未来向全球推广提供可能。②

我国和欧盟的 SCCs 均要求对数据传输进行相应的评估。不同于欧盟 GDPR 更强调对数据跨境传输进行风险评估等有效措施来降低风险,欧盟 SCCs 不仅强调传输前的评估,而且重视传输过程中可能产生的变化。欧盟 SCCs 第 8.7 条要求数据跨境传输主体在传输过程中采取适当的技术和组织措施,以确保数据的安全性,防止因违反安全措施导致的数据被非法破坏、丢失、被更改、未经授权而被披露或访问等个人数据违规处理行为,同时评估数据传输的安全。但这种风险评估并不是数据跨境传输活动的必要条件,只有在欧盟监管机构要求时,数据传输主体才需要提供个人数据跨境传输的评估记录,这也是欧盟 SCCs 第 8 条合规义务的要求。

我国 SCCs 草案附件《个人信息出境标准合同》第 2 条第 1 款第 7 项规定个人信息处理者应对拟向境外接收方提供个人信息的活动开展个人信息保护影响评估。这是一种合规兼风险的评估方式。合规性评估包括合法性、正当性及必要性三个层面,分析个人信息处理者和境外接收方处理个人信息的目的、范围和方式,以及境外接收方承担的责任义务及履约能力,还有个人维护个人信息权益的救济渠道是否通

---

① See Sharp Cookie Advisors, New SCCs from EU – the Definitive Guide, 1 Mar 2022.

② 参见李仁真、罗琳娜:《欧盟数据跨境传输标准合同条款新发展及启示》,载《情报杂志》2022 年第 5 期。

畅等。风险性评估则包括个人信息出境可能带来的风险,以及个人信息受到侵害的风险。我国 SCCs 草案规定个人信息处理者应尽力确保境外接收方采取有效的技术和管理措施,包括但不限于加密、匿名化、去标识化及访问控制等多种措施,并要求确保"这些措施维持适当的安全水平"。

就评估内容而言,中欧 SCCs 各有侧重,欧盟 SCCs 要求评估数据传输的具体情况、数据接收方所在国的法律和司法实践、已实施的相关补充性合同及技术或组织保障措施等。我国则需要重点评估数据出境的具体情况、境外接收方所在国或地区的个人信息保护政策法规对 SCCs 履行的影响、境外接受方履行责任义务的管理和技术措施以及能力等能否保障数据传输出境后的信息安全等。

(三)当地法律政策对遵守 SCCs 条款的影响

欧盟 SCCs 在处理当地监管机构的披露请求时,对数据访问有严格的限制。欧盟 SCCs 第三部分规定,在合同期限内,数据接收方一旦收到非欧盟国家政府提出的数据访问请求,且有理由质疑该请求的合法性,那么应当立刻告知数据发送方。数据接收方还必须审查请求的合法性,且最小化披露数据的数量。如果数据接收方在评估后有合理理由根据当地法律、国际法的规定以及其他因素,认定披露请求非法,可质疑该请求并向法院或其他监管机关申请临时措施,在被请求机关作出决定之前暂停该披露请求。数据输出方在回应披露请求时,根据对请求的合理解释,只提供允许的最低数量的信息。

对于境外接收方所在国政府机构的访问,我国 SCCs 草案只要求在评估时予以考虑,并没有严格限制。在附件第 4 条"当地个人信息保护政策法规对遵守本合同条款的影响"第 2 款中,要求合同双方就数据出境的具体情况,境外接收方所在国家和地区的个人信息保护政策法规,以及境外接收方安全管理制度和技术手段保障能力方面作出保证,若出现当地要求提供个人信息或授权公共机关访问个人信息,则阻止境外接收方履行本合同规定的义务。

(四)救济及争议解决条款的区别

中欧 SCCs 赋予合同双方通过救济措施和争议解决条款处理争议的权利。欧盟 SCCs 规定在数据接收方违反合同条款或无法履行合同条款,抑或是未能遵守主管法院或监管机构作出的关于合同条款的有约束力的裁决时,数据输出方有权终止合同(第 16 条)。欧盟 SCCs 还规定数据接收方应为数据主体提供必要的救济措施,包括告知该数据主体相关的投诉方式、迅速处理数据主体提出的相关投诉或要求(第 10 条 g 项)。触发争议解决条款时,合同双方同样负有相互告知的义务。整体而言,欧盟SCCs中数据接收方的义务较重。我国SCCs草案在合同解除条款上与欧盟SCCs类似,若境外接收方违反合同义务,个人信息处理者可暂停向境外接收方传输个人信息(附件第7条)。如果境外接受方违反合同义务或违反其所在国法律,法院或监管机关作出不能上诉的终局裁定认为合同双方违反了合同义务等,则会导致合同解除。除此之外,我国SCCs草案还特别增加了境外方破产、解散或清算导致合同解除的情形。更重要的是,我国SCCs草案规定,如果监管机构作出的个人信息安全评估导致合同无法执行,任何一方均可解除合同,可见我国依然坚持数据安全重于数据利用效率的原则。

在争议解决条款方面,欧盟SCCs更偏向通过法院解决相关争议,当事人可以选择欧盟成员国的法院或其他法院,而我国SCCs草案的争议解决条款采用了民事争议常用的两种解决机制:诉讼程序或仲裁程序。我国SCCs草案附件第9条明确规定个人信息主体作为第三方受益人向个人信息处理者或境外接收方提起诉讼的,应当依据《中华人民共和国民事诉讼法》的规定确定管辖,并且个人信息处理者和境外接收方因合同产生的纠纷经协商无法解决的,依法向中国有管辖权的人民法院提起诉讼,也就是SCCs的合同争议必须选择中国法院管辖。我国SCCs草案创新性地在争端解决方式加入了仲裁条款,双方可以选择中国国际经济贸易仲裁委员会、中国海事仲裁委员会、北京仲裁委员会以及其他《承认及执行外国仲裁裁决公约》成员国的仲裁机构进行仲裁。

在法律适用条款上,欧盟SCCs的选择多于我国,除了欧盟成员国的法律外,在特定情况下,欧盟SCCs允许适用非欧盟成员国的法律,而我国SCCs草案规定只能适用中国法律,这体现了我国对个人数据主体安全的重视。由于SCCs中的数据主体利益在不同国家的规定不同,明确准据法可以保障合同履行,保证个人数据安全。

三、完善中国数据标准合同条款的必要性

如果说充分性认定是欧盟针对第三国数据安全和法律保障的整体认定,以保护数据在跨境流动过程中的安全性,那么SCCs则适用于特定商事主体之间的数据传输,从而更具灵活性,适用的地理范围也不限于第三国,理论上甚至可以全球适用,并成为国际数据流动规则的范本。欧盟出台SCCs时认为其有责任成为促进尊重基本权利和充分保护私人数据的全球行动者,并鼓励欧盟委员会在双边和多边层面积极主动地促进最高标准的个人数据保护。①

① See European Commission , European Commission adopts new tools for safe exchanges of personal data.

欧盟 GDPR 第 46 条确立了"受适当保障措施约束的数据传输方式",规定了除充分性认定以外,数据传输主体可以通过替代性数据传输工具实现数据流动,其中相比"有拘束力的公司规则""行为准则""认证机制",通过 SCCs 传输私人数据是使用率最高的。根据国际应用通信技术协会数据保护大会(IAPP-EY)2021 年治理调查报告,由于欧盟法院对 Schrems Ⅱ 的裁决使欧盟—美国隐私盾协议无效,几乎所有商事主体(94%)现在使用 SCCs 作为数据转移至第三国的主要手段。① 尽管该案也增加了商事主体适用 SCCs 的不确定性,但 SCCs 仍是欧盟最重要的数据跨境传输机制。

数据跨境流动不仅是国际数据治理的核心议题,更是我国网络空间新疆域的安全规制重点。有必要对我国利用标准数据合同条款的数据跨境路径进行整体性分析,探寻这一路径在我国的规制宗旨和立法理念。

(一)强化数据流动保护

SCCs 的价值在于用预先批准的合同范本固定和强化数据流动的保护和标准。数据处理者在自愿的基础上适用这些条款来证明对数据保护要求的遵守。依照欧盟委员会的解释,SCCs 是一种"现成的"易于实施的工具,特别适合中小企业或其他可能没有资源与其他公司谈判跨境数据流动合同的企业。② SCCs 通常需要各国数据保护机构预先授权其他合规机制,从而保证达到对特定数据传输的保护水平。

以欧盟为例,GDPR 的充分性认定针对国家整体适用,SCCs 则是商事主体的个别适用。SCCs 以私法义务填补域外保护水平的不足,以合同条款"固定"欧盟个人数据保护标准。③ 从国际法角度看,SCCs 类似于示范法,自身并无法律约束力,仅在合同当事人缔结 SCCs 后才对缔约方产生约束力。SCCs 禁止内容变更,必须整体适用,这又区别于传统的合同义务,也为监管和审查提供了空间。再者,欧盟委员会作出的决定在整体上约束欧盟成员国,成员国有义务接受欧盟委员会通过的 SCCs。欧盟 GDPR 第 46 条第 2 款(a)项"公共当局或机构之间具有法律约束力和可执行的文书"仅在获得主管监管机构授权的前提下才可适用,(b)项"具有约束力的公司规则"则需要个别批准。这两种审批程序都需要主管监管机构分别通过 GDPR 第 63 条和第 93 条进行复杂、耗时的一致性机制和审查性机制。因为欧盟委员会根据

① See IAPP-EY Annual Privacy Governance Report 2021, p. 8.

② See European Commission, The new standard contractual clauses-questions and answers.

③ 参见金晶:《个人数据跨境传输的欧盟标准——规则建构、司法推动与范式扩张》,载《欧洲研究》2021 年第 4 期。

GDPR 第46条第2款(c)项、(d)项预先批准,商事主体若完整使用 SCCs 且未作任何更改,就无须获得数据保护监管机构的批准便可以进行数据传输。从法律效力上来看,SCCs 要提供的是一种简单、合法、安全、有效的传输方式。

(二)维护我国数据主权

海量的数据重新定义国家主权空间的边界。数据资源的传输和利用关乎国防和军事安全。① 无论是从规制理念出发还是从具体规则出发,相比以美国为代表的“开放网络,数据自由流动”的数据自由主义,欧盟提倡的“欧洲数字主权”的数据保护主义更契合我国数据安全为上的治理理念。欧盟发布的旨在推动“数字主权”的一系列战略规划文件,包括《塑造欧洲数字未来》《欧洲数据战略》《欧洲数字主权》《单一数字市场版权指令》等,反映了欧盟在数字空间寻求战略自主和国际影响的权利诉求。② 另外欧盟也通过完善数字领域的立法,在 GDPR 中规定域外适用效力以及在经济合作与发展组织牵头全球数据治理框架。

我国的“数据主权”首次在《促进大数据发展行动纲要》中提出,《网络安全法》《中华人民共和国数据安全法》(以下简称《数据安全法》)、《全球数据安全倡议》等法律和文件进一步强调了保障数据安全的重要性。数据在流通中创造价值,过度的评估和监管必然影响数据治理,那么通过预先制定 SCCs 保障数据监管和流通成为首选。越来越多的国家发布了跨境数据传输的示范或标准合同条款,作为一种“预授权保障”机制,③2021年东盟也发布了一套《跨境数据传输示范合同条款》。④ 可以预见,《区域全面经济伙伴关系协定》(RCEP)的后续更新也必然涉及 SCCs 的应用。数据主权必然成为数据跨境流动的核心议题。

我国在数据主权上的立场和主张反映在《全球数据安全倡议》中,该倡议建议各国不得要求国内企业将在国外产生或获得的数据存储在本国。⑤ 各国应尊重他国数

① 参见石纯敏:《数字化时代,亟须捍卫“数据主权”》,载《中国国防报》2018年3月1日,第3版。

② 参见蔡翠红、张若扬:《“技术主权”和“数字主权”话语下的欧盟数字化转型战略》,载《国际政治研究》2022年第1期。

③ See Robinson, L., K. Kizawa and E. Ronchi (2021), *Interoperability of privacy and data protection frameworks*, Go-ing Digital Toolkit Note, No. 21, Accessed December 28, 2022, http://goingdigital.oecd.org/data/notes/No21_ToolkitNote_PrivacyDataInteroperability.pdf.

④ See ASEAN (2021), *ASEAN Model Contractual Clauses for Cross Border Data Flows*, Accessed December 28, 2022, https://asean.org/wp-content/uploads/2021/08/ASEAN-Model-Contractual-Clauses-for-Cross-Border-Data-Flows.pdf.

⑤ 参见中国外交部:《全球数据安全倡议》,https://www.fmprc.gov.cn/web/ziliao_674904/tytj_674911/zcwj_674915/202010/t20201029_9869292.shtml。

据主权、管辖权和安全管理权,未经他国法律许可,不得直接从企业或个人处获取位于他国的数据。我国在《中华人民共和国国家安全法》(以下简称《国家安全法》)、《网络安全法》《数据安全法》《个人信息保护法》《关键信息基础设施安全保护条例》《网络安全审查办法》中明确了数据本地化存储以保障对境内数据的绝对控制权,对于跨境数据则通过《个人信息和重要数据出境安全评估办法(征求意见稿)》等制度进一步甄别出数据资源的主体、类别、数量,划分安全标准,减轻商事交流中数据跨境流动的评估压力。我国数据出境的安全评估侧重于数据出境可能给国家安全、公共利益、个人或组织的合法权益带来的风险,以及数据出境目的、范围和方式的合法性、正当性和必要性。

我国在签署《G20 大阪数字经济宣言》中认同"基于信任的数字流动"倡议。RCEP 中也设立了准许数据自由流动的条款。① 说明我国对待数据流通的态度绝不拘泥于绝对的数据本地化监管,而是兼顾数据流通利益。但我国国内立法多以数据本地化存储的命令和出境数据安全性评估来设置数据跨境流动面临的限制和许可要求,不利于针对复杂形势和多样化场景保障国家数据安全。② 如此,优化数据资源流动的安全渠道是当务之急。

我国网信部门创制 SCCs,兼顾合同义务和安全强制,实质上是数据安全和数据流动责任的合同化。SCCs 的适用范围包括数据传输方和数据接收方之间的整个数据处理周期,特别规定了数据处理者或境外接收方要向数据主体获取个人信息主体同意、提供合同副本、将出境数据量控制在最小范围以及提供所有必要的数据。采用 SCCs 传输数据,必须降低数据传输的"违约"风险,在数据主体和数据处理者之间构建可信任的标准权利义务关系。

(三)参与全球数据市场和法律市场竞争之必要

数据是现代数字化以及全球经济和社会互动的命脉,数据跨境流动重塑了信息时代的商业交流和信息交换。个人信息保护和数据安全评估的权衡是各国设计数据跨境流动制度的主要议题。③ 新技术的不断出现影响着法律法规的实施方式和监管机构的履职方式。由于缺乏全球公认的跨境数据标准,商事主体的数据流动合规

---

① 参见 RCEP 第 12 章(电子商务)第 15 条第 2 款规定:"一缔约方不得阻止涵盖的人为进行商业行为而通过电子方式跨境传输信息。"

② 参见冉从敬、何梦婷、刘先瑞:《数据主权视野下我国跨境数据流动治理与对策研究》,载《图书与情报》2021 年第 4 期。

③ 如 RCEP、CPTPP 都已经加入数据跨境流动规则,WTO 的电子商务议题谈判中也纳入了数据跨境流动规则。

更加复杂。国际组织积极制定了一些数据跨境流动的基本原则和规则,但缺乏法律约束力。WTO 的电子商务诸边协议虽然涉及数据流动的相关内容,但谈判进度缓慢。① 由于缺乏全面的、有约束力的多边规则来规范数据流动,中国、欧盟和美国等大型经济体的数据流动法律框架和监管政策会在事实上国际化,并影响跨国科技公司和大型网络平台的商业活动。以规则限制数据的自然流动会引发国际贸易保护主义,但数据主权又不可妥协。SCCs 草案是我国对数据跨境传输规则的重要尝试,既要适应我国数据产业向外扩张的商业利益需求,又要有利于我国参与全球法律市场竞争。

四、中国标准合同条款路径的完善

各国和数字企业都认识到保持全球数据流动尽可能不受限制的重要性,各国也热衷于确保其数据治理规则与其他国家的规则一致,并开始谈判数据流通相关的协定以保障与他国规则的一致性和标准的兼容性。创制 SCCs 时,只有使商事主体信任他们的系统和监管框架,才能吸引数据和信息技术的入境传输。② 相比欧盟 SCCs 在 GDPR 和《宪章》基础上以个人数据保护为价值基础的跨境数据流动治理方式,国家安全和数据流动便利化的双轨制更符合中国国情,也有利于兼顾和平衡各种利益。

(一)合理兼顾 SCCs 适用的效率和安全

欧盟是数据隐私方面的主要倡导者,GDPR 日益成为事实上的数据本地化制度。欧盟委员会早在 2015 年就公布计划,要创建单一市场,在欧盟成员之间协调数据保护。这一举措旨在充分发展欧盟的数据经济,通过应对数据流动的安全挑战保护欧盟资产。③ 欧盟在参与的贸易和投资协定中保留其关于数据流动和数据保护的横向规定,以确保 GDPR 的基本原则不被破坏。为了减轻数据传输中企业的合规成本,特别制定 SCCs,其数据保护的法律框架构建进程有一定的参考意义。我国 SCCs 草案在完善的过程中,从公法上应明晰欧盟的 SCCs 如何体现 GDPR 的宗旨,在条文上又是如何衔接欧盟数据保护主义的公共立场。私法角度上,SCCs 既为合同条款,与传统意义上的私法活动和合同关系作何区分也有待研究。我国《民法典》

① See WTO, MC12 briefing note, E-commerce.

② See Bryan Mercurio and Ronald Yu, *Regulating Cross-Border Data Flows: Issues, Challenges and Impact*, Anthem Press, 2022, ProQuest Ebook Central, Accessed December 28, 2022, http://ebookcentral.proquest.com/lib/hbucn/detail.action? docID = 6922233.

③ See EU Commission, The single market strategy, Ref. Ares (2015)4681912 – 29/10/2015.

对标准合同无明确规定,那 SCCs 的权利义务关系和责任分配必然区别于传统合同,如何以数据安全和意思自治的双重价值导向完善私法层面的配套制度也值得思考。

从 Schrems Ⅱ 的判决实践来看,我国的数据安全优先立场与欧盟的数据出境标准差异不大,区别在于:欧盟认为人权即保护个人数据权利是数据流动的优先准则;我国则是要平衡数据安全、个人数据保护和数据自由流动的"合法、安全和自由流动"模式。欧盟在个人数据和隐私保护条款中,明确要求各方承认个人数据和隐私保护是一项基本人权,高保护标准有助于建立对数字经济的信任,促进贸易发展,①在提交给 WTO 电子商务工作组的副本中,欧盟也保持了其一贯立场。② 欧盟未来的区域贸易协定可能会在个人数据保护方面采用更强硬的态度。

值得警惕的是,欧盟的数字立法动态显现的"通用"特征并不因为欧盟模式的数据流通制度普适于国家对个人数据出境的规制,而是缘于欧盟自身庞大的数字市场和欧盟广大成员国给予其他国家数据处理者的"义务性要求",其宣扬的"个人数据保护"高标准的制度依然从属于欧盟对于其自身安全和利益的关注。③ 欧盟的数字立法动态,尤其是在跨境数据流动方面的新规定,防止欧盟借助 SCCs 裹挟其他贸易伙伴,借助数据流动规则干预他国的数据治理。Schrems Ⅱ 案判决后,欧盟的目标依然是增强数据主权和相关技术标准的对外"扩张",用自身的数字制度工具和数据监管架构来影响全球数据规则。对此,要警惕欧盟单边主导各类涉及数据流动的规制方案,明确我国数据流动立法的安全立场。

(二)对我国 SCCs 草案文本的修改建议

国家互联网信息办公室就 SCCs 草案公开征求意见,为我国继续推行该工具提供了良好的契机。相较于欧盟通过 GDPR 的广泛适用来保障 SCCs 的适用,中国应在"国家安全和数据流动便利化双轨制"的前提下,协调完善中国 SCCs。

首先,在合同主体和规制范围上,可以借鉴欧盟 SCCs 中的四种模块方法,厘清个人信息处理者中数据权利人、数据发送方和数据接收方的权利义务关系,以及各种传输模式。我国《个人信息保护法》中对个人信息处理者的定义范围与欧盟 GDPR 的双元主体"数据控制者 + 数据处理者"并无实质区别。SCCs 本就为满足商

---

① See European Commission, Factsheet-EU provisions on Cross-border dataflows and protection of personal data and privacy in the Digital Trade Title of EU trade agreements, 19 July 2018.

② See Joint Statement on Electronic Commerce, EU Proposal for WTO Disciplines and Commitments Relating to Electronic Commerce, Communication from the European Union, INF/ECOM/22, 26 April 2019.

③ 参见赵精武:《数据跨境传输中标准化合同的构建基础与监管转型》,载《法律科学(西北政法大学学报)》2022 年第 2 期。

事主体的跨境数据传输,无须在此严格区分公共机构和私人主体。另外,酌情考虑加入第三方主体的"对接条款"。数据传输协议往往牵涉多个数据信息处理者。加入"对接条款"可以大大减少多次数据跨境传输的重复成本,提高数据传输效率。

在合同条款的适用规则方面,数据传输双方可以签订更具体的合同,但 SCCs 的文本不可修改,必须全文引用。缔约方增加的条款也不得与 SCCs 相冲突,以此强化 SCCs 的效力和不变性。

其次,细化数据输出方和数据境外接收方的义务。在现有条款的基础上,对数据跨境传输的权利和义务作出更明确的规定,如数据的删除、传输透明度、传输准确度、敏感数据的特殊限制等,为监管机关的监管、法院对合同争议的审查预留更大的空间。

再次,完善当地法律遵守条款。我国 SCCs 草案只要求缔约方作出明知保证,但数据出境后,面对当地主管机关的数据披露和访问请求,数据接收方是否需要告知数据输出方和数据主体,尚无明确规定。尚未涉及数据接收方能否质疑当地主管机关的非法披露和访问请求。此外,也没有涉及当地数据保护法律和政策出现重大变化时,双方如何履行合同义务。有必要在我国 SCCs 条款中增加当地遵约条款,适当限制其他国家和地区对我国个人信息具体数据的访问请求,同时增加数据接收方的告知义务。即使应当地要求访问和披露数据,对我国输出的个人数据也应提供最低限度、最小数量的披露。

最后,在救济和争端解决条款上,考虑与我国《个人信息保护法》衔接,以实现我国个人信息保护法律法规的域外效力。在救济方式的选择上,我国 SCCs 草案已创新性地加入仲裁条款,维持当前条款可以更好地保障我国数据安全。

(三)提升数据流动领域国际规则的话语权

我国应当在双边和区域性平台中推广符合我国贸易领域的数据流动立场,在 WTO、RCEP 和待加入的《全面与进步跨太平洋伙伴关系协定》(CPTPP)中推动符合我国国情的数据流动规制范式。我国虽然在国内法层面规定了数据本地化要求,但《数据出境安全评估办法》《个人信息出境标准合同规定(征求意见稿)》的出台说明我国不会回避数据跨境流动问题。在 WTO 电子商务诸边谈判中,如何平衡数据安全和贸易增长,直接关系到我国对数据的国际治理能力和规则话语权。[①] 我国提交至 WTO 的提案较少涉及数据跨境流动的具体规则,一般为原则性和宣示性表述。

---

① 参见石静霞:《数字经济背景下的 WTO 电子商务诸边谈判:最新发展及焦点问题》,载《东方法学》2022 年第 2 期。

如中国在向 WTO 提交的《关于电子商务的联合声明》中指出,“与贸易有关的数据流对贸易发展非常重要。然而更重要的是,数据流应受制于安全前提,这关系到每个成员的核心利益。为此,数据必须按照成员各自的法律法规有序流动”。① WTO 电子商务议题的谈判,可为我国商事主体的跨境数据流动和安全监管提供良好的外在环境。一方面,该议题提供了数据跨境治理的谈判进程,欧盟、美国等成员方都提出了较为严格的数据跨境流动主张,②短期内难以达成共识,借助 WTO 的谈判平台,可以有效推动各方对相互利益的关切,让谈判更有效率;另一方面,WTO 倾向市场导向,商事主体是数据流动的最大受益者和行动者,因此也是 SCCs 移植进世界贸易规则的倡导者。相较于制定一项数据保护的全球公约,在 WTO 框架下达成关于个人数据的跨境规则较为容易。

2021 年,中国正式申请加入 CPTPP 和《数字经济伙伴关系协定》(DEPA)两个高水平的数字规则相关协定。数据跨境流动规则的宽度和深度也在不断拓展,目前中国签署的贸易协定中只有 RCEP 涉及数据跨境流动议题,内容较之 CPTPP 和 DEPA 也相对原则化。③ 面对 CPTPP,我国更需要在坚持监管自主权的基础上,调整监管数据流动的价值观念,毕竟 CPTPP 强调的还是数据跨境自由流动。④ SCCs 是我国个人信息跨境流动的重要尝试,也是对国际数据流通规则开放的信号。我国应完善电子商务的相关立法,细化个人信息保护法规、跨境数据流动规则,以实现与国际规则的良性互动。

---

① See Joint Statement on Electronic Commerce, Communication from China, 23 April 2019, INF/ECOM/19, Paragraph 4.3.

② See WTO, Council for Trade in Services-Work programme on electronic commerce-The economic benefits of cross border data flows-Communication from the United States, S/C/W/382; WTO, joint statement on electronic commerce EU proposal for WTO disciplines and commitments relating to electronic commerce Communication from the European Union, INF/ECOM/22.

③ 参见何波:《中国参与数据跨境流动国际规则的挑战与因应》,载《行政法学研究》2022 年第 4 期。

④ 参见张明:《面向 CPTPP 的数据跨境流动:规则比较与中国因应》,载《情报杂志》2022 年第 11 期。

比较法研究

WTO《渔业补贴协定》对 IUU 捕捞的禁止及中国对策*

余敏友** 段 琼***

WTO《渔业补贴协定》是经过长达 21 年艰苦谈判取得的重大成果,使联合国 2030 年可持续发展议程向前推进了重大一步,既创新了渔业贸易多边主义,也为我国海洋渔业发展权益提供了有力保障。非法、未报告和无管制捕捞(illegal, unreported and unregulated fishing,以下简称 IUU 捕捞)是威胁海洋生态系统的主要因素之一,《渔业补贴协定》禁止成员给予或维持 IUU 捕捞相关补贴,并要求成员通报为此采取的立法和执法措施,也承认区域渔业管理组织与 WTO 成员中的沿岸成员、船旗国成员认定 IUU 捕捞的权利,授权 WTO 成员以禁止补贴为手段打击 IUU 捕捞,将有利于海洋生物资源可持续利用的逐步实现。随着禁止 IUU 捕捞补贴 WTO 规则在中国的实施,不仅将有利于中国海洋捕捞渔业的可持续发展和海洋渔业秩序的稳健维护,也将有助于中国负责任渔业大国形象的树立。

非法捕捞、未经报告捕捞和不受管制捕捞三种情况存在于在公海和国家管辖范围内所有类型和规模的渔业中,涉及鱼类捕获和利用的所有方面与阶段。IUU 捕捞威胁渔民生计、加剧贫困,可能导致当地渔业的崩溃,对发展中国家的小规模渔业而言尤为致命。IUU 捕捞产品可以进入海外贸易市场,从而抑制当地的食品供应,造成粮食不安全的现象。IUU 捕捞破坏了国家和区域管理组织保护和管理鱼类资源的努力,危及全球海洋生态系统,阻碍国际社会推进长期可持续性发展和责任目标

* 国家社科基金重大研究专项"陆海经济一体化增强我国在南海维权手段和能力研究"(批准号 18VHQ012)的阶段性成果。

** 武汉大学国际法研究所教授、博士研究生导师,武汉大学中国边界与海洋研究院院长、国际问题研究院院长,国家领土主权与海洋权益协同创新中心副主任。

*** 武汉大学国际法研究所博士研究生。

的实现。IUU 捕捞活动有时也可能与跨国有组织犯罪有关,这进一步威胁了全球渔业的可持续发展,破坏法治,危及经济、粮食和人类安全。此外,小岛屿发展中国家和最不发达的沿海国家往往成为 IUU 捕捞活动的受害者,因为它们缺乏打击 IUU 捕捞活动的能力。

2001 年世界贸易组织(World Trade Organization, WTO)多哈回合议程将渔业补贴问题纳入谈判议题,2022 年 6 月 17 日,WTO 第 12 届部长级会议通过了《渔业补贴协定》,其中重点规定了对 IUU 补贴的禁止。我国全程参与《渔业补贴协定》的谈判,展示了从政府层面打击 IUU 捕捞的决心。通过推动 WTO《渔业补贴协定》在国内的落实,既可展示中国在打击 IUU 捕捞上的决心与行动,又能提高国家渔业执法能力和效率,增强国家打击 IUU 捕捞的制度手段。

一、IUU 捕捞的危害性及其恶劣影响

各国对非法、未报告和无管制捕捞的具体定义有所差异,目前普遍认可的是联合国粮食及农业组织(Food and Agriculture Organization of the United Nations,以下简称粮农组织)2001 年《非法、未报告和无管制的捕捞活动国际行动计划》(International Plan of Action to Prevent, Deter and Eliminate Illegal, Unreported and Unregulated Fishing, IPOA-IUU)所述的相关活动。[①] 其中非法捕捞是指在一国管辖水域内,本国或外国船只未经该国许可或违反其法律法规而进行的捕捞活动;或渔船悬挂了区域渔业管理组织(Regional Fisheries Management Organization)成员国国旗,但其作业违反该组织规定或被成员国接受并受约束的养护和管理措施,或其他适用的国际法相关规定;或作业船只违反了其所在国家的法律或国际义务,包括合作国对相关区域渔业管理组织承担义务的情况。未报告捕捞是指违反国家法律法规,未向有关国家主管部门报告或误报;或在区域渔业管理组织管辖水域内开展捕捞作业但未报告或违反报告程序的情况。无管制捕捞是指在区域渔业管理组织管辖区域,由无国籍船只或悬挂非该组织成员国国旗的船只或渔业实体进行的不符合或违反该组织养护和管理措施的捕捞活动;或在没有可适用养护或管理措施的区域或鱼类种群中以不符合国际法规定的国家养护海洋生物资源的责任进行捕捞活动的情况。

IUU 捕捞在 20 世纪 90 年代和 21 世纪头 10 年突然成为一个重大的国际问题。

---

① See FAO, International Plan of Action to Prevent, Deter and Eliminate Illegal, Unreported and Unregulated Fishing, 23 June 2001, p. 3, http://www.fao.org/3/a-y1224e.pdf.

全球渔获量从1950年的1900万吨增加到20世纪80年代末的9000万吨左右(峰值),[①]随着几乎所有海洋捕捞活动空间的扩大和水产养殖量的显著增大,世界上鱼类总产量持续增长,海洋捕捞量却在下降。[②] 1950年至2000年世界人口从25亿人增加到61亿人,全球海洋捕捞量反而下降。[③] 面对渔获量的下降,渔民往往会转到新渔场,采用新渔具,转向新物种。[④] 20世纪末,世界各地的渔业管理开始转向许可证发放和配额限制,这使在开放准入海洋渔场安排之下几乎无鱼可捕,即使是公海种群和高度洄游物种。在这种背景下,违反渔业法律法规并经常侵犯野生种群的IUU捕捞日益增多。

当前IUU捕捞已成为全球公害,涉及区域包括从国家管辖区内的专属经济区到国家管辖区外的公海。IUU捕捞破坏国家和国际渔业养护和管理措施并导致资源衰退,大大削弱了渔业部门实现国家和全球经济、社会和环境目标的能力。全世界每年捕获的每五条鱼中就有一条被认为来自IUU捕捞活动。[⑤] 非法、未报告和无管制的捕捞活动每年的捕捞量高达2600万吨,价值高达230亿美元。它还破坏了确保可持续渔业和负责任鱼类种群管理的努力。[⑥] 2018年世界鱼及鱼制品出口量为6700万吨,[⑦]其中,IUU捕捞造成的损失占鱼类出口量的16.42%。IUU捕捞导致不可持续海洋捕捞,对海洋生物多样性丧失有很大影响。首先,IUU捕捞逃避数据收集,使渔业管理人员无法获得评估种群至关重要的准确信息。无法采集未报告渔获物数据,会导致对相关种群可捕捞量的评估过高,使捕捞活动超出可持续限度进而导致种群崩溃。例如,在马达加斯加未报告捕捞导致主管机构高估鱼类种群的可捕

---

① See Wilf Swartz, Enric Sala, Sean Tracey et al., *The Spatial Expansion and Ecological Footprint of Fisheries* (1950 *to Present*), PLoS One 5, p.1 -2(2010).

② See Reg A Watson, William W L Cheung et al., *Global Marine Yield Halved as Fishing Intensity Redoubles*, Fish and Fisheries 14, p.497(2012).

③ See UN Department of Economic and Social Affairs, Population Division, *World Population Prospects* 2019, *Population data*, *Total Population-Both Sexes*, https://population.un.org/wpp/Download/Standard/Population/.

④ 参见[英]布莱恩·费根:《海洋文明史:渔业打造的世界》,李文远译,新世界出版社2019年版,序言第ix页。

⑤ See FAO, *Agreement on Port State Measures* (*PSMA*), https://www.fao.org/port-state-measures/en.

⑥ See FAO, *FAO Port State Measures Agreement Set to become International Law*, https://www.fao.org/africa/news/detail-news/en/c/415951/.

⑦ See FAO, *The State of World Fisheries and Aquaculture* 2020: *Sustainability in Action*, 2020, p.73, http://www.fao.org/3/ca9229en/ca9229en.pdf.

捞量,允许不可持续的大规模商业捕捞,进一步导致鱼类资源大幅减少,加剧粮食不安全和经济损失,而该国本来就容易受粮食短缺和政治动荡的影响。① 其次,从事IUU捕捞的船舶使用的非选择性渔具加剧兼捕,影响非目标物种,会破坏大型捕食类鱼种的食物链,威胁已经处于过度捕捞状态的高价值渔业和海豚等极度濒危物种。

如果不消除不可持续的IUU捕捞行为对资源的影响,水产品供应水平将下降,用于国民消费和国际贸易的水产品量也将下降,从而危及粮食安全。鱼类是重要的蛋白质来源,对于发展中国家而言,在粮食供应方面起着举足轻重的作用。2017年,鱼类消费量占全球人口对动物蛋白摄入量的17%,其中,约33亿人口的人均动物蛋白摄入量中有近20%来自鱼类,人口增长、不断壮大的中产阶级(特别是发展中国家)以及气候变化给粮食供应带来的压力,②导致对鱼类蛋白质的需求持续增长。人类对鱼类的需求越来越大,鱼类资源反而日益减少。1/3以上(34.2%)的鱼类种群处于过度捕捞状态,特别是高价值种类(如鳕鱼、金枪鱼、红鱼和剑鱼),如果过度捕捞和IUU捕捞持续泛滥,全球粮食安全将大受威胁。为遏制全球渔业资源继续恶化趋势,联合国大会2015年9月通过的《变革我们的世界:2030年可持续发展议程》(以下简称《2030年可持续发展议程》)将消除IUU捕捞列为其中一项重要而紧迫的国际目标。其第14.6项目标是"到2020年,禁止某些助长过剩产能和过度捕捞的渔业补贴,取消助长非法、未报告和无管制捕捞活动的补贴,避免出台新的这类补贴"。③ 2017年12月,联合国大会在其关于可持续渔业的年度决议中宣布6月5日为"打击非法、未报告和无管制的捕捞活动国际日"。④ 其目的在于:(1)提高人们对非法、未报告和无管制的捕捞活动及其对可持续渔业影响的认识;(2)敦促国际社会有效规范捕捞活动并终止非法、未报告和无管制的捕捞活动。

---

① See Frédéric Le Manach, Charlotte Louise Anne Gough, Alasdair Harris et al., *Unreported Fishing, Hungry People and Political Turmoil: The Recipe for a Food Security Crisis in Madagascar?*, Marine Policy 36, p.218(2012).

② 海洋变暖导致鱼群向极地和更深水域转移,海洋捕捞鱼类产量减少,特别是在热带水域。

③ See UN, *Transforming Our World: the 2030 Agenda for Sustainable Development*, A/RES/70/1, 21 October 2015, Goal 14.6, p.24.

④ See UN, *Sustainable Fisheries, including through the 1995 Agreement for the Implementation of the Provisions of the United Nations Convention on the Law of the Sea of 10 December 1982 relating to the Conservation and Management of Straddling Fish Stocks and Highly Migratory Fish Stocks, and Related Instruments*, A/RES/72/72, 19 January 2018, p.70.

二、WTO《渔业补贴协定》在打击IUU捕捞国际法律文书中的地位与特点

(一)规范IUU捕捞的三项国际性多边法律文书之一

鉴于渔业面临IUU捕捞的全球性威胁,国际上打击IUU捕捞的有行政、刑事和贸易手段。虽然海洋捕捞渔业受到下列三类国际法律性文书①的管辖:(1)《联合国海洋法公约》和相关执行协定;(2)粮农组织协定和自愿文书;(3)包括区域渔业管理组织在内的区域协定,但是直接涉及IUU捕捞的多边法律性文件主要有下列三项。

第一,粮农组织2001年IPOA-IUU是首份对"非法、不报告和不管制捕捞"行为给予正式明确阐述的国际渔业文书。IPOA-IUU是基于《负责任渔业行为守则》框架第2(d)条形成的一份自愿性质的国际渔业文书,号召各国和区域渔业管理组织采取有效措施与IUU捕捞斗争,为充分发挥IPOA-IUU作为处理各种IUU捕捞活动"工具箱"的作用,IPOA-IUU第3条对IUU行为进行了描述。各国可结合自身状况,基于该文件的组织原则和实施措施,制订本国打击IUU的国家计划。经过粮农组织不懈努力,最终IPOA-IUU第3条关于IUU的定义被纳入《港口国措施协定》第1条(e)项:"非法、不报告和不管制捕捞"系指在2001年粮农组织IPOA-IUU第3段所确定的活动。

第二,《港口国措施协定》是首份专门针对打击IUU捕捞的具有法律约束力的国际文书。2009年联合国粮食与农业组织大会第36届会议批准、2016年生效的《港口国措施协定》是全球第一部具有法律约束力,旨在预防、阻止和消除非法、不报告和不管制捕捞的国际法律文件。它规定了港口国采取措施预防、阻止和消除非法、未报告和无管制的捕捞活动,防止从事这种捕捞活动的船只使用港口和上岸捕捞。这有助于减少向这些船只提供的奖励措施,阻止它们作业,从而减少此类鱼产品进入国家和国际市场。其规定适用于寻求进入与其船旗国不同的国家指定港口的渔船。其控制非法、不报告和不管制捕捞的制度,主要体现在入港检查措施、港口

① 根据WTO网站,与渔业有关的国际文书为:(1)《维也纳条约法公约》;(2)《联合国海洋法公约》;(3)粮农组织《负责任渔业行为守则》;(4)《执行1982年12月10日〈联合国海洋法公约〉有关养护和管理跨界鱼类种群和高度洄游鱼类种群的规定的协定》;(5)粮农组织《非法、未报告和无管制的捕捞活动国际行动计划》;(6)《关于预防、制止和消除非法、不报告、不管制捕鱼港口国措施协议》;(7)粮农组织《船旗国表现的自愿准则》;(8)粮农组织《粮食安全和消除贫困背景下保障可持续小规模渔业自愿准则》;(9)《预防中北冰洋不管制公海渔业协定》;(10)粮农组织《渔获登记制度自愿准则》;(11)联合国可持续发展目标。See WTO, *Agreement on Fisheries Subsidies*, https://www.wto.org/english/tratop_e/rulesneg_e/fish_e/fish_e.htm.

使用制度、检验措施和合作义务等方面。其中入港船舶的检验、对确认从事 IUU 捕捞船舶的惩处措施、增进船旗国与港口国之间合作及信息交流沟通机制等管理举措的规定,从法律层面固化和加强了管控 IUU 捕捞活动的国家实践和国际渔业法律文件的系统性。《港口国措施协定》作为第一个专门针对 IUU 捕捞活动的具有约束力的国际协定,其实施不仅减少了 IUU 捕捞船只继续经营的动力,而且阻止了 IUU 捕捞产品进入国内和国际市场,最终将有助于海洋生物资源和海洋生态系统的长期养护和持续利用。① 但作为具有约束力的国际条约,它目前仅有 74 个缔约方。②

第三,2022 年 6 月 17 日 WTO 第 12 届部长级会议通过的《渔业补贴协定》禁止有害渔业补贴,标志着海洋可持续性向前迈出了重要一步。该协定代表了 WTO 成员的一项历史性成就:通过多边协议完全实现可持续发展首个具体目标,是 WTO 关注环境的首份协定,也是有关海洋可持续性广泛而有约束力的第一项多边协定,还是 WTO 成立以来达成的第二项多边贸易协定。有害渔业补贴是世界鱼类资源枯竭的关键因素,IUU 产品不仅进入国际贸易,而且继续受到补贴,尽管补贴不可能明目张胆地用于 IUU 捕捞活动。国际社会认识到需要避免补贴 IUU 捕捞并将其列为优先事项已经有 20 多年了,并已经在区域层面取得了某些进展,《全面与进步跨太平洋伙伴关系协定》《美国—墨西哥—加拿大协定》《英国—新西兰自由贸易协定》《英国—澳大利亚自由贸易协定》载有禁止补贴 IUU 捕捞的条款。

WTO《渔业补贴协定》将为全球渔业制定新规则,并限制导致全球渔业资源枯竭的政府补贴,如能有效实施,将有助于管控 IUU 捕捞对渔业资源的破坏,缓解渔业资源的过度捕捞状况,促进渔业管理秩序的优化以及渔业资源的可持续发展。

(二)WTO《渔业补贴协定》打击 IUU 捕捞的独特性

WTO 作为在多边一级管理补贴的唯一国际机构,通过禁止补贴这一贸易手段补充已有国际机制,是打击 IUU 捕捞的有效多边平台。《渔业补贴协定》完成了 WTO 第 11 届部长级会议《布宜诺斯艾利斯部长级决定》授权的任务,③体现了 WTO

① 参见余敏友、陈盼盼:《论〈港口国措施协定〉对非法、不报告和不管制捕鱼的管控》,载《中国海洋大学学报(社会科学版)》2020 年第 2 期。

② See FAO, *Agreement on Port State Measures (PSMA)*, *Background*, *Parties to the PSMA*, https://www.fao.org/port-state-measures/background/parties-psma/en/.

③ 《渔业补贴协定》履行了可持续发展目标具体目标 14.6 和第 11 届部长级会议的任务:……禁止助长产能过剩和过度捕捞的某些形式的渔业补贴,并取消助长非法、未报告和无管制捕捞活动的补贴,同时认识到对发展中国家成员和最不发达国家成员适当有效的特殊和差别待遇应成为 WTO 谈判的一个组成部分。WTO Ministerial Conference, Eleventh Session, 13 December 2017 Buenos Aires, 10 – 13 December 2017, Fisheries Subsidies, Ministerial Decision of, WT/MIN(17)/64, WT/L/1031, 18 December 2017.

在全球渔业补贴议程中的重要作用。WTO《渔业补贴协定》虽禁止补贴IUU捕捞和处于过度捕捞状态的鱼类种群，但如果WTO成员在其生效后4年内达不成将其扩大到助长过度捕捞和产能过剩补贴的共识，该协定就可能终止。WTO成员在部长级会议第12届会议上同意继续就悬而未决的问题进行谈判，以期由第13届部长级会议就进一步加强《渔业补贴协定》纪律的补充条款提出建议。《渔业补贴协定》规定，自其生效之日起，完成这些谈判的最长期限为4年。

从技术上看，《渔业补贴协定》不是作为WTO《补贴与反补贴措施协定》的附件而是一份单独的协定，这一做法将强化由此设立的渔业补贴协定委员会的职能，确保其有足够的能力和资源专门处理适用方面的具体问题。《渔业补贴协定》解决了许多技术上复杂和政治上敏感的问题，WTO成员部长级会议第12届会议决定中提到的先前送交部长们的案文草案为进一步谈判奠定了坚实的基础。因此，预计这"第二波"谈判将在第13届部长级会议之前集中精力并取得成果。

1.《渔业补贴协定》将对海洋鱼类种群和渔业的可持续性产生重大而积极的影响

(1)《渔业补贴协定》通过禁止对IUU捕捞活动的补贴，为全球打击此类捕捞活动创造了强有力的新武器。首先，《渔业补贴协定》禁止在沿海成员、船旗国成员或有关区域渔业管理组织/安排在其各自职权范围内作出非法、未报告和无管制的捕捞活动或与捕捞有关的活动提供补贴。WTO成员还认识到港口国在打击非法、未报告和无管制捕捞活动方面的重要作用。其次，《渔业补贴协定》就IUU的确定如何触发补贴禁令以及IUU决定的相称性提供了程序指导。再次，为触发禁令，沿海国的非法、未报告和无管制的捕捞活动认定须遵守通知和信息交流规定，区域渔管组织/安排的非法、未报告和无管制的捕捞活动列表也必须遵守其本身的适用程序和国际法，包括通知和提供资料。最后，根据相称性原则，补贴成员在确定禁令的期限时，应考虑到非法、未报告和无管制的捕捞活动的性质、严重性和重复性，禁令期限至少应与非法、未报告和无管制的捕捞活动确定的制裁一样长。

(2)《渔业补贴协定》禁止对过度捕捞种群的捕捞提供补贴，在管理措施无效的情况下提供了重要的保护措施。首先，《渔业补贴协定》禁止对沿海成员或区域渔管组织/安排在其职权范围内确定的处于过度捕捞状况种群的捕捞或与捕捞有关的活动提供补贴。其次，WTO成员只有在补贴用于重建种群或为此目的采取其他措施的情况下，才能继续为捕捞处于过度捕捞状态的种群提供补贴。

(3)《渔业补贴协定》禁止对在无管制的公海捕鱼提供补贴，禁止向沿海成员或沿海非成员管辖范围以外、相关区域渔管组织/安排职权范围外的捕鱼或与捕鱼有关的活动提供补贴,即在该区域渔管组织/安排未覆盖的区域和鱼种内,在没有管理措施的地方提供重要保护。

(4)《渔业补贴协定》还规定了其他纪律。首先,以下情形中,WTO 成员应特别注意并保持应有的克制:第一是在向不悬挂其国旗的船只提供补贴时,第二是在向捕捞或与捕捞有关的活动提供补贴,涉及状况不明的种群时。其次,改善通知和透明度。除根据《补贴和反补贴措施协定》定期通知补贴外,每个成员都必须提供与执行该协定有关的信息。这些信息包括提供补贴的捕鱼活动的类型或种类,并尽可能说明有关鱼类种群的状况、渔获量数据、渔业管理措施、受益于补贴船只的信息,以及确定从事非法、未报告和无管制捕捞活动的船只和经营者名单。

(5)发展中国家特殊和差别待遇。第一,关于禁止助长非法、未报告和无管制捕捞活动的补贴以及对过度捕捞种群的补贴,发展中国家和最不发达国家成员国在自己的专属经济区内提供的补贴受益于一项和平条款,根据该条款,自《渔业补贴协定》生效之日起 2 年内不适用 WTO 争端解决机制。第二,各成员在提出涉及最不发达国家成员的事项时应保持应有的克制,所探讨的解决办法应考虑所涉最不发达国家成员的具体情况(如果有的话)。第三,占全球渔获量份额不超过 0.8% 的发展中成员国和最不发达国家可每 4 年而不是每 2 年提供一次渔业相关信息通报。第四,向发展中成员和最不发达国家提供有针对性的技术援助和能力建设以执行《渔业补贴协定》。为支持这种援助,WTO 将建立一个自愿供资机制,以用于协助成员将渔业可持续性内容纳入其渔业补贴政策和做法、加强可持续渔业管理系统和改善通知和透明度(特别是与渔业有关的信息)。

(6)WTO《渔业补贴协定》可通过 WTO 争端解决制度强制执行。与前述两个多边法律文书比较,《渔业补贴协定》可以提供它们所没有的东西,即通报、讨论贸易政策审议机制和争端解决机制,还将包括在争端解决机构裁定向 IUU 活动提供补贴的 WTO 成员不遵守规定的情况下采取贸易报复措施的可能性。其威慑力远远超过《港口国措施协定》关于拒绝 IUU 船舶停靠港口和卸下渔获物的规定,这有助于强化国际上打击 IUU 捕捞多边法律工具的执行力。

2. IUU 捕捞行为的认定和识别采纳了 IPOA-IUU 定义

WTO《渔业补贴协定》禁止对从事 IUU 捕捞或支持 IUU 捕捞相关捕捞活动的船舶或经营者给予或维持补贴。IUU 捕捞是指联合国粮农组织 2001 年通过的 IPOA-

IUU 第三段所列活动。①

《渔业补贴协定》主要涉及助长 IUU 捕捞的补贴(第 3 条)(禁止性规则一)、对处于过度捕捞状态种群的补贴(第 4 条)(禁止性规则二)、助长产能过剩和过度捕捞的补贴(第 5 条)(禁止性规则三)三个领域,对海洋野生捕捞和海上捕捞相关活动适用。② IUU 捕捞补贴规则适用于被沿岸成员或船旗国成员作出 IUU 捕捞认定或被列入区域渔业管理组织/安排的 IUU 船舶名单的船舶或经营者。如前所述,补贴成员可在沿岸成员实施的惩罚期限或区域渔业管理组织/安排列明期限的基础上(以长者为准),根据相称原则确定额外的禁止补贴期限。补贴成员须向委员会通报其为实施由 IUU 捕捞认定触发的补贴禁止规定而采取的措施。发展中国家成员享有"和平条款"形式的特殊与差别待遇。

3. 禁止 IUU 捕捞补贴在三大禁止性规则中最为严格

过度捕捞状态种群补贴规则及产能过剩和过度捕捞补贴规则是限制性的,而 IUU 捕捞补贴规则是禁止性的。出于非法性的考虑,助长 IUU 捕捞的补贴规则最严;出于种群状况最差的考虑,对处于过度捕捞状态种群的补贴规则次之;最后是助长产能过剩和过度捕捞的补贴规则。

IUU 捕捞补贴禁令的实施时限,《渔业补贴协定》规定应考虑 IUU 捕捞的性质、严重程度、重复发生的情况,至少等同于触发禁止性规则所认定的产生制裁措施的期限或被区域渔业管理组织列在清单上的时限,以较长者为准;对于港口国向任何补贴国通报其有明确理由认为其在港口中的船舶从事了 IUU 捕捞的情形,《渔业补贴协定》规定该补贴国应适当考虑收到的信息,并对其补贴采取认为适当的行动。对 IUU 捕捞的认定,有三种情况:沿海成员对在其管辖区域内的船舶活动作出认定;船旗国对悬挂其国旗的船舶活动作出认定;区域渔业管理组织或安排对在其区域和物种权限范围内的船舶活动作出认定,包括及时通报和提供相关信息。

产能过剩和过度捕捞补贴规则包含一份推定禁止的渔业补贴类型清单,对这份清单加以调节的是第 5 条第 1 款第 1 项,该条允许在已采取措施将鱼类种群"维持"在生物可持续水平的情况下提供此类补贴。第 5 条第 1 款第 1 项使用的表述是"补

① 参见《渔业补贴协定》第 3 条标题的注释 4。WTO Ministerial Conference, Twelfth Session, Geneva, 12 – 15 June 2022, Agreement on Fisheries Subsidies, Ministerial Decision of 17 June 2022, WT/MIN (22)/W/33, WT/L/1144, 22 June 2022, p. 4.

② See WTO Ministerial Conference, Twelfth Session, Geneva, 30 November – 3 December 2021, Agreement on fisheries subsidies, Draft text, WT/MIN (21)/W/5, 24 November 2021.

贴不违反第5条第1款”,而不是“尽管有第5条第1款的规定”,表明该条是补贴规则本身基于可持续性灵活性的表达。过度捕捞状态种群补贴规则针对种群已被沿岸成员或者区域渔业管理组织/安排认定处于过度捕捞状态的特殊情况。考虑到被认定处于过度捕捞状态的种群特别脆弱,过度捕捞状态种群补贴规则的灵活性小于助长产能过剩和过度捕捞补贴规则。第4条第3款以“尽管有第4条第1款的规定”开头,表明该款是第4条第1款的一个例外。第4条第3款规定的例外适用于为促进种群“重建”(rebuild)到生物可持续水平而实施的补贴或其他(非补贴)措施。第4条对生物可持续水平(biologically sustainable level)的定义与第5条对同一术语的定义相同,二者使用同一个脚注(脚注10)。IUU捕捞补贴规则没有任何基于可持续性的灵活性或例外,在三大禁止性规则中最为严格。

4. 消除对非法、未报告和无管制捕捞活动的补贴,几乎不存在例外

仅在涉及领土主权和海洋划界争议以及争端解决机制等问题上,谈判方提出,协定内容均不应解释为对领土、主权或管辖权有任何法律影响,涉及争议水域(包括主权、主权权利和管辖权争议)的IUU捕捞活动均应排除在协定的范围之外,WTO《关于争端解决规则与程序的谅解》(Understanding on Rules and Procedures Governing the Settlement of Disputes, DSU)不得适用于与争议水域有关的措施或情况。最终文本第11条第3款(a)项明确规定,《渔业补贴协定》和包括与其有关的任何调查结果、建议和裁决,对领土主张和海洋边界的划定没有法律影响;第11条第3款(b)项也对依据该协定设立的争端解决机制作出了类似的限制性规定。

三、中国禁止IUU捕捞补贴的实施路径

在2022年6月12日至17日于瑞士日内瓦举行的第12届会议上,WTO部长级会议决定通过一项修正议定书,将《渔业补贴协定》纳入《马拉喀什建立世界贸易组织协定》(Marrakesh Agreement Establishing the World Trade Organization, WTO Agreement, 以下简称《WTO协定》)附件1A,并开放该议定书供成员接受。根据《WTO协定》,成员通过向WTO交存所谓的“接受议定书”文书来正式接受该议定书。根据《WTO协定》第10条第3款的规定,议定书应在2/3成员接受后生效。一旦议定书生效,本议定书应继续开放供接受,并在该日期之后交存接受书的成员将在该成员各自的交存之日生效。既然WTO成员已经通过了《渔业补贴协定》,字面上终止了被禁止的渔业补贴,那么每个成员必须迅速交存其对《渔业补贴协定》议定书的“接受书”。为了使该协定生效,2/3的WTO成员必须将其“接受书”交存WTO。为确保《渔业补贴协定》尽早生效,WTO大力鼓励所有成员立即开始其国内

程序,尽快完成程序,然后将接受书交存 WTO 保存。

我国应尽快核准《渔业补贴协定》并在国内外推进其实施,从立法框架、补贴标准、渔船管理、信息通报等方面做好该协定在国内实施的准备。

(一)通过立法排除 IUU 捕捞

为将 IUU 捕捞排除在补贴范围之外而采取的立法方法大体有三种。第一种方法是利用总体立法规范中的具体机制,拒绝或撤回与 IUU 捕捞有关的补贴。这些程序通常意味着一套资格标准,在申请补贴时会对这些标准进行核实。一些经济体要求接受者书面声明其没有违反国内渔业法规并且与 IUU 捕捞没有关系,这种书面承诺有助于提高受益人对渔业法规的认识和遵守。这些要求通常得到其他法律规定的补充,如在作出一项 IUU 捕捞认定时,扣留、撤回或要求偿还已经获得的补贴。第二种方法是在每一项单独补贴计划的协定或合同中纳入资格标准和关于扣留、撤回或要求偿还补贴的规定。这种方法可以考虑更具体的情况,在联邦制国家更为常见。然而,这种方法对确保所有形式的 IUU 捕捞活动始终被排除在所有补贴计划之外似乎更具挑战性。第三种方法是利用撤销捕捞授权与需要获得授权才有资格获得补贴的法律规定,间接中止补贴资格(以及在补贴期间终止或暂停补贴)。因此,与捕捞授权及之前船舶登记有关的尽职调查程序是将 IUU 捕捞排除在补贴范围之外的主要途径。如果禁止补贴只与授权捕捞有关,主管机构可能没有那么大的灵活性根据行为的严重性调整补贴措施,因为 IUU 捕捞涵盖的活动范围很广,包括那些撤销捕捞授权(和所有支持)会过于严厉的活动。

(二)补贴发放标准明确 IUU

我国有关政府部门于 2021 年 5 月 12 日发布的《关于实施渔业发展支持政策推动渔业高质量发展的通知》明确了"十四五"期间继续实施渔业支持政策的总体思路和支持重点。① 2021 年 12 月 1 日发布的农业农村部渔业渔政管理局《关于〈远洋渔业企业履约评估表(征求意见稿)〉公开征求意见的通知》所列违规作业情形,可以作为发放补贴的参考标准。② 特别是:渔船未经批准擅自出境;未取得合法捕捞许可证从事捕捞生产;非法越界捕捞;擅自改变规定的作业方式和作业海域;故意关闭船位监测设备或擅自移动监测设备,报送虚假信息;擅自更改船名、识别码、渔船标识或渔船参数;擅自更换渔船主机;使用我国、入渔国或国际组织禁用的渔具渔法;

---

① 参见《关于实施渔业发展支持政策推动渔业高质量发展的通知》,财农〔2021〕41 号。

② 参见农业农村部渔业渔政管理局《关于〈远洋渔业企业履约评估表(征求意见稿)〉公开征求意见的通知》,http://www.yyj.moa.gov.cn/gzdt/202112/t20211201_6383475.htm。

捕捞或留存我国、入渔国或国际组织禁止捕捞的鱼种或其他海洋生物物种;发生重大安全生产责任事故;渔船未按要求携带船舶相关证书;妨碍或拒绝有关国家依法进行的海上登临或港口检查;拒绝接纳按规定派遣的观察员或妨碍观察员正常工作;未按合同规定向船员发放工资,发生劳动纠纷,造成群体事件等其他违法违规行为。

(三)补贴以登记和授权为条件

船舶登记和授权程序所需的资料越详细并经核实,查出与IUU捕捞有任何联系的机会就越大,跟踪船舶活动、发现并制裁IUU捕捞(包括取消补贴)就越容易。因此,将IUU捕捞有效排除在补贴范围之外,需要尽可能全面的登记和授权程序,并与不同情况相适应,如简化小规模渔业程序等。为最大限度地减少IUU捕捞从政府补贴受益的风险,政府应使所有补贴以船舶悬挂本国旗帜并获得捕捞授权为条件。如果授权尚未成为补贴资格的条件,则确立该条件将是当务之急。此外,在政府正试图将非正规渔业从开放准入制度中转变过来的情况下,这可能有助于鼓励非正规渔民申请船舶登记和捕捞授权,也将鼓励为捕捞相关活动建立全面的许可程序。除了授权程序通常包括的条件,如通过船舶监测系统传送位置或报告渔获量外,在适当的情况下,授权本身还应要求船舶唯一标识符(如国际海事组织编号)及船舶实益所有人的详细信息。

(四)IUU捕捞通报常态化机制化

WTO《渔业补贴协定》要求补贴成员通报其因IUU捕捞认定而停止的补贴、防止对IUU捕捞提供补贴的立法,以及补贴计划和从补贴中受益的船舶。记录并公布关于终止补贴IUU捕捞的现有程序及其实施方式的明确信息,可以通过增加从事IUU捕捞的预期成本和降低对经营者的经济激励制止IUU捕捞,因此,增加拒绝或终止补贴IUU捕捞的现有程序及增强其实施的透明度尤为重要。建议农业农村部将远洋渔业企业及渔船涉嫌违法违规问题调查情况和处理意见的通报常态化、机制化,公开事后终止补贴措施的数量和价值以及事前拒绝提供补贴的案例(如有)。中国可以积极利用WTO咨询通报机制和贸易政策审议机制,树立负责任的渔业大国形象。

四、结语

WTO《渔业补贴协定》从补贴禁止的角度打击IUU捕捞,是对过去几十年为打击IUU捕捞而制定的多边规则的一个有益补充和重大发展。IUU捕捞补贴规则指沿岸成员、船旗国成员或区域渔业管理组织或安排作出IUU捕捞认定触发的补贴禁止规定。IUU 捕捞补贴规则要求补贴成员修改其补贴计划所提供资助或支持的条件,现有或未来的渔业补贴计划需要包括一个条件,即补贴申请人如果被发现曾从事或正在从事 IUU 捕捞,将没有资格获得补贴计划下的利益。《渔业补贴协定》禁止 IUU 捕捞补贴规则的核心,是确保为海洋捕捞渔业提供的补贴不会助长 IUU 捕捞。中国应积极推动《渔业补贴协定》的批准和实施,作出完全履行 WTO 义务的表率。

美国单边金融制裁在国际法上缺乏合法性*

白　雪**

单边金融制裁作为美国对外经济战的手段之一,是美国外交政策的默认首选工具。美国制定包含单边金融制裁措施的国内法,自行将其于域外适用于他国,其在国际法上的合法性存疑:第一,单边金融制裁建立在美国与制裁对象实力的悬殊与不平等上,涉嫌干涉他国内政,违反了和平解决国际争端原则;第二,对管辖权的过度扩张,是对现有管辖权原则的工具性滥用;第三,超越国际人权公约的属地管辖范围,违背联合国大会决议,亦不能满足国际人道法的必要性原则、区分原则和相称性原则。鉴于此,中国可以参考国际社会应对美国非法单边金融制裁的实践经验,通过司法手段质疑非法单边金融制裁;在反制裁立法中注重国际合法性,形成系统完善的反制裁规则体系。

金融制裁(financial sanctions)作为最为严厉的经济制裁形态,本质上是一种政治工具。① 2022年以来,美国对俄罗斯实施全面的金融制裁,限制俄罗斯接入美元体系,进行广泛的次级制裁措施,企图摧毁其金融体系,孤立其金融与贸易,引发了国家间激烈的冲突和博弈,引起了世界各国对国家金融安全的关注。单边金融制裁素有争议,理论上对单边金融制裁的合法性存在分歧,实践中各国抵制他国对本国的金融制裁措施,同时保留本国实施金融制裁的权利。在此背景下,深入研究美国单边金融制裁的合法性问题,对中国妥善应对美国单边金融制裁、维护中国国家主

---

* 本文系国家社科基金重大项目"国际私法视域下中国法域外适用的制度构建研究"(项目编号:20&ZD203)阶段性成果,本文为武汉大学自主科研项目(人文社会科学)研究成果,得到"中央高校基本科研业务费专项资金"资助。

** 武汉大学国际法研究所博士研究生。

① See Perry S. Bechky, *Sanctions and the Blurred Boundaries of International Economic Law*, Missouri Law Review 83, p. 1(2018).

权及利益、迎接全球经济体系巨变具有重要价值和意义。

一、美国单边金融制裁的性质与所谓合法性的“理论基础”

（一）美国单边金融制裁的性质

国际社会对于“制裁”一词尚无统一认识，与“单边制裁”并列提及的还有“单方面强制性措施”“单方面限制性措施”，联合国人权理事会决议中将“单边制裁”定义为由国家或国家集团强加于另一个国家，迫使该国服从其行使主权权利，以确保其政策的某些具体改变的行为。① 单边金融制裁是一种单边强制性措施，用于迫使受制裁对象与制裁作出国的政治或外交目标保持一致，它们可以针对国家行为者和非国家行为者，并采取金融、资产限制等措施。

有学者认为，尽管单边金融制裁通常被认为不构成违反《联合国宪章》第 2 条第 4 款禁止威胁或使用国际武力的行为，也不构成武装冲突的启动，但从某种意义上说，和平时期通过联合国安理会单方面或多边采取的强制性制裁是经济战（economic warfare）的一种手段。② 经济战是无形的，可以以多种形式发动，跨越和模糊贸易、投资或货币的界限，从而超越与这些特定领域相关的法律制度。和平时期采取的某些措施在某种程度上类似于传统的经济战手段，以经济胁迫为形式的经济战也是武装冲突的替代方案，而不仅是武装冲突的补充。经济战反映的是国际关系中的世俗现实，是追求国家及个人利益的一种手段，不受对经济力量使用或威胁广泛禁止的限制，其使用最终更多地取决于政治而不是法律。③ 当前国际社会尚未形成规制使用或威胁使用单边金融制裁的统一法律文件，而金融制裁被广泛地用于追求国家及个人利益，且并未基于成文法律而是基于政治目的。因此，尽管“经济战”不是一个法律术语，但它确实反映了实施此类制裁的意图，以及这些制裁对目标国的影响。旨在胁迫目标国家改变其行为的单边金融制裁是经济战的措施，其对目标国家，特别是该国平民的潜在破坏性影响不亚于军事力量。

（二）美国单边金融制裁合法性所谓的“理论基础”

一国根据联合国安全理事会（以下简称联合国安理会）决议执行的金融制裁具

---

① See HRC, *Report of the Special Rapporteur on the Negative Impact of Unilateral Coercive Measures on the Enjoyment of Human Rights*, Idriss Jazairy, A/HRC/30/45 (10 August 2015).

② See Daniel H. Joyner, *International Legal Limits on the Ability of States to Lawfully Impose International Economic/Financial Sanctions*, in Ali Z. Marossi and Marisa R. Bassett, eds., Economic Sanctions under International Law, Hague, Netherlands, T. M. C. Asser Press, p. 86 – 90(2015).

③ See Teoman M. Hagemeyer-Witzleb, *Legality and Law of Economic Warfare*, in: Teoman M. Hagemeyer-Witzleb, The International Law of Economic Warfare, Switzerland, Springer Nature Switzerland AG, p. 325(2021).

有国际合法性,但脱离于联合国安理会决议的金融制裁受到国际社会的质疑。伊朗核问题是联合国安理会反复讨论的话题,联合国安理会曾通过一系列决议,[①]要求成员国对其指定的与伊朗核扩散有关的实体和个人实施金融制裁,经联合国安理会授权实施的初级金融制裁并不违反国际法。然而,随着美国开始利用美元的全球影响力,将其金融和经济实力"武器化",美国出台《对伊朗全面制裁、问责和撤资法》,使美国财政部强制美国银行终止与伊朗进行交易的任何非美国金融机构的账户,并相继在2012年和2013年的《国防授权法》中允许美国财政部强制美国银行终止与伊朗中央银行进行交易的非美国金融机构的账户,并逐步扩大金融制裁范围。这些针对初级制裁目标以外第三方的次级金融制裁措施超越了联合国安理会的授权范围,通过威胁切断与伊朗银行开展业务的银行进入美国金融系统的渠道,达到孤立伊朗的效果,这样的单边金融制裁措施不具有国际合法性。

美国单边金融制裁以国内法作为法律依据,但国内法不能构成取得国际合法性的理由。在如今禁止使用武力或以武力相威胁的背景下,往往会讨论允许国家诉诸武力的例外情况,例如,个人和集体针对武装攻击的自卫,这种例外情况实际上是诉诸武力的合法性理由。然而,对于作为经济战手段之一的单边金融制裁,这种例外的状态和规则还没有形成。美国实施单边金融制裁名义上依据《联合国宪章》,实质上依据美国国内法,其实施效果是对他国或其国民形成域外效力,本质上是美国依据国内法行使域外立法和执法管辖权。作为涉及多个国家或其国民的国际法问题,美国国内法不足以构成单边金融制裁取得国际合法性的理由。

当前国际社会尚无国际法律文件或国际习惯法规制单边金融制裁,美国利用这一法律空白实施单边金融制裁。关于国际法域外管辖权,主要有"法无禁止即许可"和"法无许可即禁止"两种学说。在"法无禁止即许可"的学说下,假设单边金融制裁本身不受管制,那么只要国际法没有与之相反的禁止性规则,国家就有权酌情实施,这种不受监管的行为既不合法也不非法,而是处于法外境地。在许可说下,如果国际法存在漏洞,国家就可以利用该漏洞在法外境地自由行动,甚至"为所欲为"。尽管有学者坚持许可说,但这一学说受到了广泛批评,持反对观点者认为其忽略了国家主权平等原则,任意扩大了立法管辖权范围,权威性受到质疑,在执行上也会破坏正常的国际秩序。[②] 在"法无许可即禁止"的学说下,学者认为,只有通过积极的

---

① See S. C. Res. 1737 (Dec. 23, 2006), S. C. Res. 1747 (Mar. 24, 2007), S. C. Res. 1803 (Mar. 3, 2008).

② 参见汤诤:《域外立法管辖权的第三条路径》,载《当代法学》2022年第3期。

国际法的许可规定,国家才可以采取行动。针对美国单边金融制裁,在许可说下,没有允许其适用的国际法律文件,在禁止说下,没有成文的国际性文件或形成国际习惯法禁止单边金融制裁,①这反映了当前美国单边金融制裁的现实。这一法律空白当然地由实际实施单边金融制裁的国家来填补,无论其法律地位如何,这便是美国单边金融制裁的实践逻辑。

若采取国际法中法律空白的观点,直接后果就是不能假定单边金融制裁表面上是合法的或非法的,只能将其视为法外境地或"灰色地带"。在国际法中,这种不确定性和"灰色地带"持续存在的现象并不罕见,在多数情况下,这种"灰色地带"往往会以形成国际习惯法或缔结条约法而告终。这种不被禁止也不被允许的法外行为具有"超合法性"(extra-legality),其逻辑后果是不授予任何国际法主体对其立场的合法性推定。只有在有正当理由实施或禁止行使该行为时,才能证明其是合法或非法的;如果没有这样的规则,则该行为仍处于不受管制的法外状态。

这种法律空白导致发达国家和发展中国家对单边金融制裁的合法性问题的争议。联合国"人权与单方面强制措施"议题投票模式的政治裂痕表明,发达国家和发展中国家之间对此存在明显分歧。以美国和欧盟成员国为代表的发达国家认为,单边金融制裁是实现外交政策目标和执行共同体准则的合法手段,美国将自己定义为负责推广与民主、人权和法治有关价值观的世界领导者,单边制裁是必要和合法的工具。② 而以不结盟运动、77 国集团为代表的发展中国家认为,这种制裁构成迫使其改变内部政策的不正当干预,发展中国家集团期望的行为应符合联合国基本原则,因此倾向于多边而非单边实践。

中国认为,采取以单边金融制裁为代表的单方面强制性措施与和平共处五项原则背道而驰。本文主要探讨的是非经联合国安理会授权的美国单边金融制裁,并试图从以下几个方面为中国寻找在国际法上质疑美国单边金融制裁合法性的理由。

二、美国单边金融制裁违反国际法基本原则

(一)和平解决国际争端原则

美国单边金融制裁或以金融制裁相威胁的经济胁迫,被广泛认为是武力的替代方案,和平解决国际争端原则要求各国适用和平、非武力的方式解决国际争端,单边金融制裁不同于和平方法解决国际争端。美国凭借其经济规模、经济活动和全球金

---

① 参见刘瑛、黎萌:《美国单边金融制裁的国际法分析》,载《国际经济评论》2020 年第 3 期。

② See Alexandra Hofer, *The Developed/Developing Divide on Unilateral Coercive Measures: Legitimate Enforcement or Illegitimate Intervention?*, Chinese Journal of International Law 16, p. 199(2017).

融中心的中心地位以及美元在全球金融市场中的主导地位,利用结构性比较优势和资源结合,对第三国及其企业和国民造成切实影响。不对称性是金融制裁的核心特征,具体体现在金融、政治和法律上的不对称性。金融上,美国掌控着全球货币结算网络和最主要的支付货币系统,因此得以发动彻底的金融制裁,美国不需要发动战争,亦不需要进入紧急状态,只需要美国总统的法令就可以冻结并没收一国的海外资产。政治上,美国利用自己的地位进一步便利金融制裁的实施,甚至带动多个国家加入金融制裁的行列,使单边金融制裁具有多边化的趋势。法律上,以联合国安理会决议为基础的制裁,均需建立在多边协议的基础上,而美国单边金融制裁仅仅依靠美国单边立法,可以脱离多边协议发动制裁。此外,受制裁目标往往没有申诉或国际法律救济渠道和机制。① 要克服这种法律僵局,就需要解决政治阻力。实践表明,单边金融制裁并没有促进国家之间的和谐,反而会引发阻力、怨恨和摩擦,从而加剧争端和紧张局势。2017 年 1 月,俄罗斯领导人梅德韦杰夫在对美俄关系的评估中,批评美国制裁对两国合作的负面影响。② 在古巴政府征收财产的问题上,美国并未采取和平途径解决争端,而是通过《赫尔姆斯 - 伯顿法》单方面为美国国民创设追偿诉因,拒绝同古巴进行协商。③ 美国单边金融制裁体现了强烈的单边主义色彩,使其成为建立在双方实力悬殊和不平等之上的手段,与和平解决国际争端原则背道而驰。

(二)不干涉内政原则

在联合国内部,许多会员国越来越担心经济性质的单方面强制性措施构成对一国内政的非法干涉。国内学者认为单边制裁符合干涉行为的构成要件,认为即使是基于人权和人道主义进行的单边主义干涉和制裁,或是为了维护国际和平与安全的"代位制裁",也均违反不干涉内政原则。④ 而亚非法律协商组织和欧盟的研究报告均认为单边制裁违反了不干涉内政原则。⑤

---

① 参见徐以升、马鑫:《金融制裁——美国新型全球不对称权力》,中国经济出版社 2015 年版,第 72 页。

② See *Assessment of Russian-US relations by Dimitri Medvedev*, Accessed October 13, 2022, http://government.ru/en/news/26148/.

③ 参见杜涛:《国际经济制裁法律问题研究》,法律出版社 2015 年版,第 70 页。

④ 参见张辉:《单边制裁是否具有合法性:一个框架性分析》,载《中国法学》2022 年第 3 期。

⑤ See Rahmat Mohamad, *Unilateral Sanctions in International Law: A Quest for Legality*, in Ali Z. Marossi and Marisa R. Bassett, eds., Netherlands, T. M. C. Asser Press, 2015, p. 78; EU Policy Department for External Relations, *Report of Extraterritorial Sanctions on Trade and Investments and European Responses*, November 2020, p. 3. 2.

单边金融制裁作为外交活动的延伸,是美国干涉他国内政的惯用手段。美国频繁向部分主权国家及其实体实施金融制裁,其负面影响上至国家,下至企业和个人。国家层面,从朝鲜、利比亚、伊拉克、叙利亚、伊朗等中小国家被迫应对全面金融制裁,到俄罗斯这样的大国为应对定向制裁开启大国博弈,直到美国切断俄罗斯SWIFT(全球银行间金融电信协会)系统迫使俄罗斯成为金融孤岛;实体层面,美国对法国巴黎银行开出了最大罚单,罚款高达89.7亿美元,除支付罚金、被没收资产外,还被迫解雇了集团高管,相关分行及分支机构被要求暂停美元清算业务。[①] 微观层面,美国单边金融制裁给金融机构和实体的经营发展和国际声誉带来严重负面影响,影响整个行业的健康发展;宏观层面,单边金融制裁影响金融流通,引发一系列"寒蝉效应"(chilling effect),使制裁效果远远超出制裁的实际内容,[②]最终撼动一个国家的经济发展、政治稳定,甚至国家安全。

综上所述,尽管美国以《联合国宪章》授权为名,实施单边金融制裁,在国际法基本原则层面,美国最有可能违反的是和平解决国际争端原则和不干涉内政原则。美国单边金融制裁建立在双方实力悬殊和不平等之上,并不属于和平解决国际争端的手段;美国以金融制裁作为外交活动的延伸,制裁其他国家或实体,干涉他国内政。

三、美国单边金融制裁违反国际法上的管辖原则

在管辖权原则方面,对美国单边金融制裁合法性问题的研究主要聚焦在批评美国对管辖权的过度扩张上,认为美国行使的管辖权是对现有管辖权原则的工具性滥用。

(一)属人管辖原则

美国金融制裁适用于"受美国管辖的人",还基于控制理论将范围扩大到不仅包括美国公民、居民、公司,还包括由这些人拥有或控制业务的外国子公司、合伙企业或协会。[③] 这使美国金融制裁甚至可以适用于美国境外外国实体的行为。例如,美国适用于古巴的《古巴资产管制条例》和适用于朝鲜的《外国资产管制条例》中的禁运条例包含广泛禁止与这些国家开展业务的资产封锁规定,禁止外国银行为由美国人拥有或控制的古巴或朝鲜公司提供贷款担保。这使金融制裁在国际上引起争议,

---

① See *Press release Dept. of Justice*, Accessed September 2, 2022, https://www.justice.gov/opa/pr/bnp-paribas-agrees-plead-guilty-and-pay-89-billion-illegally-processing-financial.

② See Joy Gordon, *Extraterritoriality: Issues of Overbreadth and the Chilling Effect of Sanctions in the Cases of Cuba and Iran*, Harvard International Law Journal January 57, p.1-12(2016).

③ See Clark L. Harry, *Dealing with US Extraterritorial Sanctions and Foreign Countermeasures*, Journal of International Economic Law 20, p.65(1999).

因为根据属人管辖原则,公司可被视为一个国家的国民,公司的国籍由其注册国或其主要营业地决定。一个国家不能将属人管辖权建立在其国民对外国公司的控制之上。据此,美国不能根据属人管辖原则对美国人"拥有或控制"的外国公司主张管辖权。

(二)属地管辖原则

属地管辖原则是美国行使管辖权的主要依据。美国声称,由于交易以美元计价,必然是通过美国金融系统处理的,因此它们与美国领土有联系。① 然而,对美元交易的追索并不自动表明交易各方希望与美国领土建立联系,而是基于标准支付方式。

美国已有将其管辖权建立在美元交易的事实之上以引起地域连接的先例。美国曾根据《反海外腐败法》指控外国子公司在美国境外的行为,理由是通过美国银行进行的美元电汇。② 在有关《反海外腐败法》的官方指南中,美国声称外国实体使用美国银行系统,足以使领土联系得到满足。③ 美元支付构成了管辖权的依据,因为假定此类支付必须通过美国的代理账户,即通过美国领土。④ 美国也试图通过《爱国者法》实现扣押或封锁外国美元资产的可能性,即使资金位于外国账户,也可以进行冻结或扣押。⑤ 管辖权依据是外国银行在美国拥有银行同业美元账户,或者外国银行的海外账户实际上是美国的账户。除美国外,很少有其他国家认为使用本国货币是行使属地管辖权的充分理由。

除了基于美元交易,美国越来越倾向于援引基于代理账户的管辖权。基于代理账户植根于属地管辖原则。美国法学界和国际法学界,对属地管辖原则进行如此广泛解读的有效性进行质疑。⑥ 首先,受制裁对象与美国缺乏足够的地域联系,因为属地原则要求大部分行为发生在管辖领土内,但通过代理账户进行支付不会造成足够

---

① See *BNPP Settlement Department of Justice Press Release June* 30, 2014, Accessed October 10, 2022, http://www. justice. gov/opa/pr/bnp-paribas-agrees-plead-guilty-and-pay - 89 - billion-illegally-processing-financial.

② See Jennifer A. Zerk, *Extraterritorial Jurisdiction: Lessons for the Business and Human Rights Sphere from Six Regulatory Areas*, Corporate Social Responsibility Initiative Working Paper No. 59, 2010, p. 32.

③ See Department of Justice, November 2012, A Resource Guide to the U. S. Foreign Corrupt Practices Act, p. 11.

④ See 31 U. S. C. § 5318A (e)(1)(B).

⑤ See 18 U. S. C. § 981(k)(1)(A).

⑥ See Natasha N. Wilson, *Pushing the Limits of Jurisdiction Over Foreign Actors Under the Foreign Corrupt Practices Act*, Washington University Law Review 91, p. 1063(2014).

的损害来建立足够的联系。其次,使用代理账户的外国实体通常也没有在美国境内造成损害的意图,这些实体甚至不知道也没有任何理由知道他们的资金将通过美国代理账户转移。最后,通过代理账户进行支付的行为本身并不违反国际法,尽管财产转移发生在美国境内,但属地管辖原则的必然结果是外国无权干涉他国的国内事务,[①]除非转移财产行为本身严重违反国际法,否则基于代理账户的管辖权将会是对管辖权原则的滥用。在法国巴黎银行案中,美国对巴黎银行和其他银行进行罚款,因为它们通过美国的金融系统处理美元交易。美国宣称对该美元交易有管辖权,因为交易通过美国的代理账户使用美国货币支付,意味着交易通过美国领土。该论点基于属地原则,但对该原则的扩大解释受到了很多批评,因为通过一家美国银行在两个外国账户之间进行货币清算,不能视为与美国有充分的管辖关系,进而违反美国法律。[②] 美元是世界主要货币,几乎所有的美元交易都通过美国进行结算。美国以外的任何实体签订包括支付服务在内的服务合同,其中涉及美元付款的部分必然通过所谓代理账户的连结点落入美国的管辖范围。接受代理账户关系作为管辖权的充分基础,就等于接受了无限的美国管辖权,其结果是美国拥有全球性的管辖权,这将对国际金融产生严重影响。据此,基于代理账户的管辖权与美国领土的联系非常薄弱,外国实体亦没有通过代理账户损害美国的意图,代理支付行为本身也不违反国际法,因此很难认为其符合传统国际习惯法中的属地管辖原则。

(三)效果原则

效果原则将属地管辖原则的解释范围扩大,可以延伸到尽管在国外进行但在境内产生"直接、实质性和合理可预见的影响"的行为。此前,效果原则只用于竞争法领域,[③]美国财政部对外资产管理办公室(Office of Foreign Asset Control, OFAC)的行动不涉及竞争法。根据《国际紧急经济权力法》规定,如果外国人导致美国人违反制裁,该外国人也应承担责任。然而,外国银行在美国领土上进行的美元交易不会对美国造成任何特别的损害。因此,效果原则是否适用于 OFAC 的行为是值得怀疑

① See Michael Gruson, *The U. S. Jurisdiction over Transfers of U. S. Dollars Between Foreigners and over Ownership of U. S. Dollar Accounts in Foreign Banks*, Columbia Business Law Review 3, p. 725 – 726 (2004).

② See Joop Voetelink, *Limits on the Extraterritoriality of United States Export Control and Sanctions Legislation*, in Robert Beeres et al., eds., NL ARMS Netherlands Annual Review of Military Studies 2021: Compliance and Integrity in International Military Trade, The Hague, T. M. C. Asser Press, 2022, p. 201 – 205.

③ See 206(a) of the IEEPA Enhancement Act of 2007.

的,其应用将取决于对损害程度的规定。

就损害程度而言,涉美元交易行为不会影响美国国内支付市场,不会破坏美国的支付系统,也不会降低其用户的可靠性或成本。它们亦不影响金融制裁的国内权威,因为美国公司本就受其约束。受影响的是金融制裁的全球效力,因为美国以外的公司可以从事美国法律禁止的行为。而当问题是美国法律的全球范围适用是否合理时,指出其缺乏全球效力将陷入循环论证。①

据此,效果原则是有争议的,外国银行是否对美国领土有负面影响存疑,即使对美国领土产生不良影响,是否造成了"直接、实质性和合理可预见的影响"的判断标准也很模糊,因此不能保证基于这种理由主张管辖权在国际法下是合法的。

(四)保护性管辖和普遍管辖原则

在 OFAC 执法行动的过程中,美国还曾援引保护国家安全和外交政策作为管辖权的依据。在外国行为损害国家利益的情况下,保护原则可以作为管辖权的基础,却不包含一般经济利益和外交政策目标,且保护原则只适用于威胁相当严重、危及国家关键利益的情况。美国的大多数制裁都是以国家安全威胁为由实施的,而美国针对国家安全威胁实施的大多数制裁并没有达到相当严重、危及国家关键利益这个相对较高的门槛。因此,美国不能以外国银行的交易对目标国家的经济做出贡献或这些交易破坏美国的总体外交政策这一事实证明金融制裁的合法性,美国也不能将其管辖权建立在美元交易构成危及国家利益的主张上。以保护原则作为金融制裁的理由是不恰当的。

为了援引保护原则,美国必须证明外国银行违反经济制裁确实威胁到了其国家安全。美国的逻辑是,外国银行允许受制裁国家从美国金融体系中获利,并为美国在伊朗、古巴或苏丹的敌人提供经济利益,因此,受制裁国家可能会滥用这些资金进行恐怖主义或以其他方式危害美国国民。这种说法有几个漏洞:首先,对美国国家安全的实际威胁是投机性的、间接的和不精确的;其次,尚不清楚保护原则是否可以实质性地适用于经济制裁领域;最后,许多国家均参与了与受制裁国家的贸易,这是一种不可接受的管辖权延伸,相当于对对外贸易的直接控制。因此,美国金融制裁基于保护原则的合法性取决于对国家安全"威胁"的明确认定。

普遍管辖原则针对的是威胁全人类安全的国际犯罪,例如奴隶贸易、种族灭绝、战争罪和酷刑,国家与管辖对象没有特定联系亦可主张。但是,美国单边金融制裁

① See Susan Emmenegger, *Extraterritorial Economic Sanctions and their Foundation in International Law*, Arizona Journal of International & Comparative Law 33, p. 657(2016).

所针对的行为危害性尚未达到威胁国际安全的程度不足以使依据普遍管辖原则作出的单边金融制裁合法化。①

综上所述,美国不能根据属人管辖原则对美国人"拥有或控制"的外国公司实施金融制裁;属地管辖的领土联系非常薄弱,很难证明美国基于美元交易和代理账户管辖权的合法性依据;效果原则存在争议,外国实体对美国领土的负面影响存疑且模糊;美国单边金融制裁所针对的行为危害性尚未达到普遍管辖原则要求的威胁国际安全的程度。故美国金融制裁在国际法上合法性的来源可能是保护性原则,但是要达到基于保护原则的合法性,认定门槛也很高,必须证明外国实体违反经济制裁确实威胁到了美国国家安全。因此,保护性原则缺乏作为美国实施金融制裁正当理由的潜力。②

四、美国单边金融制裁违反国际人权法和国际人道法

单边金融制裁因对主权国家经济社会的发展、一般平民生命健康权利和特定人群的权利具有人权和人道主义的负面影响而受到批评。

(一)国际人权法

1.国际人权公约

美国往往以保护人权、向受到其政府强制的人民伸出援助之手为由进行单边金融制裁。然而,一些国家认为人权和恐怖主义被用作了单边金融制裁的借口。这形成了一种矛盾,即以保护人权为由的单边金融制裁实际上损害了人权权利。正是制裁的根源,制裁对国际法下人权权利和原则的负面影响,以及对制裁滥用的恐惧,才导致了对制裁的谴责。③

作为核心国际人权公约,《公民权利和政治权利国际公约》第2条明确了人权法的属地性,规定任何成员国无权管辖他国领土内违反人权的行为,而《经济、社会及文化权利国际公约》则没有类似的适用范围规定,表明该公约不排除公约义务域外适用的可能。这体现了两类人权义务适用范围的不同,前者具有属地性,而后者具

① See Meredith Rathbone, Peter Jeydel & Amy Lentz, *Sanctions, Sanctions Everywhere: Forging a Path through Complex Transnational Sanctions Laws*, Georgetown Journal of International Law 44, p. 1056 (2013).

② See Gregory W. Bowman, *A Prescription for Curing U. S. Export Controls*, Marquette Law Review 97, p. 663 (2014).

③ See Alexandra Hofer, *The Developed/Developing Divide on Unilateral Coercive Measures: Legitimate Enforcement or Illegitimate Intervention?* Chinese Journal of International Law 16, p. 191 (2017).

有普遍性。[①] 美国仅批准了《公民权利和政治权利国际公约》,并未批准《经济、社会及文化权利国际公约》,这表明美国应受属地原则的约束,不得干涉他国违反人权的行为。从这个意义上讲,美国对他国违反公民权利和政治权利的行为实施单边金融制裁,因不符合国际人权法的管辖范围而不具有合法性。

2012 年,美国国会通过了《马格尼茨基法案》,该法案的目标是"对寻求促进人权或揭露俄罗斯联邦政府官员的非法活动的个人实施法外处决、酷刑或其他侵犯人权行为的个人负有责任"。国会扩大了该法案的范围,将矛头对准了全世界侵犯人权的行为。自 2014 年至今,美国多次对俄罗斯实施单边金融制裁,俄罗斯的 SDN 制裁[②]数量超越伊朗,成为受到美国 SDN 制裁数量最多的国家;美国对俄罗斯国民经济重要的行业进行制裁,如武器及相关服务、金融服务、能源、航空等领域,范围与伊朗、朝鲜等受到美国全面制裁的国家相近。美国的单边金融强制措施,如对俄禁用 SWIFT 系统或限制美元交易的措施,因其不加区分的性质,可能等同于重新实行全面制裁。将几项不同的单边金融制裁共同施加于同一个国家,其总和可能成为全面制裁。这样的全面性在对人权的不利影响方面代价特别高,可能非法侵犯生命权、健康权,以及适当的生活水平包括食物、衣服、住房和医疗权、免于饥饿权等。同时,这会对社会最贫困阶层造成人道主义困境,因为多数情况下,受到制裁的对象凭借自身的经济实力可以使自己免受经济损害,并将损害转嫁给普通民众,从而限制生产和就业,造成通货膨胀的加剧,由此贫困的民众变得更加贫困。此外,从欧洲法院决定取消欧盟针对伊朗个人、公司和金融机构实施的金融制裁的案例来看,单边金融制裁还可能侵犯目标实体获得正当法律程序的权利,因为制裁作出者未能透露实施制裁的证据基础。[③]

2. 联合国大会决议

1996 年以来,联合国大会社会、人道主义和文化委员会每年不间断地通过主题为"人权与单边强制措施"的决议,涉及单边制裁对目标国家实现人权的不利影响,其中包括发展权以及其他社会和经济权利,谴责这种制裁的域外适用效力及其对有关国际关系、贸易、投资和合作领域的有害影响,表达对单边制裁合法性的否定。单

---

① 参见杜涛:《国际经济制裁法律问题研究》,法律出版社 2015 年版,第 72 页。

② "SDN 制裁"指由美国财政部对外资产管理办公室将特定的实体或个人列入特别指定国民清单(SDN 清单)的制裁形式,常常带有金融制裁属性。

③ See Maya Lester, *European Sanctions Law and Practice*, *ECJ Signals its Approach to Iran Sanctions Cases in 2 Appeals*, Accessed October 15, 2022, http://europeansanctions.com/2013/12/02/ecjsignals-its-approach-to-iran-sanctions-cases-in-2-appeals/.

边制裁被拒绝作为"政治或经济压力的工具",因为它们对人权产生了负面影响。[①]决议提出单边制裁给发展中国家的社会人道主义活动和经济及社会发展带来包括域外影响在内的种种消极影响,是执行《发展权利宣言》和《2030 年可持续发展议程》的一大障碍。[②]

1989 年以来,联合国大会经济和金融委员会隔年通过主题为"以单方面经济措施作为向发展中国家进行政治和经济胁迫的手段"的决议,敦促国际社会采取紧急和有效的措施,停止对未经联合国有关机构授权或不符合《联合国宪章》所载国际法原则和违反多边贸易体制基本原则的发展中国家采取单方面的强制性经济措施。相比较"人权与单边强制措施"决议,该决议更加强调这些措施对发展权、经济合作和发展非歧视性多边贸易制度的不利影响。

上述两类联合国大会决议均确认包括单边金融制裁在内的单边强制措施的非法性。由于联合国大会的政治性质及其缺乏立法权的特征,一些学者对大会决议提供规范价值表示怀疑。[③] 但人们普遍认为,大会决议可以影响国际法,特别是通过使新出现的习惯具体化,或作为国际习惯法的未来发展决议。[④] 联合国国际法委员会《习惯国际法的识别结论草案》第 12 条第 2 款承认:"国际组织通过的或在政府间会议上通过的决议可为确定一项习惯国际法规则的存在及内容提供证据,或促进其发展。"[⑤]该草案为大会决议构成国际习惯法规则提供了可能性。即使上述大会决议尚未满足国际习惯法规则的条件,亦可以作为在国际社会的主张为单边金融制裁非法性提供支撑。

(二)国际人道法

对国际人道法进行规范性理解,国际人道法仅适用于武装冲突期间的国家行为,该理解受到"日内瓦四公约"以及附加议定书的支持。在此背景下,国际人道法只能适用于在武装冲突期间使用的单边金融制裁。对此,本文认为,随着经济制裁由全面制裁向定向制裁发展,单边金融制裁产生的目的为避免武装冲突,成为武装

---

① See UN, A/RES/51/103, 12 December 1996.

② See UN, A/RES/76/161, 16 December 2021.

③ See Stephen M. Schwebel, *The Effect of Resolutions of the U. N. General Assembly on Customary International Law*, ASIL Proceedings 73, p. 301(1979).

④ See Gaetano Arangio-Ruiz, *The UN Declaration on Friendly Relations and the System of the Sources of International Law*(Netherlands, Sijthoff & Noordhoff, 1979), p. 397 – 398.

⑤ See ILC, *Report of the International Law Commission*, 64*th Session* (U. N. Doc. A/73/10, 2010), p. 125.

冲突的替代方案,某些单边金融制裁对目标国家平民的影响甚至比军事力量更大。有学者曾建议,将武装冲突法或至少源自该法律体系的原则适用于单边经济制裁。① 亦有学者提出,尽管很难直接将经济制裁等同于军事行动,但仍有一些特定的情况可以直接适用或类推适用国际人道法。② 因此,本文试图拓展对"武力"的理解,将这种造成广泛损害的金融制裁归类为暴力行为。

国际人道法主要涉及必要性原则、区分原则和相称性原则。必要性原则要求制裁必须限制在实现明确合法目标所必需的范围。国际社会对合法制裁行为及其相应附带损害的容忍度,在一定程度上取决于制裁对公共秩序造成的损害程度。区分原则要求,制裁方应区分应对制裁行为负责的人,需要针对更有限和更精确的目标,禁止针对无关人的制裁。区分原则的意义在于将附带损害最小化,全面制裁造成大量附带损害,通过区分能够最大限度地减少对与制裁行为无关的实体或个人的损害,同时对于制裁作出者提出充分了解制裁目标、制定精确制裁方案的要求。区分原则要求合法的单边金融制裁计划都必须根据背景调查进行初步的"影响评估"研究,这些评估应考虑过去的实践经验、替代性选择、目标国家的社会经济状况和目标国家的政治结构等。③ 相称性原则要求,制裁的严重程度与该目标成正比,制裁的范围与寻求的合法目标相称。即使满足必要性原则,制裁也不能超出某种广义上的相称性界限,作为损害的一部分,附带损害也必须成比例。在单边金融制裁的背景下,该原则要求制裁国将制裁政策的可能结果与预期目标进行比较,确保损害不会过大。

五、结语

美国已经形成了金融制裁立法和执法实施体系,在系统基础设施的保障下,确立了精准多元且严厉的政策目标。④ 在单边金融制裁已然成为美国实现政治与外交政策目标重要工具的背景下,每个国家都面临受到美国单边金融制裁的风险,应积极构建应对策略。

国际社会已有应对美国非法单边金融制裁的实践。一是依据美国国内法向 OFAC 提出行政复议,若复议被拒绝,再提起司法审查;二是在美国法院提起诉讼,

① See Reisman & Stevick, *The Applicability of International Law Standards to United Nations Economic Sanctions Programmes*, European Journal of International law 9, p. 86 – 141(1998).

② 参见方瑞安:《国际人权和人道主义法律体系对经济制裁的规制》,载《人权法学》2022 年第 3 期。

③ See Reisman & Stevick, *The Applicability of International Law Standards to United Nations Economic Sanctions Programmes*, European Journal of International Law 9, *p*. 132(1998).

④ 参见郭玉军、白雪:《美国金融制裁:实施机制、成效及中国因应策略》,载《对外经贸实务》2022 年第 11 期。

如杰斯纳诉阿拉伯银行案(Jesner v. Arab Bank)中法官对美元支付系统作为唯一管辖权依据的批判,让一些学者看到了通过美国国内诉讼挑战美国单边金融制裁的曙光;①三是依据多边协定解决国际争端,如欧盟因美国对古巴的禁运受到次级经济制裁的负面影响,将美国诉至 WTO 争端解决机制,促成了美欧谈判并达成"谅解",美国承诺取消次级制裁;四是颁布并严格实施阻断法,如在伊朗梅利银行诉德国电信案(Bank Melli Iran v. Telekom Deutschland GmbH)②中,欧洲法院通过严格解释欧盟《阻断条例》禁止遵守条款,加强阻断法的执法工作,树立阻断法法律权威和立法意图,迫使美国在单边制裁政策方面让步。

近年来,美国对中国企业和个人频施单边金融制裁,拒绝与其交易,冻结其资产,不允许其接入美国金融系统。非美国人若与 SDN 清单上的中国企业或个人进行重大金融交易,也可能受到美国的次级金融制裁。例如,美国以中国石油企业珠海振戎公司违反美国对伊朗石油的有关禁令为由,对珠海振戎公司及其企业高管进行单边金融制裁。③ 对此,中国外交部发言人表示坚决反对。除通过外交部在国际社会严词表明立场外,中国还逐步推进反制裁立法,通过国内立法应对美国单边金融制裁。同时,中国正不断加快人民币国际化进程,加强金融领域国际合作,建立人民币跨境支付系统 CIPS,作为金融领域的基础设施保障。

针对美国没有国际合法性依据的单边金融制裁措施,中国可以从国际法基本原则、管辖权原则、国际人权法和国际人道法中寻找抗辩依据,在中国国内法院、美国国内法院以及第三方争端解决机制如 WTO 争端解决机制框架下质疑美国非法单边金融制裁,持续主张非法性能够帮助中国在国际社会占领舆论高地。同时,中国在逐步推进涉外领域立法、建立反制裁规则体系的过程中,也应当重点关注国际合法性的考量。当前,世界各国正处于复杂的贸易、金融、政治的博弈中,美国必然会越来越频繁地实施单边金融制裁。缺乏明确规范实施单边金融制裁的国际法律框架是导致美国频繁使用单边金融制裁的原因之一,中国应继续深化国际多边合作,参与或促成有关法律文件的谈判,必要时促进国际组织立法,形成有关单边金融制裁的双边或多边条约,对单边金融制裁的国际合法性进行规范,遏制美国滥施非法单边金融制裁。

---

① See Jesner v. Arab Bank, 138 S. Ct. 1386 (2018).

② See Case c124/20, Bank Melli Iran v. Telekom Deutschland GmbH, The Court of Justice of the European Union.

③ See Executive Order 13846, Reimposing Certain Sanctions with Respect to Iran.

论韩国国际裁判管辖权规则的确立与发展

——以2022年韩国《国际私法》为中心*

苏晓凌** 李 燕***

韩国国际裁判管辖权规则的确立历经《涉外私法》、2001年《国际私法》和2022年《国际私法》三个时期,从无相关规定到确立原则性规定,最终通过全面梳理、修订国际裁判管辖权规则并将其纳入国际私法法典,实现了立法上国际裁判管辖权规则的系统化和体系化。新修订的《国际私法》在国际裁判管辖权的总则部分对民事程序法上的一般管辖、关联案件的管辖、反诉管辖、协议管辖、辩论管辖、专属管辖等管辖规则如何适用于涉外案件进行了规制,针对涉外案件特有的平行诉讼、不方便法院地法理、保全处分及非讼案件的管辖等新设了规定。分则部分则按照不同法律关系,针对宣告失踪案件、股东之诉、知识产权合同及侵权之诉、合同及侵权之诉、亲族继承案件、票据诉讼、海商案件等分别规定了细致的国际裁判管辖权规则。

2022年1月,韩国公布了新修订的《国际私法》,①并自当年7月5日起正式施行。这是一次大幅度的修订,过去以准据法规则为主、仅包含有限的国际裁判管辖权规则的法律转变为兼具国际裁判管辖权规则和准据法规则的立法。同时,新法大幅吸收近年国际上裁判管辖权领域的成果,对平行诉讼、专属管辖等热点问题提出了自己的方案。基于学术研究及实务应用之目的,本文围绕涉外案件国际裁判管辖

---

* 本文写作过程中,韩国国际私法学会前会长石光现教授提供了诸多指导性意见,在此致以诚挚谢意。

** 北京德和衡律师事务所律师,法学博士。

*** 韩国首尔国立大学法学研究所博士后研究人员,法学博士。

① 2022年修订的韩国《国际私法》中译本,参见邹国勇、李燕等译:《韩国〈国际私法〉》,载本卷《中国国际私法与比较法年刊》,第393~416页。

规则的修订,追溯韩国国际私法立法的演进,系统介绍本次修法涉及国际裁判管辖规则的内容,并就相关变化及内容作简要评述。

一、韩国国际裁判管辖权规则的立法演进

(一)《涉外私法》时期

1962 年 1 月 15 日,韩国公布《涉外私法》(第 966 号法律)。这是韩国国际私法领域第一部正式立法,但该法律对涉外案件的管辖权未作规定。

实务中,韩国法院在大多数案件中直接将国内案件的地域管辖权规则适用于涉外案件,即认为如果韩国国内的某个法院根据国内法的规定享有地域管辖权,韩国法院就对该案件享有国际裁判管辖权。① 该法施行后期,法院开始关注国际裁判管辖权的特殊性,认为尽管原则上应适用国内案件地域管辖规则判断涉外案件国际管辖权,但如果存在特殊情形,可以推翻前述原则。②

(二)2001 年《国际私法》时期

2001 年 4 月 7 日,韩国对《涉外私法》进行了全面修订,法律名称被改为《国际私法》(第 6465 号法律)。该法首次对国际裁判管辖权规则作出了原则性的规定(以下简称原则性条款),③实现了国际裁判管辖权立法从无到有的转变。但该法仅在有限的几个条款中规定了具体法律关系的国际裁判管辖权规则,④法院审理具体涉外案件时,均要适用原则性条款判断国际裁判管辖权的有无。因此,原则性条款的解释与适用是这一时期理论与实务界的重要议题。

在该法施行初期,韩国法院在解释、适用原则性条款时完全不考虑国内案件的地域管辖规则,仅考虑涉外案件的特殊性判断国际裁判管辖权的有无。⑤ 2019 年以后,韩国大法院修正了这一态度,认为在判断是否享有国际裁判管辖权时应考虑涉外案件的特殊情形,但仍应将适用国内案件的地域管辖权规则作为首要的参考

---

① 参见大法院 1972 年 4 月 20 日宣告 72da248 判决;大法院 1988 年 10 月 25 日宣告 87daka1782 判决。

② 参见大法院 1992 年 7 月 28 日宣告 91da41897 判决;大法院 1995 年 11 月 21 日宣告 93da39607 判决。

③ 参见 2001 年《国际私法》第 2 条(国际裁判管辖)。

④ 参见 2001 年《国际私法》第 2 条(国际裁判管辖),第 27 条(消费者合同),第 28 条(劳务合同),第 12 条(宣告失踪),第 14 条[限定治产,禁治产(2016 年分别被改为限定监护、成年监护)]。

⑤ 参见大法院 2008 年 5 月 29 日宣告 2006da71908、71915 判决;大法院 2010 年 7 月 15 日宣告 2010da18355 判决;大法院 2014 年 4 月 10 日宣告 2012da7571 判决。

标准。①

大法院2019年以后所持的态度被认为是对原则性条款的正确适用,②但仅靠正确解释、适用该原则性条款并不能完全解决国际裁判管辖的难题。此外,2001年《国际私法》制定当时未对国际裁判管辖规则作出详尽规定的一个原因是,立法者判断还需要关注海牙国际私法会议管辖权项目的进程,而非没有现实需求。③ 因此,韩国业界评价2001年《国际私法》为过渡期的法律文本。为此,其国际私法学界一直积极推动相关规则的制定和完善。

(三)2022年对《国际私法》的修订

2011年,韩国国际私法学会向韩国法务部提交决议书,提议对《国际私法》的修订展开讨论和研究。④ 2012年,法务部委托专家拟定国际私法修订方案。2014年,法务部组织专家组成国际私法修订委员会,讨论整体修订方案,开启正式修订国际私法的历程。经过反复研讨,2018年1月19日,韩国法务部发出立法预告,将《国际私法(修订草案)》向公众公布,接受以在线、书面或者其他形式对立法修订提出的意见。经过公听会程序,2018年11月,法务部向第20届国会提交了国际私法修订案,但未通过。⑤ 2020年8月,法务部再次以相同内容的文本提交新一届国会表决,2020年12月韩国第21届国会通过了该法律修订案,并于2022年1月公布新修订的第18670号法律,即《国际私法》(以下简称新《国际私法》)。新《国际私法》于2022年7月5日起正式施行。

新《国际私法》不仅修改了2001年《国际私法》的7个条文,而且新设了34个条文,主要整理和设计了国际裁判管辖权规则,但对准据法的规定几乎未作修改。修订之后,国际私法的基本结构变化为章下分节,国际裁判管辖规则和准据法规则按节分列,分别予以规制。在国际裁判管辖权规则的适用方法上,原则上采用单边规则方法,仅在管辖协议条款(第8条)采取双边规则方法。新《国际私法》实现了国际裁判管辖权立法从有到具体化、体系化的转变。

---

① 参见大法院2019年6月13日宣告2016da33752判决;大法院2021年2月4日宣告2017meu12552判决。

② 参见석광현, "국제사법제2조제2항을올바로적용한 2019 대법원판결의평석: 일반관할과재산소재지의특별관할을중심으로", 국제거래와법제29호, 2020, 139면이하。

③ 参见석광현,국제민사소송법,박영사, 2012, 68면。

④ 参见한국국제사법학회, "국제사법개정촉구결의문", 국제사법연구제18호, 2012, 553면。

⑤ 修订过程参见김상현,"국제사법개정경과",载2018年2月27日法务部国际私法全部改正法律案公听会资料集,第9页以下。资料来源:https://viewer.moj.go.kr/skin/doc.html?rs=/result/bbs/93&fn=1546764985639101。

二、新《国际私法》的国际裁判管辖权总则条款

新《国际私法》就国际裁判管辖规则设置总则，包括13个条文，对民事程序法上的一般管辖、关联案件的管辖、反诉管辖、协议管辖、辩论管辖、专属管辖等管辖规则在涉外案件中的适用进行了规制，针对涉外案件特有的平行诉讼、不方便法院地（管辖权的不行使）、保全处分及非讼案件的管辖等新设了规定。

（一）一般原则

新《国际私法》第2条是关于涉外案件裁判管辖的一般原则。鉴于本次修订针对各具体法律关系制定了具体的管辖权规则，在修订过程中，学者们曾对是否保留原则性条款有不同见解。但立法者最终还是决定将其完整保留，其理由是原则性条款带有宣言性质，可以为法院解释具体条文指明方向。①

第2条作为一般原则，要求原则上当事人或者纠纷事案与韩国有实质性关联，韩国法院才能行使管辖权，这与2001年《国际私法》的规定是一致的。区别在于本次修订将之前由大法院判例②阐述的宗旨上升到立法，对“实质性关联”要素的具体判断标准从立法层面进行了规制，明确规定“法院在判断是否存在实质性关联时，应遵循国际裁判管辖分配理念的合理原则，即谋求当事人之间的公平以及适当、迅速及经济地审判”。

此外，按照第2条第2款的规定，在《国际私法》、韩国的其他法律或者国际条约对国际裁判管辖没有规定的情况下，可以参酌国内其他法律关于管辖的规定，但并不是当然适用，而是应该考虑涉外案件的特性判断国内案件管辖规则是否可以适用于个案。

（二）一般管辖

韩国遵循大陆法系传统，在民事诉讼案件的一般管辖上，适用“原告就被告”原则。

1. 自然人的一般管辖——从“住所”到“经常居所”

本次国际私法修订之前，韩国法院在判断自然人的一般管辖时存在一定分歧，主要在于是以住所为管辖根据还是以经常居所地为管辖根据。法院对此立场不尽

---

① 参见법무부，“‘국제사법’전부개정법률안조문별개정이유서”，资料来源：https://www.moleg.go.kr/lawinfo/makingInfo.mo?mid=a10104010000&lawSeq=43010&lawCd=0&lawType=TYPE5。

② 参见大法院2005年1月27日宣告2002da59788判决。

相同。①

新《国际私法》第3条参考相关国际条约,考虑与相关准据法规则的协调,明确规定自然人以其经常居所地为一般管辖的管辖根据。② 不过,这一修改更多体现的是国际私法体系的内在一致性,在实务上可能并不会产生太大的差别。因为韩国民法上将“住所”定义为生活的根据地(韩国《民法典》第18条第1款),并不要求具有定居的主观意思,因此实际判断时经常居所地与住所可能并无太大的差别。

2. 法人、非法人团体的一般管辖

韩国《民事诉讼法》第5条规定,法人或者非法人团体以主要办事机构或者主要营业所所在地为一般管辖的管辖根据。

新《国际私法》与之相比,管辖根据更为多样化,除主要办事机构或者主要营业所所在地之外,将章程上的所在地、经营中心地以及法人的国籍(依据韩国法设立的法人)都作为一般管辖的管辖根据。增加管辖根据的主要原因在于国际诉讼中可能存在较多难以判断主要办事机构、主营业机构的情形,例如跨国公司很有可能在多个国家设有办事机构、营业所,“主”营业所位于哪一个国家并不明确;随着网络科技的发展,有些公司并无线下的办事机构或营业所。③

(三)特别管辖

1. 对法人、非法人组织的特别管辖

新《国际私法》第4条将法人和非法人组织的特别管辖按照营业所和营业活动分别进行规定。

① 大法院2006年5月26日宣告2005mo 884判决,该案件是一个婚姻家事案件,原告为美国国籍,被告原为韩国人,与原告在韩国结婚后取得美国国籍,离婚及抚养权诉讼提起时,双方在韩国居住。大法院认为,双方经常居所地在韩国,婚姻在韩国成立,婚姻生活的大部分在韩国形成,因此原告的请求与韩国有实质性关联,韩国法院对此案有管辖权。但是在大法院2019年6月13日宣告2016da 33752判决中,双方当事人均为中国国籍,诉由是借款纠纷,讼争的借款事实也发生在中国,尽管根据其他相关事实,大法院最终认定韩国法院与之有实质性关联,但最初的分析均围绕住所展开,并未提及经常居所地。

② 参见한애라, “국제사법제2조및자연인, 법인의국제재판일반관할조항의개정방향”, 국제사법연구제19권제1호, 2013, 375면。

③ 参见한애라, “국제사법제2조및자연인, 법인의국제재판일반관할조항의개정방향”, 국제사법연구제19권제1호, 2013, 411면。

(1)基于办事机构、营业所的特别管辖

与之前韩国司法实务①相比,新《国际私法》第4条第1款对韩国法院的国际裁判管辖权进行了限制,明确将办事机构所在地的管辖归为特别管辖,而不是一般管辖,即不是主要营业地的,通常不构成管辖根据,只有诉讼与该办事机构(营业所)有关时,韩国法院才有管辖权。

(2)基于营业活动的特别管辖

"基于活动的管辖"是源于美国法的概念,美国判例所要求的"最小限度的接触(minimum contact)",其核心概念是"欲图获益(purposeful availment)",为了判断是否为"欲图获益"才着眼于被告的活动和行为。但是,韩国并无这样的概念,因此,之前韩国的法律规定中并不存在基于被告活动的管辖根据。但是随着电子商务的发展,韩国法律界开始关注和探讨这一问题。到国际私法修订时,这一概念被引入其中。从文字表述上看,新《国际私法》第4条第2款对以"被告的活动"为管辖根据的情况存在较为严格的限制,要求营业活动必须符合三个条件:①在韩国发生或者针对韩国;②持续且有组织地开展;③原告提起的诉讼要与被告的这个营业活动有关。可以预见,如何判断构成第二个要件的"持续且有组织"可能需要法院针对个案具体衡量。

2. 财产所在地的特别管辖

关于是否排除财产所在地作为管辖根据,新《国际私法》第5条采取了一个折中的立场,没有把财产在韩国作为一个一般管辖根据,而是作为特别管辖根据,附加了一些限定,以避免过剩管辖。基于财产所在地,韩国法院可以管辖的一种情况是讼争的标的物或者抵押担保物在韩国;另一种情况是被告有可供扣押的财产在韩国,同时该纠纷事案需与韩国有联系且该联系需要有一定的强度,可供扣押财产的价额不能过小。前一种情况应当是基于符合诉讼经济及便于执行的考虑,后一种情况则和新《国际私法》第2条要求"实质性联系"相互呼应,目的在于防止这一管辖权依

① 韩国大法院之前存在相互分歧的判决。在2000年的一个判例(大法院2000年6月9日宣告98da 35037判决)中,大法院认为如果外国法人在韩国有营业所,可以将该营业所所在地认定为普通裁判籍,同时从证据收集便利性以及进行诉讼的负担程度等各方面情况考虑,对照民事诉讼的理念,如果韩国法院要求被告应诉并不会造成不当后果,那么原则上即使涉案纠纷与韩国分公司的经营活动并无关系,也可以合理认定韩国法院对该纠纷案件的管辖权。但在2010年的一个案例(大法院2010年7月15日宣告2010da18355判决)中,大法院的态度有所转变,该判例中,中国籍乘务员遗属就韩国金海机场附近发生的空难事故以中国国际航空公司为被告在韩国提起损害赔偿之诉,大法院在分析韩国法院是否有管辖权时,对被告在韩国营业机构与诉讼之间的关联性进行了分析,并没有仅因被告在韩国有营业机构就径行认定韩国法院的管辖权。

据在国际诉讼中被任意扩张。[①]

（四）关联案件的管辖

韩国《民事诉讼法》对关联案件的管辖有所规定，目的是提高诉讼效率和防止相互矛盾的判决，但在涉外案件中一概认定法院基于一个案件的管辖权即取得对其他相关案件的管辖可能侵害被告的合法权益，[②]也可能造成国际管辖秩序的失衡。为平衡两者之间的关系，新《国际私法》第6条从诉讼请求和共同诉讼当事人两个角度对关联案件国际裁判管辖权作出了规定。

1. 诉讼请求的关联

在国际私法修订的过程中，对诉讼请求相互关联案件的管辖主要顾虑为是否会过度侵害被告的利益。基于这一考虑，新《国际私法》第6条第1款采取的方案是，对于有关联的请求，可以因对其中一个请求有权管辖而取得对其他诉讼请求的管辖权，但在诉讼请求的关联性上附加"密切"这一程度限定词。

在相同思路下，新《国际私法》第6条第3款、第4款对家事案件关联案件的管辖进行了规定。它将家事案件的诉讼请求分为主请求和附属性请求，韩国法院如果对主请求有管辖权，则对附属性请求也有管辖权，但是反过来，对附属性请求有管辖权的韩国法院并不能因此对主请求产生管辖权。从所举例子看，附属性请求主要是婚姻关系连带产生的法律关系，比如父母对子女的监护权（韩国称为亲权）、抚养人的指定、抚养费的支付等属于婚姻案件的附属性请求。但是主请求和附属性请求并没有明确的界定，在实务中可能会存在一定的模糊性，未来恐怕需要判例来进一步明晰。

2. 共同被告的关联管辖

共同被告可能是因一些偶然因素被拖进诉讼，如果一概规定关联管辖，有可能侵害其利益，因此新《国际私法》第6条第2款对共同被告情况下的关联管辖作出了更多的限定，包括：(1)有管辖权的被告应该是根据一般管辖对其行使的管辖权，即经常居所地或者主营业地在韩国；(2)诉讼请求之间有密切的关联；(3)为避免判决结果矛盾所必须。

（五）反诉管辖

新《国际私法》第7条对反诉管辖进行了规定，目的在于实现诉讼的经济。一方

---

① 参见석광현,국제사법해설, 박영사, 2013, 81면이하; "재산소재지의특별관할에관한법리와판례의검토및입법론", 저스티스통권제182-1호, 2021. 2, 244면。

② 参见석광현, 국제재판관할법(2022년개정국제사법해설), 박영사, 2022, 90면。

面,该条款适用的一个限制条件是“不会导致诉讼过分迟延”,这借鉴了韩国民事诉讼法有关地域管辖的规定;另一方面,第7条从国际裁判管辖的角度作了一定的限制,即要求反诉请求不仅要与本诉请求或防御方法有关联,这种关联性还需要是一种“密切的”关联。如何判断本诉与反诉请求之间的关联性达到了“密切”的程度,应该也需要将来实务判例作出进一步的阐述。

(六)协议管辖

新《国际私法》第8条包含5个条款,对允许协议管辖的要件、管辖协议的方式、专属性的推定、管辖条款的独立性以及约定外国法院专属管辖协议的效力作了较为全面的规定,对过去判例的态度也进行了修正。从规定方式上,这个条款采用了双边规则方法,前4个条款是对韩国法院的规定,第5款则规定了当事人约定外国法院专属管辖时的判断规则。

1. 规定的主要内容

新《国际私法》第8条第1款规定了4种协议无效的情况。第8条第2款对管辖协议的书面要件作出了规定,同时明确了“书面”所涵盖的范围,电报、电信、传真、电子邮件或者通过其他通信方式交换的电子意思表示都满足“书面”要件。第8条第3款规定在当事人未约定的情况下,推定该约定为排他性管辖。① 第8条第4款对管辖条款的独立性作了规定,合同本身是否有效并不影响管辖条款的效力。第8条第5款规定了例外情况下韩国法院对案件的管辖。

2. 对关联性要件的放弃

新《国际私法》修订一个比较值得关注的要点是,法律上不再要求当事人约定的法院与纠纷事案具有关联性。在之前的一些判例②中,大法院认为,对于韩国法院有管辖权的案件,当事人约定外国法院专属管辖的,约定的外国管辖法院与案件之间应当具有合理关联,否则该协议无效。但此次修订法律并未将关联性的有无作为判断管辖协议效力的要件,这意味着,此次修订法律之后,当事人可以选择与纠纷事案无关联的法院作为管辖法院。③ 此外,新《国际私法》第12条关于不方便法院地的规定不适用于有管辖协议的情况,即当事人约定管辖法院的,韩国法院不能再以不

---

① 这与我国最高人民法院2021年《全国法院涉外商事海事审判工作座谈会会议纪要》第1条的立场基本一致。

② 例如大法院1997年9月9日宣告96da200093判决。

③ 参见석광현, “2022년개정국제사법에따른국제재판관할합의의제문제”, 경희법학제57권제2호, 2022, 20면。

方便法院地为由不行使管辖权。

3. 管辖协议有效性的准据法

管辖协议有效性的准据法一直是一个有争议的问题,新《国际私法》第 8 条第 1 款规定,管辖协议有效性的准据法为以管辖协议赋予管辖权的国家的法,而且不仅是实体法的指定,还包括该国的冲突法。

(七)应诉管辖

新《国际私法》第 9 条将当事人应诉产生的管辖权称为“辩论管辖”,强调被告人应诉并且没有提出管辖异议,同时针对案件实质问题进行辩论,才能构成应诉管辖。

(八)专属管辖

韩国法律之前对涉外案件的专属管辖并无规定。新《国际私法》第 10 条对韩国法院的专属管辖以列举方式作出了较为详细的规定。

1. 专属管辖的几种情况

(1)与官方登记簿的登记有关的诉讼

这里所称的“官方登记簿”在韩国可以包括不动产登记簿、法人登记簿、公司登记簿、家族关系登记簿、知识产权登记簿、船舶登记簿等。这种案件与公示制度密切相关,具有较强的公益性。①

(2)韩国公司组织法上的一些争议

按照韩国法律设立的法人或团体,涉及其设立无效、解散或者其机关决议有效、无效的诉,由韩国法院专属管辖。类似的内容原来在商法中作为属地管辖规则之一进行了规定,新《国际私法》将其作为一个国际裁判管辖规则确定下来,适用于涉外案件。

(3)不动产物权诉讼以及与登记的不动产使用有关的诉讼

韩国民事诉讼法上仅有以不动产所在地为管辖根据的特别管辖规定,本次修订中属于专属管辖范围的不仅有不动产物权之诉,还增加了与以不动产使用为目的并经登记的权利有关的诉讼。如果对法条进行文义解释,后者似乎包括的范围相对较广,比如,并不限定是否有偿,但是必须经过登记程序。

(4)与注册知识产权的成立、有效性以及消灭等有关的诉讼

这一规定主要是基于相关知识产权的效力源于注册国家,由注册国家赋予产

① 参见석광현, 국제재판관할법(2022년개정국제사법해설), 박영사, 2022, 134, 135면。

生，法院不能干涉其他国家赋予专利等知识产权的行为，也就不能判断其有效性。之前的大法院判例①均持这一立场，新《国际私法》将这一规则以立法加以确定。

(5)与在韩国执行的案件有关的诉

与判决执行相关的诉，在韩国可能包括赋予执行文之诉、执行异议之诉、第三人异议之诉等。在韩国申请执行，这些与执行相关的诉则由韩国法院专属管辖。

2. 专属管辖的例外

新《国际私法》对专属管辖规定了两点例外。第一，属于专属管辖的事项本身属于合同义务的，不适用专属管辖的规定；第二，属于专属管辖的事项是另一个诉讼的先决问题时，不适用专属管辖的规定。比如专利权许可合同争议或者专利侵权之诉，是否存在有效的专利作为先决问题也可能是争议的事项之一，这种情况不适用专属管辖的规定。

(九)国际诉讼竞合

新《国际私法》第11条是对平行诉讼的规定。从内容上看，该条采取的是一个复合方案，即以尊重前诉和预期承认为原则，同时附加较好法院规则弥补漏洞。

按照第11条的规定，同一诉讼，已经在外国诉讼的，如果预测该诉讼的判决可以被韩国承认，则韩国的诉讼要中止。外国已有判决的，韩国的诉讼要驳回。但是，如果韩国法院处理该诉讼更为合适，则作为例外情形，韩国法院可以审理。这和第12条规定的不方便法院地原则是相同脉络下的规定。为了防止法官过度行使裁量权，法条表述上增加了“明显”(更为合适)作为限制，只有当韩国法院处理该诉讼明显更为合适时，才可以作为后诉法院审理该案件。

(十)不方便法院地法理

新《国际私法》第12条有限地引入了不方便法院地法理，称为“管辖权的不行使”。按照第12条的规定，适用不方便法院地法理需要满足以下6个条件：(1)依照国际私法，韩国法院有管辖权；(2)有同样具有管辖权的外国法院；(3)综合案件所有情况看，韩国法院审理该案件不如外国法院更为适当；(4)这种例外情形是非常明显的；(5)当事人对此提出了申请，且在最初辩论期日或辩论准备期日之前提出；(6)韩国法院对案件的管辖权不是来自当事人的管辖协议。

(十一)家事案件的例外性

新《国际私法》第13条规定，协议管辖和应诉管辖不适用于一些家事案件。这

① 参见大法院2011年4月28日宣告2009da19093判决；大法院2018年6月21日宣告2015hu1454号判决，该判决是全体一致通过。

一规定主要是出于对处于弱者地位一方当事人的保护。

(十二)保全措施的管辖

按照新《国际私法》第 14 条的规定,保全措施有两个管辖根据,一是韩国对案件本身有管辖权,则其有权采取保全措施,这一点自不待言;二是"作为保全措施对象的财产"位于韩国。"作为保全措施对象的财产"是指讼争标的物还是可以采取保全措施的财产,似乎有一些不明确。但是即使是指可以采取保全措施的财产,法院也只是采取保全措施,不会因此取得对讼争案件本身的管辖权,这与我国基于可供扣押财产而取得管辖权还是存在很大不同的。

除了上述两种情况外,新《国际私法》第 14 条第 2 款还规定,在有紧急必要时,当事人可以向法院申请仅在韩国有效力的保全处分。如何判断紧急必要在实务中显然是比较模糊的,但是立法当时是考虑到一些家事案件中,一些国际公约规定有临时性保护措施,故新《国际私法》也增加了相应的内容。

(十三)非讼案件的国际裁判管辖

新《国际私法》第 15 条规定总则部分的国际裁判管辖条款同样适用于非讼案件,但第 15 条列举式的规定并不能涵盖全部,在没有规定时要依据第 2 条的原则性规定进行判断。由于非讼案件的类型多样化,新《国际私法》按照非讼案件的不同类型,在分则部分规定了各种国际裁判管辖规则。

三、新国际私法分则部分的国际裁判管辖权规则

新《国际私法》在各分则部分修改了 2 个条文,新设 20 个条文,针对宣告失踪案件、股东之诉、知识产权合同及侵权之诉、合同及侵权之诉、亲族继承案件、票据诉讼、海商案件等,按照不同类别分别规定了国际裁判管辖规则。

(一)与"人"有关部分的管辖规则

新《国际私法》在自然人部分明确规定了宣告失踪和失踪者财产管理案件的裁判管辖规则,在法人和团体部分规定了与组织内部关系有关诉讼的特别管辖规则。

1. 自然人宣告失踪案件

新《国际私法》第 24 条是对 2001 年《国际私法》第 12 条的修订。本次修订对原来的规定进行了梳理,规定当不在者①为韩国人、不在者的经常居住地在韩国,以及

① "不在者"是韩国民法上的概念,与我国民法上所称的"失踪人"有区别,它是指离开原先的住所、居所,暂时无望返回的人。不在者可以自己指定财产管理人,也可以由法院指定财产管理人。不在者生死不明超过一定期间,利害关系人等可以申请宣告失踪,法院宣告失踪的,不在者视为死亡,称为"失踪人"。

不在者的财产在韩国或者存在应适用韩国法律的法律关系时，韩国法院有权管辖，同时规定，第三种情况，失踪宣告仅限于在韩国的这一部分发生效力。除此之外，本次修订还针对与不在者财产管理有关的案件管辖根据作了规定。

2. 对公司股东等诉讼的特别管辖

新《国际私法》第25条是对股东资格案件管辖权的规定，但仅涉及公司内部争议，包括法人对股东的诉讼、法人股东对股东的诉讼以及法人过去的股东对现在股东的诉讼三种情况，不包括第三方针对公司股东提起的诉讼。按照新《国际私法》第3条第3款，法人主要办事机构、主要营业所所在地，或者公司章程上的住所以及公司经营中心地在韩国的，则对于上述三种股东资格类案件，韩国法院有管辖权。

（二）知识产权诉讼的特别管辖规则

知识产权相关诉讼分为三类：一是有关权利成立、有效性的诉讼；二是知识产权合同之诉；三是知识产权侵权之诉。对权利成立、有效性的诉讼，新《国际私法》在总则部分规定了专属管辖规则（第10条）。知识产权合同之诉和侵权之诉规定在新《国际私法》第五章（知识产权）的第一节（国际裁判管辖）。

1. 知识产权合同之诉的特别管辖规则

新《国际私法》第38条第1款规定，涉及知识产权的转让、设定担保权、使用许可的合同之诉，该知识产权在韩国获得保护、适用或者行使的，以及知识产权是在韩国登记、注册的，韩国法院有管辖权。第38条第2款规定，知识产权合同之诉不适用一般合同之诉的管辖规则。

2. 知识产权侵权之诉的特别管辖规则

知识产权侵权之诉不适用一般侵权案件的管辖规则，也不适用新《国际私法》总则中关联案件管辖的规定。新《国际私法》第39条根据主要侵害是否发生在韩国区分了两种情况：主要侵害发生在韩国的，韩国对所有侵害结果均有管辖权；不是主要侵害行为的，韩国作为侵权行为发生地、侵权结果地以及侵权目的地，对发生在韩国的侵权后果有管辖权。这种区分主要是为了应对网络时代所谓遍在性知识产权的侵权案件。①

（三）与债权有关的管辖规则

1. 一般合同之债的管辖规则

这次修订仍然坚持了之前以义务履行地为管辖根据的做法，但更为详细。新

---

① 参见이주연, “2022년개정국제사법상지식재산권관련소의국제재판관할문제: 총칙과각칙의검토”, 국제사법연구제28권제2호, 2022 , 231면。

《国际私法》第41条第2款对涉外合同中常见的货物贸易和服务贸易两种合同分别规定了合同履行地,即供货合同的合同履行地是交货地,服务合同的合同履行地是服务提供地,交货地和服务提供地在韩国的,韩国有管辖权。第41条第2款则是对供货合同和服务合同之外合同争议的管辖规则。该条款虽然依然以义务履行地为管辖根据,但仅规定了已经履行义务的情况和当事人对履行地有约定的情况,如果义务尚未履行,且当事人对履行地未作约定,则如何确定管辖在未来可能存在争议。

2. 消费者合同的管辖规则

新《国际私法》第42条设置了消费者合同的特殊管辖规则,目的在于避免消费者在自己临时经停地点提起诉讼的负累,保护消费者一方利益。该条对消费者进行了识别,明确此处的“消费者”仅指出于职业或营业活动之外的目的订立合同的“被动”消费者(需满足第42条第1款规定的3个要件之一)。①

对符合上述要件的消费者,适用以下管辖权规则:(1)消费者作为原告时,如果其经常居所位于韩国,韩国法院享有管辖权,但不影响有管辖根据的其他国家法院也享有管辖权;(2)消费者作为被告时,如果其经常居所位于韩国,韩国法院享有排他性管辖权;(3)消费者签订的管辖协议只在两种情况下有效:一是事后达成的管辖协议;二是消费者有选择权,可以在韩国法院之外的法院提起诉讼。

3. 劳动合同的管辖规则

劳动合同的管辖规则与消费者合同管辖规则的模式基本相同,目的也在于保护社会经济中的弱者。新《国际私法》第43条第1款、第2款规定的管辖连结点是劳动者提供经常性劳动的地点以及劳动者的经常居所地。第43条第3款则是对劳动合同管辖协议的规定,同样限于事后达成的管辖协议以及劳动者选择在韩国以外法院诉讼的,管辖协议方为有效。

4. 侵权之债的管辖规则

新《国际私法》第44条沿用了之前民事诉讼法的规定,以侵权行为发生地和侵权结果发生地作为管辖根据,同时明确指向韩国的侵权行为,韩国法院也有管辖权,但以侵权结果作为管辖根据时,要求当事人对此可以预见。指向韩国的侵权行为主要是考虑互联网侵权的情况。但是需要注意的是,涉及网络的知识产权侵权案件应该适用第39条的特别规定,并不适用一般侵权管辖规则。

① 参见이연, “개정국제사법상소비자계약의특칙에관한연구 - 개정법제42조와제47조의문언에기초한해석론을중심으로-”, 국제사법연구제28권제1호, 2022, 307면。

(四)家事案件的管辖规则

本次修改《国际私法》,一方面,将家事案件的管辖规则按照连接对象区分为婚姻关系、亲子关系、扶养和监护以及家庭调解案件,在相应分则部分分别规定了管辖规则;另一方面,总则部分规定,非讼家事案件与诉讼案件适用相同的管辖规则(新《国际私法》第 15 条第 2 款)。此外,各分则部分的相关规则均为特别管辖规则,总则部分有关被告管辖(新《国际私法》第 3 条)的规定同样适用于家事案件。

1. 婚姻关系案件的特别管辖规则

按照新《国际私法》第 56 条第 1 款的规定,韩国法院对四种情况有管辖权。第 56 条第 1 款规定一定情况下可以由原告所在地管辖。这是考虑到婚姻关系案件与单纯财产案件不同,对原告的身份及全部生活均会产生重大影响,有必要对原告给予一定的救济。第 56 条第 1 款第 1 项、第 2 项、第 4 项允许原告所在地管辖,其中第 2 项将未成年子女经常居所地作为管辖根据是为了与韩国正在修订中的《家事诉讼法》相互协调。

第 56 条第 1 款第 3 项规定了国籍作为管辖根据,但限于夫妇双方均为韩国国民的情况。韩国国际私法下,婚姻一般效力、夫妇财产制以及离婚都首先适用国籍国法,管辖权的这一规定与准据法的规定是一致的。另外,韩国有家族关系登记簿制度,登记自然人的身份关系,婚姻案件国籍管辖的规定,可以保证家族关系登记簿信息的正确性。

按照总则规定,婚姻关系案件不适用协议管辖和应诉管辖(新《国际私法》第 13 条)。①

2. 亲生子女关系案件的管辖规则

新《国际私法》第 57 条是对亲子关系案件的管辖规定,确认亲生子女关系的成立、解除之诉,子女的经常居所在韩国或者子女及作为被告的父母一方为韩国国民的,韩国法院有管辖权。

3. 收养关系案件的管辖规则

新《国际私法》第 58 条是对收养关系案件的管辖规定。收养决定在韩国属于非讼案件,在本次修订之前并不存在明确的管辖规则。按照第 58 条的规定,收养关系成立的案件,养子女或者养父母的经常居所地在韩国的,韩国有管辖权(第 58 条第 1 款);确认收养关系是否存在的案件、撤销收养或者解除收养关系的案件也以养子女或者养父母经常居所地为管辖根据(第 58 条第 2 款)。

---

① 但是家事案件中的扶养案件和继承案件允许协议管辖和应诉管辖(新《国际私法》第 60 条和第 76 条)。

4. 父母子女之间法律关系的管辖规则

父母子女关系通常包括亲权、①养育权和探视权,这类案件如子女经常居所地在韩国,或者子女和父母一方国籍为韩国的,韩国法院有管辖权。

5. 扶养案件的管辖

新《国际私法》第 60 条是对扶养案件管辖权的规定,其第 1 款以扶养权人经常居所地为管辖根据,第 2 款规定允许扶养案件协议管辖和应诉管辖,但限于扶养权人为成年人、完全行为能力人,且案件需要和韩国法院有联系。

6. 监护案件的管辖

新《国际私法》第 61 条按照被监护②人是成年人还是未成年人分为两款,分别规定了管辖规则。根据第 61 条第 1 款,韩国法院在三种情况下对成年被监护人案件享有管辖权:(1)被监护人的经常居所地在韩国;(2)被监护人为韩国国民;(3)被监护人财产在韩国且有必要对被监护人进行保护的。第 61 条第 2 款是对未成年监护案件的管辖规则,与第 1 款相比,国籍未作为未成年人监护案件的管辖根据。

7. 家事调解案件

按照韩国《家事诉讼法》第 50 条规定,某些类型的家事诉讼或非诉案件在提起诉讼或者请求之前需要先经过调解程序,对这类案件需要明确其管辖。第 62 条规定,相应案件韩国法院对审理有管辖权的,对调解也有管辖权。

(五)继承案件的管辖规则

新《国际私法》第 76 条第 1 款规定,继承案件的被继承人死亡时,经常居所地在韩国或者在韩国有遗产的(除非遗产价值特别小),韩国法院有管辖权。第 76 条第 4 款对遗嘱案件作了同样的规定,被继承人立遗嘱时经常居所地在韩国或者遗嘱处分的财产在韩国的,韩国法院有管辖权。

第 76 条第 2 款规定,继承和遗嘱案件可以适用协议管辖,这主要是考虑这类案件具有财产上的性质,对当事人的自治予以尊重。同时,协议管辖与其他财产类案件相比,要有所限制(第 76 条第 3 款),一是对当事人是未成年人或者被监护人的情况,不适用协议管辖,另一种情况是要求关联性,即约定的管辖法院如果与案件没有

① 韩国所称"亲权"是指父母对未成年子女承担的保护、监护等身份上及财产上的权利和义务,类似于我国父母对未成年子女的监护权。

② 韩国所称"监护"与我国略有不同,通常是针对限制行为能力或者无行为能力的成年人以及没有亲权人(通常为父母)的未成年人,不包括未成年人的父母对未成年人的监护,父母对子女的监护权在韩国归入亲权的范围。

任何联系或者联系非常弱小的,不适用协议管辖。

(六)票据诉讼的特别管辖

新《国际私法》第79条规定,对于票据之诉,支付地在韩国的,韩国法院享有管辖权。

(七)海事案件的特别管辖

新《国际私法》第十章第一节是海商案件国际裁判管辖的规定,多为特别管辖规则,除此之外,总则中一般管辖、财产所在地的特别管辖、协议管辖、应诉管辖也适用于海商案件。

1.船舶所有人责任限制案件的管辖

在2022年之前,韩国的法律(《船舶所有人等责任限制程序有关的法律》)对船舶所有人责任限制案件的管辖基本上采取属地管辖原则。本次修订,除了将其他法律中的规定纳入国际私法框架之外,另行增加了以责任限制为由提起诉讼的起诉地作为管辖连结点的规定(新《国际私法》第89条第6项)。

2.与船舶所有人及航海有关诉讼的特别管辖

作为特别管辖规则,韩国民事诉讼法管辖规则规定因船舶或者航海而对船舶所有权及使用人提起的诉讼,船籍地可以管辖。这次修订认为,船籍应当作为一般管辖规则中的连结点,而不是特别管辖的管辖根据,因此新《国际私法》第90条修改了原来的立场,将船舶被扣押地作为特别管辖规则中的连结点。

3.共同海损案件的特别管辖

新《国际私法》第91条是新设条款,过去韩国民事诉讼法并不涉及共同海损诉讼的特别管辖规则。按照第91条的规定,共同海损案件,船舶所在地、事故发生后船舶最先到达地以及船舶被扣押地在韩国的,韩国法院有管辖权。

4.船舶碰撞案件的特别管辖

新《国际私法》第92条规定,船舶碰撞或者其他事故诉讼,加害船舶的船籍地、所在地、事故发生地、事故发生后被害船舶最初到达地或者加害船舶被扣押地在韩国的,韩国法院可以管辖。

5.海难救助诉讼的特别管辖

新《国际私法》第93条规定,海难救助地、被救助船舶最初到达地在韩国的,韩国法院可以管辖。

四、对韩国国际裁判管辖权规则发展的简要评析

韩国《国际私法》的此次修订,一方面,是对之前韩国国内司法实践的总结;另一方面,是对世界各国国际私法编纂成果的吸纳和借鉴,其立法体例及相关规则内容均有可取之处。

(一)国际私法法典结构的丰富和完整

韩国这次修法基本实现了对涉外案件国际裁判管辖权规则的全面梳理和修订,这被韩国学者评价为韩国国际私法历史中划时代的变化。①

从立法结构上,系统化的国际裁判管辖规则被纳入国际私法法典,与民事诉讼法中国内案件的管辖权规则相分离,完善了国际私法作为单行法的内容,国际私法从过去主要是为准据法规则的结构变为“国际裁判管辖权规则+准据法规则”的结构。韩国选择此种方案有基于整体法律体系协调性的考虑,也有基于国际私法各部分有机联系的考虑。韩国的民事程序法分为民事诉讼法和民事执行法两大单行法,此外还有单独的家事诉讼法。家事诉讼法尽管名为诉讼法,但实际内容包括了家事诉讼、家事非讼以及家事调解等程序。因为这种法律体系结构,如将国际裁判管辖权规则分别规定在不同法律中,未免过于零散,不利于整体法律体系的协调适用。就国际私法体系本身而言,国际私法并不仅仅适用于诉讼案件,也同样适用于非讼案件,国际管辖规则与冲突法规则相互对应,保持彼此之间的有机联系,是合适的国际私法法典构造方式。

(二)涉外管辖规则的体系化与精细化

早在本次修订之前,韩国国际私法学者就提出,为了满足国际诉讼的特殊需求,应制定一套独立的国际裁判管辖权规则,在确定其具体内容时可以部分参照国内案件的地域管辖权规则,为此,可将国内法中的地域管辖权规则分为以下三类:第一类是可以直接准用为国际裁判管辖权规则的内容;第二类是需要进行部分修正后用作国际裁判管辖权规则的内容;第三类是无法用作国际裁判管辖权规则的内容。在此基础上,还需考虑引入仅适用于国际诉讼的全新规定。② 韩国学者的意见成为新国际私法形成过程中最有力的参考依据。立法过程中,相关参与者一一甄别分散于韩国《民事诉讼法》及其他法律规范中的地域管辖权规则,对其进行修正,将最终确定下来的一系列具体条文纳入独立的国际裁判管辖权规则体系。从此,韩国国际裁判管辖权规则的立法具有了较为完整、清晰的体系,实现了从原则性规定到具体化、体系化规定的转变。

---

① 参见석광현, 국제재판관할법(2022년개정국제사법해설), 박영사, 2022, 머리말。

② 参见석광현, 국제재판관할에관한연구 - 민사및상사사건에서의국제재판관할의기초이론과일반관할을중심으로, 서울대학교출판문화원, 2001, 174면。

(三)管辖权博弈与平衡

与世界各国趋势相同,近年韩国法学界也多有讨论,希望增强本国在法律争议解决市场上的竞争力,将韩国打造为国际争议解决中心、知识产权争议解决中心,同时作为船运市场占据相当比重的国家,其海商法领域希望将海事案件留在韩国解决。本次修订中,多个条款表现出这一司法政策导向。例如,协议管辖条款对关联性要件的放弃,一方面,是借鉴《选择法院协议公约》的规定;另一方面,从修订过程中的讨论看,不全是法理上的考虑,而更是一个政策性的考虑,目的是发展韩国的法律产业,因此需要扩大或者保证韩国法院在国际法律市场上的地位,允许当事人选择与韩国无关联性的案件在韩国起诉,也允许当事人约定与外国法院无关联性的案件由外国法院专属管辖。①

同时,新《国际私法》中的一些管辖权规则将韩国管辖权扩张至发生在韩国境外的行为,以回应互联网时代的要求。新《国际私法》大幅采纳了“目标理论”(target theory),针对一些发生在外国但对韩国产生影响的行为规定韩国法院有管辖权。例如新《国际私法》第 4 条第 2 款规定,对在韩国没有营业机构但是向韩国持续并有组织地进行营业活动的人提起的与该营业活动有关的诉讼,韩国法院可以管辖,这一规定可以说是对电商时代的一个回应;第 44 条以及第 39 条第 1 款第 3 项规定,包括侵害知识产权在内的侵权行为虽然没有发生在韩国国内,但是指向韩国发生的,韩国法院可以管辖。

扩张管辖权的同时,新《国际私法》也修正了部分过去过剩管辖规则,收缩韩国法院的管辖权,体现对诉讼当事人公平及诉讼效率的考虑。典型例子是限制对外国法人分支机构的管辖,将韩国行使管辖权的条件限定在与韩国分支机构营业活动有关的争议上。

(四)对国际上管辖权立法成果的大幅借鉴和吸纳

新《国际私法》在诸多条款中借鉴了大量国际条约和外国立法例,韩国法务部发布的《国际私法条文修订理由》在每一个条文项下明确记录了该条文所参考的国际文件与外国法。② 具体而言,新《国际私法》中的国际裁判管辖权规则主要参考的国际文件与外国法包括欧盟《关于民商事案件管辖权和判决执行的条例》(《布鲁塞尔

① 参见임치용,” 토론문”,载 2018 年 2 月 27 日法务部主持国际私法修订案公听会资料集,第 105 页。资料来源:https://viewer. moj. go. kr/skin/doc. html? rs = /result/bbs/93&fn = 1546764985639101。

② 参见법무부, “’국제사법’ 전부개정법률안조문별개정이유서”, 资料来源: https://www. moleg. go. kr/lawinfo/makingInfo. mo? mid = a10104010000&lawSeq = 43010&lawCd = 0&lawType = TYPE5。

条例Ⅰ》),1999 年海牙《关于民商事案件管辖权及外国裁判的公约草案》、《有关民商事管辖权和判决的承认与执行的公约》(《卢加诺公约》)、《知识产权:跨国纠纷管辖权、法律选择及裁决原则》、《船舶碰撞中民事管辖权方面若干规则的国际公约》,瑞士《关于国际私法的联邦法》,德国《民事诉讼法》《家事诉讼法》,日本《民事诉讼法》《民事保全法》,等等。对国际公约的大幅度借鉴显示了韩国消除各国规定的冲突、谋求判断一致性的努力。

(五)尚待观察的问题

尽管这次立法相对详尽,但基于成文法的固有缺陷,其实施必然存在并不完全明确的一些问题。例如,新《国际私法》第 8 条规定管辖协议以约定的有管辖权国家的法律为准据法这个条款在将来适用上是否会产生新的问题值得观察。一方面,韩国国际私法原则上允许反致(韩国《国际私法》第 22 条);另一方面,如果约定的管辖法院为韩国法院以外的外国法院,则会进一步增加外国法查明的困难,不仅要查明外国实体法还需要查明外国冲突规范。再如,关于应诉管辖,韩国实务上一直存在一个争议,即被告出庭并对管辖权提出异议但同时还针对案件实质问题进行了辩论,此时是否构成辩论管辖。此次修订对此并未作出明确的规定。

总体而言,通过此次国际私法的修订,韩国涉外案件国际裁判管辖规则相对体系化和明确化,大幅度提升了法律适用的确定性,方便当事人和法院作出准确的判断,同时也有利于减少管辖权冲突,有助于跨国争议的顺利解决。

“一带一路”视野下中国海外利益法律保护体系构建问题*

黄非也**

中国在“一带一路”建设进程中产生了大量海外利益，构建中国海外利益的保护体系随之面临严峻挑战。现阶段，“一带一路”视野下的中国海外利益主要受到经济和人身两个层面的风险，应通过尝试缔结双、多边条约，完善争端解决机制，规范私营安保法律制度等方式予以应对，形成海外利益法律保护体系。同时，中国可以促进建立“一带一路”政府间合作组织，为法律保护体系的实现提供条件。为将“一带一路”发展为更广泛、更安全、更受欢迎的合作平台，相关法律保护体系的构建具有现实紧迫意义。

2013年9月“丝绸之路经济带”和“21世纪海上丝绸之路”（以下简称“一带一路”）提出至今，中国已经同151个国家和32个国际组织签署200余份共建“一带一路”合作文件。① “六廊六路多国多港”的互联互通架构基本形成，大量合作项目落地。中国的经济结构逐步向外向型发展，②中国的国家利益也日渐突破传统地理疆界开始向海外扩展。

中国海外利益研究的逻辑起点是中国国家利益，是“中国政府、企业、社会组织和公民通过全球联系产生的、在中国主权管辖范围以外存在的、主要以国际合约形

---

* 本文系国家社科基金重点项目“海外安全利益法律保护的中国模式研究”（项目编号：13AFX028）的阶段性成果。

** 武汉大学国际法研究所博士研究生。

① 数据截至2023年1月。参见《已同中国签订共建“一带一路”合作文件的国家一览》，载中国“一带一路”网，https://www.yidaiyilu.gov.cn/xwzx/roll/77298.htm。

② 参见《中国新阶段 外向型经济结构的形成》，载人民网，http://finance.people.com.cn/n/2015/0130/c1004-26475761.html。

式表现出来的中国国家利益”。[①] 在此基础上,“一带一路”视野下的中国海外利益即我国政府、企业或个人在“一带一路”建设过程中,通过国际经贸投资、项目工程、劳务合作等产生的,与国家间权利义务关系、社会经济利益、务工人员人身财产安全等相关的,虽位于中国领土以外,但受到合法保护的中国国家利益。

相较于高速扩展的“一带一路”中国海外利益与复杂多变的外部环境,目前我国单薄的海外利益保护模式跟不上实践需求,而法律规范具有的强制约束力可以为经济合作提供公平稳定的基础环境,因为规则和法治既是“一带一路”走向世界的通行证,也是应对各种不确定性风险和挑战的安全阀。[②] 习近平总书记指出:“推动共建“一带一路”,需要法治进行保障。”[③]中国海外利益法律保护体系的构建具有现实紧迫意义。

一、“一带一路”视野下中国海外利益所面临的风险

“一带一路”涉及的建设内容众多,地缘范围宽广,沿线国家和地区可能存在法律体系不同、政局不够稳定、社会文化差异等因素,导致我国在“一带一路”建设中的海外利益面临诸多风险,利益遭受侵害的案例也层出不穷。构建“一带一路”视野下中国海外利益的法律保护体系,应厘清现阶段威胁中国海外利益的风险有哪些,以及这些风险给构建法律保护体系带来了何种挑战。

(一)中国海外利益面临的风险分类

1.经济层面的风险和人身层面的风险

在“一带一路”建设中,中国海外利益面临的风险可分为经济层面的风险和人身层面的风险两大类。

(1)经济层面的风险

由于政治风险、社会风险、文化风险等在实践中或敏感度较高不便应对,或过于宏观难以定性,或缺少规范性和实操性,故可以将这些风险导致的结果量化为经济利益的损害,将政治、社会、文化等的宏观问题转化为权利义务清晰的法律问题,不仅在一定程度上回避了上述困境,还可以通过对各方法律行为的调整,依据损失填平等法律原则,使已发生的经济损害得到赔偿,预防或减少未发生的经济损害。并

---

① 参见苏长和:《论中国海外利益》,载《世界经济与政治》2009年第8期。

② 参见张鸣起:《在习近平法治思想指引下 推动共建“一带一路”高质量发展》,载中华人民共和国司法部官网,http://www.moj.gov.cn/pub/sfbgw/zwgkztzl/xxxcgcxjpfzsx/fzsxllqy/202206/t20220605_456593.html。

③ 习近平:《论坚持全面以法治国》,中央文献出版社2020年版,第268页。

且,对海外利益法律保护体系的建构,不仅在我国外交层面具备可操作性、高实践性,也是依法治国和实现国际法治的要求。因"一带一路"倡议以国家间的经济合作为主要内容,频繁的投资贸易等行为将会带来大量的争端。良好的法治是预防和解决这些争端的基石。

(2)人身层面的风险

"一带一路"跨越地理区域广泛,涉及多元的法律体系、宗教信仰和错综复杂的政治势力,所涉地区不乏战乱多发地带和恐怖主义活动区。不仅影响"一带一路"建设的经济安全与合作环境,更直接威胁到大量中国海外务工人员包括当地务工人员的人身安全。此类风险与经济层面的风险具备不同特征:一是战乱恐袭一般为突发情况,难以预测;二是当地政府亦很难保障此类风险的援救;三是其所直接威胁的人身利益已不属于经济利益,利益损害发生质变,在某些情形下上升为我国公民生命安全与国际罪行之间的冲突。对此类风险的利益保护,即使可能确保了经济建设项目的继续运行,但保护的出发点也不应是经济利益,而是以生命安全为首要前提的人身利益。

2. 外部因素与内部隐患

"一带一路"视野下的中国海外利益具有双重属性,即外部性和内部性。它既是中国国内利益的延伸,又牵涉东道国利益的增损;它既处在中国领土之外而受到国际环境和东道国影响,又属于应受到中国掌控、监管与保护的范围。有观点认为,我国现阶段海外利益面临的风险主要体现在以下三个方面:一是国际环境风险,二是海外利益东道国风险,三是中国的内部挑战。① 但上述观点中的国际环境风险实则通过东道国的具体行为体现,二者都是"一带一路"外部环境因素,单独讨论国际环境风险的意义不大。所以,"一带一路"视野下的中国海外利益风险在上述两大类别的基础上进而分为两部分,即外部因素和内部隐患,这也与海外利益的双重属性吻合。

综上所述,"一带一路"视野下中国海外利益面临的风险分为两大类四部分。这四部分所体现的问题即构建"一带一路"视野下中国海外利益法律保护体系所面临的具体挑战。(见图1)

---

① 参见廖春勇、高文胜:《当前我国海外利益面临的主要风险及对策研究》,载《广西社会科学》2018年第6期。

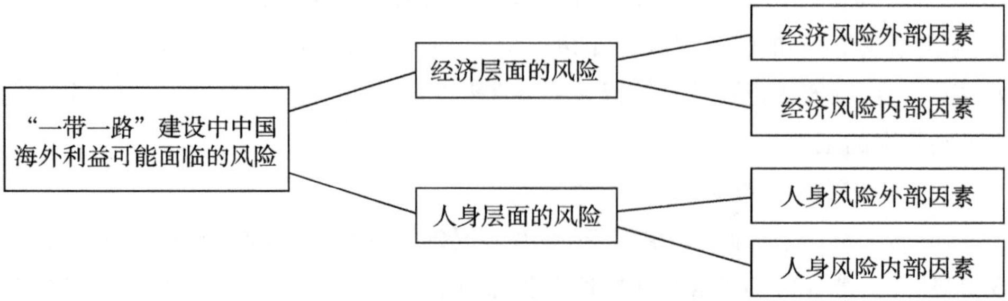

图1 "一带一路"视野下中国海外利益风险分类

(二)经济层面风险涉及的具体问题

1. 经济层面外部因素

政治风险是冲击"一带一路"经济建设的主要外部因素。一般的政治风险包括执政时间、政府稳定性、军事干预政治、腐败、民主问责、政府有效性、法治、外部冲突等8个指标。① 国际政治与国际法联系紧密,国家间的政治关系需要国际法规范来调整。② 国际法有时可以作为国际政治的落脚点,实践中也存在大量将政治问题转化为法律问题加以解决的做法。因此,将政治风险归为法律风险,不仅有助于明晰权利义务本质,也使问题的解决具有实践可操作性。

然而"一带一路"的经济合作缺乏法治环境,具体表现在"国际法对海外利益的保护面临挑战、中国国内立法保护不健全、东道国法律不健全及与中国法律存在差异等三个方面"。③ "一带一路"集中了诸如英美法与大陆法之间、宗教法与合作机制内的世俗法之间、④国内法与国际法之间的冲突等,一些沿线国家法律体系对政府继承、国际法与国内法位阶等问题上的规定存在差异,在没有良好的具有合意性的国际法的约束下,中国海外经济利益在东道国政治局势、经济模式、社会文化等各种因素的冲击下显得十分脆弱,缺少国际规则和东道国的法律强制力保障是构建"一带一路"视野下中国海外利益法律保护体系所面临的经济层面上的挑战之一。

① 参见中国社会科学院世界经济与政治研究所:《中国海外投资国家风险评级报告(2017)》,中国社会科学出版社2017年版,第14页。

② 参见杨泽伟:《国际法与国际政治》,载《学术界》1999年第4期。

③ 参见肖晞、宋国新:《中国"一带一路"建设中海外利益的脆弱性分析与保护机制构建》,载《学习与探索》2019年第5期。

④ 参见李雪平:《"一带一路"的合作机制:法律缺陷、复杂挑战与应对策略》,载《理论月刊》2017年第1期。

2. 经济层面内部因素

经济建设需要法治保障,法治是最好的营商环境。① 目前,中国自身在"一带一路"经济领域的法治建设还处于发展阶段。宏观层面,"一带一路"没有多边条约框架,从《推动共建丝绸之路经济带和21世纪海上丝绸之路的愿景与行动》到之后的《"一带一路"国际合作高峰论坛圆桌峰会联合公报》,都属于外交层面上的共识性宣言,不是条约也并没有缔约之意。中观层面,中国与其他国家的合作通常按国别不同具体展开,合作的依据也仅是两国签署的合作备忘录等,不具备强制约束力。如中国、俄罗斯、蒙古三国于2016年6月签订的《建设中蒙俄经济走廊规划纲要》的第六章明确规定了"本规划纲要非国际条约,不产生国际法上的权利和义务。三方根据国际条约承担的权利和义务,不在本规划纲要涉及范围内"②。此时,"如果一个国家不实行其承诺,有关制裁也是政治上的(这也是为什么谅解录经常被说成具有'政治上的约束力')"③,一般情况下过错国可以拒绝承担法律责任。微观层面,我国大量企业、海外务工人员遇到的法律问题亟待解决。2015年,我国外交部和驻外使领馆处理的领事保护和协助案件数量就达86,678件,其中与境外务工人员权利相关的经济和劳务纠纷类案件达4844件,④较之2014年的1826件,增幅165%,主要涉及劳资纠纷、拖欠工资、商业合同纠纷等。⑤ 2021年,驻外使领馆处理各类领事保护与协助案件约6万件。⑥ 大量的海外纠纷案件反映了企业与海外务工人员利益受损形势的严峻。因属于当地的外来人口,中国务工人员的合法权益受到东道国的社会制度、语言文字、管辖权等因素制约,难以得到当地司法程序的有效保护,其身处异国他乡也更难得到我国政府与司法资源的支持,内部原因还在于中资企业以及中国务工人员在法律维权方面存在"无法可依"或"不知有法"的情况。

---

① 参见《习近平主持召开中央全面依法治国委员会第二次会议并发表重要讲话》,载中华人民共和国中央人民政府网,http://www.gov.cn/xinwen/2019-02/25/content_5368422.htm。

② 《建设中蒙俄经济走廊规划纲要》(全文),载中华人民共和国国务院新闻办公室网,http://www.scio.gov.cn/ztk/wh/slxy/htws/Document/1491208/1491208.htm。

③ [英]安托尼·奥斯特:《现代条约法与实践》,江国青译,中国人民大学出版社2005年版,第45页。

④ 参见《2015年中国境外领事保护与协助案件总体情况》,载中国领事服务网,http://cs.mfa.gov.cn/gyls/lsgz/ztzl/ajztqk2014/201605/t20160505_932389.shtml。

⑤ 参见《2014年中国境外领事保护与协助案件总体情况》,载中国领事服务网,http://cs.mfa.gov.cn/gyls/lsgz/ztzl/ajztqk2014/201507/t20150701_932386.shtml。

⑥ 参见王毅:《2021年中国外交:秉持天下胸怀,践行为国为民》,载中华人民共和国外交部官网,http://bbs.fmprc.gov.cn/ziliao_674904/zt_674979/dnzt_674981/qtzt/BEIJING2022/bzhd/202201/t20220115_10496020.shtml。

在争端解决机制上,中国的法治建设正在跟进。1997 年至 2016 年,“一带一路”沿线国家作为被申请人的案件共计 395 件,占全球 726 件案件的 54.4%。[①] 这说明“一带一路”国家投资争端案件较多。[②] 在此基础上,通过我国现有法律程序解决的案件却很少。2013 年 10 月至 2018 年 9 月,上海法院共受理刑事、民商事、行政等各类涉“一带一路”一审案件 2636 件,审结 2464 件,[③]年均仅 527 件。截至 2018 年 1 月,天津法院受理涉“一带一路”商事海事案件共 1124 件,审结 727 件,[④]年均仅 260 件。服务“一带一路”经济建设专业、协调、高效的争端解决机制体系尚未形成。2018 年 6 月中国国际商事法庭(China International Commercial Court, CICC)的成立,最高人民法院“一带一路”指导性案例的发布等初步探索,[⑤]距离“建立符合‘一带一路’实际需要的争端解决机制或机构”,[⑥]专业化服务“一带一路”的标准还有差距,大量“一带一路”案件的争端解决需求与我国对应司法资源供给的不足和对应司法机构的分散之间存在矛盾。

构建“一带一路”视野下中国海外利益法律保护体系,应处理好我国与东道国之间国际法律规范缺失,海外企业和公民法治意识较为薄弱以及我国专门的争端解决机制供给不足等经济层面内部隐患所带来的挑战。

(三)人身层面风险涉及的具体问题

1. 人身层面外部因素

近年来,南亚地区受恐怖主义威胁平均指数持续居世界第一,而中巴经济走廊与孟中印缅经济走廊是“一带一路”在南亚地区的重点工程。其中的中巴经济走廊

① 根据联合国贸易和发展会议(United Nations Conference on Trade and Development, UNCTAD)国际投资争端数据库的统计数据整理。数据来源:https://unctadstat. unctad. org/wds/ReportFolders/reportFolders. aspx。

② 参见张丽娜:《“一带一路”国际投资争端解决机制完善研究》,载《法学杂志》2018 年第 8 期。

③ 涉案较多的国家主要有韩国、新加坡、马来西亚等。参见《上海发布涉“一带一路”典型案例 全市法院五年共审结涉“一带一路”案件 2464 件》,载中华人民共和国最高人民法院网,http://courtapp. chinacourt. org/zixun-xiangqing-121861. html。

④ 参见《天津法院累计受理涉“一带一路”商事海事案件共 1124 件》,载中国“一带一路”网,https://www. yidaiyilu. gov. cn/xwzx/dfdt/44339. htm。

⑤ 参见《最高人民法院发布涉“一带一路”专题指导性案例》,载中国法院网,https://www. chinacourt. org/article/detail/2019/02/id/3736851. shtml。

⑥ 参见《“一带一路”法治合作国际论坛共同主席声明》第 20 条,载新华网,http://www. xinhuanet. com/politics/2018-07/03/c_1123073746. htm。

共包括项目95个,[①]其中绝大多数项目分布在旁遮普省、信德省、开伯尔—普什图赫瓦省、俾路支省,而这四省的恐怖袭击发生频率也恰恰位居该国的前四位,恐袭事件之和接近巴基斯坦全国恐袭总数的七成。[②] 加之一些东道国医疗条件差,伤员无法得到及时治疗,构成威胁中国海外公民生命健康利益的另一风险。这些复杂的外部环境因素对"一带一路"建设下中国海外利益的影响已经突破经济层面,危及人身生命安全,性质严重,我国亟须建立健全中国海外利益法律保护体系,以面对人身层面外部因素带来的严峻挑战。

2. 人身层面内部因素

我国政府应对海外动乱恐袭等危及中国公民生命安全的突发情况时,一般第一时间采取领事保护措施解决。例如,协助2014年利比亚撤侨、2015年也门撤侨、2016年南苏丹撤侨等,[③]这些成功的救助案例背后仍存在一些隐患。首先,领事司是外交部的下属职能部门,负责领事工作,设有国外领事处、制度监督处、护照处、国内领事处、规划协调处、签证政策与事务处、综合管理处、认证处、信息技术处、领事保护中心10个部门,[④]工作涵盖内容繁杂,领事保护只是其中一个方面。中国目前的领事保护工作任务艰巨,"每个人要负责20万人次的领保工作,没有任何一个国家受理过如此庞大的工作"。[⑤] 其次,参与救援的外交工作人员本身也必须承担同等风险。另外,人员、装备和场地的调动与租借代价高昂,这些资源一旦遭到限制,损害将再难弥补。最后,在救助过程中的每个环节都具有延迟性和滞后性,都可能出现差错。缺乏专业救援人员、缺失常设救助线路、缺少专门的装备配置,是中国海外人身安全利益保护工作的内部隐患之一,也是构建中国海外利益法律保护体系所需应对的另一具体挑战。

我国的军事力量是保护海外公民人身安全的最强与最终保障。中国调动军队参与海外救援已有诸多成功案例,中国目前唯一的海外驻吉布提保障基地自建成启用至今也只有6年左右,我国的军事保护力量辐射范围远未达到应有程度,实践中

---

① 数据统计截至2023年1月9日。其中能源项目21个、交通基建项目24个、瓜德尔项目14个,工业合作与经济特区项目9个,社会和经济发展项目27个,数据包括拟建项目数量。参见《CPEC Projects Progress Update》,载巴基斯坦政府中巴经济走廊网,http://www.cpec.gov.pk/progress-update。

② 参见刘倩:《南亚恐怖主义与"一带一路"沿线的海外利益保护》,载《印度洋经济体研究》2018年第5期。

③ 参见"祖国助你回家",载中国领事服务网,http://cs.mfa.gov.cn/gyls/lsgz/ztzl/zgjnhj/。

④ 参见"领事司简介",载中国领事服务网,http://cs.mfa.gov.cn/gyls/lssjj/。

⑤ 参见《外交部领保中心主任:走出国门有六大风险 需打造"大领保"》,载人民网,http://chinese.people.com.cn/n/2015/0414/c42309-26838960.html。

难以涵盖“一带一路”迅速发展的海外利益地缘范围。我国主要依靠领事、军事的海外利益保护模式,较难适应“一带一路”建设海外利益保护复杂苛刻的环境,构成“一带一路”人身层面风险的主要内部隐患,也是构建中国海外利益法律保护体系必须面对的难题。

二、构建“一带一路”视野下中国海外利益法律保护体系的途径

构建“一带一路”视野下中国海外经济和人身利益法律保护体系,应在完善的法律规范制度的基础上,预防外部风险因素,消除内部风险隐患。

(一)经济利益法律保护体系的构建途径

1648 年的《威斯特伐利亚合约》(Peace Treaty of Westphalia)确立了“独立国家平等组成的社会,是国际法存在的基础”,[①]自此“揭开了近代国际法的序幕”。[②]“一带一路”的合作基础同样是平等的主权国家所构成的国际社会,这也是条约产生的基础,“一带一路”海外经济利益同样也需在此基础上进行保护。“一带一路”建设的主要内容是国际经济交往,“国际条约不仅是国际法的重要渊源,而且是国际政治斗争和国际经济交往的重要工具”。[③] 在现代国际法的环境下,条约作为国际法的主要渊源,其作用与意义难以替代。建立起一整套符合“一带一路”实际需要的条约和法律规则网络,不仅将为“一带一路”提供稳定的制度环境,还将为我国深度参与和引领全球治理提供重要保障。[④] 构建经济层面“一带一路”建设的中国海外利益法律保护体系,条约路径应是首选。“条约可以定义为具有缔约能力的至少两个国际法主体意在按照国际法产生、改变或废止相互权利义务的意思表示一致。”[⑤]在国际法实践中,条约具有重要价值。

首先,“条约是自古以来即已存在的、用以规定相互间行为规则的必不可少的法律工具”[⑥]。条约的工具价值是适合构建“一带一路”利益法律保护体系的前提。如在参与国发生政府更迭时,可通过条约的政府继承原则,将“国际条约中所规定的权利和义务由一个承受者转移给另一个承受者”,[⑦]保证“一带一路”合作项目的延续

① 参见黄德明:《〈威斯特伐利亚和约〉及其对国际法的影响》,载《法学评论》1992 年第 5 期。

② 参见杨泽伟:《国际法史论》,高等教育出版社 2011 年版,第 51 页。

③ 参见万鄂湘、石磊等:《国际条约法》,武汉大学出版社 1998 年版,前言第 1 页。

④ 参见陶晓玲:《当前国际法形势和我国外交条法工作》,载中国海洋发展研究中心官网,http://aoc.ouc.edu.cn/2018/0520/c9821a195842/pagem.htm。

⑤ 李浩培:《条约、非条约和准条约》,载《中国国际法年刊》(1987),法律出版社 1988 年版,第 28 页。

⑥ 李浩培:《条约法概论》(第 2 版),法律出版社 2003 年版,序第 1 页。

⑦ 参见万鄂湘、石磊等:《国际条约法》,武汉大学出版社 1998 年版,第 437 页。

性。同时,与缔约国在权利义务上达成合意,可以弥合国家间法律体系的差异,条约还可对两国的经济合作关系进行定性,以应对国际舆论造成的压力。其次,条约具有法律约束力。"凡有效之条约对各当事国有拘束力,必须由该国善意履行。"①国际法基本原则之一的"条约必须信守"(pacta sunt servanda)已得到国际社会的广泛遵循。当非法律规则成为法律规则时,它便获得未曾有的力量。② 条约的强制约束力是保障义务履行的有效手段,也是承担违约责任的法律基础,是解决"一带一路"现有文件约束力不足的有效途径。最后,"国际间发生的争端,大部分与条约的履行或其解释和适用有关"③。条约具有很强的实践性,在面对具体案件时,条约或其他法律工具是设定必要规则的有效方式。④ 明晰确定的权利义务关系为缔约方提供了极高的准据价值,"国家之间相互关系的实际内容也都具体体现在国际协定之中",⑤条约为参与国创设可依赖的法律行为预期及稳定的交往合作环境,尤其体现在国家间纠纷处理与争端解决机制构建方面。通过缔结司法协助协议,例如《承认与执行外国民商事判决公约》,⑥可有效避免国外判决的承认与执行困难、管辖权冲突、准据法适用不明等问题,应"探索建立符合'一带一路'实际需要的争端解决机制或机构,包括研究建立以条约为基础的国际机制或机构的可行性,预防和解决相关争端"。⑦

条约的工具价值、法律强制约束力、实践可操作性等特征更符合保护"一带一路"中国海外经济利益的要求。现有的以外交关系、合作共识为基础的模式虽不能充分应对"一带一路"中国海外经济利益所遇到的现实风险,但"它们可能代表制定

---

① 《维也纳条约法公约》第 26 条规定:"凡有效之条约对其各当事国有拘束力,必须由各该国善意履行。"

② "When a non-legal rule is turned into a legal rule, it acquires a vigour which it never had before." See Michael Barton Akehurst, *A modern introduction to international law*, George Allen & Unwin, 1984, p. 4.

③ 李浩培:《条约法概论》(第 2 版),法律出版社 2003 年版,序第 1 页。

④ "... a treaty or some other legal instument is the obvious way of laying down the necessary rules." See Michael Barton Akehurst, *A modern introduction to international law*, George Allen & Unwin, 1984, p. 8.

⑤ 参见[英]伊恩·布朗利:《国际公法原理》,曾令良、余敏友等译,法律出版社 2003 年版,第 671 页。

⑥ 参见《海牙国际私法会议第 22 届外交大会通过〈承认与执行外国民商事判决公约〉》,载最高人民法院国际商事法庭网,http://cicc.court.gov.cn/html/1/218/149/156/1271.html。

⑦ 参见《"一带一路"法治合作国际论坛共同主席声明》第 20 条,载新华网,http://www.xinhuanet.com/politics/2018-07/03/c_1123073746.htm。

条约的一个中间阶段”,[①]条约或许不能完全消除国家间的争端,但至少可以缩小争端范围,使争端更易解决而不至引发分歧。[②] “一带一路”的基础是各参与国间务实的国际合作,“通过国际合作制定国际规范,建立可预期的国际制度”[③],使“国际制度成员在交流、互动中将国际制度的价值、规范逐渐内化,并以此作为界定利益、发展利益的行为规范”[④],是构建“一带一路”经济层面海外利益法律保护体系的有效途径。

(二)人身利益法律保护体系的构建途径

构建“一带一路”人身层面海外利益法律保护体系可以从构建国内私营安保法律制度规范,形成以私营安保企业参与为主,领事、军事参与为辅的模式入手。

私营安保公司(private security company, PSC)全称“私营军事和安保公司”(private military and security company, PMSC)。[⑤] 其前身是具有争议的雇佣军团(mercenaries),现指提供军事和(或)安保服务的私营商业实体。[⑥] 服务内容一般包括雇佣方的人身财产信息安全警卫、紧急事件应对、法律咨询、调查巡逻、武装押运等。

2008 年 9 月,包括中国在内的 17 国签署了《武装冲突期间各国关于私营军事和安保服务公司营业的相关国际法律义务和良好惯例的蒙特勒文件》(The Montreux Document on Pertinent International Legal Obligations and Good Practices for States Related to Operations of Private Military and Security Companies During Armed Conflict,以下简称《蒙特勒文件》),该文件不具备法律约束力,但私营安保公司自此在国际社会得到初步的规范与认可。此后《私营安保服务供应商国际行为守则》(International Code of Conduct for Private Security Service Provider)的签署以及私营安保服务供应商国际行为守则协会(International Code of Conduct Association,以下简称守则协会)的成立,标志着私营安保公司的规范性质变。2012 年,联合国安全

---

① 参见[英]安托尼·奥斯特:《现代条约法与实践》,江国青译,中国人民大学出版社 2005 年版,第 44 页。

② See Michael Barton Akehurst, *A modern introduction to international law*, George Allen & Unwin, 1984, p. 8.

③ 刘敬东:《“一带一路”法治化体系构建研究》,载《政法论坛》2017 年第 5 期。

④ 王发龙:《中国海外利益维护路径研究:基于国际制度的视角》,载《国际展望》2014 年第 3 期。

⑤ 又称私营军事承包商(private military contractors, PMC)或私营安保承包商(private security contractors, PSC)。

⑥ “PMSCs are private business entities that provide military and/or security services, irrespective of how they describe themselves.” See The Montreux Document on Pertinent International Legal Obligations and Good Practices for States Related to Operations of Private Military and Security Companies During Armed Conflict, preface, article 9.

和安保部颁布了《私营安保公司武装安全服务使用指南》(Guidelines on the Use of Armed Security Services from Private Security Companies),正式承认了私营安保公司的合法地位,并赋予守则协会国际权威认证资格。① 该指南的附件A工作说明书中对私营安保企业及个人的法律权利和义务有明确限制,例如对于使用武力和武器"承包商必须制定和实施符合《私营安保服务供应商国际行为守则》和领土国家法律的武力政策",且须"符合《安保政策手册》第四章H节中的联合国使用武力政策"等等。② 这些规定为构建"一带一路"人身利益私营安保法律保护体系提供了良好的国际法基础。

国内私营安保法律规范发展较晚。中国的安保业长期以政策、地方性法规和规范性文件等方式进行管理,没有统一的全国性法律或行政法规。随着我国法治水平的提升,国务院《保安服务管理条例》以及中国海事局《私人武装保安在船护航证明签发管理办法》(已失效)等文件的出台,私营安保产业近年来已开始步入规范管理阶段。

私营安保产业商业化的性质适合"一带一路"市场资源有效配置,高危高配,低危低防。在应对恐怖袭击突发案件上,专业的安保人员很多来自当地,对当地的地理气候和危险环境有充分认识,不仅可以很大程度地保证遇险人员的生命安全,其自身所受到的威胁也会相应减小。2014年12月,我国民营性质的山东华威保安集团与南非雷德私营保安公司于南非首都约翰内斯堡共同成立首家中国海外合资的华威雷德保安公司。③ 华威雷德在1年里已为12家中资企业和政府要员赴南非公务活动提供武装随身护卫,承担临时护卫任务15起,为一家中资企业提供驻点守护,安保人员主要来自南非当地。④ 我国"一带一路"私营安保产业具备广阔的市场前景,作为中国首家"走出去"的安保公司,华威安保集团为中国私营安保海外市场拓展实践提供了范例。2009年出台的《保安服务管理条例》(已修改)规范了国内的安保行业,但涉外领域仍是一片空白,截至2017年,中国有4000余家安保公司,但开

---

① See United Nations Department of Safety and Security, Guidelines on the Use of Armed Security Services from Private Security Companies, F, article 25, a.

② See Ibid., article 43.

③ 参见《中国首家海外合资保安公司在南非成立》,载人民网,http://world.people.com.cn/n/2014/1220/c1002-26245692.html。

④ 参见《中国首家海外安保公司在南非为中企保驾护航》,载环球网,http://mil.huanqiu.com/china/2016-01/8433380.html。

展海外业务的不超过40家,真正拿到订单的仅几家。① 形成完善的法律规范制度是发挥私营安保产业优势的前提,我国私营安保产业不乏人力资源与实践经验,我国应制定相关的国内法,加快安保产业的规范化与国际化速度,结合现有的领事、军事力量,构建"一带一路"建设海外人身利益法律保护体系。

三、构建"一带一路"视野下中国海外利益法律保护体系的步骤

构建"一带一路"视野下的中国海外利益法律保护体系,可通过缔结经济合作双、多边条约,设立配套的争端解决机制,完善国内私营安保制度,或设立"一带一路"政府间合作组织等途径实现。(见图2)

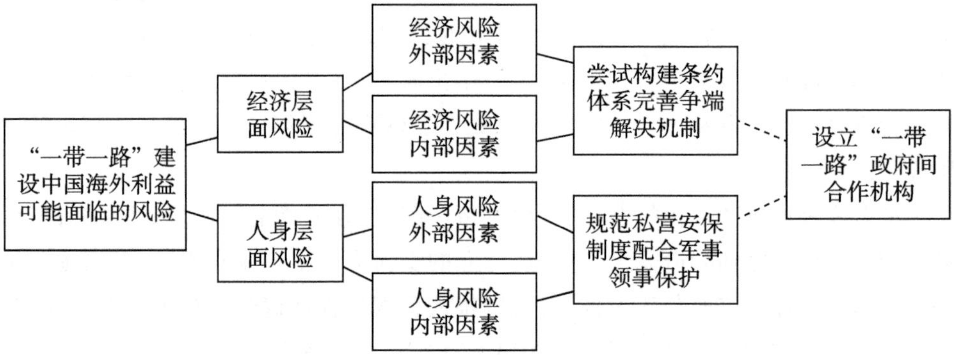

图2 构建"一带一路"中国海外利益法律保护体系途径

(一)"一带一路"视野下海外经济利益法律保护体系的构建步骤

"一带一路"建设海外利益条约法律保护体系的构建,应以遵循国际法为前提,与沿线国缔结双、多边条约,并以条约为基础,完善"一带一路"建设争端解决机制。

中国可以利用现有国际组织或共识体系,尝试先与外交关系、法治环境良好的少数国家缔结"一带一路"建设的双边条约。1991年11月,中国加入亚太经济合作组织(Asia-Pacific Economic Cooperation, APEC),该组织的宗旨是维护和促进亚太地区的经济发展,增加经济交往,发展和加强开放的多边贸易体系,减少成员之间的贸易壁垒。② 在2018年的领导人非正式会议主席声明中,"数字经济"作为主

① 例如,伟之杰安保集团、华信中安集团、德威、克危克险等公司。参见刘波:《"一带一路"安全保障体系构建中的私营安保公司研究》,载《国际安全研究》2018年第5期。

② 参见《中国积极参与亚太经济合作组织》,载中华人民共和国外交部网,https://www.fmprc.gov.cn/web/ziliao_674904/wjs_674919/2159_674923/t8990.shtml。

要议题之一获得广泛关注与支持,[①]并以文件形式确定《亚太经合组织数字经济行动议程》。[②] 中国可以借助亚太经合组织提供的基础,以"数字经济"共识为契机,与组织中同为"一带一路"沿线国家的成员国签订该领域内的双边条约。此后,借助类似国际组织和共识体系提供的平台,可以不断缔结更多"一带一路"建设其他内容的双边条约,形成双边条约网络。

在上述基础上,借鉴中国—东盟自由贸易区(China-Asean Free Trade Area, CAFTA)在法律规范领域的成功经验,可进一步与沿线其他国家签署"一带一路"经济领域的多边合作协定,如司法便利化协定、关税协定、贸易自由化协定等,并在此基础上尝试起草"一带一路"建设宏观层面的多边框架协定,协定内容包括"一带一路"建设总体制度设计与独立的争端解决机制设计,并允许其他国家加入(accession)或参加(adherence)。这些双、多边条约与框架协定逐步构成"一带一路"条约法律保护体系,"一带一路"建设的中国海外经济利益将得到具有强制力法律制度的长期保障。

在处理国家间纠纷以及涉外民商事纠纷方面,可以逐步建立配套的"一带一路"争端解决机制。可在上述框架协定的基础上,对"一带一路"独立的国际争端解决机制设计进行探索。同样地,中国政府可借助中国—东盟自由贸易区等现有国际争端解决机制基础,依靠世界贸易组织(World Trade Organization, WTO)框架的有利条件,在强调世贸组织协定中"特殊与差别待遇"重要性的同时,通过促成多方磋商谈判缔结条约,以法律形式保障"促进贸易投资自由化和便利化""进一步开放市场,反对保护主义、单边主义和其他不符合世界贸易组织规则的措施"的目标,[③]设立组织化、制度化、体系化、符合"一带一路"各参与国整体利益的国家间争端解决机构,并依托亚洲基础设施投资银行(Asian Infrastructure Investment Bank, AIIB)支持,加强经济类案件裁决的执行力,树立国际司法权威。在国内实践中,可完善现有的多元争端解决途径,提高"一带一路"民商事仲裁、司法活动的专业化程度和国际竞争

① See The 26th APEC Economic Leaders' Meeting, PORT MORESBY, PAPUA NEW GUINEA, 18 November 2018, "The Chair's Era Kone Statement", article 6. Asia-Pacific Economic Cooperation, https://www.apec.org/Meeting-Papers/Leaders-Declarations/2018/2018_aelm.

② See "Apec Action Agenda for The Digital Economy", Asia-Pacific Economic Cooperation, https://www.apec.org/Meeting-Papers/Leaders-Declarations/2018/2018_aelm/Annex-a-apec-action-agenda-for-the-digital-economy.

③ 参见《第二届"一带一路"国际合作高峰论坛圆桌峰会联合公报》第10条,载中国"一带一路"网,https://www.yidaiyilu.gov.cn/zchj/qwfb/88222.htm。

力,加强参与国“司法执法领域合作,包括探讨加强民商事判决相互承认和执行、促进民商事司法文书送达及调查取证的合作机制等”,“加强调解、仲裁等非诉纠纷解决领域的交流合作”,①增加我国争端解决机构的案件受理量。在提升仲裁、司法领域的法律服务水平后,与“一带一路”建设独立的国家间争端解决机构内外协调,形成完善的争端解决法律规范体系。“一带一路”还须加大法治意识宣传和法律人才培养,通过提升海外企业和公民的法治意识,选拔“一带一路”专业仲裁、司法工作人员等途径,逐步形成完善的“一带一路”海外经济利益法律保护体系。

(二)“一带一路”视野下海外人身利益法律保护体系的构建步骤

面对“一带一路”人身利益风险,我国应当逐步构建以私营安保为主、领事军事为辅的利益保护体系。在国际法层面,2001 年 6 月,上海合作组织(Shanghai Cooperation Organization,SCO)作为永久性政府间国际组织宣布成立,包括中国在内的6国签订了《打击恐怖主义、分裂主义和极端主义上海公约》,在公约框架内进行共同努力是打击恐怖主义、分裂主义和极端主义的有效方式。② 中国可借助该条约与类似的其他条约,推进“一带一路”沿线国家形成具有针对性的反恐国际法规范,对危害到合作项目人员人身安全的恐怖主义行为,确定相应国家、组织以及个人需要承担的法律责任,构建“一带一路”视野下的海外人身利益国际法保护体系。

在国内法层面,首先,我国政府可在符合现有国际法规则的基础上,完善国内的法律、行政法规、政府规章。我国《保安服务管理条例》以行政法规的形式确立了私营安保企业的基本法律框架。③ 在武装守护押运制度上,私营安保必须同时遵守《专职守护押运人员枪支使用管理条例》。④ 可以依据联合国《私营安保公司武装安全服务使用指南》确立的私营安保服务供应商的法律责任,以及国际行为守则协会认证资格,对相关国际法规进行适当的并入或转化,完善上述两个条例,对“一带一路”私营安保人员从业资格、军警装备使用等进行具体规定。其次,国内私营安保企业应根据国家制定的行政法规确立内部行业规范,增强企业员工素养,提高市场准入标准。国家同时可鼓励企业实地勘察调研,建设试点,了解沿线各国海外安保现状,加快企业国际化进程,充分发挥私营安保公司在风险评估、情报支持、后勤支援、

① 参见《“一带一路”法治合作国际论坛共同主席声明》第 21 条,载新华网,http://www.xinhuanet.com/politics/2018-07/03/c_1123073746.htm。

② 参见《打击恐怖主义、分裂主义和极端主义上海公约》,载中国人大网,http://www.npc.gov.cn/wxzl/wxzl/2001-12/12/content_281315.htm。

③ 参见《保安服务管理条例》第 3 条。

④ 参见《保安服务管理条例》第 10 条、第 29 条、第 45 条。

现场保护、安全培训、战略咨询与设计、紧急撤退和紧急医疗服务等方面的作用，构建全方位多元化的安全保障体系。① 最后，可在公安部增设"一带一路"涉外安保管理机构，统筹协调海外私营安保活动。

常态化私营安保力量的引入，可使领事和军事保护的压力减轻，形成优势互补的有机整体。随着私营安保国内法律规范的日益完善、外交领事保护的日益成熟、我国军事辐射力的日益提升，三管齐下的保护体系将更好地应对"一带一路"视野下海外人身层面风险的挑战。

（三）"一带一路"建设政府间合作组织的构建步骤

国际组织是国际社会进行各种会晤、多边外交、沟通关系、解决争端和磋商谈判的理想场所，是国际舆论得以充分表达的重要论坛。② 在"一带一路"建设中，国家间的合作具有长期性、反复性和纠纷性，可以设立"一带一路"政府间合作组织，通过组织成员之间的协调沟通，更好地将法律保护体系落实于实践，保证法律规范的执行。

在上述经济和人身两个层面法律保护体系的构建基础上，中国可参考联合国、亚太经济合作组织、上海合作组织等模式，在与沿线国家缔结的"一带一路"多边框架协定下，设立"一带一路"政府间合作组织机构。机构设计可利用现有的实践基础，向制度化、组织化的方向转变。合作机构可以以"一带一路"国际合作高峰论坛圆桌峰会为前身，设立最高权力机关"一带一路"成员大会，对"一带一路"建设的发展目标、合作原则、纠纷解决、利益保护等根本性问题作出决议，大会可以设立秘书处，负责行政、技术、信息等日常保障工作。在大会之下，可以设立"一带一路"部长级会议，由各参与国外交部、商务部、公安部等部长等组成，会议定期召开，属于次级权力机关，商讨大会决议的具体实施方案。在部长级会议之下，可以设立"一带一路"国际争端解决机制和各国政府间合作办事机构，推动争端解决机制实体化进程，协调各国海外利益风险应对。办事机构可按照所涉内容分为不同部处，如政策审批处、风险评估处、法律服务处、预警保卫处、工程项目处、货币金融处等，实际执行大会及部长级会议决议。

完善的机构架设，可以更好地保障"一带一路"建设，协调"一带一路"海外利益保护。对于应对"一带一路"两个层面的风险，政策审批与风险评估能够事先评价项目指标，为投资者提供建议，投资者可在了解当地政策、赔偿幅度、合作情况等环境因素的情况下理性做出投资管理，预防风险。法律服务处可为海外务工人员提供法

---

① 参见刘波：《"一带一路"安全保障体系构建中的私营安保公司研究》，载《国际安全研究》2018 年第 5 期。

② 参见梁西：《梁著国际组织法》(第 6 版)，武汉大学出版社 2011 年版，第 37 页。

律援助,对知识产权、人身赔偿、劳工纠纷等事项提供法律宣传、法律咨询等法律服务,保障企业劳工权益。预警保卫处可作为常设性预防协调机构,负责海外私营安保企业的协调管理,通过提供实时风险监控,人身财产安保、反恐培训管理、国际警卫协助,突发事件处理以及险后医疗救援等服务,确保生命救助线的常亮常通,保护海外人身安全利益。工程项目处负责维护和处理建设项目中发生的日常合作事务。货币金融处可与 AIIB 进行合作,提供货币金融领域的技术支持与服务。

"一带一路"海外利益保护体系的机构化还可以吸引国内外专业人才,跟进服务设施。常设合作机构有利于从业人员在特定领域的持续坚守,深入对各东道国国情的实践调研,为"一带一路"发展提供前沿理论支撑。同时,机构的完善有利于配套服务设施的填补,饮食医疗卫生等后勤保障工作很大程度上依赖设备的跟进,政府与社会应当在适当条件下鼓励国内服务行业、医疗行业、设备制造业等领域一同"走出去""服务好",加强国内外的跨领域合作,保障企业与个人的后勤服务,维护"一带一路"的整体利益。通过各司其职,"一带一路"政府间的合作组织可以协调各方行动,有效调动内外资源,执行制度规范,这是构建"一带一路"海外利益法律保护体系的重要组成部分。

四、结语

"一带一路"已成为全球最受欢迎的全球公共产品,也是目前前景最好的国际合作平台。① "一带一路"建设拓展了中国的海外利益,对中国海外利益的法律保护也是"一带一路"长期稳定发展的前提。

"一带一路"建设在经济利益层面上主要受到东道国政治风险、社会风险、文化风险等不确定因素的影响,中国现阶段以外交手段为主的利益保护模式有些单一。而"国际法律秩序适用于整个由国家组成的国际社会,并在这个意义上具有普遍的性质"②,"条约法的基本原则无疑是条约拘束其当事方以及必须善意履行条约"③,这也正是我国海外经济利益保护的根本需求之一。我国应增强缔约意识,以现有的国际法以及国际组织为基础,积极缔结双、多边条约,构建"一带一路""以世界贸易组织为核心、普遍、以规则为基础、开放、透明、非歧视的多边贸易体制",④加速"开

① 参见《"一带一路"定位》,载中国"一带一路"网,https://www.yidaiyilu.gov.cn/info/iList.jsp?tm_id=540。

② [英]R. 詹宁斯:《奥本海国际法》,王铁崖等译,中国大百科全书出版社 1995 年版,第 50 页。

③ [英]马尔科姆·N. 肖:《国际法(下)》(第 6 版),白桂梅等译,北京大学出版社 2011 年版,第 711 页。

④ 参见《第二届"一带一路"国际合作高峰论坛圆桌峰会联合公报》第 7 条,载中国"一带一路"网,https://www.yidaiyilu.gov.cn/zchj/qwfb/88222.htm。

展法务合作,包括为工商界提供争端解决服务和法律援助”,[①]形成海外经济利益的条约保护体系。这是中国参与全球治理的实践,也是国际法治的要求。常设国际法院的设立是现代国际法开始形成的标志之一,[②]在经济纠纷解决方面,“一带一路”应“倡导公正、高效、便利地解决争端,赞赏相关国家探索建立诉讼、调解、仲裁有效衔接的多元化纠纷解决机制所做的努力”,[③]结合国内仲裁、司法等多元纠纷解决方式,构建“一带一路”独立的国家间争端解决机制,保障经济合作的稳定性。

“一带一路”视野下的中国海外人身利益主要受到恐怖主义、战争冲突等风险威胁,我国在加强以领事、军事力量为主的保护模式的同时,可以开拓私营安保路径等非政府力量参与的模式。私营安保资源的武装性可以使其胜任准军事化行动,在得到国际社会的认可下,能够发挥军事保护的特殊优势。另外,私营安保的商业化、专业化及常态化可以提供充分的安保资源,大幅降低海外人员人身利益所受风险。我国应加快完善私营安保国内法律制度,提升我国私营安保产业的国际化水平,填补海外安保市场的空缺。应对“一带一路”人身安全风险,构建以私营安保为主,领事、军事力量为辅的海外人身利益法律保护体系值得探索。

设立“一带一路”政府间合作组织是中国海外利益法律保护的另一途径。国际组织是现代国际生活中促成国际合作的一种法律形态,对现代国际关系与法律秩序有着至关重要的作用。[④] 制度化、常态化的组织构建,不仅可以更好地将海外利益法律保护体系转化为实践,还可以高效便捷地处理“一带一路”建设中的日常事务,在风险预防、争端解决、突发事件应急预案等事项上联动互通,协调保护“一带一路”建设我国及各参与国的经济安全与人身安全利益。

---

① 参见《第二届“一带一路”国际合作高峰论坛圆桌峰会联合公报》第29条,载中国“一带一路”网,https://www.yidaiyilu.gov.cn/zchj/qwfb/88222.htm。

② 参见杨泽伟:《国际法史论》,高等教育出版社2011年版,第133页。

③ 参见《“一带一路”法治合作国际论坛共同主席声明》第22条,载新华网,http://www.xinhuanet.com/politics/2018-07/03/c_1123073746.htm。

④ 参见梁西:《梁著国际组织法》(第6版),武汉大学出版社2011年版,第38~39页。

信息与资料

韩国《国际私法》*

（2022年1月4日修正文本）

邹国勇** 李 燕*** 孙梦帆**** 徐袁格菲***** 译

第一章 总 则

第一节 目 的

第1条 [目的]

本法旨在确定与外国有关联法律关系的国际裁判管辖权和准据法。

第二节 国际裁判管辖

第2条 [一般原则]

1. 当事人或涉案纠纷与大韩民国具有实质性关联时，大韩民国法院（以下简称法院）享有国际裁判管辖权。在此情形下，法院在判断是否存在实质性关联时，应遵循国际裁判管辖分配理念的合理原则，即谋求当事人之间的公平以及适当、迅速及经济地审判。

* 国家社科基金一般项目“《民法典》国际私法典编纂国际民事程序研究”（批准号21BFX157）的阶段性成果。韩国1962年1月15日公布了第966号法律即《涉外私法》，1999年对其进行了一次局部修正。《涉外私法》经2001年4月7日第6465号法律全面修正，名称被改为《国际私法》后，又在2011年、2016年经历了局部修正。2022年1月4日第18670号法律对原《国际私法》进行了全面修正，修正后的《国际私法》自2022年7月5日起施行。——译者注

** 武汉大学国际法研究所副教授，法学博士。

*** 韩国首尔国立大学法学研究所博士后研究人员，法学博士。

**** 武汉大学法学院2021级国际私法硕士研究生。

***** 武汉大学法学院2021级国际私法硕士研究生。

2. 本法、大韩民国的其他法律或者国际条约对国际裁判管辖未作规定的,法院应参照国内法上的管辖条款判断是否享有国际裁判管辖权,同时应根据第1款的规定充分考虑国际裁判管辖的特殊性。

第3条　[一般管辖]

1. 对经常居所在大韩民国境内的人提起的诉讼,法院享有国际裁判管辖权。本规定也同样适用于在任何国家均无经常居所或者其经常居所无法确定但在大韩民国境内有居所的人。

2. 尽管有第1款的规定,对大使、公使及其他不受外国裁判管辖的大韩民国国民提起的诉讼,法院享有国际裁判管辖权。

3. 对主要办事机构、主要营业所、章程所载明的所在地或者营业中心地在大韩民国境内的法人或团体提起的诉讼,以及对依照大韩民国法律设立的法人或者团体提起的诉讼,法院享有国际裁判管辖权。

第4条　[基于办事机构、营业所等确立的特别管辖]

1. 对在韩国境内设有办事机构、营业所的个人、法人或者团体,可向法院提起与该个人、法人或者团体在大韩民国境内的办事机构或者营业所的业务相关的诉讼。

2. 对已在大韩民国或者针对大韩民国持续性地开展有组织的职业或者营业活动的个人、法人或者团体,可向法院提起与其职业或者营业活动有关的诉讼。

第5条　[财产所在地的特别管辖]

有下列情形之一的,可以向法院提起有关财产权的诉讼:

(1)作为诉讼请求或者担保标的物的财产位于大韩民国境内;

(2)可供扣押的被告财产位于大韩民国境内。但是,涉案纠纷与大韩民国没有任何关联或者仅仅具有细微关联,或者案涉财产的价值明显较小的除外。

第6条　[对关联案件的管辖]

1. 法院对相互密切关联的多个诉讼请求之一享有国际裁判管辖权的,可以将多个诉讼请求合并为一个向法院提起诉讼。

2. 法院对共同被告之一享有第3条所规定的一般管辖权时,只有在对该被告的请求和对其他共同被告的请求之间存在密切关联,并且有必要避免出现相互矛盾的裁判危险时,方可将对共同被告的诉讼请求合并为一个向法院提起诉讼。

3. 法院依照第56条至第61条的规定对下列情形中的主请求享有国际裁判管辖权的,也可以就有关指定亲权人、扶养人以及支付扶养费等附随于主请求的附带请求向法院提起诉讼:

(1)婚姻关系事件;

(2)亲生子女关系事件;

(3)收养关系事件;

(4)父母与子女之间的关系事件;

(5)扶养关系事件;

(6)监护关系事件。

4.法院只对附随于第3款所指各类事件主请求的附带请求享有国际裁判管辖权时,不得向法院提起有关主请求的诉讼。

第7条 [对反诉的管辖]

法院对本诉享有国际裁判管辖权的,除了使诉讼程序严重迟延的情形外,被告可以向本诉系属的法院提起与本诉的请求或者抗辩有密切关联的反诉。

第8条 [协议管辖]

1. 各方当事人可以就特定法律关系所产生的诉讼达成国际裁判管辖协议(本条以下简称协议)。但是,该协议有下述情形之一的,视为无效:

(1)根据依照该协议享有国际裁判管辖权国家的法律(包括指定法律适用的法规),该协议无效的;

(2)当事人没有订立协议能力的;

(3)根据大韩民国的法律或者条约,构成协议对象的诉讼不属于协议所指定的国家管辖,而属于其他国家的专属国际裁判管辖范围的;

(4)承认该协议的效力显然违背诉讼系属国家的善良风俗或者其他社会秩序的。

2. 协议须采用书面形式(包括电报、电信、传真、电子邮件或者通过其他通信方式交换的电子意思表示)。

3. 根据协议所确定的管辖为排他性管辖。

4. 当事人以合同条款的形式达成协议的,其他合同条款的效力不影响协议条款的效力。

5. 当事人之间就特定法律关系所产生的诉讼已达成由外国法院管辖的排他性协议,又向法院起诉的,法院应驳回起诉。但是,有下述情形之一的,不适用该规定:

(1)根据第1款的各项规定,协议无效的;

(2)发生第9条规定的应诉管辖的;

(3)根据协议享有国际裁判管辖权的国家法院决定不审理案件的;

(4)存在协议无法正常履行的明确事由。

第9条　[应诉管辖]

被告未主张法院不享有国际裁判管辖权,并且就案件实质问题进行抗辩,或者在预备庭审期间提交答辩状的,法院对该案件享有国际裁判管辖权。

第10条　[专属管辖]

1. 下述各项诉讼,只能在法院提起:

(1)涉及在大韩民国官方登记簿进行登记或注册的诉讼。但是,根据当事人之间合同有关转让或者其他处分的规定,要求履行登记或注册的除外。

(2)涉及根据大韩民国法律设立的法人或团体的设立无效、解散,或者其机关的决议有效还是无效的诉讼。

(3)涉及大韩民国境内不动产物权的诉讼,或者涉及必须在官方登记簿进行登记或注册的不动产用益权的诉讼。

(4)注册或者委托创设的知识产权在韩国登记或申请登记的,与该知识产权的成立、有效性或消灭有关的诉讼。

(5)涉及需要在大韩民国予以执行的裁判的诉讼。

2. 依照大韩民国法律或者条约中的国际裁判管辖原则,对专属于外国法院国际裁判管辖的诉讼,不适用第3条至第7条以及第9条的规定。

3. 根据第1款各项规定属于法院专属管辖的事项成为其他诉讼的先决问题时,不适用第1款的规定。

第11条　[国际诉讼竞合]

1. 相同当事人之间就同一事项向外国法院提起的诉讼尚未审结,就该事项再次向法院起诉的,如果外国法院的裁判预计能在大韩民国法院得以承认,法院就可以依职权或者根据当事人的申请裁定中止诉讼程序。但是,有下述情形之一的除外:

(1)法院根据排他性国际裁判管辖协议享有国际裁判管辖权的;

(2)法院对该事项进行裁判明显比外国法院裁判更为合适的。

2. 当事人对法院根据第1款所作的中止诉讼程序的裁定,可以立即提起上诉。

3. 外国判决符合大韩民国法律或条约规定的承认要件时,相同当事人就与该判决相同的事项向法院提起诉讼的,法院应驳回该诉讼。

4. 外国法院对案件的裁判未采取任何必要措施的,或者外国法院在合理期限内不对案件进行宣判或者预计不会在合理期限内对案件进行宣判,法院可以根据当事人的申请继续审理根据第 1 款中止的诉讼。

5. 在裁定是否依据第 1 款规定中止诉讼程序时，诉讼的先后以提起诉讼的时间为准。

第 12 条 ［不行使国际裁判管辖权］

1. 在法院根据本法规定享有国际裁判管辖权，但认为自己不适合行使国际裁判管辖权，并且享有国际裁判管辖权的外国法院显然更适合解决纠纷的例外情形下，法院可以根据被告的申请，在首次开庭审理日期或者辩论准备日期之前裁定中止诉讼程序或驳回起诉。但该规定不适用于各方当事人协议由大韩民国法院进行国际裁判管辖的情形。

2. 在第 1 款所指情形下，法院应在中止诉讼程序或者驳回起诉前给予原告陈述的机会。

3. 当事人对法院根据第 1 款作出中止诉讼程序的裁定，可以立即提起上诉。

第 13 条 ［适用例外］

对第 24 条、第 56 条至第 59 条、第 61 条、第 62 条、第 76 条第 4 款及第 89 条所指情形，不适用第 8 条及第 9 条的规定。

第 14 条 ［对保全措施的管辖］

1. 有下述各项情形之一的，法院对采取保全措施享有国际裁判管辖权：

(1) 法院对案件享有国际裁判管辖权的；

(2) 作为保全处分对象的财产位于大韩民国境内的。

2. 尽管有第 1 款的规定，在有紧急需要时，当事人可以向法院申请仅在大韩民国发生效力的保全处分措施。

第 15 条 ［对非讼案件的管辖］

1. 对于非讼案件的国际裁判管辖，在不违背其性质的范围内，准用第 2 条至第 14 条的规定。

2. 非讼案件的国际裁判管辖权，根据以下各项分类，依照相关规定确定：

(1) 宣告失踪等案件依照第 24 条；

(2) 亲族关系案件依照第 56 条至第 61 条；

(3) 继承及遗嘱案件依照第 76 条；

(4) 船舶所有人等责任限制案件依照第 89 条。

3. 除第 2 款各项规定的情形外，个别非讼案件的管辖，根据第 2 条规定确定，但本法另有规定的除外。

第三节 准 据 法

第 16 条 [本国法]

1. 在应适用当事人本国法的情况下,当事人有两个以上国籍的,以与其具有最密切联系国家的法律为其本国法。但是,其国籍中有一个为大韩民国国籍的,以大韩民国法律为其本国法。

2. 当事人没有国籍或者不能确定当事人国籍的,适用其经常居所所在国的法律(以下简称"经常居所地法律");经常居所不明的,适用其居所所在国的法律。

3. 当事人具有其国籍的国家在不同地区施行不同法律的,适用该国有关法律选择的规定所指定的法律;没有此类规定时,适用与当事人有最密切联系地区的法律。

第 17 条 [经常居所地法律]

如果要求遵守当事人的经常居所地法律,但无法确定当事人经常居所的,则适用其居所所在国的法律。

第 18 条 [外国法的适用]

法院应当依职权调查和适用根据本法确定的外国法的内容,为此可以要求当事人协助。

第 19 条 [准据法的范围]

根据本法被指定为应予适用的外国法规定,不得仅因其具有公法性质而被排除适用。

第 20 条 [大韩民国法律的强制适用]

即使本法指定应适用外国法,但仍须适用根据其立法目的应调整相应法律关系的大韩民国强制性规定。

第 21 条 [确定准据法的例外情形]

1. 如果本法指定应适用的法律与相关法律关系仅仅具有细微的关联,而另一国家的法律与该法律关系显然存在最密切联系,则应适用该另一国家的法律。

2. 当事人协议选择应适用法律的,则不适用第 1 款的规定。

第 22 条 [根据外国法适用大韩民国法律的情形]

1. 根据本法应适用外国法时,如果根据该外国法律应适用大韩民国法律,则应适用大韩民国法律(但有关指定法律适用的法规除外)。

2. 有下列情形之一的,不适用第 1 款规定:

(1)当事人协议选择应适用法律的；

(2)根据本法确定适用于合同的法律的；

(3)根据第 73 条确定适用于扶养事项法律的；

(4)根据第 78 条第 3 款确定适用于遗嘱方式法律的；

(5)根据第 94 条确定船籍国法律的；

(6)适用本条第 1 款违反本法有关确定应适用法律宗旨的其他情形。

第 23 条 [适用外国法律规定违背社会秩序]

在应适用外国法时,如果适用该外国法规定将显然违背大韩民国的善良风俗或者其他社会秩序,则不适用该外国法的规定。

第二章 人

第一节 国际裁判管辖

第 24 条 [对宣告失踪等案件的特别管辖]

1. 有关宣告失踪的案件符合以下情形之一的,法院享有国际裁判管辖权：

(1)不在者[①]为大韩民国国民的。

(2)不在者最后的经常居所位于大韩民国境内的。

(3)不在者的财产位于大韩民国或者存在应适用大韩民国法律的法律关系。但是,仅限于有关其财产或法律关系的部分。

(4)存在正当理由的其他情形。

2. 对于不在者的财产管理案件,如果该不在者最后的经常居所或者财产位于大韩民国境内,则法院享有国际裁判管辖权。

第 25 条 [对股东诉讼的特别管辖]

法院根据第 3 条第 3 款享有国际裁判管辖权的,可以向该法院提起以下各项诉讼：

(1)法人或团体向其现任或曾经的股东提起的有关股东资格的诉讼；

(2)法人或团体的现任股东向其他现任股东或曾经的股东提起的有关股东资格的诉讼；

---

① 此概念出自韩国《民法》(第 17905 号法律)第 22 条,指离开原先的住所、居所,暂时无望返回的人。参见石光现:《国际裁判管辖法(2022 年修正国际私法解析)》,博英社 2022 年版,第 199 页;池元林:《民法讲义》(第 17 版),弘文社 2020 年版,第 92 页。——译者注

(3)法人或团体曾经的股东向法人、团体的现任股东提起的有关股东资格的诉讼。

第二节　准　据　法

第26条　[权利能力]

人的权利能力,应适用其本国法。

第27条　[失踪和不在]

1. 失踪宣告以及不在者的财产管理,适用该失踪者或者不在者的本国法。

2. 尽管有第1款的规定,法院审理宣告外国人失踪、撤销失踪宣告或者不在者财产管理的案件时,适用大韩民国法律。

第28条　[行为能力]

1. 人的行为能力,适用其本国法。该规定同样适用于行为能力因婚姻得以扩展的情形。

2. 已经取得的行为能力,并不因为当事人国籍的变更而丧失或受到限制。

第29条　[对交易的保护]

1. 实施法律行为的人和对方当事人在法律行为成立时位于同一国家的,即使行为人根据其本国法为无行为能力人,但根据法律行为发生地国法律有行为能力的,则不得主张其无行为能力。但对方当事人在法律行为发生时知道或者应当知道其无行为能力的除外。

2. 第1款规定不适用于由亲属法或继承法规定的法律行为以及涉及位于行为地国以外国家不动产的法律行为。

第30条　[法人及团体]

法人或团体应适用其据以设立的法律。但是,如果在外国设立的法人或团体在大韩民国设有主要办事机构或者开展主要营业活动,则适用大韩民国法律。

第三章　法律行为

第31条　[法律行为的方式]

1. 法律行为的方式,应适用调整该行为本身的法律。

2. 尽管有第1款的规定,依照行为地法实施法律行为的方式仍然有效。

3. 合同当事人订立合同时在不同国家的,可以采用这些国家中任何一国法律所规定的法律行为方式。

4. 通过代理人实施法律行为的，在确定行为地法律时应以代理人的所在国为准。

5. 第 2 款至第 4 款的规定，不适用于设立、处分物权或其他应当登记权利的法律行为方式。

第 32 条　[任意代理]

1. 被代理人与代理人之间的关系，依照适用于当事人之间法律关系的法律确定。

2. 被代理人是否因代理人的行为而对第三人承担义务，适用代理人营业所所在国的法律；如果代理人没有营业所，或者有营业所但不为第三人所知，则适用该代理人在其境内实际实施代理行为国家的法律。

3. 代理人与被代理人之间存在劳动合同关系，且该代理人没有自己的营业所的，被代理人的主营业所应视为该代理人的营业所。

4. 尽管有第 2 款和第 3 款的规定，被代理人仍可选择适用于代理的法律。但是，只有在这一选择被明确记载于证明代理权的书面文件中或者这一选择已由被代理人或代理人以书面形式通知第三人的情况下，对法律的选择方才有效。

5. 有关不具有代理权的代理人与第三人之间的关系，准用第 2 款的规定。

第四章　物　　权

第 33 条　[物权]

1. 有关动产及不动产的物权或者需要登记的其他权利，适用该动产、不动产的所在地法律。

2. 第 1 款所指权利的取得、丧失、变更，适用该权利据以取得、丧失、变更的行为完成时或者事件结束时该动产、不动产的所在地法律。

第 34 条　[运输工具]

航空器的物权，适用该航空器的国籍所属国法律；铁道车辆的物权，适用准许该铁道车辆运行的国家的法律。

第 35 条　[无记名证券]

无记名证券权利的取得、丧失、变更，适用该权利据以取得、丧失、变更的行为完成时或者事件结束时该无记名证券的所在地法律。

第 36 条　[移动中的物品]

移动中的物品物权的取得、丧失、变更，适用其目的地所属国的法律。

第37条　[基于债权等产生的约定担保物权]

以债权、股份以及其他权利或者体现此权利的有价证券为对象的约定担保物权,由适用于作为担保对象权利的法律调整。但是,以无记名证券为对象的约定担保物权,适用第35条的规定。

第五章　知识产权

第一节　国际裁判管辖

第38条　[对知识产权合同之诉的特别管辖]

1. 法律争议符合下列情形之一的,可以向法院提起有关知识产权的转让、担保权设定、使用许可等合同之诉:

(1)知识产权在大韩民国受到保护、使用或行使的;

(2)知识产权的相关权利在大韩民国注册的。

2. 根据第1款规定享有国际裁判管辖权的诉讼,不适用第41条。

第39条　[对侵犯知识产权之诉的特别管辖]

1. 有下列情形之一的,可以向法院提起有关侵犯知识产权的诉讼。但是,其仅限于在大韩民国发生的事项:

(1)在大韩民国实施侵权行为的;

(2)侵权结果发生在大韩民国的;

(3)侵权行为针对大韩民国的。

2. 根据第1款提起诉讼的,不适用第6条第1款。

3. 尽管有第1款及第2款的规定,对知识产权的主要侵权行为发生在大韩民国的,可以向法院提起与侵权行为导致的所有结果——包括在外国发生的结果——相关的诉讼。

4. 根据第1款及第3款提起诉讼的,不适用第44条的规定。

第二节　准据法

第40条　[对知识产权的保护]

对知识产权的保护,适用侵权行为地法律。

第六章 债 权

第一节 国际裁判管辖

第41条 [对合同之诉的特别管辖]

1. 下列地点之一在大韩民国境内的,可以向法院提起合同之诉:

(1)供货合同的交货地;

(2)服务合同的服务提供地;

(3)存在多个交货地和服务提供地或者同时以供货和提供服务为目的合同的主要义务履行地。

2. 作为请求依据的义务履行地或者当事人达成协议所约定的义务履行地位于大韩民国时,可以向法院提起与第1款所指合同以外的合同相关的诉讼。

第42条 [对消费者合同的管辖]

1. 经常居所地位于大韩民国的消费者出于职业或营业活动之外的目的订立的合同,符合下列各项情形之一的,可以在法院向其相对方(指在职业或营业活动中订立合同的人,以下简称经营者)提起诉讼:

(1)经营者在订立合同之前在消费者的经常居所所在国(以下简称经常居所国)通过广告从事诱导交易等职业或营业活动,或者在消费者的经常居所国以外的地区针对消费者经常居所国通过广告从事诱导交易等职业或营业活动,且合同属于经营者的职业或营业活动范围的;

(2)经营者在消费者的经常居所国接收消费者订单的;

(3)经营者诱导消费者在其经常居所国以外的国家提交订单的。

2. 第1款所规定的合同(以下简称消费者合同)中消费者的经常居所位于大韩民国时,经营者只能向法院提起对该消费者的诉讼。

3. 消费者合同的当事人根据第8条规定达成国际裁判管辖协议的,该协议只在符合下列情形之一时方为有效:

(1)争议发生后达成国际裁判管辖协议的;

(2)国际裁判管辖协议约定,除法院外,消费者还可以在外国法院提起诉讼的。

第43条 [对劳动合同的管辖]

1. 劳动者在大韩民国进行日常劳动或进行最后的日常劳动的,可以针对用人者向法院提起劳动合同之诉。劳动者未在或未曾在大韩民国进行日常劳动时,用人者雇用劳动者的营业所位于或者曾位于大韩民国的,同样适用上述规定。

2. 劳动者的经常居所位于大韩民国或劳动者在大韩民国进行日常劳动的,用人者只能向法院对劳动者提起劳动合同之诉。

3. 劳动合同的当事人根据第8条达成国际裁判管辖协议的,该协议只在符合下列情形之一时方为有效:

(1)已经发生争议的;

(2)国际裁判管辖协议约定,除法院外,劳动者还可以在外国法院提起诉讼的。

第44条　[对侵权行为之诉的特别管辖]

在大韩民国实施或者针对大韩民国实施侵权行为的,或者其结果发生在大韩民国境内的,可以向法院提起侵权行为之诉。但是,无法预见侵权行为的结果会发生在大韩民国境内的,不在此限。

第二节　准　据　法

第45条　[当事人意思自治]

1. 合同适用当事人明示或默示选择的法律。但是,默示选择以能够从合同内容或其他所有相关情况中合理地推断出来为限。

2. 当事人得以就合同的一部分选择准据法。

3. 当事人可以协议变更根据本条或者第46条所应适用的法律。但是,订立合同后变更法律适用的,不得影响合同方式的有效性和第三人的权利。

4. 如果所有因素只与某一国有关,即便当事人选择其他国家的法律,也不得排除该有关国家强制性规定的适用。

5. 当事人之间有关选择应适用法律的协议,其成立及有效性准用第49条的规定。

第46条　[确定准据法时的客观连结因素]

1. 当事人没有选择应适用的法律时,合同适用与该合同具有最密切联系国家的法律。

2. 如果一方当事人根据合同需要履行下列各项所指行为之一,则订立合同时该当事人的经常居所国法律(当事人为法人或团体时为其主要办事机构所在国的法律)视为与合同具有最密切联系的法律。但是,合同系基于当事人的职业或营业活动订立时,则当事人的营业所所在国法律应视为与合同具有最密切联系的法律:

(1)转让合同中转让人的履行;

(2)使用合同中允许使用物品或权利的当事人的履行;

(3)委托合同、承包合同以及其他类似提供服务的合同中的服务行为。

3. 对于以不动产权利为对象的合同,不动产所在国的法律应视为与合同具有最密切联系的法律。

第 47 条 [消费者合同]

1. 即使消费者合同的当事人选择了应适用的法律,也不能剥夺消费者的经常居所所在国的强制性规定赋予消费者的保护。

2. 尽管有第 46 条的规定,在消费者合同的当事人未选择应适用的法律时,应当适用消费者的经常居所地法律。

3. 尽管有第 31 条第 1 款至第 3 款的规定,消费者订立合同的方式应适用消费者的经常居所地法律。

第 48 条 [劳动合同]

1. 即使劳动合同的当事人选择了应适用的法律,也不能剥夺根据本条第 2 款应适用法律所属国的强制性规定赋予劳动者的保护。

2. 尽管有第 46 条的规定,如果劳动合同的当事人没有选择应适用的法律,则劳动合同应适用劳动者在其境内进行日常劳动国家的法律;劳动者不在一个国家内进行日常劳动的,则适用雇用劳动者的用人单位的营业所所在国的法律。

第 49 条 [合同的成立及有效性]

1. 合同的成立及有效性,根据假设该合同有效成立时依照本法应适用的法律进行判断。

2. 如果所有情况表明,根据第 1 款所确定的法律判断当事人行为的效力明显不合理时,该当事人得以援引其经常居所地法律以主张其不同意该合同。

第 50 条 [事务管理]

1. 事务管理,适用管理行为实施地的法律。但是,在基于当事人之间的法律关系进行事务管理的情况下,适用调整该法律关系的法律。

2. 因清偿他人债务而产生的请求权,适用调整该债务的法律。

第 51 条 [不当得利]

不当得利,适用得利发生地的法律。但是,如果不当得利是基于当事人之间法律关系的履行产生的,则适用调整该法律关系的法律。

第 52 条 [不法行为]

1. 不法行为,适用该行为实施地或者结果发生地的法律。

2. 尽管有第 1 款的规定,在不法行为发生时,加害者和受害人在同一国家内有经常居所的,不法行为仍应适用该国的法律。

3. 加害者与受害人之间存在的法律关系因不法行为受到侵害的,尽管有第 1 款及第 2 款的规定,仍应适用调整该法律关系的法律。

4. 在根据第 1 款至第 3 款规定应适用外国法的情况下,因不法行为而产生的损害赔偿请求权,如果其性质明显不是为了受害人的适当赔偿,或者其范围本质上超出了对受害人进行适当赔偿的必要程度,则不予认可。

第 53 条 [事后协议选择准据法]

尽管有第 50 条至第 52 条的规定,当事人在事务管理、不当得利、不法行为发生后,仍得以通过协议选择大韩民国法律作为应适用的法律。但是,第三人的权利不得因此受到影响。

第 54 条 [债权转让及债务承担]

1. 债权的让与人和受让人之间的法律关系,依照适用于当事人之间合同的法律确定。但债权的可转让性、债权转让对债务人及第三人的效力,依照适用于被转让债权的法律确定。

2. 关于债务承担,准用第 1 款的规定。

第 55 条 [依照法律进行的债权转移]

1. 依照法律进行的债权转移,由适用于作为转移根据的原债权人和新债权人之间法律关系的法律调整。但是,调整被转移债权的法律中有关于保护债务人规定的,应适用该规定。

2. 不存在第 1 款所规定的法律关系时,依照适用于所转移债权的法律。

第七章 亲 属

第一节 国际裁判管辖

第 56 条 [婚姻关系案件的特别管辖]

1. 婚姻关系案件,符合以下各项情形之一的,法院享有国际裁判管辖权:

(1)夫妻一方的经常居所位于大韩民国,且夫妻最后的共同经常居所位于大韩民国的;

(2)原告和未成年子女全部或其中部分人的经常居所位于大韩民国的;

(3)夫妻双方均为大韩民国国民的;

(4)作为大韩民国国民且在大韩民国有经常居所的原告,仅为解除婚姻关系而提起诉讼的。

2. 针对夫妻双方的婚姻关系案件符合以下各项情形之一的,法院享有国际裁判管辖权:

(1)夫妻一方的经常居所位于大韩民国的;

(2)夫妻一方死亡时,生存一方的经常居所位于大韩民国的;

(3)夫妻双方死亡时,其中一方最后的经常居所位于大韩民国的;

(4)夫妻双方均为大韩民国国民的。

第 57 条 [亲生子女关系案件的特别管辖]

有关亲生子女关系成立及解除的案件,符合下列各项情形之一的,法院享有国际裁判管辖权:

(1)子女的经常居所位于大韩民国的;

(2)子女和作为被告的父母一方为大韩民国国民的。

第 58 条 [收养关系案件的特别管辖]

1. 有关收养成立的案件,欲成为养子女的人或者欲成为养父母的人经常居所位于大韩民国的,法院享有国际裁判管辖权。

2. 确认父母子女关系存在与否、取消收养或者放弃收养的案件,准用第 57 条。

第 59 条 [有关父母、子女间法律关系的特别管辖]

有关未成年子女的亲权、抚养权及探视权的案件,符合以下各项情形之一的,法院享有国际裁判管辖权:

(1)子女的经常居所位于大韩民国的;

(2)父母一方及子女为大韩民国国民的。

第 60 条 [扶养案件的管辖]

1. 扶养案件,扶养义务人的经常居所位于大韩民国的,法院享有国际裁判管辖权。

2. 扶养案件的当事人根据第 8 条达成的国际裁判管辖协议,符合以下各项情形之一的,该协议无效:

(1)扶养权利人为未成年人或被监护人;但是,该协议约定作为扶养权利人的未成年人或被监护人也可以向除法院外的外国法院提起诉讼的除外。

(2)协议所指定的国家与案件无任何关联或者仅仅具有细微关联。

3. 扶养案件符合以下各项情形之一的,不适用第 9 条规定:

(1)扶养权利人为未成年人或者被监护人;

(2)大韩民国与案件无任何关联或者仅仅具有细微关联。

第 61 条 [监护案件的特别管辖]

1. 有关成年人的监护案件,符合以下各项情形之一的,法院享有国际裁判管辖权:

(1)被监护人(包括欲成为被监护人的人)的经常居所位于大韩民国;

(2)被监护人为大韩民国国民;

(3)被监护人的财产位于大韩民国,且被监护人需要予以保护的。

2. 有关未成年人的监护案件,符合以下各项情形之一的,法院享有国际裁判管辖权:

(1)未成年人的经常居所位于大韩民国;

(2)未成年人的财产位于大韩民国,且未成年人需要予以保护的。

第 62 条 [家事调解案件的管辖]

法院根据第 56 条至第 61 条对案件享有国际裁判管辖权的,法院对该案件的调解也享有国际裁判管辖权。

第二节 准 据 法

第 63 条 [婚姻的成立]

1. 婚姻的成立要件,依照当事人各自的本国法确定。

2. 婚姻的方式,适用婚姻缔结地法律或者当事人一方的本国法。但是,在大韩民国缔结婚姻的,如果当事人一方为大韩民国国民,则适用大韩民国法律。

第 64 条 [婚姻的一般效力]

婚姻的一般效力,依次适用下列各项所指定的法律:

(1)夫妻双方的共同本国法;

(2)夫妻双方的共同经常居所地法律;

(3)与夫妻双方有最密切联系地方的法律。

第 65 条 [夫妻财产制]

1. 夫妻财产制,准用第 64 条的规定。

2. 尽管有第 1 款规定,在夫妻双方通过协议选择下列各项所指的法律之一时,

夫妻财产制应适用协议选择的法律。但是,该协议只有在以书面形式订立,并有日期和夫妻双方的署名盖章或签名方为有效:

(1)夫妻一方的国籍所属国法律;

(2)夫妻一方的经常居所地法律;

(3)夫妻财产制涉及不动产时,该不动产的所在地法律。

3. 外国法所规定的夫妻财产制涉及在大韩民国实施的法律行为和位于大韩民国的财产时,不得用以对抗善意第三人。在这种情况下,如果不能适用该外国法,就该夫妇财产制与第三人的关系而言,应适用大韩民国法律。

4. 尽管有第3款的规定,但如果根据外国法订立的夫妻财产协议已在大韩民国登记,则可用以对抗第三人。

第66条 [离婚]

关于离婚,准用第64条的规定。但是,如果夫妻一方是在大韩民国有经常居所的大韩民国国民,则离婚应适用大韩民国法律。

第67条 [婚姻中的父母、子女关系]

1. 婚姻中父母、子女关系的成立,适用子女出生时夫妻一方的本国法。

2. 在第1款规定的情形下,丈夫在子女出生前死亡的,其死亡时的本国法视为其本国法。

第68条 [婚外父母、子女关系]

1. 婚外父母、子女关系的成立,适用子女出生时母亲的本国法。但是,父亲与子女之间关系的成立,可以适用子女出生时父亲的本国法或者子女现在的经常居所地法律。

2. 认领,除第1款规定的法律外,还可适用认领时认领人的本国法。

3. 在第1款规定的情形下,如果父亲在子女出生前已死亡,其死亡时的本国法视为其本国法;在第2款规定的情形下,认领人在认领前已死亡的,其死亡时的本国法视为其本国法。

第69条 [非婚生子女]

1. 关于非婚生子女的地位变更为婚生子女的情形,应适用要件事实完成之时父亲或母亲的本国法或者子女的经常居所法律。

2. 在第1款规定的情形下,父亲或母亲在要件事实完成之前死亡的,该父亲或母亲死亡时的本国法视为其本国法。

第 70 条　[收养及其解除]

收养及其解除,适用收养时养父母的本国法。

第 71 条　[同意]

在第 68 条至第 70 条规定的情形下,就父母、子女之间关系的成立而言,如果子女的本国法要求有子女或第三人的允诺或同意为要件,则也应具备此要件。

第 72 条　[父母、子女之间的法律关系]

父母、子女之间的法律关系,在父母和子女的本国法相同时,适用其共同的本国法;否则,适用子女的经常居所地法律。

第 73 条　[扶养]

1. 扶养义务,适用扶养义务人的经常居所地法律。但是,根据该法律,扶养权利人不能从扶养义务人处获得扶养的,应适用当事人的共同本国法。

2. 如果在大韩民国离婚或被承认离婚,则尽管有第 1 款的规定,离婚当事人之间的扶养义务,适用调整其离婚的法律。

3. 对于旁系亲属之间或者姻亲之间的扶养义务,扶养义务人可以就扶养权利人的请求援引当事人共同的本国法主张自己没有扶养义务;没有共同本国法时,可以根据扶养义务人的经常居所地法律主张自己没有扶养义务。

4. 如果扶养权利人和扶养义务人均为大韩民国国民,且扶养义务人在大韩民国有经常居所,则适用大韩民国法律。

第 74 条　[其他亲属关系]

在本法没有特别规定时,对于亲属关系的成立以及基于亲属关系产生的权利义务,适用各方当事人的本国法。

第 75 条　[监护]

1. 监护,适用被监护人的本国法。

2. 尽管有第 1 款的规定,在法院根据第 61 条规定对成年或未成年的外国人的监护案件进行审判时,有下列各项情形之一的,应适用大韩民国法律:

(1)尽管根据被监护人的本国法存在监护开始的原因,但无人履行监护义务,或者应履行监护义务的人无法执行监护事务的;

(2)曾经或正在大韩民国进行监护开始审判(包括有关先行指定监护人的审判)的;

(3)其他需要对被监护人予以保护的紧急情况。

第八章 继 承

第一节 国际裁判管辖

第 76 条 [继承及遗嘱案件的管辖]

1. 继承案件符合以下各项情形之一的,法院享有国际裁判管辖权:

(1)被继承人死亡时的经常居所位于大韩民国。被继承人在任何国家都没有经常居所或者无法知晓的,其最后的经常居所位于大韩民国时也可同样适用。

(2)继承财产位于大韩民国。但是,该继承财产的价值明显较小的除外。

2. 继承案件的当事人根据第 8 条达成的国际裁判管辖协议属于以下各项情形之一的,该协议无效:

(1)当事人为未成年人或被监护人。但是,该协议约定未成年人或作为被监护人的当事人也可以向除法院之外的外国法院提起诉讼的除外。

(2)协议所指定的国家与案件无任何关联或仅仅具有细微关联。

3. 继承案件属于以下各项情形之一的,不适用第 9 条规定:

(1)当事人为未成年人或被监护人;

(2)大韩民国与案件无任何关联或者仅仅具有细微关联。

4. 对于遗嘱案件,遗嘱人在立遗嘱时其经常居所位于大韩民国,或者作为遗嘱对象的财产位于大韩民国的,法院享有国际裁判管辖权。

5. 法院根据第 1 款享有国际裁判管辖权的案件,法院对该案件的调解也享有国际裁判管辖权。

第二节 准 据 法

第 77 条 [继承]

1. 继承,适用被继承人死亡时的本国法。

2. 尽管有第 1 款的规定,但被继承人通过遗嘱的方式明确指定应适用下列各项规定的法律之一的,继承应适用该法律:

(1)被继承人做出指定时的经常居所地法律。但此种指定仅在被继承人直至死亡时仍在该地保留有经常居所时方为有效。

(2)涉及不动产继承时该不动产的所在地法律。

第78条 [遗嘱]

1. 遗嘱,适用遗嘱人设立遗嘱时的本国法。

2. 遗嘱的变更或撤销,适用变更或撤销遗嘱时遗嘱人的本国法。

3. 遗嘱的方式,适用下列各项规定的任何一种法律:

(1)遗嘱人设立遗嘱时或死亡时的国籍所属国法律;

(2)遗嘱人设立遗嘱时或死亡时的经常居所地法律;

(3)设立遗嘱时的行为地法律;

(4)涉及不动产的遗嘱方式时该不动产所在地法律。

第九章 票据、支票

第一节 国际裁判管辖

第79条 [票据、支票之诉的特别管辖]

票据、支票的支付地在大韩民国境内的,可以向法院提起有关票据和支票的诉讼。

第二节 准 据 法

第80条 [行为能力]

1. 根据汇票、本票及支票负有债务者,其行为能力适用其本国法。但是,其本国法规定应遵守另一国法律的,则适用该另一国的法律。

2. 如果某人根据第1款规定无行为能力,但其在另一国家签字且根据该国法律具有行为能力的,则其可被视为具有承担债务的能力。

第81条 [支票支付人的资格]

1. 得以成为支票支付人的资格,适用支付地法律。

2. 在根据支付地法律不能成为支付人的人成为支付人导致支票无效的情况下,在另一个没有相同规定的国家因签名而产生债务的效力不因此受到影响。

第82条 [方式]

1. 汇票、本票的票据行为及支票行为的方式,适用签名地法律。但是,支票行为的方式也可以适用支付地法律。

2. 如果某一行为根据第1款规定的法律无效,但该行为根据其后来的行为地法律合法的,则前一行为的无效不影响其后行为的效力。

3. 当大韩民国国民在外国进行汇票、本票的票据行为及支票行为的方式根据行为地法律无效时，如果依照大韩民国法律为合法，则对大韩民国的其他国民具有效力。

第 83 条 [效力]

1. 汇票的承兑人和本票的出票人的债务适用支付地法律，因支票产生的债务适用签名地法律。

2. 第 1 款规定以外的人所承担的汇票、本票债务，适用签名地法律。

3. 在行使汇票、本票及支票的追索权期间，对所有签字人均适用出票地法律。

第 84 条 [原因债权的取得]

票据持有人是否取得据以发行该票据的原因债权，适用该票据的发行地法律。

第 85 条 [部分承兑及部分支付]

1. 汇票的承兑能否限于票据金额的一部分以及持票人是否有义务接受部分支付，适用支付地法律。

2. 关于本票的支付，准用第 1 款的规定。

第 86 条 [权利的行使和保全行为的方式]

有关汇票、本票及支票拒绝证书的方式、制作期间以及行使或保全汇票、本票及支票上权利所需的其他行为方式，适用拒绝证书的制作地或其他行为实施地的法律。

第 87 条 [遗失、被盗]

汇票、本票及支票遗失或被盗时应履行的程序，适用支付地法律。

第 88 条 [支票的支付地法]

有关支票的下列事项，适用支票的支付地法律：

(1) 支票是否需要见票即付、见票后是否可以定期支付以及远期支票的效力。

(2) 提示期间。

(3) 支票能否承兑、付款保证、确认或查证及对此所作记载的效力。

(4) 持票人是否可以请求部分支付以及是否有义务接受部分支付。

(5) 支票是否可以划线以及在支票上记载"为了计算"或有同义字句的效力。但是，如果支票的出票人或持有人在支票上记载"为了计算"的字句或与此同义的字句而禁止现金支付时，该支票在外国签发且必须在大韩民国支付的，即具有普通划线支票的效力。

(6) 持票人对支票资金是否享有特殊权利及此种权利的性质。

(7)出票人是否可以撤销支票的付款委托以及是否可以采取措施停止支付。

(8)为保全对背书人、签发人及其他债务人的追索权,是否需要拒绝证书或其他任何具有相同效力的声明。

第十章 海 商

第一节 国际裁判管辖

第89条 [对船舶所有人等责任限制的管辖]

船舶所有人、租船人、船舶管理人、船舶经营人以及其他船舶使用人(以下简称船舶所有人等)的责任限制案件,只要下列各项所规定的地点之一位于大韩民国,法院即享有国际裁判管辖权:

(1)发生可对船舶所有人等进行责任限制的债权(以下简称限制债权)船舶的船籍地;

(2)对作为申请人的船舶所有人等根据第3条规定享有一般管辖权的地方;

(3)事故发生地(包括事故造成的结果发生地);

(4)事故发生后失事船舶最先到达地;

(5)根据限制债权,船舶所有权人等的财产被扣押或临时扣押地(包括代替扣押的担保提供地,以下简称被扣押等地);

(6)向船舶所有人等提起限制债权诉讼的地点。

第90条 [船舶或航海之诉的特别管辖]

船舶被扣押等地位于大韩民国的,可以向法院提起针对船舶所有人等的船舶或者航海之诉。

第91条 [共同海损之诉的特别管辖]

下列各项所规定的地点之一位于大韩民国的,可以向法院提起共同海损之诉:

(1)船舶所在地;

(2)事故发生后失事船舶最先到达地;

(3)船舶被扣押等地。

第92条 [船舶碰撞之诉的特别管辖]

下列各项所规定的地点之一位于大韩民国的,可以向法院提起有关船舶碰撞或者其他事故之诉:

(1)肇事船舶的船籍地或所在地;

(2)事故发生地；

(3)事故发生后受害船舶最先到达地；

(4)肇事船舶被扣押等地。

第93条 [海难救助之诉的特别管辖]

下列各项规定地点位于大韩民国的，可以向法院提起海难救助之诉：

(1)海难救助地；

(2)获救船舶最先到达地；

(3)获救船舶被扣押等地。

第二节 准 据 法

第94条 [海商]

下列有关海商的各类事项，应适用船籍国法律：

(1)船舶所有权和抵押权、船舶优先权和其他与船舶有关的物权；

(2)船舶担保物权的优先顺序；

(3)船舶所有人对船长和海员行为的责任范围；

(4)船舶所有人等能否主张责任限制及其责任限制的范围；

(5)共同海损；

(6)船长的代理权。

第95条 [船舶碰撞]

1. 在开放港口、河流或领海发生的船舶碰撞的责任，适用碰撞地法律。

2. 在公海上发生的船舶碰撞的责任，各船舶属于同一船籍国的，适用其船籍国法律；各船舶属于不同船籍国的，适用肇事船舶的船籍国法律。

第96条 [海难救助]

因海难救助而产生的报酬请求权，救助行为发生在领海的，适用行为地法律；救助行为发生在公海的，适用实施救助船舶的船籍国法律。

附则 (2022年1月4日第18670号法律)

第1条 [施行日期]

本法自公布后6个月起施行。

第2条 [关于系属案件管辖的过渡措施]

对本法施行时系属于法院的案件管辖，适用先前的规定。

第3条 [对准据法适用的过渡措施]

在本法施行前已发生的事项,适用以前的规定。但是,对于持续发生于本法施行前后的法律关系,适用本法规定。

国际法协会关于在国际私法和程序法中保护隐私的准则*

（里斯本隐私准则）

蔡　鑫** 译

序　言

本准则规定了国际私法和程序法中有关隐私权的一般原则。

本准则并未涉及跨境民商事诉讼中可能出现的所有国际私法和程序法问题，而是侧重于与跨境隐私权诉讼有关的具体方面。

本准则可以用以解释、补充或发展国际私法规则，以及作为国际、区域或国际文书的范本来使用。

一、一 般 规 定

第1条　范围

1. 本准则适用于跨境案件中因实际或可能造成的侵犯隐私权而产生的民事索赔。这包括补偿性和禁令救济，以及临时措施。

2. 准则适用于合同性和非合同性的权利请求。

3. 准则不适用于下列问题：

(a) 针对政府实体及其代理人因行使公共权力而提出的权利请求，或针对政府

---

* 《国际法协会关于在国际私法和程序法中保护隐私的准则（里斯本隐私准则）》于2022年6月23日经国际法协会第80届双年期会议通过，并公布于国际法协会官方网站（https://www.ila-hq.org）。本准则根据其官方英语文本翻译。——译者注

** 上海政法学院国际法学院讲师，法学博士。

实体及其代理人提出的权利请求;

(b)知识产权;

(c)商业秘密。

第2条 定义

1. 为本准则的目的,隐私的概念是指个人在以下方面的权利:

(a)形象和身份;

(b)个人空间的隐秘;

(c)名誉;

(d)个人通信的保密性。

只有在侵犯由此产生的权利导致侵犯本款第一句中所确定权利的情况下,个人数据处理才属于本准则的范围。

2. 为本准则的目的,个人这一术语包括自然人、法人和非法人团体,前提是他们被赋予了隐私权。

3. 为本准则的目的,“社交媒体”“平台”指允许用户创建和分享内容或参与社交网络的网站或程序。

4. 为本准则的目的,跨境案件指那些与一个以上国家存在联系的案件。

5. 如果一个国家由多个领土单位构成,同时每个领土单位在侵犯隐私方面拥有自己的法律规则,则为确定本准则所适用法律的目的,每个领土单位都应视为一个国家。然而,本准则不适用于一个国家内部拥有各自侵犯隐私方面法律规则的不同领土单位之间的法律冲突。

6. 适用本准则所指向的任何国家的法律是指适用该国国际私法规则之外的现行有效法律规则。

7. 为本准则的目的,救济包括但不限于:

(a)损害赔偿金;

(b)禁令救济,本准则提供的救济措施不包括否定性声明行为(negative declaratory actions)。

8. 为本准则的目的,公司的经常居所包括:

(a)注册成立地所在国;

(b)主要营业地所在国。

除上述(a)项或(b)项所规定的国家外,公司的经常居所还包括与该公司存在根本等同联系的国家。

9. 为本准则的目的,消费者是指主要为个人、家庭或居家目的而行动的自然人。

二、管　辖　权

第 3 条　基于行为的管辖权

1. 无论损害在何处产生,可在直接造成损害的行为或不作为发生地法院起诉被告。

2. 可以在原告的主要利益中心地起诉被告,除非被告不能合理预见其行为会在该国产生实质性后果。个人的主要利益中心地被推定为其经常居所地。

3. 可在相关出版发行主要面向的国家起诉被告,特别需要考虑到:

(a) 出版发行物的语言;

(b) 出版发行物的内容;

(c) 目标受众的实际位置。

第 4 条　被告经常居所地的管辖权

被告可受其经常居所地所在国的法院管辖。

第 5 条　法院选择协议

1. 如果在引起争议的事件发生后,各方当事人同意某一国家的一个或多个法院对解决特定法律关系有关的任何争议具有管辖权,则该法院或这些法院应行使管辖权,除非根据所选择国家的法律该协议是无效的。

2. 如果在引起争议的事件发生前,各方当事人已经同意某一国家的一个或多个法院对解决特定法律关系有关的任何争议具有管辖权,则该法院或这些法院应行使管辖权,除非根据所选择国家的法律该协议是无效的,前提是各方当事人都进行商事活动,并且协议属于该活动的部分。

3. 除非当事人另有约定,否则根据第 1 款和第 2 款规定的管辖权应是排他性的。

4. 授予管辖权的协议应当采用以下方式:

(a) 以书面形式或以任何其他通信手段缔结或记录,使得信息可供日后参考;

(b) 以符合当事人之间确立惯例的形式。

第 6 条　临时措施

1. 有权对案件实体进行裁判的法院应有权根据其自身的法律给予临时救济。

2. 为支持主程序,相关出版发行物所面向的另一国家法院应有权根据该法律给予临时禁令救济。但这种临时禁令救济应严格限于此法院的管辖范围。

3. 主程序法院可修改或撤销根据第 2 款批准的临时措施。但修改或撤销临时措施的决定必须根据第 12 条和第 13 条的规定得到承认。

4. 如果根据第 3 款发布的决定未得到承认,临时救济可能成为永久性的。但该措施应保持严格的地域性。

三、适 用 法 律

第 7 条　一般规则

1. 在不违反第 8 条和第 11 条第 3 款的情况下,根据第 3 条获得管辖权的法院应适用其本国法律。

2. 根据第 4 条或第 5 条获得管辖权的法院应适用直接造成损害的行为发生地国的法律,而不论损害发生在何处。但如果受损害人提出请求,且相关行为主要指向该国,则法院应适用受损害人的主要利益中心所在国的法律。

第 8 条　明显更密切联系

1. 如果从整体情形来看,争议的全部或部分明显与第 7 条所指向国家以外的国家有着更密切的联系,则应适用该国法律。

2. 与其他国家的明显更密切联系尤其可基于当事人的共同经常居所确定。

3. 与其他国家的明显更密切联系尤其可基于当事人之间预先存在的关系确定,例如与有关债务密切联系的合同,除非这种联系等同于规避第 9 条。

第 9 条　意思自治

1. 当事人可通过下列形式约定因侵犯隐私产生债务所适用的法律:

(a)在引起损害的事件发生之后签订的协议;

(b)在引起损害的事件发生之前签订的协议:

(i)如果本协议的所有各方都在从事商业活动;

(ii)对那些没有在同一国家拥有共同经常居所的社交媒体用户之间的争议而言,如果所选择的法律和双方与同一社交媒体供应商所签订合同所适用的法律相一致,且该债务是由此合同下的活动引起的。

2. 如果未按照第 1 款选择适用于某项债务的法律,则应按照第 7 条和第 8 条确定适用于该债务的法律。

3. 对适用法律的选择可通过明示做出或根据案件情况能清楚地表明,且不应损害第三方的权利。当事人可随时同意对其法律关系适用不同于先前选择法律的其他法律。法律关系产生后对适用法律进行的任何改变不得损害其形式有效性

(formal validity)或对第三方权利造成负面影响。

4. 如果在引起损害的事件发生时,与相关情况有关的所有因素都位于被选择法律所属国以外的其他国家,则当事人的法律选择不得影响该另一国法律中不能通过协议减损规定的适用。如果在引起损害的事件发生时,与相关情况有关的所有因素都位于一个联邦国家或区域经济一体化组织的一个或多个成员国之中,当事人选择成员国以外的国家法律不得妨碍联邦或区域统一或协调的法律条款的适用,这些条款不能通过协议减损。

5. 关于当事人选择适用法律的同意是否存在和有效性可根据所选择法律的规定确定,除非这样剥夺了强制性规范对消费者提供的保护,在没有做出法律选择的情况下应适用这些条款。

第10条　答复权

对出版商、传播者或互联网服务提供商就出版物或播放的内容以及因处理个人数据而造成的隐私或人格权利的侵犯所提出的答辩权,仅应由出版商、播送者或互联网服务提供商的经常居所所在国法律调整。

第11条　公共政策和强制性规范

1. 仅当根据本准则所适用的任何国家的法律规定的后果明显不符合法院地的公共政策,特别是不符合其关于言论和信息自由,以及保护隐私和人类尊严的基本原则时,方可拒绝适用该法律。

2. 本准则中的任何内容均不得限制法院地国认为对维护其公共利益至关重要的法律规则的适用。

3. 当根据本准则适用一国法律时,法院可以执行体现与争议有密切联系的任何国家的基本原则的规则。在考虑是否执行这些规定时,应考虑其性质和目的,以及其适用或不适用所带来的后果。

四、外国判决的承认和执行

第12条　外国判决的承认和执行

1. 在不违反第13条的情况下,在一国作出的判决,如果符合本准则第二节所规定的管辖权要求,应在另一国得到承认和执行。

2. 对根据本准则有资格执行的判决(包括禁令),应赋予其在来源国相同的效力。如果判决(包括禁令)规定了被请求国法律所不能提供的救济,则应尽可能将该救济调整为具有等同于但不超出来源国法律规定效力的救济。

3. 判令以惩罚方式支付的判决,仅有在付款金额由原审法院确定的情况下才有资格获得承认和执行。

第13条　拒绝承认和执行

1. 如果判决不符合本准则第二节规定的关于管辖权的要求,且仅满足以下关于管辖权的要求之一时,可拒绝承认和执行:

(a)管辖权仅基于被告暂时停留在来源国期间向其送达提起诉讼的文书;

(b)管辖权仅基于原告的国籍;

(c)管辖权仅基于被告的资产位于来源国。

2. 如果承认和执行明显不符合被请求国的公共政策,可以拒绝承认和执行。

3. 如果判决裁定的损害赔偿,包括惩戒性或惩罚性损害赔偿,不足以补偿一方所遭受的实际损失或伤害,也可以拒绝承认或执行判决。法院应考虑原审法院裁定的损害赔偿是否以及在多大程度上用于支付与诉讼有关的费用和开支。

约 稿 启 事

《中国国际私法与比较法年刊》(以下简称《年刊》)是由中国国际私法学会、武汉大学国际法研究所主办,法律出版社出版发行的学术出版物,也是中文社会科学引文索引(CSSCI)法学学科来源集刊。《年刊》在中国法学刊物中享有较高的学术声誉,在推进我国国际私法的科学研究、繁荣发展和学术交流中发挥了十分重要的作用。

《年刊》坚持学术自律、自主和自尊的方针,一切采稿、编辑活动坚持学术标准。栏目设置以国际私法专论、冲突法研究、国际统一私法与比较法研究、区际法律问题研究、国际民商事争议解决机制研究等栏目为主,还设有电子商务与国际私法研究、国际私法实务研究、《海牙公约》研究、国际私法教学、评介与资料等栏目。《年刊》自2017年卷开始,每年出版2卷,面向国内外征集稿件,热忱欢迎广大专家学者赐稿。

稿件要求如下:

一、来稿体裁和字数不限,要求选题新颖、立论科学、论据充足、论证严密、层次清晰、语言流畅。

二、来稿必须包括:题目(包括英文译名)、作者简介(姓名、所在单位、职务或职称、邮编、联系电话、电子邮箱)、摘要(约300字)、正文。

三、来稿必须是未经发表的学术论著,请勿引用未公开发表的资料,勿一稿多投。根据我国《著作权法》的有关规定,编辑部对来稿有权做文字性和技术性的修改、删节。

四、来稿文责自负,《年刊》所载文章仅代表作者个人观点,并不必然反映编辑部或者主办机构的观点或立场。

五、为适应我国信息化建设,扩大《年刊》及作者知识信息交流渠道,《年刊》已被《中国学术期刊网络出版总库》(CNKI)及重庆维普等数据库收录,免费提供作者文章引用统计分析资料,其作者文章著作权使用费与本刊稿酬一次性给付。如作者不同意文章被收录,请在来稿时声明,《年刊》编辑部将做适当处理。

六、来稿注释格式请严格参照《法学引注手册》。

七、经《年刊》采用的来稿,会敬奉稿酬及样书。所有来稿 3 个月内未收到录用通知,作者有权对稿件另行处理,编辑部一般不予退稿,请作者自留底稿。

八、任何来稿视为作者、译作者已经知悉并同意《年刊》的约稿条件。

来稿请采用电子文本。电子文本请发送电子邮件至 ybpil@ whu. edu. cn。

《中国国际私法与比较法年刊》编委会

2023 年 1 月